本書受中國歷史研究院學術出版經費資助

中國歷史研究院
學術出版資助

齊太公呂望表研究

| 程平山 著 |

中国社会科学出版社

圖書在版編目(CIP)數據

齊太公呂望表研究/程平山著. —北京：中國社會科學出版社，2022.5
ISBN 978 - 7 - 5203 - 9834 - 3

Ⅰ.①齊… Ⅱ.①程… Ⅲ.①碑文—研究—衛輝—西晉時代
Ⅳ.①K877.424

中國版本圖書館CIP數據核字(2022)第040113號

出 版 人	趙劍英
責任編輯	吳麗平
責任校對	朱妍潔
責任印製	李寡寡

出　　版	中國社會科學出版社
社　　址	北京鼓樓西大街甲158號
郵　　編	100720
網　　址	http://www.csspw.cn
發 行 部	010 - 84083685
門 市 部	010 - 84029450
經　　銷	新華書店及其他書店

印　　刷	北京君昇印刷有限公司
裝　　訂	廊坊市廣陽區廣增裝訂廠
版　　次	2022年5月第1版
印　　次	2022年5月第1次印刷

開　　本	710×1000　1/16
印　　張	31.5
插　　頁	2
字　　數	435千字
定　　價	178.00元

凡購買中國社會科學出版社圖書，如有質量問題請與本社營銷中心聯繫調換
電話：010 - 84083683
版權所有　侵權必究

中國歷史研究院學術出版
編委會

主　　任　高　翔

副 主 任　李國強

委　　員　（按姓氏筆畫排列）
　　　　　　卜憲群　王建朗　王震中　邢廣程　余新華
　　　　　　汪朝光　武　力　陳春聲　陳星燦　夏春濤
　　　　　　晁福林　黃一兵　黃興濤　張　生　錢乘旦

中國歷史研究院學術出版資助項目
出版說明

爲了貫徹落實習近平總書記致中國社會科學院中國歷史研究院成立賀信精神，切實履行好統籌指導全國史學研究的職責，中國歷史研究院設立"學術出版資助項目"，面向全國史學界，每年遴選資助出版堅持歷史唯物主義立場、觀點、方法，繫統研究中國歷史和文化，深刻把握人類發展歷史規律的高質量史學類學術成果。入選成果經過了同行專家嚴格評審，能夠展現當前我國史學相關領域最新研究進展，體現我國史學研究的學術水平。

中國歷史研究院願與全國史學工作者共同努力，把"中國歷史研究院學術出版資助項目"打造成爲中國史學學術成果出版的高端平臺；在傳承、弘揚中國優秀史學傳統的基礎上，加快構建具有中國特色的歷史學學科體繫、學術體繫、話語體繫，推動新時代中國史學繁榮發展，爲實現"兩個一百年"奮鬥目標、實現中華民族偉大復興的中國夢貢獻史學智慧。

中國歷史研究院
2020 年 3 月

舞夢摩生陽命每有庶邦惆徵五典玄教疁通萬方同挑
牟上咸雍爰制大蒐宣德舞功齊王收太子歲輔翊不
忠韜及乃躬匪徒乃參乃郛太公呂望表於鏗我
祖時惟太公當殷之末一德玄通上帝有命以錫周邦丕
及文王二夢惟同上帝祇命岦時登膺遂作心膂寅亮天
工肆伐大商克殷厥功建國胙土俾侯子東奮乎百世聲
烈彌漢傳宗鄉歆酒賦時皇帝眶枉萬乘之尊號以幸
手畢雒南溥齊列官正其容乃延卿士乃命王公定小會
之常儀分參映而見處邦陸機丞相機故弟士龍詩
不審任不可以不忠愍贊咣諱剋晷爾邦贈弟士龍詩
迂展東最稱皆名邦鄉絥漢統非爾號崇陸雲漢高帝
佛以密萬邦患樂皇慶揚于時雁侯于東開國名虛天
子曰咨我圖乃功錫關靑土建侯于東開國名虛天
邦介圭作實軒略以庸故殷騎常侍陸府君誄
遐作尹名邦密通常歲大東小東宣發五教敬化以崇徽

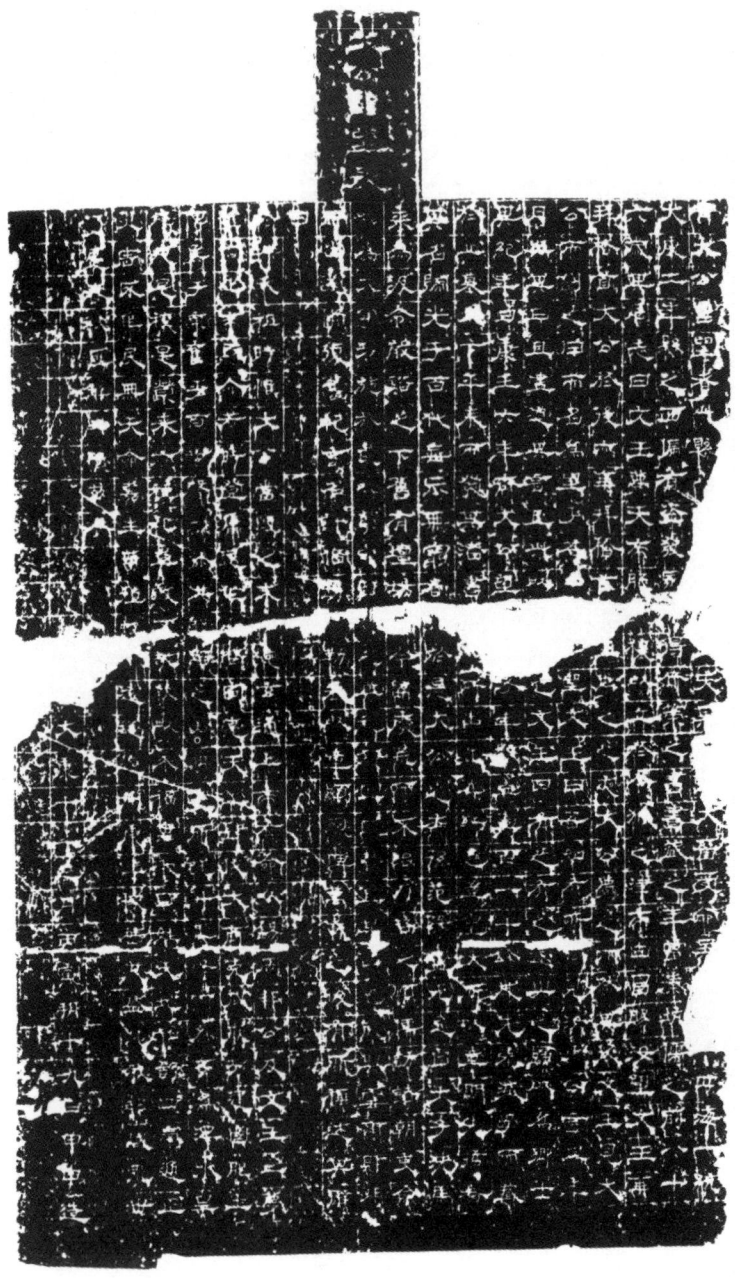

呂望表　　顧121

圖版二　中國國家圖書館藏顧廣圻、瞿鏞、丁福保遞藏明拓本

（據北京圖書館金石組編：
《北京圖書館藏中國歷代石刻拓本彙編》第2冊，第53頁）

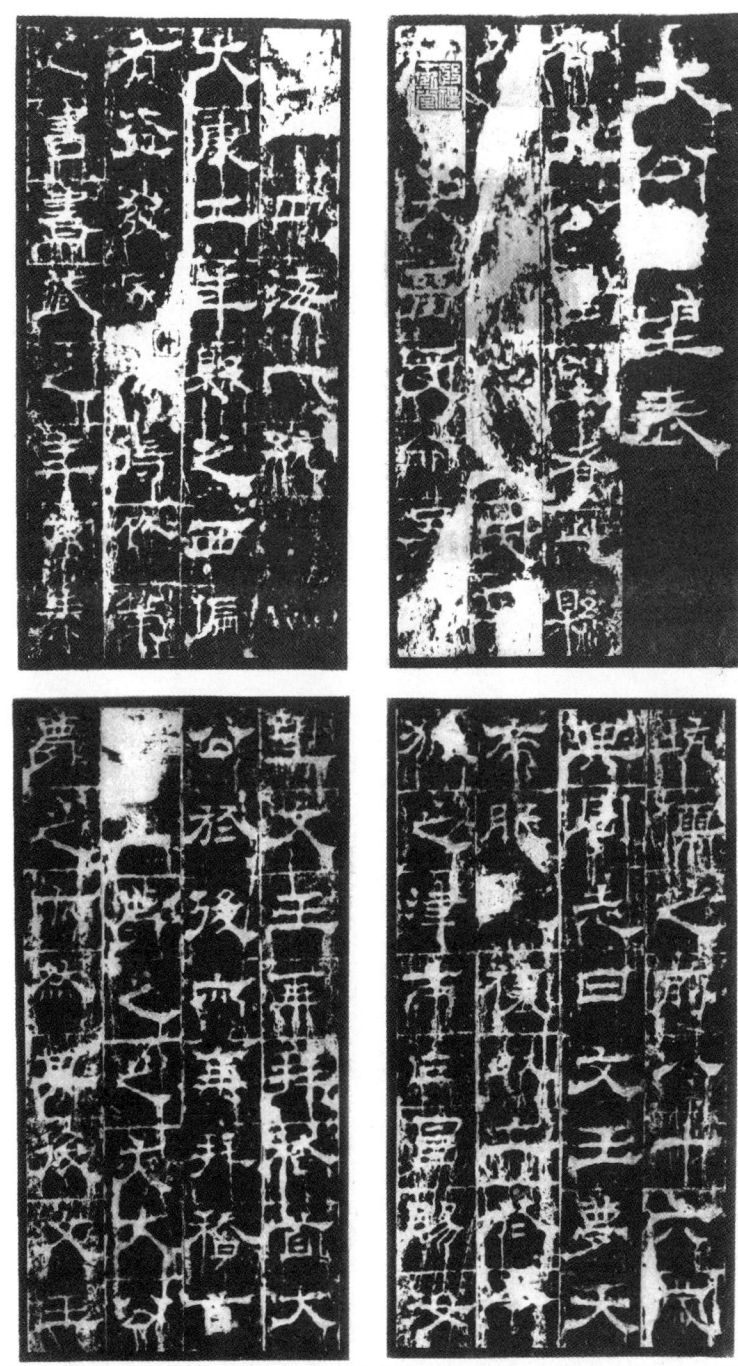

圖版三之一　羅振玉舊藏《齊大公呂望表》明拓本珂羅版印本

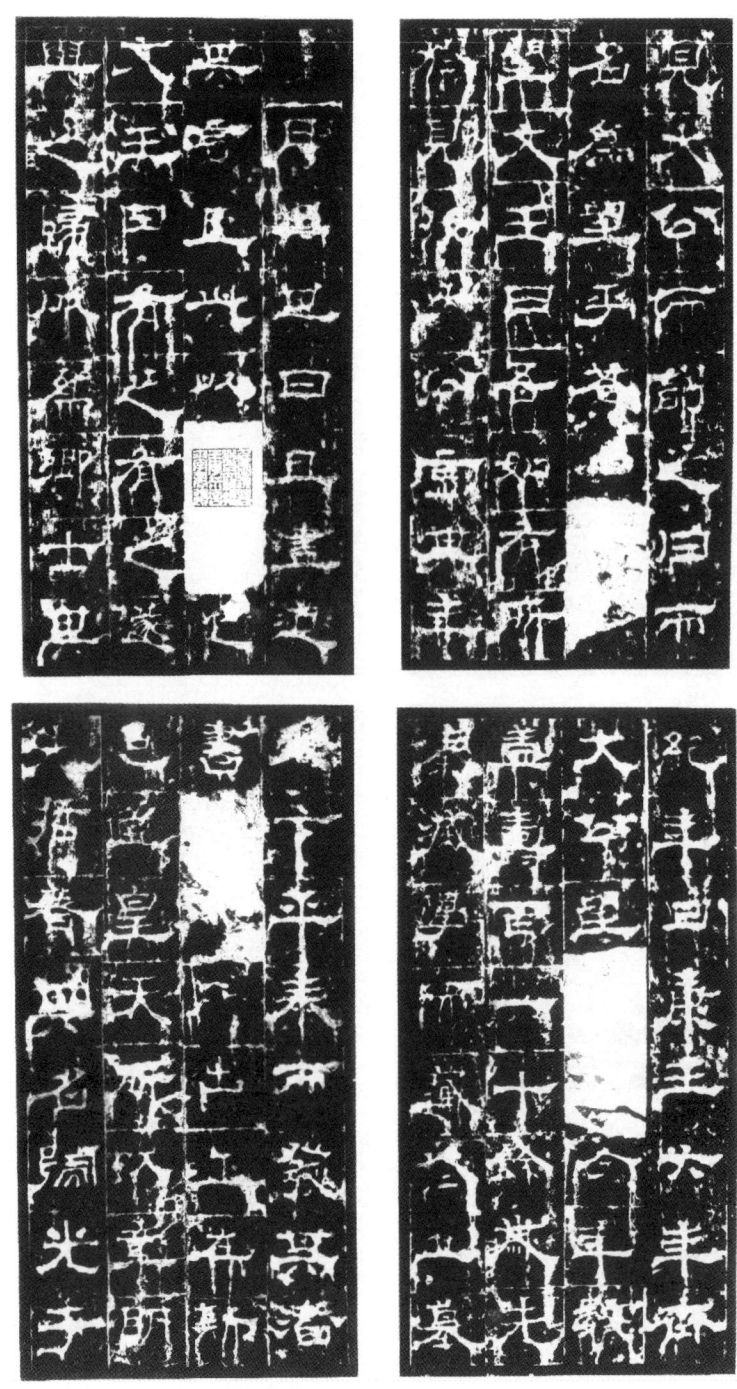

圖版三之二　羅振玉舊藏《齊大公呂望表》明拓本珂羅版印本

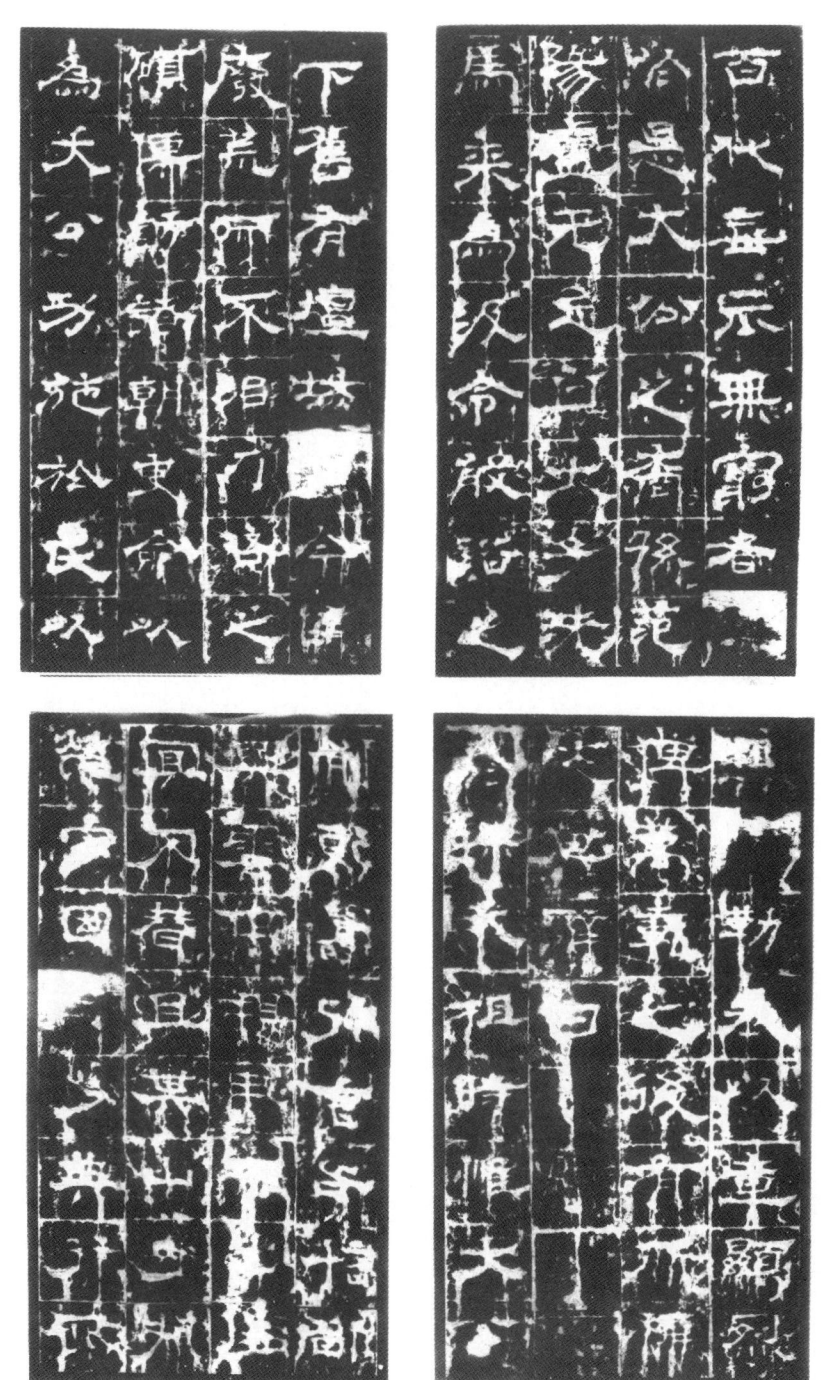

圖版三之三　羅振玉舊藏《齊大公呂望表》明拓本珂羅版印本

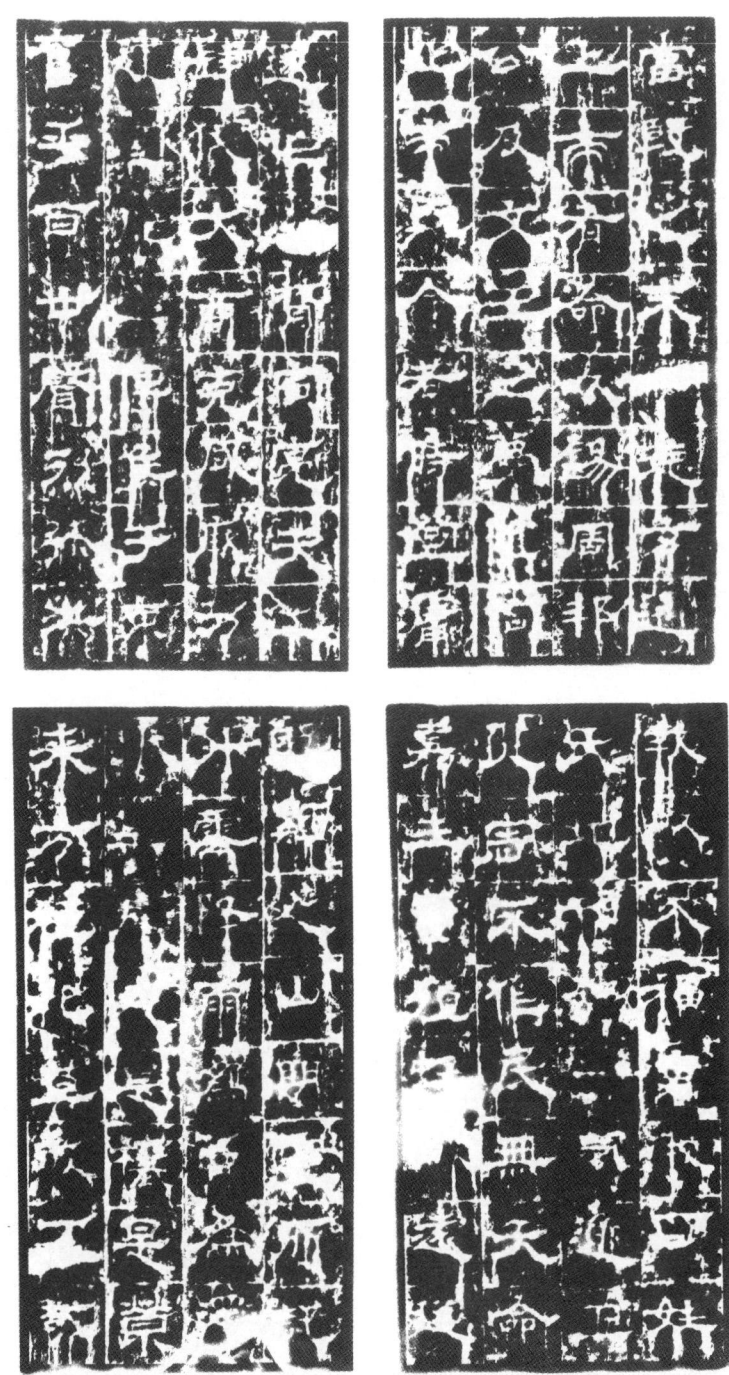

圖版三之四　羅振玉舊藏《齊大公呂望表》明拓本珂羅版印本

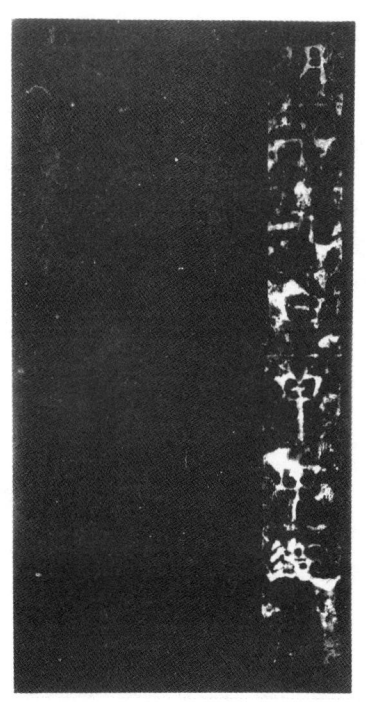 

圖版三之五　羅振玉舊藏《齊大公呂望表》明拓本珂羅版印本

（據《慈淑樓叢帖》）

圖版四之一　羅振玉《雪堂所藏金石文字簿錄》記錄《齊大公呂望表》明拓本

晋

郭休碑

揚紹買地劵

劉韜墓版三本　　孫夫人碑三本

鄧太尉祠碑三本　　呂望表二本

苻秦

宋

爨龍顏碑二本

梁

瘞鶴銘二本　　始興忠武王碑

北魏

中岳靈廟碑四本　　始平公造象記

孫秋生造象記　　石門銘

圖版四之二　羅振玉《雪堂所藏金石文字簿録》記録《齊大公呂望表》明拓本

字旁注拓本尚可辨焉字雖泐下半四點可辨萃編乃脫漏長沙
人桓伯序桓字尚存萃編旁注第四行伏氏年少萃編誤作柔少
然非所好然字可辨萃編失錄第五行何不以嘗同寮辝之辝字
从告萃編誤錄作辝文帝詔軟之軟从欠萃編但錄其半作幸而
失欠半弟七行此為同寮此字拓字可見萃編旁注孤寡□□寡
字下半筆迹不明晰萃編誤錄作宣弟八行□感而退雖天之道
萃編誤成為感誤道為遺弟九行必不忘君必字上是絕字君字
下是俄字萃編失錄第十三行□朗弘哲朗萃編譌作明末行曰
古□□下泐六字萃編誤空五格何以告哀下尚泐四字方是
末句萃編至告哀邊止下未空四格亦誤戾附著之
楊紹買地蒴楊龍石藏本
此蒴久佚是本乃楊龍石所藏未斷損拓本得之道州何氏
齊太公呂望表明拓本

圖版四之三　羅振玉《雪堂所藏金石文字簿錄》記錄《齊大公呂望表》明拓本

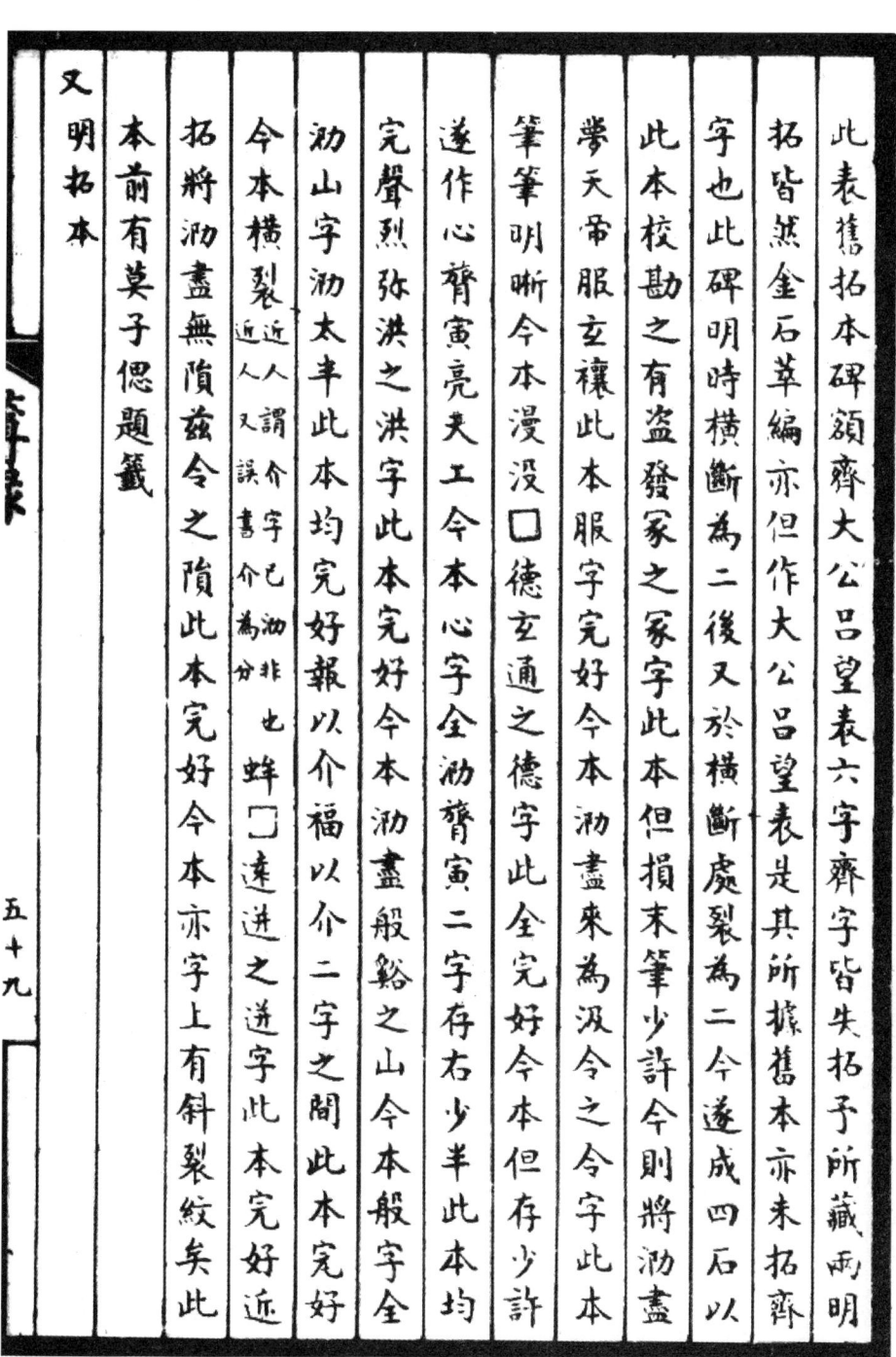

此表舊拓本碑額齊大公吕望表六字齊字皆失拓子所藏兩明
拓皆然金石萃編亦但作大公吕望表是其所據舊本亦未拓齊
字也此碑明時橫斷為二後又於橫斷處裂為二今遂成四石以
此本校勘之有盜發冢之冢字此本但損末筆少許今則將泐盡
夢天帝服玄襄此本服字完好今本泐盡來為汲今之今字此
筆筆明晰今本漫沒□德玄通之德字此全完好今本但存少許
遂作心聲寅亮夫工今本心字全泐聲寅二字存右少半此本均
完聲烈弘洪之洪字此本完好今本泐盡般谿之山今本般字全
泐山字泐太半此本均完好報以介福以介二字之間此本完好近
今本橫裂近人謂介字已泐非也蚌□逢進之進字此本完好近
拓將泐盡無隋兹令之隋此本完好今本亦字上有斜裂紋矣此
本前有莫子偲題籤

又明拓本

圖版四之四　羅振玉《雪堂所藏金石文字簿錄》記錄《齊大公吕望表》明拓本

此亦明拓存字與前本同予以近拓碑陰附裝入此碑金石萃編所錄多脫誤今依兩本及近拓之精者比勘得補正十三字額齊大公呂望表萃編失齊字大晉受命句下乃吳□□平謂吳蜀盪平也萃編失吳平二字□得竹策之書得上一字不可辨萃編未空格夢天帝服玄禳萃編失錄玄字垂示無窮者乎萃編乎字誤作矣言名計偕鐫石勒表萃編失錄言鐫石表四字上帝既命萃編失錄既字蚌□遽迸萃編失錄蚌字蚌下一字尚見末筆乃戈之下半當是賊字無隕茲令萃編失錄隕字劉翰墓版初出土本　椒花吟舫舊藏本此石下數寸橫折穿每行末一字初出土雖裂而不損字畫故武虛谷先生稱字皆完好無缺此本上有茉花吟舫印拓墨頗草草而弟一行之征弟三行之元不損筆畫黃小松先生藏本則征上泐墓字中泐元字亦失首畫矣

圖版四之五　羅振玉《雪堂所藏金石文字簿錄》記錄《齊大公呂望表》明拓本

（據民國十三年東方學會刊本）

皇統碑晚宿衛郡西郭直隸兵夜抵城外星馳赴楚

初四日至衛輝府治衙神廟洗剔晉太公呂望表兩斷石始見碑側有諸□□考又□□□□飭表上八分書一行後周郭進屏盜碑碑陰兩側俱有字尋武定八年太公廟碑已嵌置北門外新廟悉搨之飯別駕畢硯山署觀孫雪居雙柏圖董香光懷新堂圖甚工妙硯山之弟靜山孝廉出觀明人尺牘宋仲溫姚廣孝于忠肅諸公數十家皆精美見題跋知為吾友江秋史舊藏良朋仙去物亦雲烟對之憮然署多奇石為硯山作石供山

房扁知楚氛稍定奔山師破當陽遂 賜世職江南豐縣決河計日可塞也

初五日過衛郡命工搨城隍廟元時鐵鐘得張稚恭山水立幅程穆倩題跋漳州經幢搨本宿滑縣老牛店

初六日大風至東明郭外宿展觀音刻齊太公斷碑粘連接縫

初七日抵曹郡西郭外見穿碑驗是元脩濟瀆廟碑商琥撰書攷論濟水源流懇朝遷徙之故文極該博書復清挺上有明侍郎王永和題跋命工人搨得一紙

嵩洛訪碑日記

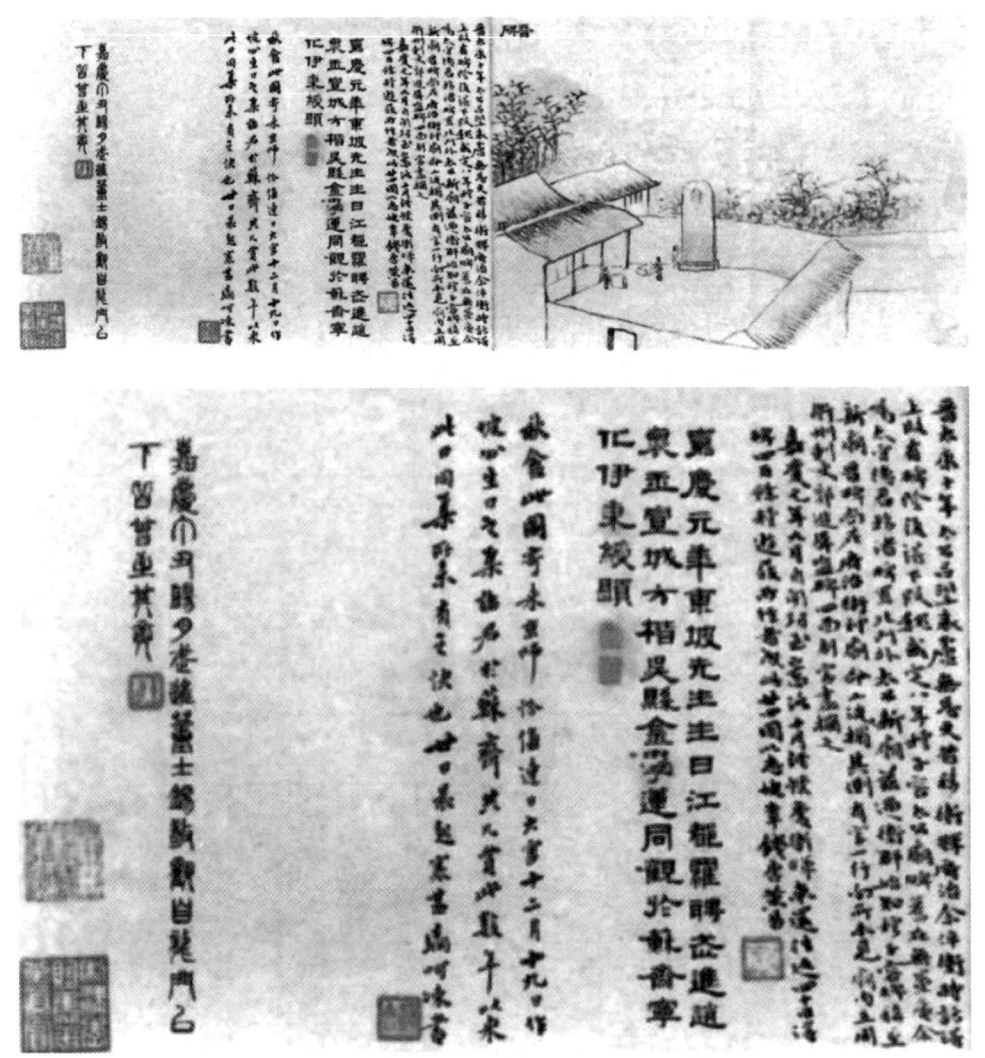

圖版六　北京故宮博物院藏黄易《嵩洛訪碑圖》記録《齊大公吕望表》

（據金運昌主編：《故宮書畫館·第七編》，紫禁城出版社2010年版，第155頁。上爲原圖，下爲細部圖）

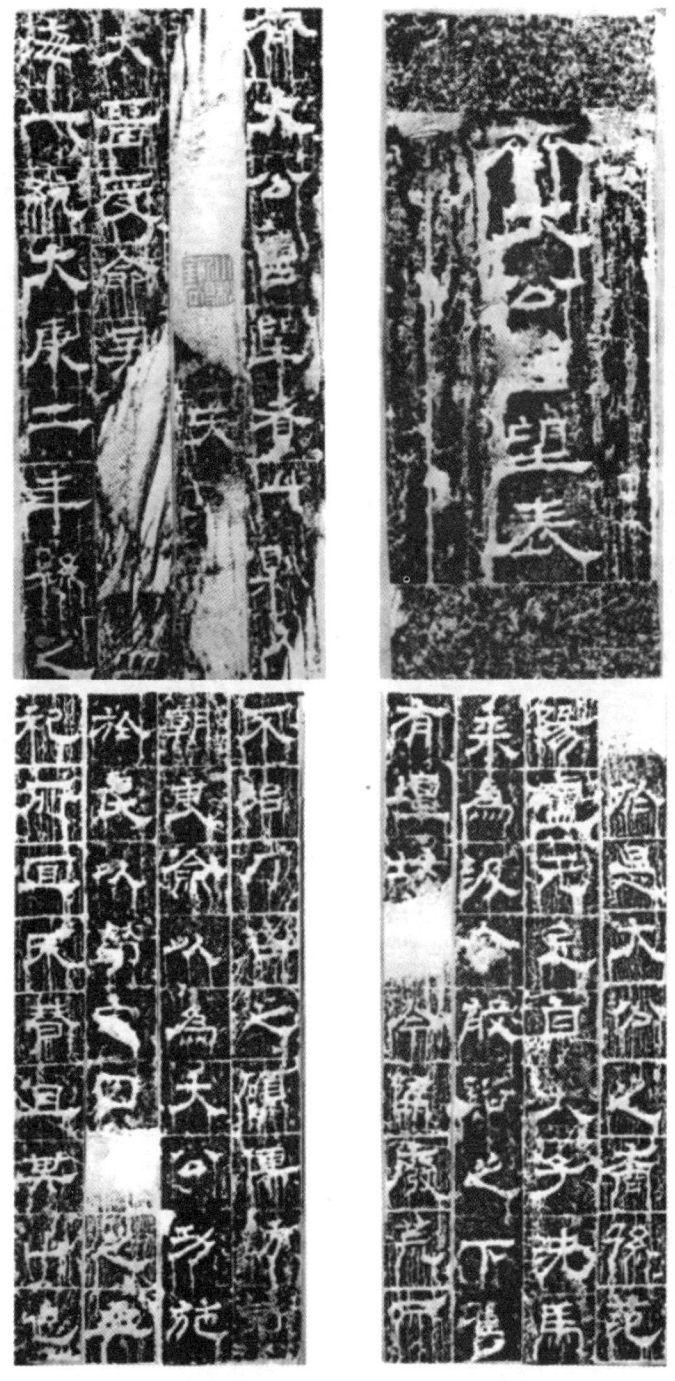

圖版七之一　北京故宮博物院藏黃易、朱文鈞遞藏《齊大公呂望表》拓本

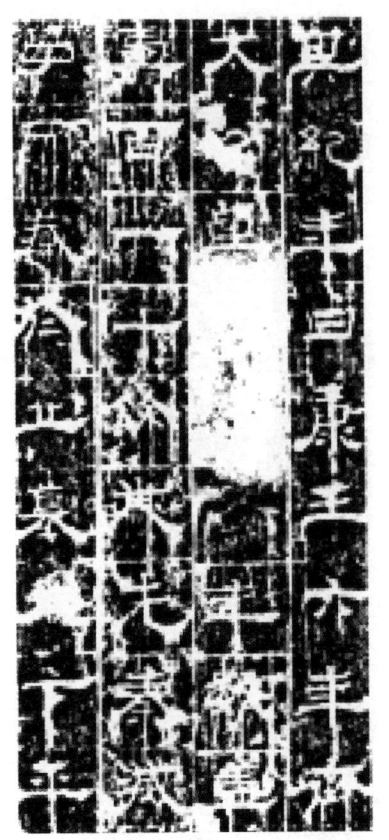

圖版七之二　北京故宮博物院藏黃易、朱文鈞遞藏《齊大公呂望表》拓本

（據中國美術全集編輯委員會編，王靖憲主編：《中國美術全集》第55冊《書法篆刻編2　魏晉南北朝書法》，第36—37頁、圖版說明第14頁）

歷年不久終西晉之世有八年者武帝之太始太康惠帝之元康考元康八年距晉初巳三十六年夫人恐不遠此按元康八年十二月距首初十一月太康八年十二月壬寅朔甲申亦在十一月太康八年十二月庚午朔十五月爲甲申碑當是泰始八年夫人年垂七十矣

齊太公呂望表

大公呂望表

齊太公呂望者此縣人□□□□□□□

石連額高五尺四寸廣三尺一寸二十行行三十字今在汲縣太公廟

《金石萃編卷二十五》七

□□大晉受命□□□□四凟一統大康二年縣之西偏有盜發冢得竹策之書書藏之年當秦坑儒之前八十六歲其周志曰文王夢天帝服□裷以立於令狐之津帝曰昌錫汝望大公於後再拜稽首大王亦夷拜稽首□訖之□而名爲望然其後文王見大公而訃之曰吾如有所見夕夢曰其言臣以大公答曰□□□□□□□□□□□□□□□□以門□□文王曰有之遂與之歸以

《金石萃編卷二十五》八

為卿士其紀年曰康王六年齊太公望□□李卒籖蓋壽百一十餘歲先秦滅學而藏於墓天下平奉而發其潛書□□出正在斯邑登皇天所以章明先拈著其名謚光于百代垂示無窮者矣於是大公之齊孫範陽篁□書有壇場□今洗馬來爲汲令般谿之下大子洗馬來爲汲沿門浴之碩儒訪諸朝吏僉以爲大公施於民以勞定國□之典祀所宜不替且其山之慇舉雲雨附用所出遙俾彼舊祀名計借□□勒□以章顯烈俾蕙載之復有所根述其辭曰

□□□□□□□□□□□□□□□□□□□□□□□□□□□□□□□□上帝□命以錫周邦公及文王二夢惟同伐大商克咸厥功邈作心昚寅亮天工建國胙土俾侯于東□乎百世聲烈彌洪殷之山脂明靈所託□降而爲賁泉澤水旱瘴疫是禳□以个福惠我百姓來方□祀其敢不敬歆以介大福天地和舒四氣通正災害不作民無大□□□文王曰□□□□□□□

圖版八之一　王昶《金石萃編》錄《齊太公呂望表》

圖版八之二　王昶《金石萃編》錄《齊太公呂望表》

（據《續修四庫全書》第887冊影印清嘉慶十年刻、同治錢寶傳等補修本）

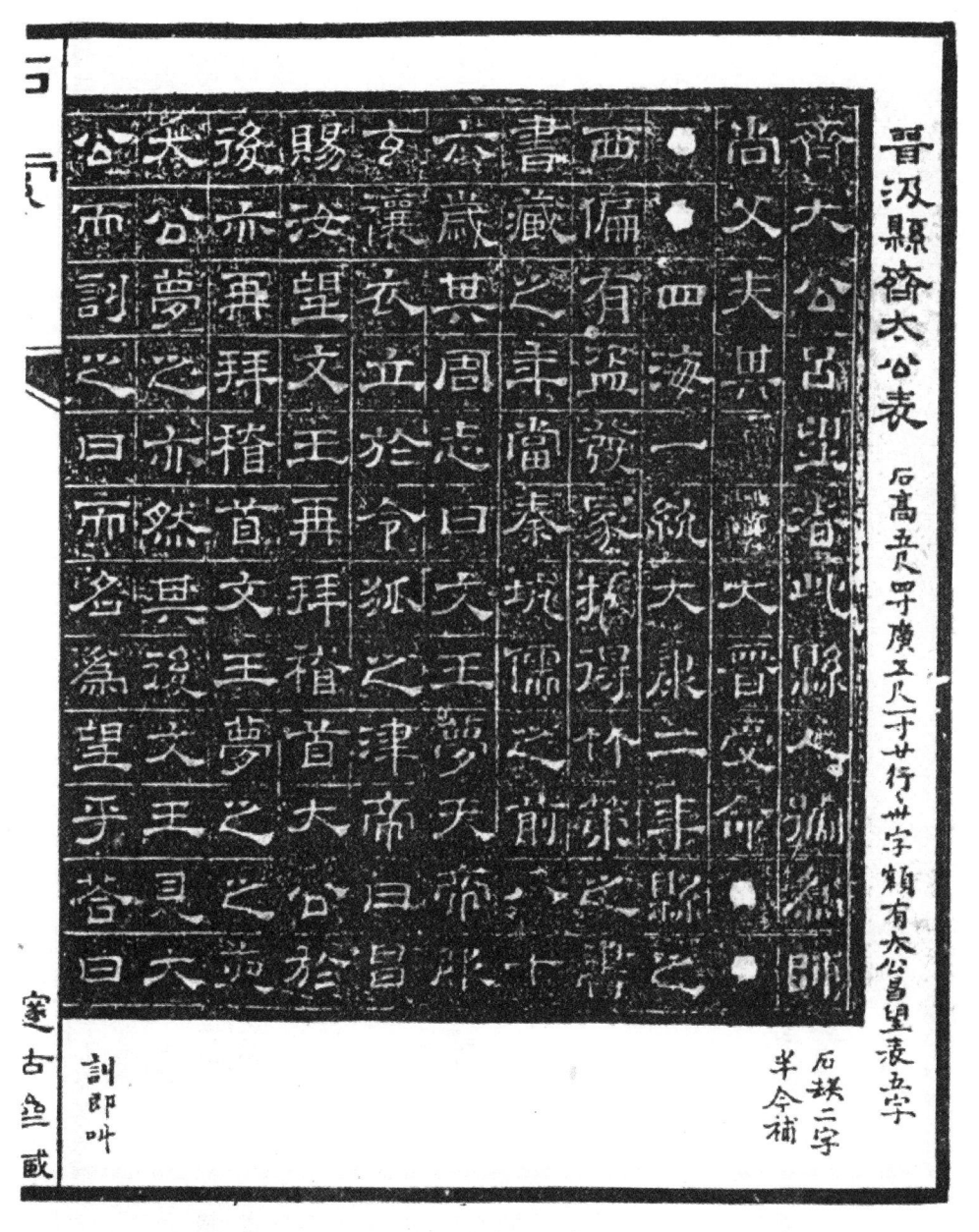

圖版九之一　馮雲鵬、馮雲鵷《金石索》錄《齊太公呂望表》

圖版九之二　馮雲鵬、馮雲鵷《金石索》錄《齊太公呂望表》

若	公	□	於	日	烈	祀	能	□	以	不	之
時	及	德	錄	偉	守	興	之	為	治	下
登	文	夕	我	萬	名	雲	典	大	乃	舊
庸	王	通	祖	載	計	雨	祀	公	咨	有
遂	二	上	時	之	偕	財	所	之	之	壇
作	夢	帝	惟	後	刊	用	宜	功	碩	場
心	惟	有	大	有	石	所	不	施	儒	●
膂	同	命	公	所	勒	出	替	於	訪	今
寅	上	以	當	稱	表	遂	且	民	諸	隨
亮	帝	錫	殷	述	以	偕	其	以	朝	廢
天	既	周	之	其	章	塈	□	勞	定	荒
工	命	邦	末	辭	顯	舊	也	定	命	而

圖版九之三　馮雲鵬、馮雲鵷《金石索》錄《齊太公呂望表》

圖版九之四　馮雲鵬、馮雲鶼《金石索》錄《齊太公呂望表》

金石文字記云水經注故汲郡治城西北有石夾水飛湍濬急人謂之礏溪言太公常釣于此也今其文曰礏溪之山般即礏之異文水經注又言縣人故會稽太守任宣白今崔瑗曰太公生於汲舊居猶存君與高國同宗今臨此國宜正其位以明尊祖之義遂立壇祀之又言城北三十里有太公泉之上有太公廟晉太康中范陽盧無忌為汲令立碑于其上此碑正無忌所立其無字作无而自播為太公之後孫然則崔盧二姓皆出自太公矣

巔業此碑已斷裂為之故有缺文在其斷處不可臆度其餘二百兩淋剝蔭之痕與筆畫混中州金石志僅載其舊未錄其碑曰字泐難辨也嘗乞石卒編刻其全文此細審擬未能臻此今鄰縣胡寅雲少尉振寄善本兩相校勘又增補十五字陟正一字辭尚缺十三字全无形影不就再補嚢中引用竹書紀年康

其年一節不見於逸周書人每疑之不知此仍周書之文乃晉帝一節不見於逸周書人每疑之不知此仍周書之文乃晉文也汲冢所得有瑣語十一篇言諸國卜夢妖恠相書則此夢必在其內矣孝晉東楷傳云太康二年汲郡人不準盜發魏襄王墓

或言安釐王冢得竹書數十車其紀年十三篇記夏以來至周幽王摎述魏事至安釐王之二十年又易經二篇易繇陰陽卦二篇公孫段二篇國語三篇論語師春一篇瑣語十一篇諸國卜夢妖怪相書也又梁邱藏一篇言邱藏金玉事繳書二篇論弋射法生封一篇大厯三篇穆天子傳五篇又雜書十九篇周食田法周書論楚事周穆王美人盛姬事大凡七十五篇漆書皆科斗字七十篇以間書折壞之其書䟱七十五篇其傳于今者祇竹書紀年穆天子傳及美人盛姬事逸周書則前已引用之非得此碑安知璵語軼事䡄其襄字不見於說文而衛宏字說與昭卿字指有之葢許氏時以書未出也昔人競尚清譚寫行艸御法淪已是刻在晉初年文詞典雅隸法方整當為晉碑之冠古

圖版九之六　馮雲鵬、馮雲鵷《金石索》錄《齊太公呂望表》

（據書目文獻出版社影印道光元年刊自寫刻本）

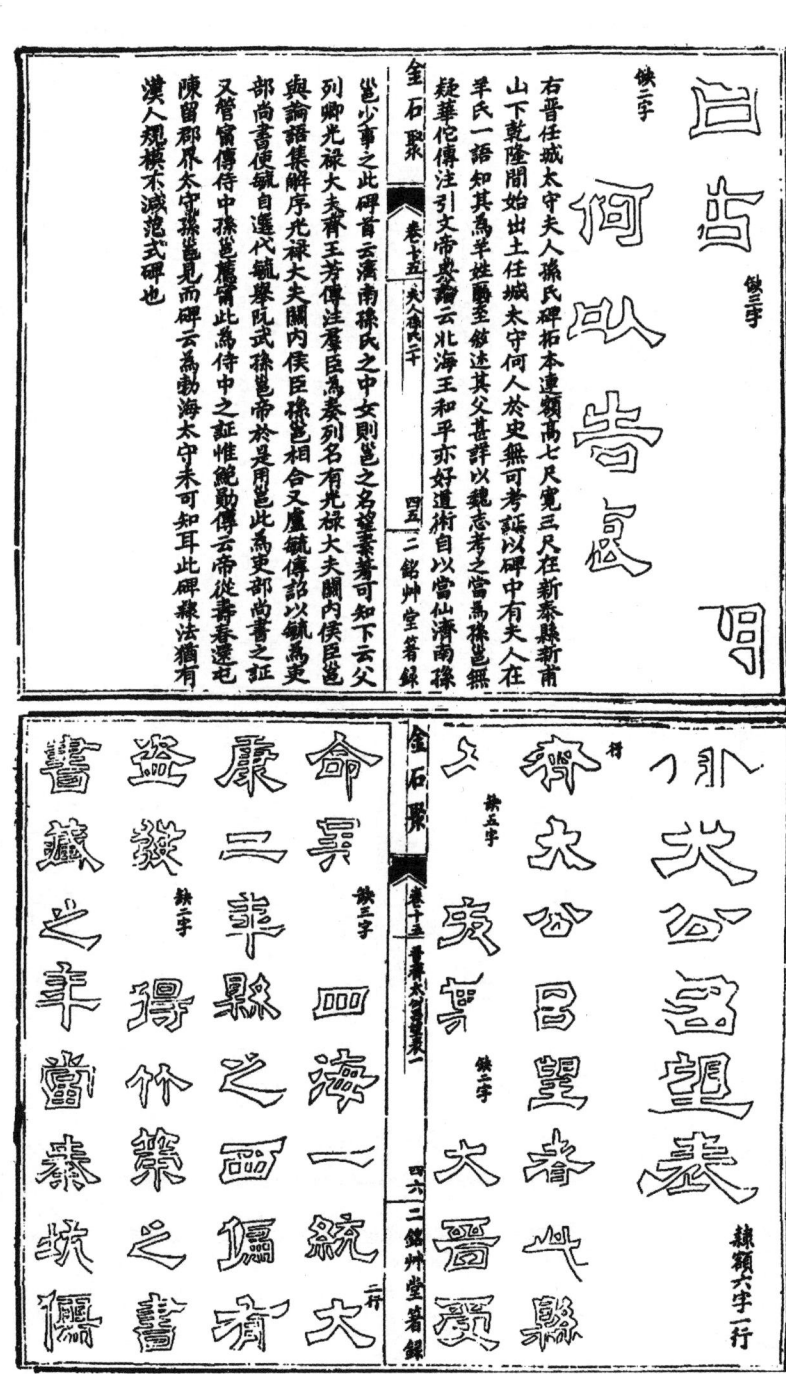

圖版十之一　張德容《二銘艸堂金石聚》錄《齊太公呂望表》雙鉤摹寫本

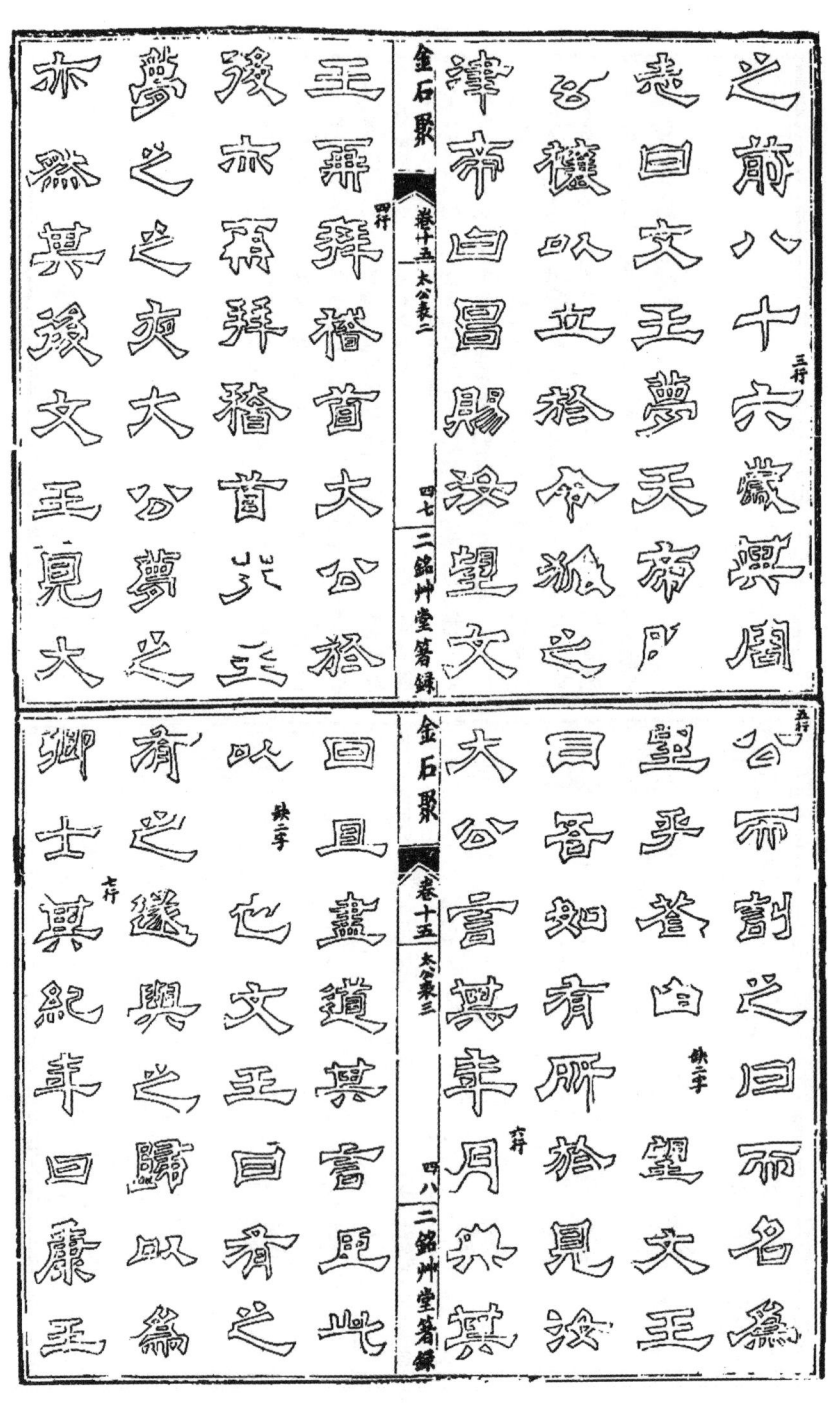

圖版十之二　張德容《二銘艸堂金石聚》錄《齊太公呂望表》雙鉤摹寫本

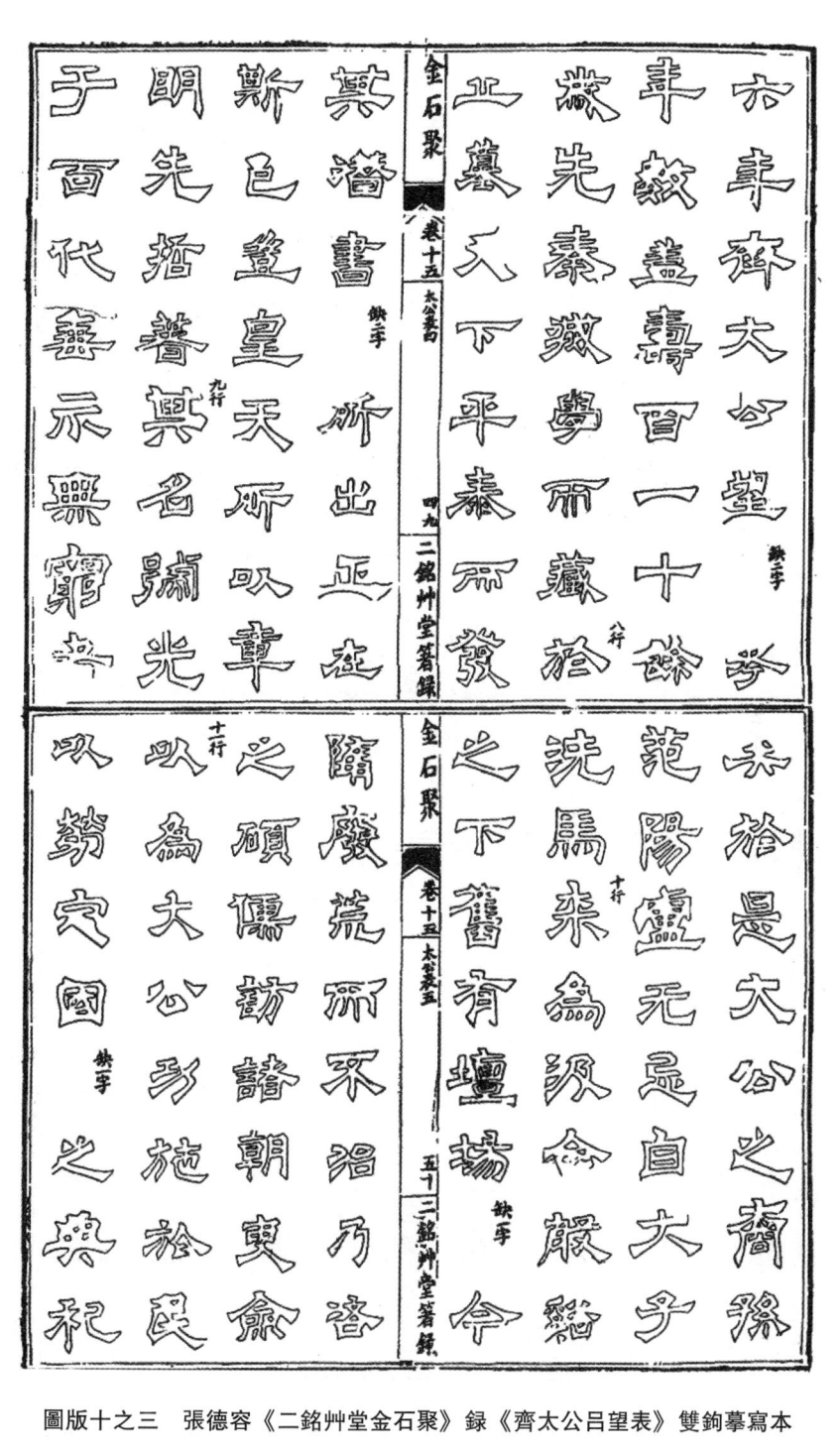

圖版十之三　張德容《二銘艸堂金石聚》錄《齊太公呂望表》雙鉤摹寫本

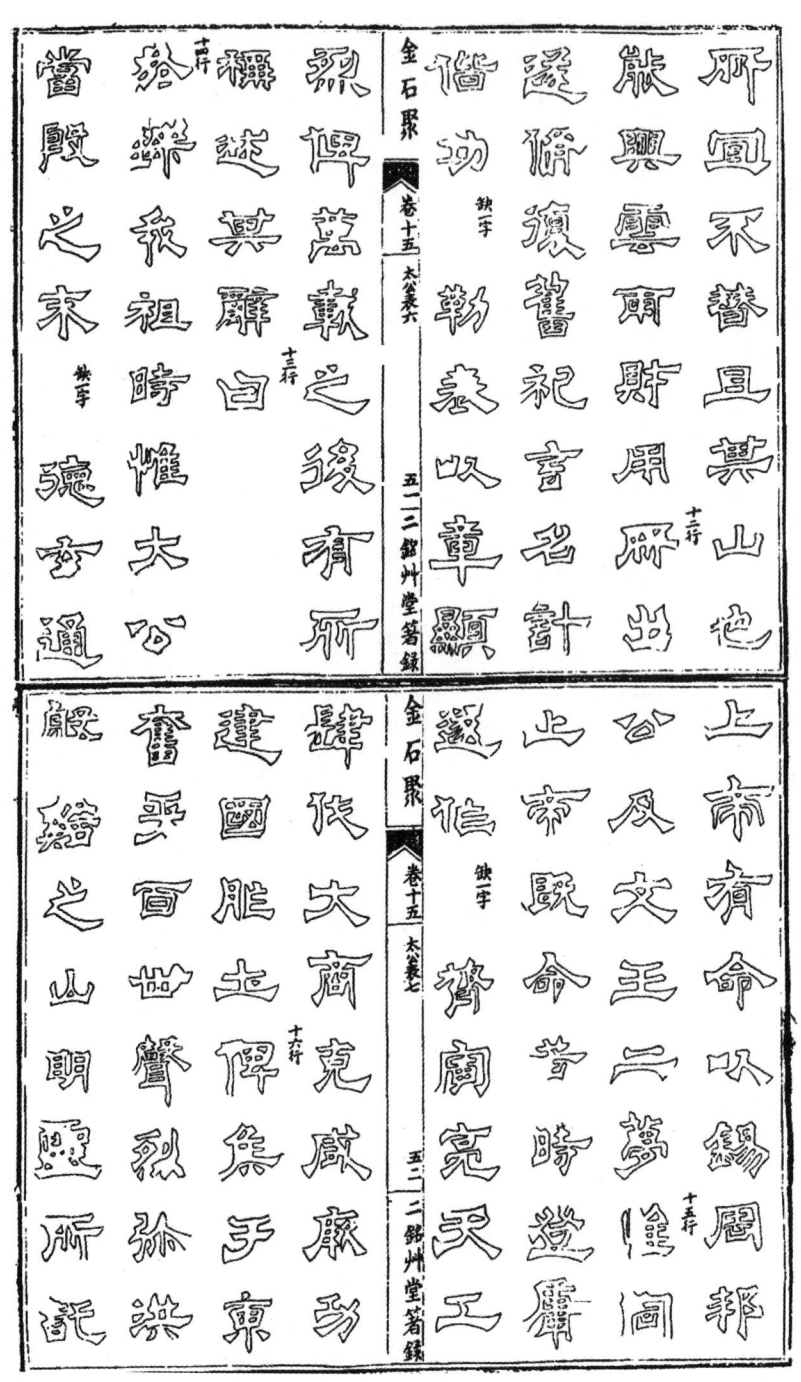

圖版十之四　張德容《二銘艸堂金石聚》錄《齊太公呂望表》雙鉤摹寫本

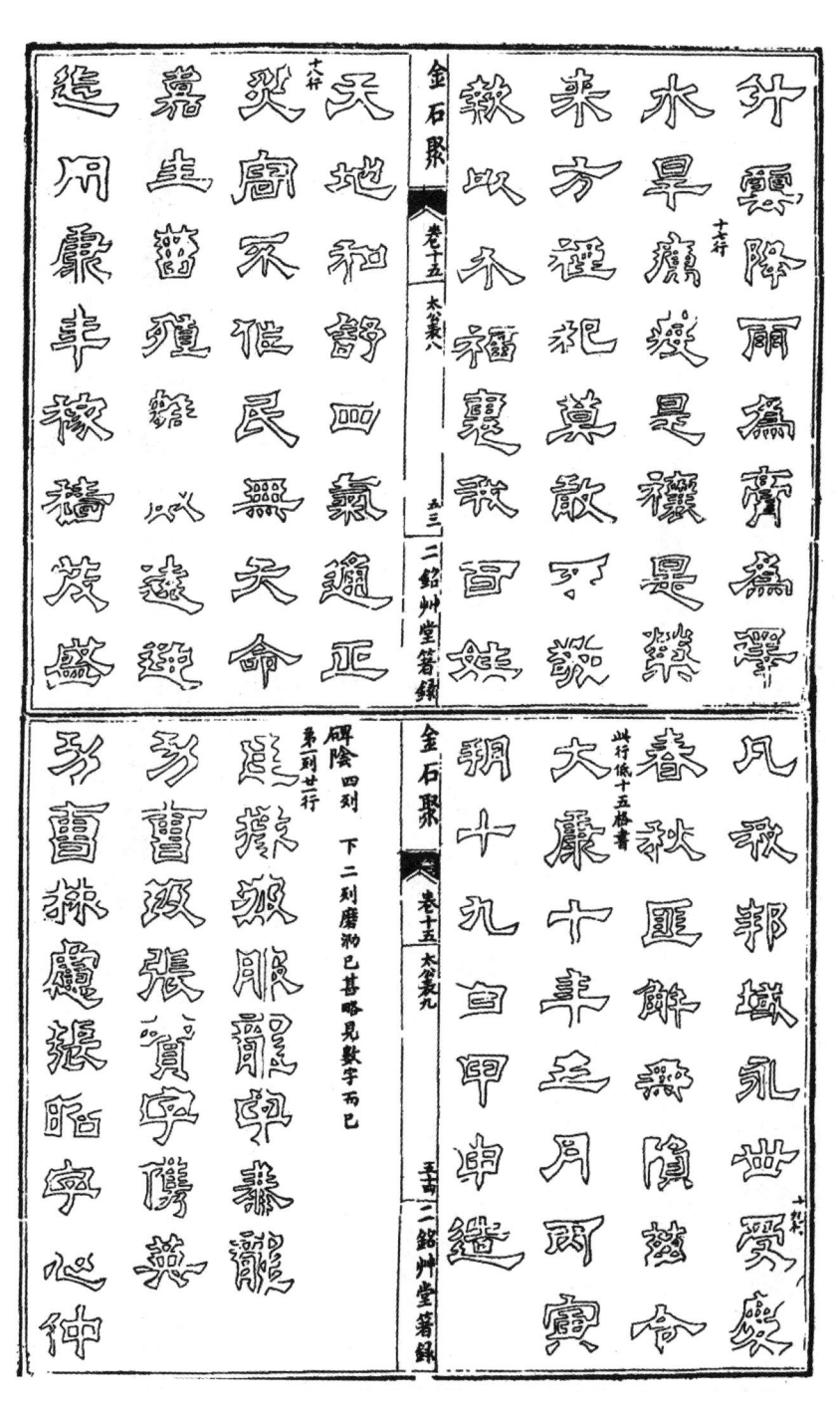

升霝降丽為齊為澤
水旱癘疫是禮是樂
來方征祀莫敢不
歡以永福寔歌百姓

天地和舒四氣適正
災害不作民無夭命
嘉生蕃殖䋫以遠迩

迄用康丰稼穡茂盛

凡歌邦域乳世變處
朝十九白甲申造
大康十丰壬月丙寅
春秋匪解陰䧕令

碑陰四列　下二列磨泐已甚略見數字而已
第一列廿二行
鼙城服賓年龔
多曾政張賓儻英
多曾林慮張昭字仲

圖版十之五　張德容《二銘艸堂金石聚》錄《齊太公呂望表》雙鉤摹寫本

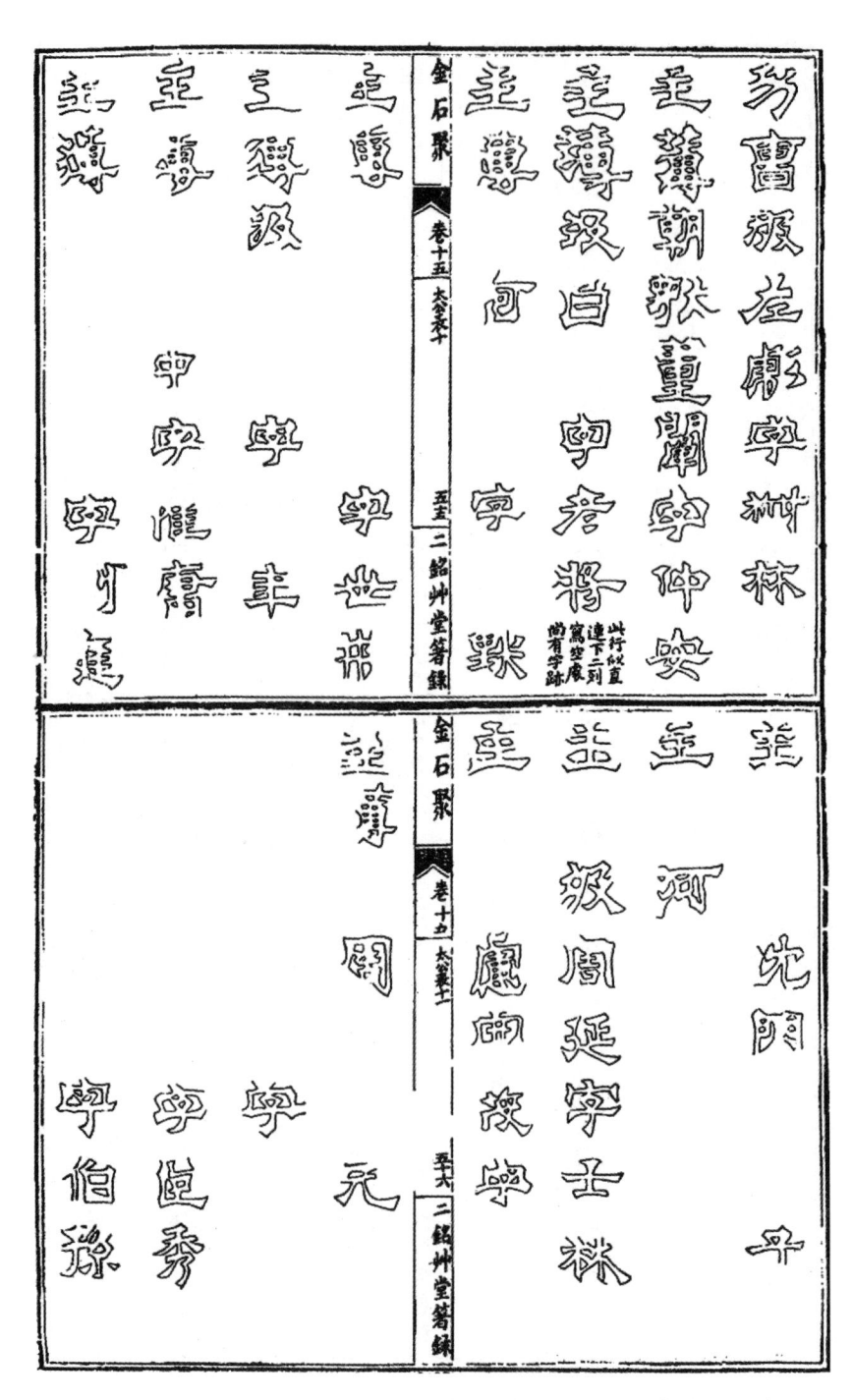

圖版十之六　張德容《二銘艸堂金石聚》錄《齊太公呂望表》雙鉤摹寫本

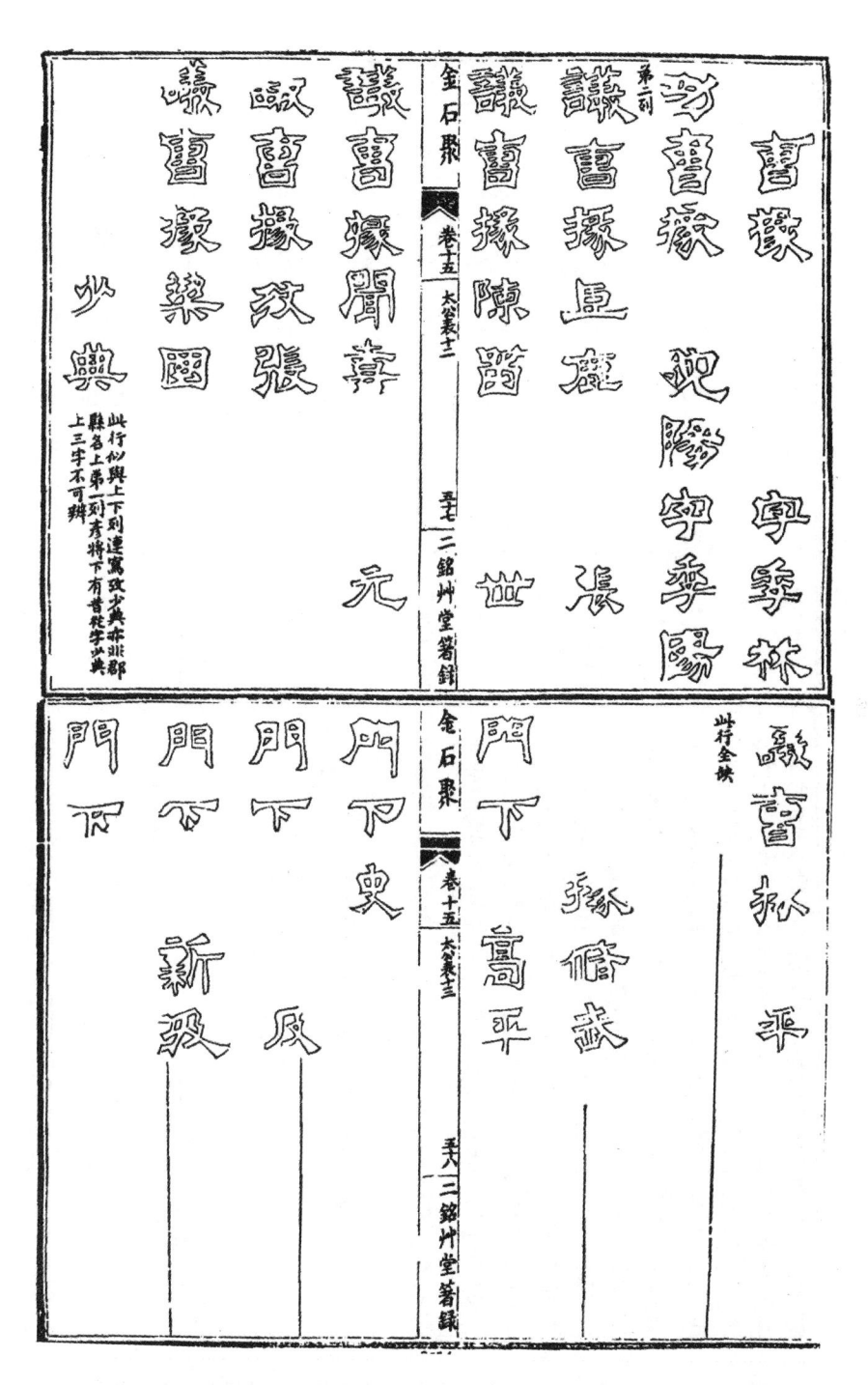

金石聚 卷十五	
議書掾樂囤	汋書掾虵勝守季陽 第二列
臧書掾攻張	議書掾直庭 張
議書掾聞壽 元	議書掾陳酋 世
少典	守季林
	此行金铁
此行似與上下列連寫攻其亦非郡縣名上第一列夆将下有普從宁少典上三字不可辨	

金石聚 卷十五	
臧書掾平	
門下	門下 高平
門下史	掾儋武
門下 及	
門下 新毁	

圖版十之七　張德容《二銘艸堂金石聚》錄《齊太公呂望表》雙鉤摹寫本

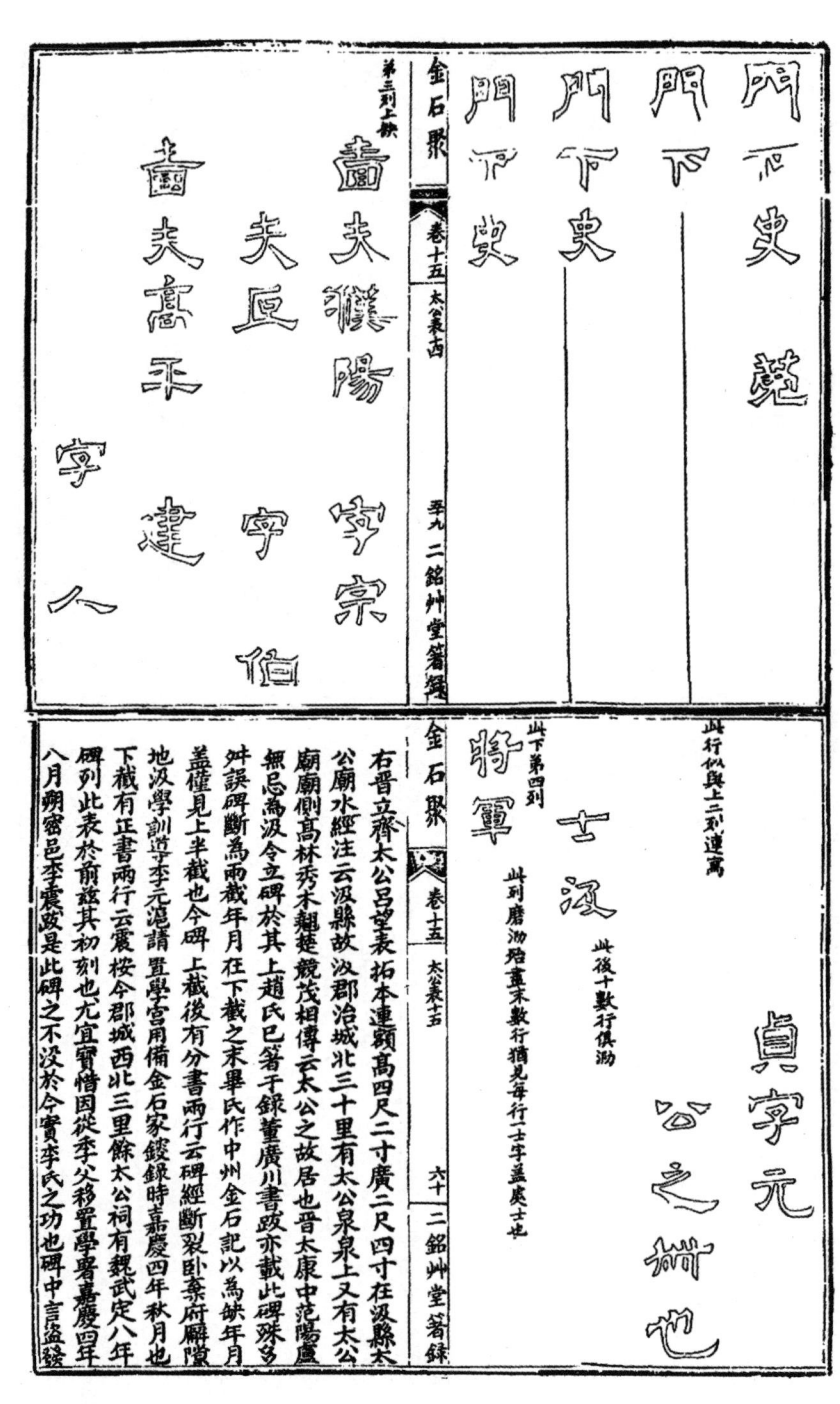

圖版十之八　張德容《二銘艸堂金石聚》錄《齊太公呂望表》雙鉤摹寫本

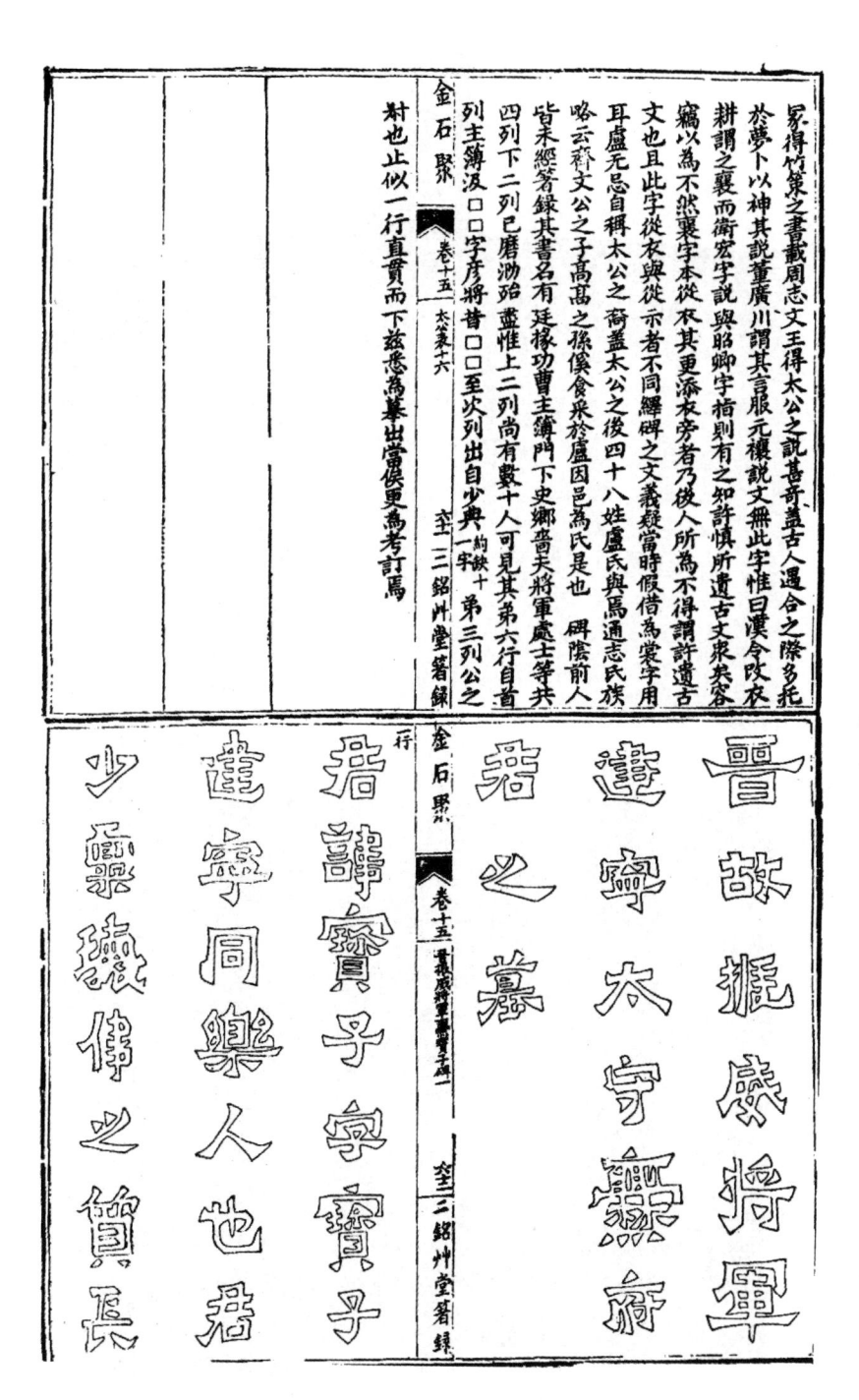

家得竹策之書載周志文王得太公之說甚奇蓋古人邂合之際多托
於夢卜以神其說董廣川謂其言服元穰說文無此字惟曰漢令攺衣
耕謂之襄而衛宏宇說與昭卿宇楷則有之知許慎所遺古文衆容
竊以為不然襄字本從衣其更添衣旁者乃後人所為不得謂許遺古
文也且此字從衣與從示者不同繹碑之文義疑當時假借為裳字用
耳盧无忌自稱太公之後四十八姓盧氏與馬通志氏族
略云姜姓著錄其書名有廷椽功曹主簿門下史鄉嗇夫將軍處士等共
皆未經箸錄其書名有廷椽功曹主簿門下史鄉嗇夫將軍處士等共
四列下二列已屠泐跲盡惟上二列尚有數十人可見其第六行自首
列主簿汲□□宇彦將昔□□至次列出自少典約缺十一宇第三列公之

對也止似一行直貫而下兹悉為舉出當俟更為考訂焉

（碑文鉤摹本，文略）

圖版十之九　張德容《二銘艸堂金石聚》錄《齊太公呂望表》雙鉤摹寫本

（據新文豐出版公司編輯部輯：《石刻史料新編》第二輯第3冊，
臺北新文豐出版公司1979年影印同治十一年張氏刊本）

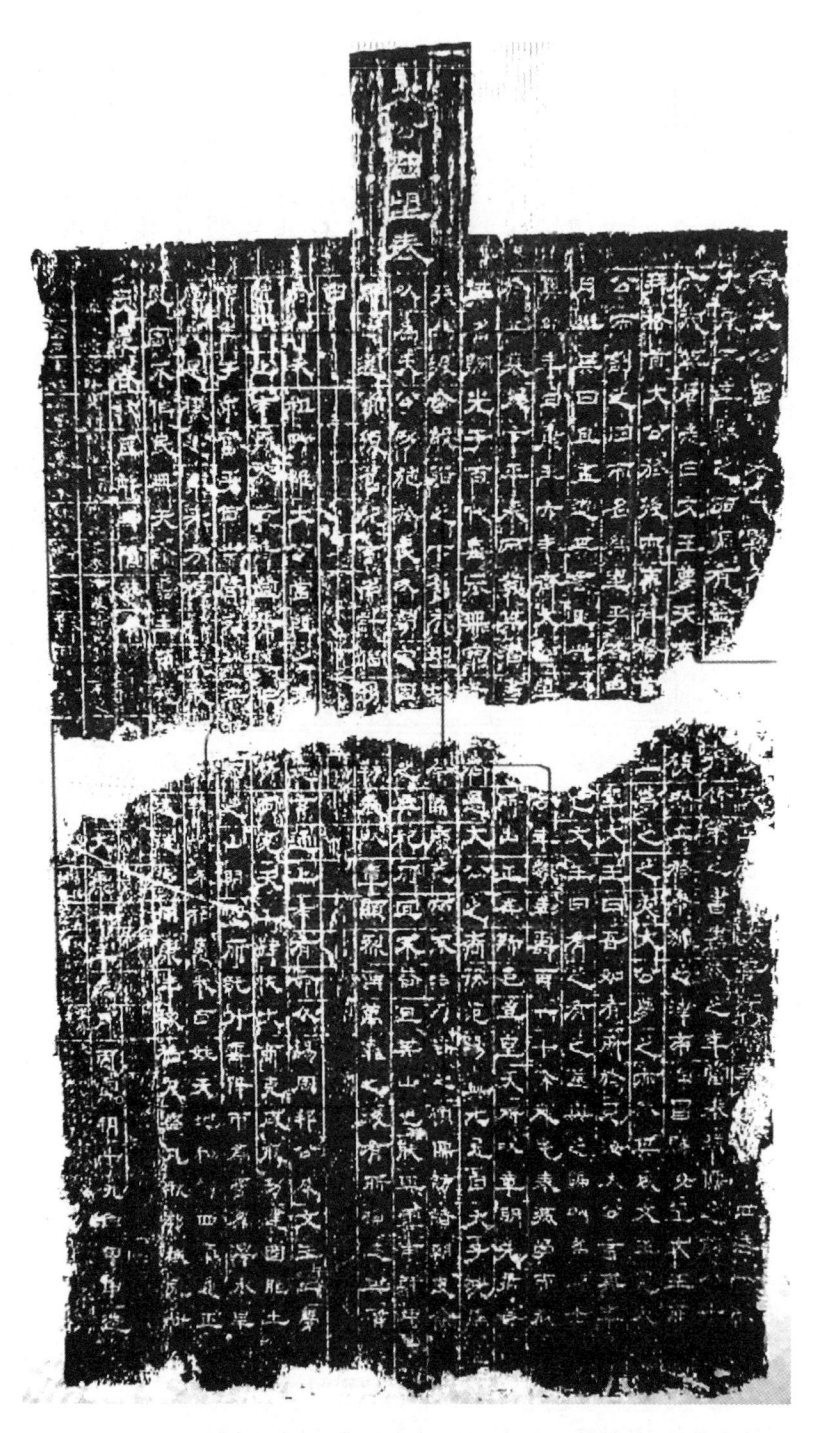

圖版十一　楊守敬《寰宇貞石圖》清光緒八年刻本錄《齊太公呂望表》拓片

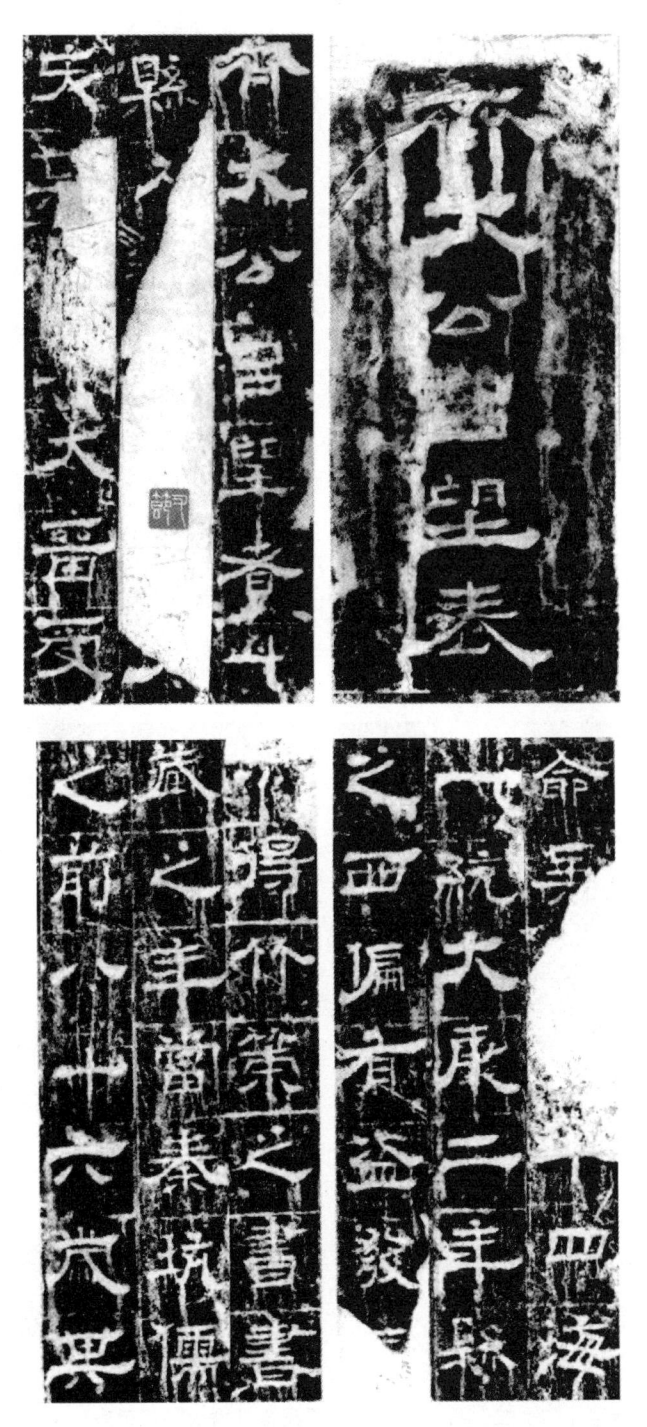

圖版十二之一　日本國清源實門氏藏《齊太公呂望表》拓本

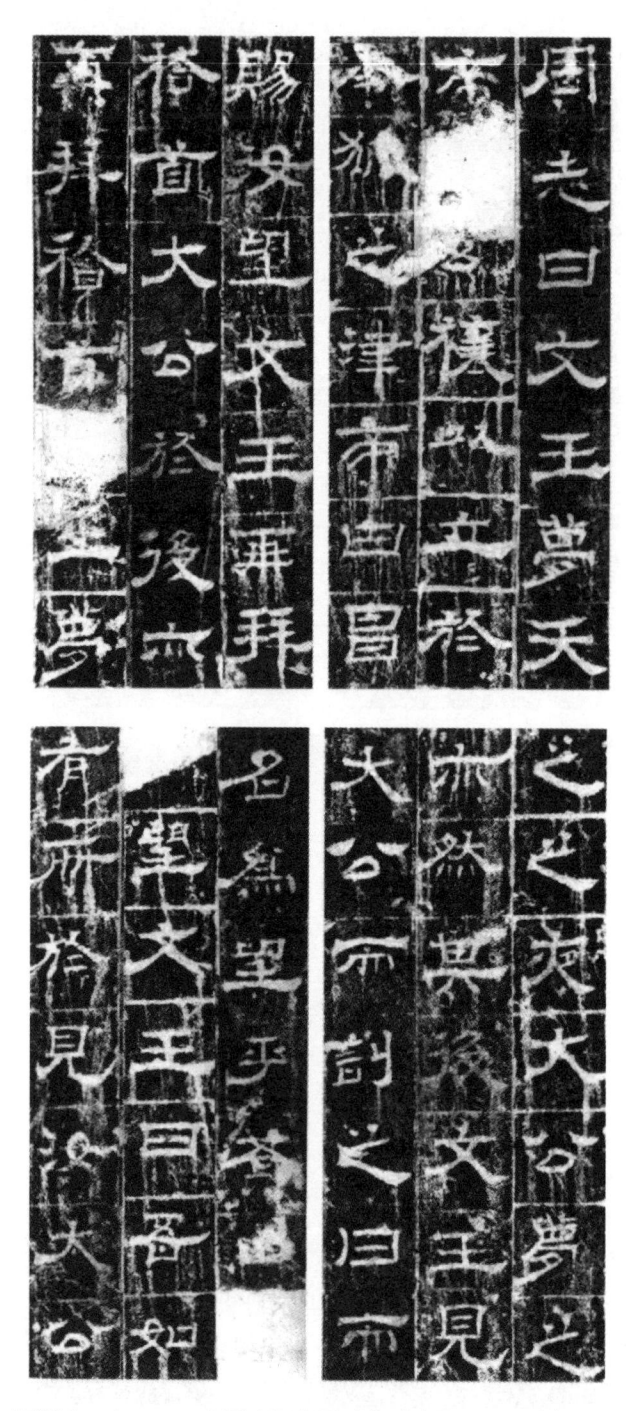

圖版十二之二　日本國清源實門氏藏《齊太公呂望表》拓本

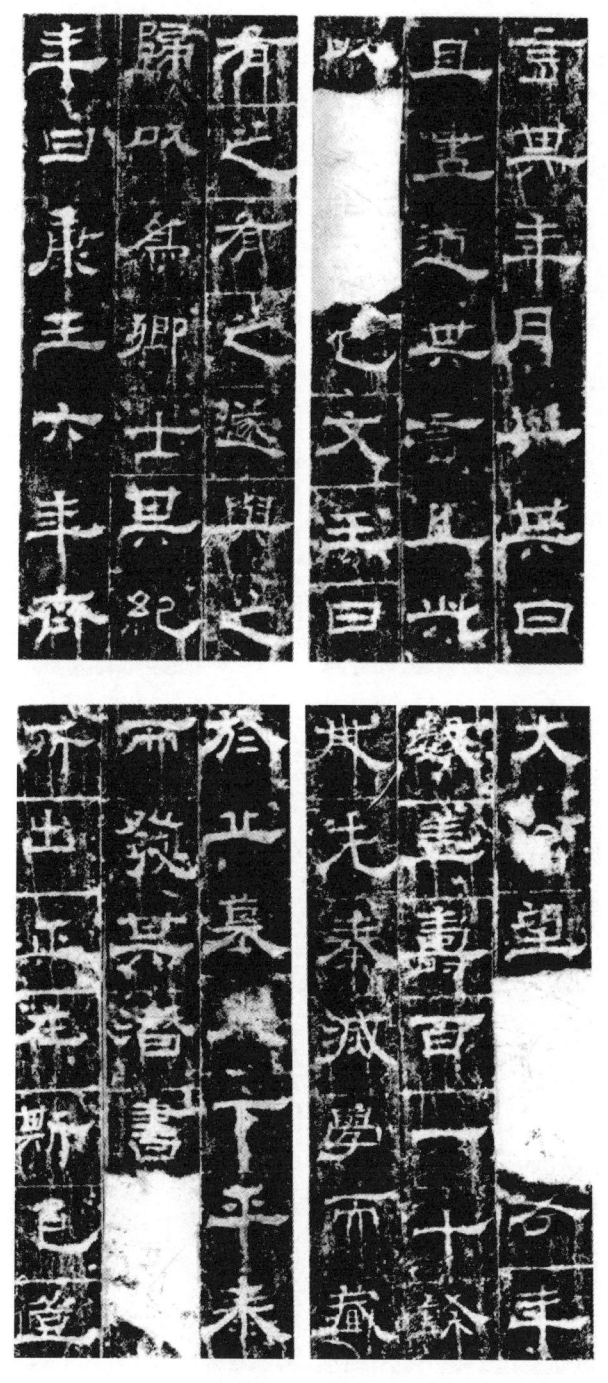

圖版十二之三　日本國清源實門氏藏《齊太公呂望表》拓本

皇天所以章明先哲普其名歸光于百代垂示無窮

孫范陽烏先之官於恩大公之苗大子洗馬來禽汲

殷諸之下裴有壇坎今隔廢荒而不得行禘之頌

陳訪諸朝更命以為大公之後施於民以邵宣固惡之典

圖版十二之四　日本國清源實門氏藏《齊太公呂望表》拓本

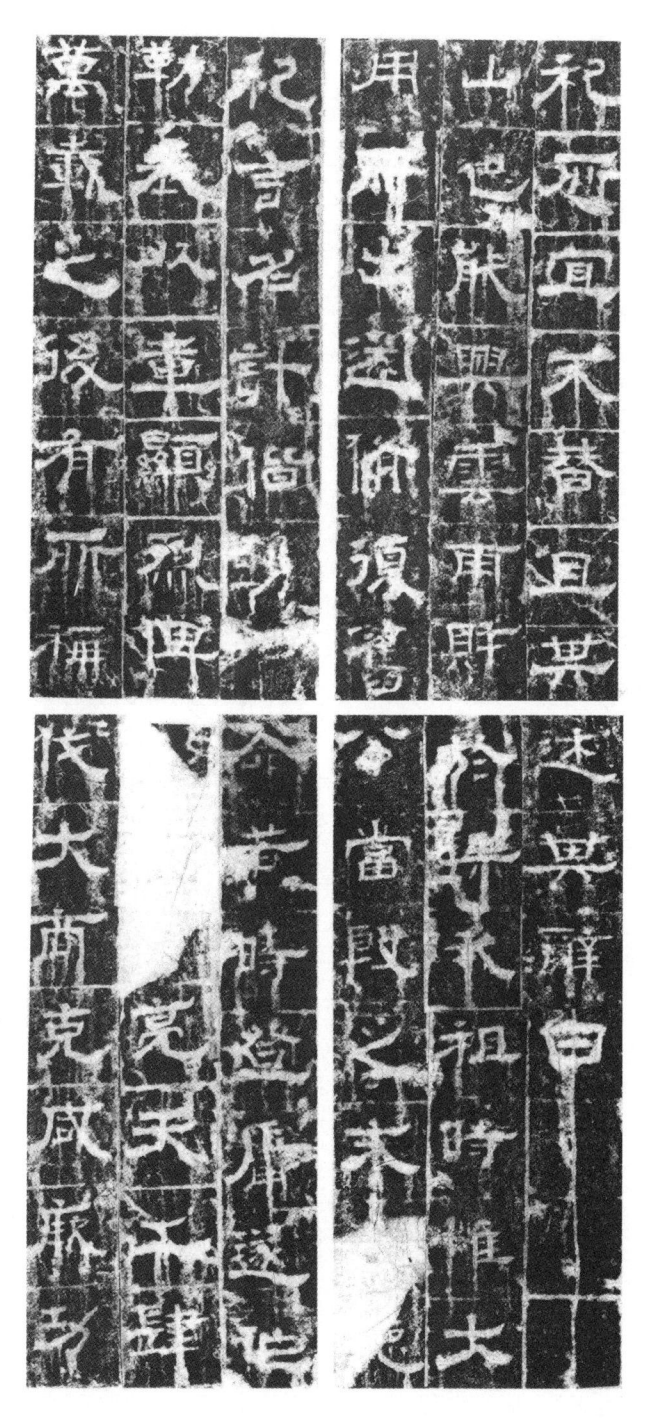

圖版十二之五　日本國清源實門氏藏《齊太公呂望表》拓本

圖版十二之六　日本國清源實門氏藏《齊太公呂望表》拓本

圖版十二之七　日本國清源實門氏藏《齊太公呂望表》拓本

（據劉正成主編：《中國書法全集》第10、第11卷）

圖版十三 《楊守敬集·寰宇貞石圖》録《齊太公吕望表》拓片

(據謝承仁主編:《楊守敬集》第9册,第193頁)

呂望表

一石通高五尺六寸廣三尺二寸 一行三十字額
一行六字隸書在河南汲縣太公廟

齊大公呂望表額

齊大公呂望者此縣人也遭秦燔書史夫其耤至大晉受命吳會既平四海一統大康二年縣之西偏有盜發其周志曰文王夢天帝服玄襆以立於令狐之津帝曰昌賜汝望文王再拜稽首大公於後亦再拜稽首王夢之夜大公夢之亦然其後文王見大公而訓之曰而名為望乎答曰唯為望文王曰吾如有所於見汝大公言其年月與其曰且晝道其言匪此以得見也文王

晉大康十年三月十九日 呂望表一

曰有必有之遂與之歸以為卿士其紀年曰康王六年齊大公望卒參考年穀蓋壽百一十餘歲先秦滅學而藏於丘墓因下平泰而發其潛書□之所出正在斯邑登皇天所以章明先拈著其名號光于百代垂示無窮者乎於是大公之裔孫范陽盧无忌自大子洗馬來為汲令戚黥之下舊有壇場而今隨廢荒而不治乃啟之碩儒訪諸朝吏僉以為大公功施於民以勞定國國之典祀所宜不替且其山也䏻與雲雨財用所出遂脩復舊祀言名計偕鑱石勒表以章顯烈俾萬載之後有所稱述其辭曰

於鑠我祖時惟大公當殷之末□德玄通上帝有命以

圖版十四之二　《魯迅輯校石刻手稿》錄《齊太公呂望表》摹寫本

錫周邦公及文王二夢雝同上帝既命若時登庸遂作
心膂寅亮天工肆伐大商克咸厥功建國胙土俾處于
東奮乎百世聲烈弥洪殷豁之山明靈所託升雲降雨
為膏為澤水旱癘疫是禳是榮來方禋祀莫敢不敬報
以不福惠我百姓天地和舒四氣通正災害不作民無
夭命嘉生蕃殖虫□遠迩迄用康丰稼穡茂盛凡我邦
域永世受慶春秋匪解無負茲令

寧嚭大康十年三月丙寅朔十九日甲申造

碑陰題名二列隸書
分二十一行

廷掾汲朋龍字泰龍　議曹掾臣鹿程

功曹汲張□□儶英　議曹掾陳留程□

呂望表二

圖版十四之三　《魯迅輯校石刻手稿》錄《齊太公呂望表》摹寫本

功曹□□字□仲
功曹汲左彪字朸林
主薄□山董□仲安
主薄汲吕□字彥□
主薄□□楊字□默
主薄□□□字世權
□□□□□丰□
□□張□□朸□

議曹掾清□范
□曹掾汲張魚
曹掾□國□
□□平□
□門□伙□
□□□□
門下□汲
門下□汲
河□□□□

□汲周延字士□
□曲茂□□□
□□内□□□
□□李□門下史
□□□字豆秀門
河内郭仰字季林□□
□兕隆字季陽郡
碑經斷裂臥棄府廨隙地汲學訓導李元滬請置學
宮用儁金石家鐱錄皆嘉慶卯奉烁月也 馮敏行
鐫隸書二行刻碑陽左上方

圖版十四之五　《魯迅輯校石刻手稿》錄《齊太公呂望表》摹寫本

震按今郡城西北三里餘太公祠有魏武定八年碑列此表於前茲其初刻也尤宜寶惜因從季父移置學署清嘉慶四年八月朔密邑李震跋　正書二行刻碑陽左下方

失其藉。失,王誤天。

吳會既平。王缺吳。

而得竹策之書。

垂示無窮者乎。王敓而字又無□。

鐫石勒表。王缺鐫表二字。

上帝既命。王缺既。

無負茲令。王缺負。

有陰,王失錄。孫氏訪碑錄云有側未見。①

乎字泐,據魏刻呂望表當是平字。《續苑》作乎。王作矣。恐非。

圖版十四之七　《魯迅輯校石刻手稿》錄《齊太公呂望表》摹寫本

(據李新宇、周海嬰主編:《魯迅大全集》23《學術編　魯迅輯校石刻手稿　碑銘中　呂望表》,長江文藝出版社2011年版,第28—34頁)

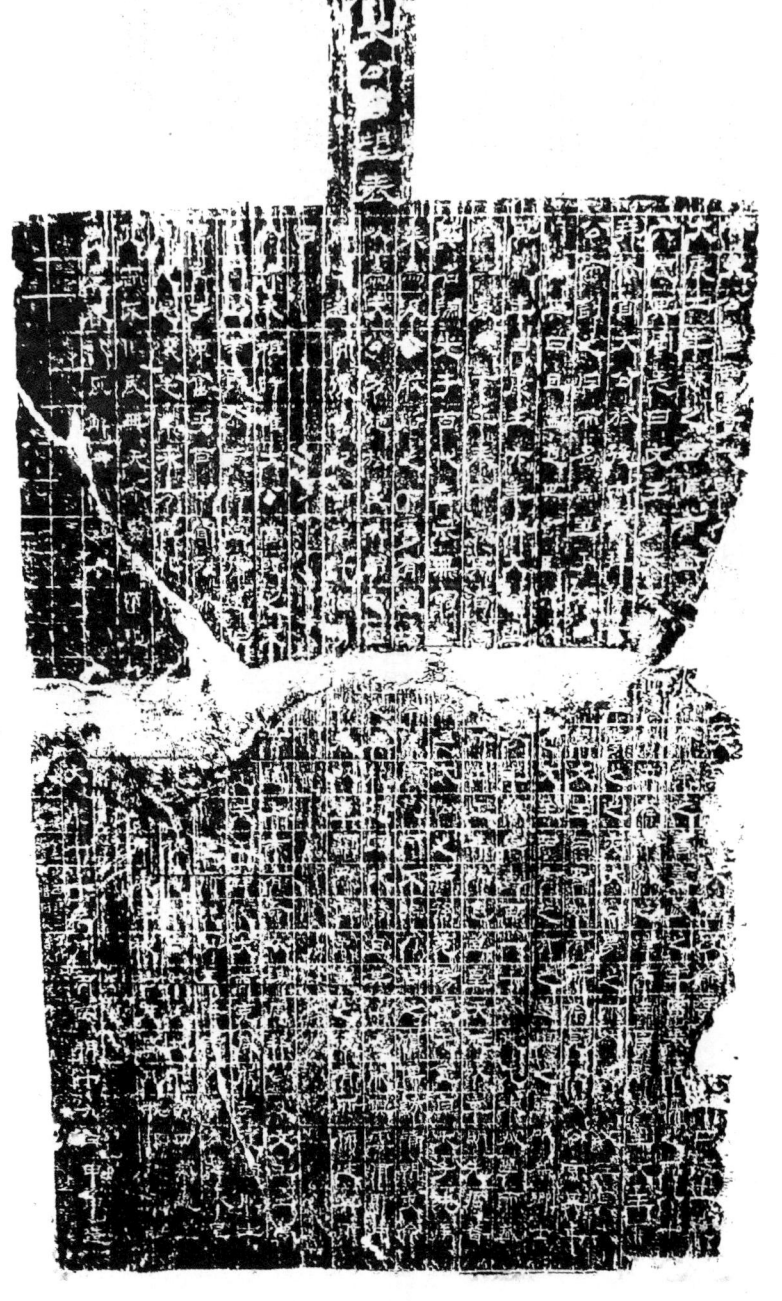

圖版十五　楊守敬《寰宇貞石圖》清宣統元年刻本錄《齊太公呂望表》拓片

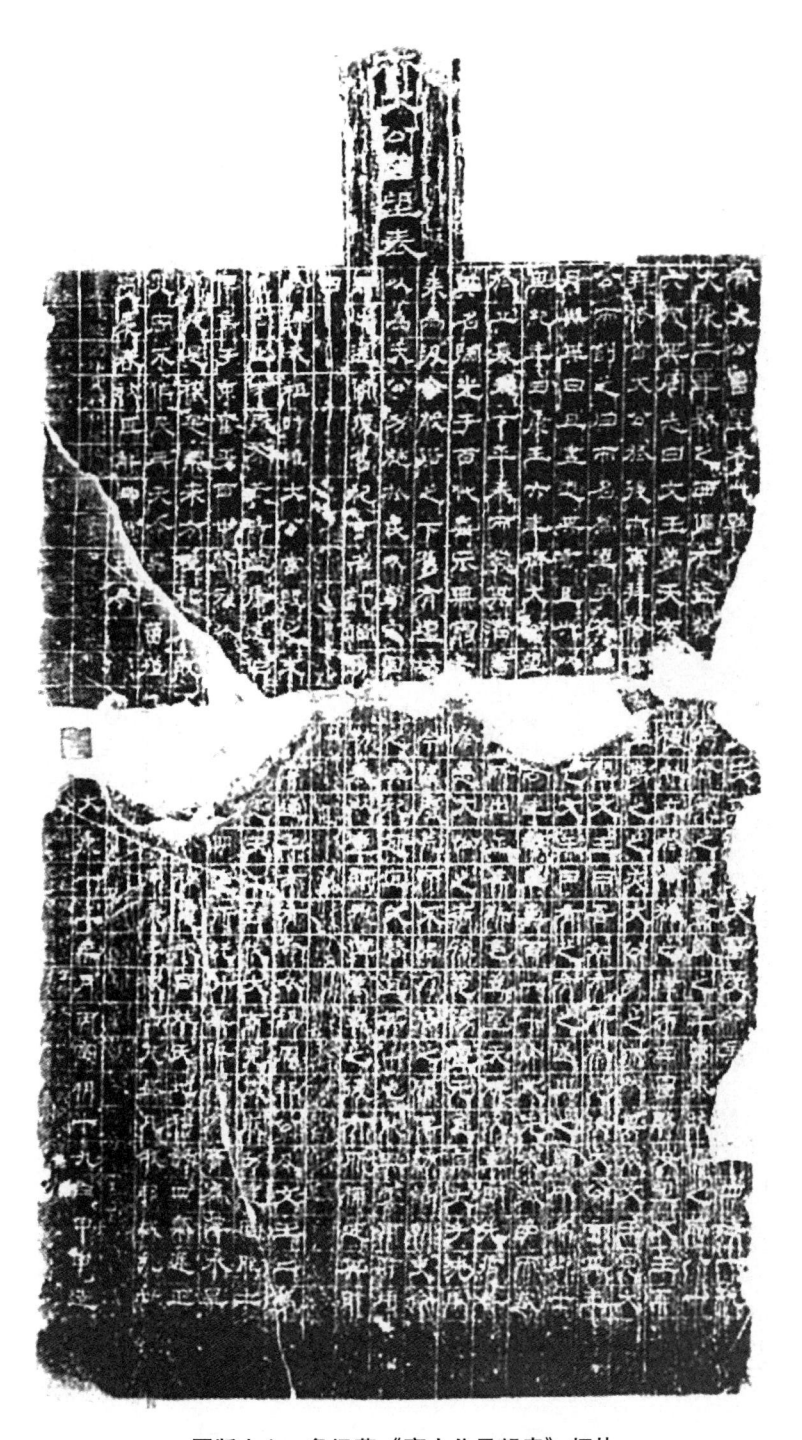

圖版十六　魯迅藏《齊太公呂望表》拓片

（據王錫榮、喬麗華選編：《藏家魯迅》，第164頁）

圖版十七　新鄉博物館藏《齊太公呂望表》拓片

（據安喜萍：《衛輝歷代碑刻》，第 14 頁）

陽

呂望表　　軸115
　　東魏武定八年（550）四月十二日刻於河南汲縣。拓片高145厘米，寬77厘米。陰刻題名。穆子容撰，正書。此拓係飲冰室主梁啓超書藏本。

圖版十八之一　　中國國家圖書館藏梁啓超舊藏穆子容《修太公呂望祠碑》拓片

陰

圖版十八之二　中國國家圖書館藏梁啓超舊藏穆子容《修太公呂望祠碑》拓片

（據北京圖書館金石組編：《北京圖書館藏中國歷代石刻拓本彙編》第 6 冊，第 170—171 頁）

目　　錄

序 …………………………………………………………… (1)

第一章　《齊太公呂望表》的製造與保存 ………………… (1)
　第一節　《齊太公呂望表》《修太公呂望祠碑》的製造 ……… (2)
　第二節　《齊太公呂望表》保存情況考 …………………… (21)

第二章　《齊太公呂望表》學術史與本書的研究方法 ……… (32)
　第一節　晉以來《齊太公呂望表》著録與研究情況 ………… (33)
　第二節　晉以來《齊太公呂望表》著録與研究情況
　　　　　之分析 ……………………………………………… (174)
　第三節　本書的研究思路與理論方法 ……………………… (198)

第三章　《齊太公呂望表》拓本摹寫本斷代 ……………… (200)
　第一節　清以來《齊太公呂望表》拓本斷代研究狀況
　　　　　及分析 ……………………………………………… (200)
　第二節　《齊太公呂望表》拓本斷代 ………………………… (212)
　第三節　《齊太公呂望表》明拓本 …………………………… (223)
　第四節　《齊太公呂望表》清民國初拓本摹寫本 …………… (234)

第四章 《齊太公呂望表》碑文復原與校注 …………（282）
　　第一節 《齊太公呂望表》碑文復原 ………………（283）
　　第二節 《齊太公呂望表》校注 ……………………（295）

第五章 《齊太公呂望表》重要史實考證 ……………（309）
　　第一節 汲冢竹書出土之年 …………………………（309）
　　第二節 汲冢的地望 …………………………………（313）
　　第三節 齊太公呂望的籍貫 …………………………（319）
　　第四節 齊太公呂望的年紀 …………………………（327）
　　第五節 《周志》的性質 ……………………………（331）

第六章 結語 ……………………………………………（340）

附録一　古文獻徵引目 …………………………………（348）
附録二　近人論著徵引目 ………………………………（373）
索引 ………………………………………………………（382）
後記 ………………………………………………………（426）

插表目録

表3-1 《齊太公吕望表》各本文字磨泐歷程……………（220）

插圖目録

圖1-1 中國國家圖書館藏顧廣圻、瞿鏞、丁福保遞藏《齊太公呂望表》明拓本 ……………………………（7）

圖1-2 中國國家圖書館藏梁啓超舊藏穆子容《修太公呂望祠碑》拓片（陽） ……………………（19）

圖1-3 中國國家圖書館藏梁啓超舊藏穆子容《修太公呂望祠碑》拓片（陰） ……………………（20）

圖2-1 趙明誠《金石録·晉太公碑》 ………………………（35）

圖2-2 董逌《廣川書跋·太公碑》 …………………………（38）

圖2-3 王惲《秋潤先生大全文集·七言絶句·六度寺》 ……（41）

圖2-4 楊慎《水經注所載碑目》記《齊太公呂望表》 ………（46）

圖2-5 《（順治）衛輝府志》録盧无忌《呂望表》 ……………（58）

圖2-6 北京故宮博物院藏黄易《嵩洛訪碑圖》記録《齊大公呂望表》 ………………………………（70）

圖2-7 北京故宮博物院藏黄易、朱文鈞遞藏《齊太公呂望表》清拓本 ………………………………（72）

圖2-8 中國國家圖書館藏顧廣圻、瞿鏞、丁福保遞藏《齊太公呂望表》明拓本 ……………………（85）

圖2-9 張德容《二銘艸堂金石聚》録《齊太公呂望表》雙鉤摹寫本 …………………………………（106）

圖 2-10　《魯迅輯校石刻手稿》錄《齊太公吕望表》摹寫本……（124）
圖 2-11　梁啓超《吕望表跋》…………………………………（125）
圖 2-12　羅振玉《雪堂所藏金石文字簿録》記録《齊太公
　　　　　吕望表》明拓本……………………………………（135）
圖 2-13　陳文伯舊藏《齊太公吕望表》明拓本 ………………（141）
圖 2-14　伏見沖敬《中國書道史》録《齊太公吕望表》………（170）
圖 2-15　日本國清源實門氏藏《齊太公吕望表》拓本 ………（172）
圖 3-1 　羅振玉《雪堂所藏金石文字簿録》記録《齊太公
　　　　　吕望表》明拓本……………………………………（204）
圖 3-2 　中國國家圖書館藏顧廣圻、瞿鏞、丁福保遞藏
　　　　　《齊太公吕望表》明拓本……………………………（227）
圖 3-3 　羅振玉舊藏《齊太公吕望表》明拓本珂羅版印本……（232）
圖 3-4 　上海圖書館藏毛鳳枝、羅振玉、李國松遞藏《齊太公
　　　　　吕望表》明拓本……………………………………（232）
圖 3-5 　陳文伯舊藏《齊太公吕望表》明拓本………………（233）
圖 3-6 　北京故宫博物院藏黄易、朱文鈞遞藏《齊太公
　　　　　吕望表》清拓本……………………………………（237）
圖 3-7 　《齊太公吕望表》嘉慶四年李元滬、李震刻跋 ………（239）
圖 3-8 　王昶《金石萃編》録《齊太公吕望表》………………（241）
圖 3-9 　嚴可均輯《全上古三代秦漢三國六朝文》録
　　　　　《太公吕望表》………………………………………（243）
圖 3-10　趙紹祖《金石續鈔》録《齊太公吕望表》……………（247）
圖 3-11　馮雲鵬、馮雲鵷《金石索》録《齊太公吕望表》……（250）
圖 3-12　陸增祥《八瓊室金石補正》記《齊太公吕望表》……（253）
圖 3-13　張德容《二銘艸堂金石聚》録《齊太公吕望表》
　　　　　雙鉤摹寫本…………………………………………（254）
圖 3-14　楊守敬《寰宇貞石圖》清光緒八年刻本録
　　　　　《吕望表》拓片………………………………………（256）
圖 3-15　朱士端《宜禄堂收藏金石記》録《齊太公吕望表》……（257）

圖3-16	日本國清源實門氏藏《齊太公吕望表》拓本	（264）
圖3-17	《楊守敬集・寰宇貞石圖》錄《齊太公吕望表》拓片	（270）
圖3-18	《魯迅輯校石刻手稿》錄《齊太公吕望表》摹寫本	（274）
圖3-19	楊守敬《寰宇貞石圖》清宣統元年刻本錄《齊太公吕望表》拓片	（275）
圖3-20	魯迅藏《齊太公吕望表》拓片	（278）
圖3-21	新鄉博物館藏《齊太公吕望表》拓片	（279）
圖3-22	京都大學人文科學研究所藏《齊太公吕望表》拓片	（280）
圖4-1	中國國家圖書館藏顧廣圻、瞿鏞、丁福保遞藏《齊太公吕望表》明拓本	（285）
圖4-2	中國國家圖書館藏梁啓超舊藏穆子容碑清拓本	（286）
圖4-3	趙明誠《金石錄・晉太公碑》	（287）
圖4-4	董逌《廣川書跋・太公碑》	（288）
圖4-5	翟雲升《隸篇》引《晉太公吕望表》"蛼"字	（292）
圖4-6	羅振玉《雪堂所藏金石文字簿錄》引《晉太公吕望表》"蛼賊"字	（293）
圖4-7	《齊太公吕望表》碑文復原	（294）
圖4-8	郭忠恕《汗簡》錄衛宏《字説》	（307）

序

《齊太公吕望表》，晉武帝太康十年汲縣縣令盧无忌所製作，以頌揚其祖吕望功德。碑文記載了太康二年汲冢書的出土的年代、地望及部分書的内容、吕望的籍貫、吕望的年紀等，可以證史補史，故有很高的學術價值。碑文字體爲書家頌揚，又有書法史上的崇高地位。

《齊太公吕望表》自晉立碑以來，廣爲著録收藏研究。民國以後，碑下落不明，但是碑文拓本被海内外機構、學者所收藏，視爲珍寶。通過對《齊太公吕望表》的製作與保存、學術史、拓本摹寫本斷代、碑文復原與校注、重要史實考證等方面的研究，探討《齊太公吕望表》的諸問題。

一 關於《齊太公吕望表》的製作與保存

東漢之時，汲令崔瑗已立太公碑，並設置祭祀的壇場。逢東漢末、三國之亂，壇場廢棄。晉武帝太康十年，汲縣縣令盧无忌自認爲吕望之後，爲褒揚吕望的功德，盧无忌立《齊太公吕望表》，碑末有"太康十年三月丙寅朔十九日甲申造" 15 字。

1. 碑制。關於碑額、碑身尺寸，《北京圖書館藏中國歷代石刻拓本彙編》記録拓本碑身高 128 厘米，寬 74 厘米，隸書 20 行，行 30 字，字徑 3 厘米。碑額高 19 厘米，寬 10 厘米，隸書 1 行 6 字，字徑 4 釐米。

2. 碑文。碑文見於碑額、碑陽、碑陰、碑側。（1）碑額之文。八分書。6 字，"齊太公呂望表"。（2）碑陽之文。八分書。以直行界限劃分爲 20 行，每行 30 字。實際第 13 行僅有"曰"1 字，第 19 行有"慶春秋匪解無隕茲令"9 字，第 20 行有"太康十年三月丙寅朔十九日甲申造"15 字。故碑陽之文實有 535 字。（3）碑陰之文。隸書。4 列。有廷掾、功曹、主薄、門下史、鄉嗇夫、將軍、處士等。（4）碑側之文。"諸□□""□□□□飭表上"似是刻碑完畢之詞。

東魏武定八年（550 年），汲郡太守穆子容立《修太公呂望祠碑》。《修太公呂望祠碑》乃盧无忌《齊太公呂望表》續作，故其錄盧无忌《齊太公呂望表》前文，而後表彰呂氏。

《齊太公呂望表》碑立於西晉初，歷隋、唐、宋、元，直至明代，一直在河南汲縣太公廟。元人王惲《秋澗集·七言絕句·六度寺》記般谿之山、呂留村、太公泉、太公廟、汲冢書、盧无忌碑之狀況。太康中所立太公碑，在壇下，證實當時所立在祭祀呂望之所。其蹟宋元時尚存。"斷碑明指是殷溪"一語，則宋元之際盧无忌碑已經斷爲兩截。至明萬曆十二年（1584 年），移置府署。明清之交，世局變幻，區區一碑，不得暇顧。故學者或言其亡失，實仍在府治賓館。清乾隆五十一年（1786 年），黄易於河南衛輝府署獲碑上段，並將上截碑的拓本贈送畢沅、錢大昕、武億等學者。乾隆五十六年（1791 年），黄易又得碑下段。嘉慶四年（1799 年），汲縣訓導李元滉請將碑置之縣學（孔廟學宫），並在碑石左下方刻跋兩行。同年秋月，李震又刻跋於碑石左上。嘉慶四年以後（一說道光年間），碑石又一次受損，碑石上部題跋處已斷裂，14 行至 19 行 12 字以下損去 20 釐米大小一三角形，殘損 20 餘字。清末，汲縣人李敏修聯合附近數縣創辦經正書舍。民國初，購買文廟爲圖書館，存放碑刻古籍。民國時碑存城內圖書館。民國十九年（1930 年）顧燮光《河朔金石目》、民國二十四年（1935 年）馬元材（非百）《視察日記》等記載在城内縣前街圖書館。河南省文物局編《河南文物名勝史蹟》、《衛輝市志》（1993年版）、《衛輝市志（1989—2000）》、安喜萍《衛輝歷代碑刻》並言今下落不明。

二 關於《齊太公呂望表》拓本摹寫本斷代

自清末以來，學者致力於區別《齊太公呂望表》的拓本斷代。方若《校碑隨筆》乃先行者（宣統刊本），繼而有羅振玉《雪堂所藏金石文字簿錄》（民國十三年刊本）等，以羅振玉比較明拓、近拓最爲詳瞻。中華人民共和國成立以後，王壯弘《增補校碑隨筆》對方若《校碑隨筆》作了增補，主要是增補了羅振玉《雪堂所藏金石文字簿錄》的觀點。張彥生《善本碑帖錄》結合明拓、黃小松拓、近拓（清末民初的拓本）稍作總結。馬子雲、施安昌《碑帖鑑定》對方若《校碑隨筆》的觀點作了訂正。仲威《中國碑拓鑑別圖典》《魏晉碑刻善拓過眼之六》等提出新的見解，區分爲明拓本、乾嘉拓本、嘉慶拓本、道光拓本、清末拓本。他的觀點實際主張都是清拓本，否定明拓本，忽視民國拓本的存在。筆者認爲清末民初學者關於明拓本、近拓本的區別是基於事實的總結，是真實可信的。目前所見資料比較豐富，可以在他們研究的基礎上進一步深入研究，區分得更細緻一些。

欲探究《齊太公呂望表》拓本斷代，須追究碑刻斷裂之經過，以及文字磨泐之歷程。前賢與時賢就此做過研究，只是僅能把握大致，尚未細緻到明確全過程。今則遍尋相關文獻之記錄與拓本摹本詳加考訂碑刻斷裂之經過、文字磨泐之歷程。

《齊太公呂望表》碑文字磨泐之歷程。宋元之際，《齊太公呂望表》碑已經斷裂爲二。明末，《齊太公呂望表》前文文字有缺失，較爲完整。清乾隆末年，黃小松重新發現碑刻，後所拓乾隆末嘉慶初拓本文字較之明末拓本已有磨損。嘉慶四年（1799年）秋刻跋以後至嘉慶十年間，王昶所獲拓本文字已有不清楚者。嘉慶十三年（1808年）三月，趙紹祖所獲稍前所拓碑文文字已有磨損者。文字之磨損在碑斷裂爲二處最爲嚴重，不斷受到侵損，乃至多爲消亡。

統計存在顯著磨蝕歷程的主要有32字。

根據拓本及文獻記載，分析《吕望表》拓本之時代，存在明拓本、清民國初拓本，清民國初拓本又可以分爲若干階段：乾隆五十一年至五十六年拓本、乾隆五十六年至嘉慶四年拓本、嘉慶四年秋八月以後有刻跋拓本、道光拓本、咸豐同治拓本、光緒宣統民國初拓本。

1. 明拓本

有范欽藏《太公吕望表》拓本，顧炎武《唐韻正》所據明拓本，中國國家圖書館藏顧千里、瞿鏞、丁福保遞藏《齊太公吕望表》明拓本，孫星衍《續古文苑》所據拓本，方若《校碑隨筆》所記明拓本，上海圖書館藏羅振玉、李國松遞藏明拓本及中國國家博物館藏本、故宫博物院藏本、陳文伯藏本、劉惠之藏本、况周頤藏本。碑文大體保存較好。碑前文個别文字缺失，可以以穆子容碑補。第2行"有盗發冢"，"冢"字較完好，僅損末筆少許。第3行"天帝服"，"服"字完好。第9行"無窮者"，"者"字完好。碑頌詞部分較完好，個别字磨滅不甚清楚。第14行"□德玄通"，"□"字已經闕失，從格内上下情況分析，"一"字可信。第18行"蜉□遠迸"，"□"尚見末筆，乃戈之下半。

2. 清民國初拓本

（1）清乾隆五十一年至五十六年拓本

乾隆五十一年，黄易發現碑上半部，拓以贈送錢大昕、武億等學者。

（2）清乾隆五十六年至嘉慶四年拓本

乾隆五十六年，黄易發現碑下半部，始合二爲一。北京故宫博物院藏黄易拓本、中國國家圖書館等藏何昆玉、梁啓超遞藏乾隆拓本。第2行"冢"字殘存上兩筆，而明拓本完好。第3行"天帝服"之"服"字完好，第9行"垂示無窮者"之"者"字殘存上部，而明拓本完好。第10行"來爲汲令"之"令"泐下半，而明拓本完好。

（3）清嘉慶四年秋八月以後有刻跋拓本

嘉慶四年秋八月，由府署移置孔廟，李元滬、李震加刻跋文。有王昶《金石萃編》所據拓本、嚴可均輯《全上古三代秦漢三國六朝文》所據拓本、趙紹祖《金石續鈔》所據拓本、馮雲鵬《金石索》所據拓本、陸增祥《八瓊室金石補正》所據拓本、張德容《二銘艸堂金石聚》所據拓本、朱士端《宜録堂金石記》所據拓本。嘉慶四年秋八月以後有刻跋拓本顯示碑石仍是較完整的兩塊。

（4）清道光拓本

有中國國家圖書館藏清拓本（索書號：各地 1720）、羅振玉舊藏清拓本、日本國清源實門氏所藏拓本。碑刻由磨損發展到斷裂。

中國國家圖書館藏清拓本（索書號：各地 1720）處於上部斷裂的過渡的最初階段，碑上部沿"隕生莫洪心"有一細裂線，損及"心"字，碑下部"德玄通"清晰。

羅振玉舊藏清拓本"冡"字皆將泐盡，"服""洪"皆泐盡，"德"字皆存少許，"來爲汲令"之"令"字皆漫没，"無隕茲令"之"隕"字上有斜裂紋。"膂""寅"尚存右少半，"般豁之山"之"山"泐太半。"以介"二字之間橫裂，"介"字未泐。"进"字將泐盡。

日本國清源實門氏所藏拓本較之羅振玉舊藏清拓本，"膂"、"寅"、"般豁之山"之"山"、"以介"之"以"、"进"字泐盡。"介"字已泐。

日本國清源實門氏所藏拓本可以作爲道光晚期拓本的代表，其特點是：

碑不僅已经斷裂爲四，並且又丢失部分。頌詞部分殘損，14 行至 19 行 12 字以下損去 20 厘米大小一三角形，殘損 20 餘字。

①已经失去碑下半部左上側小塊，失去"囗德"字大半（"德"字殘存右下小部分），"心膂寅""豁之山""敬報以""賊遠进"全部，共計 14 字。

②已經失去碑上半部16行下端小塊，失去"洪般"全部，共計2字。

③頌詞與刻跋殘存部分的小塊，損毀"弥""莫""生""隕"，共計4字。

④損毀碑下半部"介"字，共計1字。

（5）清咸豐、同治拓本

有楊守敬收藏咸豐同治拓本、繆荃孫舊藏拓本、魯迅收藏《太公呂望表》稍舊拓本等。咸豐同治拓本延續了道光晚期拓本的特點，較之道光晚期拓本損毀程度更加嚴重。與道光晚期的日本國清源實門氏所藏拓本比較，碑上部"生""莫隕茲"、碑下部"升雲降雨爲""建國"諸字，清源本泐痕較爲細小，而咸豐同治拓本泐痕寬大。"德"字，清源本約存字體的1/3，而咸豐同治拓本僅存右下角少許。"亮"字，清源本完好，而咸豐同治拓本左側已微泐。"介"字，較之道光拓本僅保存右半。

（6）清光緒、宣統及民國初拓本

有顧燮光《河朔訪古新録》《河朔碑記》所用清末至民國六年前拓本、魯迅藏拓本、新鄉博物館藏清末拓本、京都大學人文科學研究所藏清末民國初拓本。碑經多次拓後，文字模糊。"德"字磨滅。"亮"字已泐，殘存右半。碑下半部"介"字損毀嚴重，乃至于磨滅。

三 關於《齊太公呂望表》碑文復原與校注

《齊太公呂望表》碑文可以選擇的有明拓本、清乾隆初拓本、清乾嘉拓本、日本國清源實門氏藏拓本，部分可以參照者有穆子容《修太公呂望祠碑》、趙明誠《金石録·晉太公碑》、董逌《廣川書跋·太公碑》等。穆子容《修太公呂望祠碑》所記文字存在的主要問題有：首先，"此縣人也"之"也"與後"遭秦燔書"空間矛盾，不容"也"字。趙明誠《金石録·晉太公碑》、董逌《廣川書跋·太公碑》記載"此縣人"之"人"後無"也"字。其次，"竹築之書"當作"竹策之書",如《齊太公呂望表》。最後,"發其潛盡。盡之所出"之"盡"當作"書",如《齊太公呂望表》。於是,我們得到完整的《齊太公呂望表》前文。頌詞"□德玄通""□□遠迸"二處不清楚,顧炎武《唐韻正》引作"一德玄通",據翟雲升《隸篇》、羅振玉《雪堂類稿》"□□遠迸"當作"蜂賊遠迸"。於是,我們得到完整的《齊太公呂望表》頌詞。

《齊太公呂望表》,《續古文苑》無注,京都大學人文科學研究所三國時代的出土文字資料班《魏晉石刻資料選注》一四《齊大公呂望表》、毛遠明《漢魏六朝碑刻校注》、安喜萍《衛輝歷代碑刻》都是利用殘碑作校注,注釋簡單,一些重要問題沒有顯現與解決。我們利用前文對《齊太公呂望表》復原成果,對《齊太公呂望表》作詳細的校注。

四　關於《齊太公呂望表》重要史實考證

1. 汲冢竹書出土之年。學者意見不一。今考以荀勖《穆天子傳序》、盧无忌《齊太公呂望表》等記載,太康二年（281年）最爲可信。

2. 汲冢的地望。學者意見不一。《齊太公呂望表》記載的晉汲縣西偏說屬於原始記錄,而其餘說屬於後世傳說。

3. 齊太公望的籍貫。《呂氏春秋》《淮南鴻烈解》高誘《注》記載太公望爲汲縣人,與崔瑗碑、盧无忌《齊太公呂望表》的記載一致。《孟子·離婁章句上》"太公辟紂,居東海之濱",《史記·齊世家》則作"太公望呂尚者,東海上人"。《史記·齊世家》據《孟子》,然作"東海上人"不確。司馬彪《續漢書·郡國志》琅邪國海曲縣劉昭補《注》:"《博物記》:'太公呂望所出,今有東呂鄉。又釣於棘津,其浦今存。'"東呂鄉商周屬莒國,後滅於魯,與齊無涉。故所附會太公望事蹟,皆無證。

4. 齊太公呂望的年紀。盧无忌《齊太公呂望表》曰:"其《紀年》曰:'康王六年,齊太公望卒。'參考年數蓋壽百一十餘歲。"但是,王應麟《困學紀聞》、顧炎武《金石文字記》、葉奕苞《金石録補》、朱彝尊《曝書亭集》、淩揚藻《蠡勺編》並以爲非。盧文弨《北魏汲縣齊太公廟碑跋》以爲碑文是，而鄭業敩《獨笑齋金石攷略》又質疑盧文弨説。姜亮夫《殷周三巨臣考》疑"康王六年"乃"成王六年"之誤。

5.《周志》的性質。學者意見不一。或以爲《周志》即《周書》（《逸周書》），誤。陳逢衡《竹書紀年集證》、洪頤煊《經典集林》卷九《汲冢瑣語》、楊守敬《壬癸金石跋·晉太公吕望表跋》認爲《周志》屬《汲冢瑣語》。筆者案：志，春秋也。《周志》即汲冢《瑣語》的《周春秋》，劉知幾《史通·六家》記載汲冢《瑣語》有《夏殷春秋》《晉春秋》。

第 一 章
《齊太公呂望表》的製造與保存

《齊太公呂望表》，晉武帝太康十年（289年）汲縣縣令盧无忌製作，以頌揚其祖呂望功德。碑文記載了太康二年汲冢書的出土情況及部分書籍的内容，可以證史補史，故有很高的學術價值。碑文字體爲書家頌揚，又有書法史上的崇高地位。

學者以往研究《齊太公呂望表》，取得了顯著的成績，大有益於歷史與藝術的研究。斟酌之下，學者以往的研究尚存在一些需要改進之處，主要有四個方面：

一是關於《齊太公呂望表》的保存模糊不清。自明代以來，學者對於《齊太公呂望表》碑的存放、存亡記載不清，訛誤相傳。

二是《齊太公呂望表》碑文斷代尚存在分歧。清末以來學者的斷代稍顯疏闊，近人斷代之觀點又有矛盾之處，所以需要進一步研究。

三是近人研究《齊太公呂望表》多集中於書法，對於碑文的内容研究很少。宋、明、清代學者尚對内容有少量考證，近代以來研論書法者遠多於考證内容者。

四是自清以來多據《齊太公呂望表》殘碑論書史，故不明之處多，誤解之處亦多。[1]

---

[1] 毛遠明：《漢魏六朝碑刻校注》（繁體版）第2册，線裝書局2008年版，第294—295頁。

基於以上情況，我們對《齊太公呂望表》重新研究，探研諸問題。

第一節 《齊太公呂望表》《修太公呂望祠碑》的製造

一 晉盧无忌《齊太公呂望表》的製造

（一）《齊太公呂望表》立碑之緣由

東漢之時，汲縣縣令崔瑗（77—142年）已立太公碑，並設置祭祀的壇場。

《水經注·清水》曰：

> 縣故汲郡治。晉太康中立。城西北有石夾水，飛湍濬急，人亦謂之磻溪，言太公嘗釣于此也。城東門北側有太公廟，廟前有碑，碑云："太公望者，河內汲人也。縣民故會稽太守杜宣白令崔瑗曰：'太公本生于汲，舊居猶存。君與高、國同宗太公，載在經傳。今臨此國，宜正其位，以明尊祖之義。'于是國老王喜、廷掾鄭篤、功曹邠勤等咸曰：'宜之。'遂立壇祀，爲之位主。"①

逢東漢末、三國之亂，壇場廢棄。盧无忌《齊太公呂望表》曰：

> 般谿之下舊有壇場，而今墮廢荒而不治。②

---

① 酈道元注，楊守敬、熊會貞疏：《水經注疏》卷9《清水》上冊，段熙仲點校，陳橋驛復校，江蘇古籍出版社1989年版，第812—813頁。
② 盧无忌：《呂望表》，北京圖書館金石組編：《北京圖書館藏中國歷代石刻拓本彙編》第2冊，中州古籍出版社1989年版，第53頁；穆子容：《修太公呂望祠碑》，北京圖書館金石組編：《北京圖書館藏中國歷代石刻拓本彙編》第6冊，第170頁。盧无忌《呂望表》碑文有闕，穆子容《修太公呂望祠碑》錄盧无忌《呂望表》前文，據補。

西晉初，汲縣縣令盧无忌自認爲呂望之後，爲襃揚呂望的功德，因刻碑。盧无忌《齊太公呂望表》曰：

> 於是大公之裔孫范陽盧无忌自大子洗馬來爲汲令。殷豀之下舊有壇場，而今墮廢荒而不治。乃咨之碩儒，訪諸朝吏，僉以爲太公功施於民，以勞定國，國之典祀，所宜不替。且其山也，能興雲雨，財用所出。遂脩復舊祀，言名計偕，鐫石勒表，以章顯烈，俾萬載之後有所稱述。①

(二)《齊太公呂望表》之地理位置

酈道元《水經注·清水》曰：

> 城北三十里有太公泉，泉上又有太公廟，廟側高林秀木，翹楚競茂。相傳云太公之故居也。晉太康中，范陽盧無忌爲汲令，立碑于其上。②

王惲《秋澗集·七言絕句·六度寺》曰：

> 荒村到寺才三里，古屋懸崖廢幾間。
> 從此重經題品過，衛人方識有壇山。
> 山下石田百畝餘，子孫眷戀祖來居。
> 向人爭説新官好，二税輸來雜泛無。
> 縈紆一水蟠深澗，野叟何知説太公。
> 壇下古碑堪晤語，大書深刻太康中。
> 太行東麓太公泉，喬木蒼烟擁壞垣。

---

① 盧无忌：《呂望表》，北京圖書館金石組編：《北京圖書館藏中國歷代石刻拓本彙編》第2冊，第53頁。
② 酈道元注，楊守敬、熊會貞疏：《水經注疏》卷9《清水》，上冊，第813頁。

千載秖應尊有德，不須深泥竹書言。
老鸇餔雛百丈崖，羽毛才鬏獵人來。
孤懷牢落風埃底，何處呼鷹是故臺。
聖泉流潤過南村，共說來年雨水勻。
山若有靈能假手，六花先壓壠頭塵。
支撐佛宇老風煙，歲月仍題聖曆年。
零落亂山終悵望，捫蘿應欠入香泉。
先子能聲以吏聞，生平游戲見詩文。
遺書忽入孤兒眼，淚洒西山日暮雲。
鷹揚來自鎬齒西，草木荒山壁壘低。
賣食解牛真妄說，斷碑明指是殷溪。
山中宿麥苦無多，喜見團科際兩坡。
縱未痛收終有望，入城容易揭差科。①

案：王惲《六度寺》記載了壇山、般谿之山、呂留村、太公泉、太公廟、汲冢書、盧无忌所刻碑（《齊太公呂望表》）之狀況，可以確定若干事實，有益于對《齊太公呂望表》地理位置的確定。

第一，"山下石田百畝餘，子孫眷戀祖來居"者，般谿之山下呂留村也。

第二，"縈紆一水蟠深澗，野叟何知説太公。壇下古碑堪晤語，大書深刻太康中"者，記太康中所立太公碑（《齊太公呂望表》），在壇下，證實當時所立在祭祀呂望之所。其蹟宋元時尚存。

第三，"太行東麓太公泉，喬木蒼烟擁壞垣。千載秖應尊有德，不須深泥竹書言"者，太公泉舊有太公廟，荒廢，太公之功德傳千載，不須拘泥於汲冢竹書的記載。

---

① 王惲：《秋澗先生大全集》卷24《七言絕句·六度寺》，張元濟等編：《四部叢刊》，商務印書館民國十八年影印江南圖書館藏明弘治刊本，第16頁a—17頁a；王惲：《王惲全集彙校》卷24《七言絕句·六度寺》，楊亮、鐘彦飛點校，《中國古典文學基本叢書》，中華書局2013年版，第1198—1199頁。

第四，"聖泉流潤過南村，共說來年雨水勻。山若有靈能假手，六花先壓壠頭塵"者，盧无忌《齊太公呂望表》言："且其山也，能興雲雨，財用所出。"又言："般谿之山，明靈所託。升雲降雨，爲膏爲澤。"

據酈道元《水經注》、王惲《六度寺》，《齊太公呂望表》在般谿山下呂留村蟠溪旁的壇下，附近有太公泉、太公廟。

(三)《齊太公呂望表》碑制與碑文

晉武帝太康十年（289年），汲縣縣令盧无忌立《齊太公呂望表》，碑末有"太康十年三月丙寅朔十九日甲申造"15字。①

1. 碑制

關於《齊太公呂望表》的碑額、碑身尺寸，楊守敬《寰宇貞石圖》徐无聞《叙錄》、北京圖書館金石組《北京圖書館藏中國歷代石刻拓本彙編》等文獻有記錄。

楊守敬《寰宇貞石圖·太公呂望表》徐无聞《叙錄》曰：

《太公呂望表》太康十年（二八九年）

拓本碑身高一百零七厘米，寬七十四厘米，隸書二十行，行三十字，字徑三厘米。

碑額高十九厘米，寬十厘米，隸書一行五字，字徑四厘米，文曰："太公呂望表"。②

中國國家圖書館藏明拓本收入《北京圖書館藏中國歷代石刻拓本彙編》，拓片說明曰：

《呂望表》　顧121

---

① 盧无忌：《呂望表》，北京圖書館金石組編：《北京圖書館藏中國歷代石刻拓本彙編》第2册，第53頁。
② 楊守敬撰，徐无聞整理：《寰宇貞石圖》卷2，謝承仁主編：《楊守敬集》第9册，湖北人民出版社1988年版，第192—193頁。

晉太康十年（289）三月十九日刻。原在河南汲縣。拓片額高 19 厘米，寬 10 厘米；碑身高 128 厘米，寬 74 厘米。隸書。①

案：二者所記碑額尺寸一致，皆作"額高 19 厘米"。碑身的尺寸，寬度一致，皆作 74 厘米；高度不一，《寰宇貞石圖》徐无聞《叙録》作 107 厘米，而《北京圖書館藏中國歷代石刻拓本彙編》作 128 厘米，《寰宇貞石圖》徐无聞《叙録》誤。

河南省文物局《河南碑志叙録》曰：

《吕望表》全稱《晉太公吕望表》……碑高 1.28 米，寬 74 厘米。②

此與《北京圖書館藏中國歷代石刻拓本彙編》數據同。

安熹萍《衛輝歷代碑刻》曰：

通高 130 厘米，寬 68 厘米。③

此據新鄉市博物館所藏拓片，此拓不全，故數據不周。

2. 碑文

碑文見於碑額、碑陽、碑陰、碑側。

康熙時，楊賓（順治七年生，康熙五十九年卒，1650—1720 年）《大瓠所論碑帖纂列總目備覽》曰：

《太公吕望表》并碑陰、側太康十年三月八分書。在河南汲

---

① 盧无忌：《吕望表》，北京圖書館金石組編：《北京圖書館藏中國歷代石刻拓本彙編》第 2 册，第 5 頁。
② 河南省文物局編：《河南碑志叙録》，中州古籍出版社 1992 年版，第 20 頁。
③ 安喜萍：《衛輝歷代碑刻》，中州古籍出版社 2013 年版，第 16 頁。

縣西北三十里太公廟。①

呂望表　　顧121

**圖 1-1　中國國家圖書館藏顧廣圻、瞿鏞、丁福保遞藏
《齊太公呂望表》明拓本**

（據北京圖書館金石組編：《北京圖書館藏中國歷代石刻拓本彙編》第 2 冊，第 53 頁）

---

① 楊賓：《楊賓集》，浙江古籍出版社 2012 年版，第 497 頁。

姚晏《中州金石目》曰：

《太公吕望表》　太康十年三月。八分書。
《吕望表》碑陰　八分書。
《吕望表》碑側　八分書。
……
右汲縣。①

案：書成於嘉慶庚午（十五年，1810年），而此條表明記録於丁未（乾隆五十二年），在黄小松重新發現碑上半截之明年。

乾隆五十六年或嘉慶元年，黄易拓全本的《齊太公吕望表》（詳本書第二章）。馬子雲、施安昌《碑帖鑑定》曰：

近見一康乾間拓本，爲黄小松舊藏，有"小松所得金石"印。碑陰四列，碑陽後未刻跋，較嘉慶四年刻跋之拓本尚多二十字。②

乾嘉間，錢大昕撰《金石後録》（後易名爲《潛研堂金石文字目録》），其文曰：

《太公吕望表》　八分書。太康十年三月。在汲縣。碑陰。③

嘉慶七年，孫星衍《寰宇訪碑録》成，其文曰：

---

① 姚晏：《中州金石目》卷2，姚覲元輯：《咫進齋叢書》第2輯，清光緒九年歸安姚覲元刻本，第8頁b—9頁a。
② 馬子雲、施安昌：《碑帖鑑定》，廣西師範大學出版社1993年版，第106—107頁。
③ 錢大昕：《潛研堂金石文字目録》卷1，第8頁a；錢大昕：《潛研堂金石文字目録》卷1，陳文和主編：《嘉定錢大昕全集》（增訂本）第6册，祝竹點校，江蘇古籍出版社2016年版，第514頁。

《太公吕望表》　八分書。太康十年三月。河南汲縣。
《吕望表》碑陰　八分書。河南汲縣。
《吕望表》碑側　八分書。河南汲縣。①

此記載屬事實，被碑拓文及多家著録證實。
（1）碑額之文
碑額八分書。6字，"齊太公吕望表"。
方若《校碑隨筆》曰：

【齊太公吕望表】隸書，二十行，行三十字。有額、隸書、陰文六字。在河南汲縣。太康十年三月。②

馬子雲、施安昌《碑帖鑑定》曰：

碑額隸書陰文六字。③

《齊太公吕望表》稱謂衆多。
因碑額"齊"字不顯，故誤以爲"太公吕望表"。羅振玉《雪堂所藏金石文字簿録》曰：

《齊太公吕望表》明拓本
此《表》舊拓本，碑額"齊大公吕望表"六字，"齊"字皆失拓，予所藏兩明拓皆然，《金石萃編》亦但作"大公吕望

---

① 孫星衍、邢澍：《寰宇訪碑録》卷1，孫星衍輯：《平津館叢書》，清嘉慶壬戌（七年）刻本，第14頁b。
② 方若原著，王壯弘增補：《增補校碑隨筆》，上海書畫出版社1981年版，第194頁；方若原著，王壯弘增補：《增補校碑隨筆》（修訂本），上海書店出版社2008年版，第127—128頁。
③ 馬子雲、施安昌：《碑帖鑑定》，第106頁。

表",是其所據舊本,亦未拓"齊"字也。①

又稱"晉太公呂望表",清嘉慶元年十月,黄易《嵩洛訪碑日記》曰:

（十月）初四日,至衛輝府治衛神廟,洗剔《晉太公呂望表》兩斷石,始見碑側有"諸□□"者,又"□□□餙表上"八分書一行。②

翟雲升《隸篇金石目》録《太公呂望表》曰:

《太公呂望表》太康十年三月十九日
《太公呂望表》額。③

翟雲升《隸篇》徵引"《晉太公呂望表》"53字（統計）。"晉"標明碑刻的時代而已。
又簡稱"呂望表"。
以碑紀念姜太公故稱"太公碑",標明時代稱"晉太公碑"。
以碑所在稱"太公廟碑",標明時代稱"晉太公廟碑"。
（2）碑陽之文
洪頤煊《平津讀碑記》曰:

《太公呂望表》太康十年三月
右《太公呂望表》在汲縣太公廟。凡廿行,行卅字,有直

---

① 羅振玉:《雪堂所藏金石文字簿録》,民國十三年東方學會石印本,第59頁b—60頁b。
② 黄易:《嵩洛訪碑日記》,伍崇曜輯:《粤雅堂叢書》二編第15集,清道光、光緒間刻本,第13頁b。
③ 翟雲升:《隸篇》金石目,清道光十七年自刻本,第10頁a。

行界線。①

方若《校碑隨筆》曰：

  【齊太公吕望表】隸書，二十行，行三十字。有額、隸書、陰文六字。在河南汲縣。太康十年三月。②

歐陽輔《集古求真・太公吕望表》曰：

  《太公吕望表》　二十行，行三十字。額六字。③

張彥生《善本碑帖録》曰：

  晉《齊太公吕望表》碑隸書，廿行，行卅字。額隸書一行六字。④

河南省文物局《河南碑志叙録》曰：

  《吕望表》全稱《晉太公吕望表》……碑陽 20 行，行 30 字，有直行界線。⑤

《齊太公吕望表》碑陽八分書，文 20 行，行 30 字，有直線界線。碑文碑陽正文以直行界限劃分爲 20 行，每行 30 字。實際第 13

―――――――――

① 洪頤煊：《平津讀碑記》卷 2，《續修四庫全書》第 905 册，上海古籍出版社 2002 年影印浙江省圖書館藏清嘉慶二十一年刻本，第 19 頁上欄。
② 方若原著，王壯弘增補：《增補校碑隨筆》，第 194 頁；方若原著，王壯弘增補：《增補校碑隨筆》（修訂本），第 127—128 頁。
③ 歐陽輔：《集古求真》卷 10《太公吕望表》，民國十二年開智書局石印本，第 4 頁 b。
④ 張彥生：《善本碑帖録》，中華書局 1984 年版，第 51 頁。
⑤ 河南省文物局編：《河南碑志叙録》，第 20 頁。

行僅有"曰"1字,第19行有"慶春秋匪解無隕茲令"9字,第20行有"太康十年三月丙寅朔十九日甲申造"15字。故碑陽之文實有第1至12行、第14至18行(統計17行,每行30字)計510字,第13行計1字,第19行9字,第20行15字,總計535字。

碑陽之文拓者甚多,以中國國家圖書館、上海圖書館、中國國家博物館、北京故宮博物院藏明拓本佳,北京故宮博物院藏黃小松拓本者好。道光以後,碑陽損毀嚴重。

(3) 碑陰之文

楊賓(清順治七年生,康熙五十九年卒,1650—1720年),別號大瓢。楊霈輯《大瓢所論碑帖纂列總目備覽》曰:

> 《太公呂望表》并碑陰、側
> 太康十年三月八分書。在河南汲縣西北三十里太公廟。①

清乾隆五十一年(1786年),黃易於河南衛輝府署獲上段。黃易將上截碑的拓片贈送畢沅、錢大昕、武億等學者。乾隆五十二年,錢大昕《潛研堂金石文跋尾》曰:

> 碑陰題名漫漶已甚,尚有"功曹"、"主簿"等字可辨。②

案:此篇僅提及黃小松於乾隆五十一年所獲碑上半截,錢大昕於乾隆五十二年五月至天一閣,此文撰於此後。

乾隆五十六年或嘉慶元年,黃易拓全本的《齊太公呂望表》。北京故宮博物院藏黃小松、朱文鈞遞藏拓本有碑陰。朱文鈞《歐齋石墨題跋》曰:

---

① 楊霈輯:《大瓢所論碑帖纂列總目備覽》,《楊賓集》,第497頁。
② 錢大昕:《潛研堂金石文跋尾》卷2《太公呂望表》,《嘉定錢大昕全集》(增訂本)第6冊,第46—47頁。

第一章 《齊太公呂望表》的製造與保存　13

《齊太公望表》並陰。太康十年。黃小松舊藏。①

馬子雲、施安昌《碑帖鑑定》亦曰：

近見一康乾間拓本，爲黃小松舊藏，有"小松所得金石"印。碑陰四列，碑陽後未刻跋，較嘉慶四年刻跋之拓本尚多二十字。②

同治十一年，張德容《二銘艸堂金石聚》刊。卷十五雙鉤摹寫碑文、碑陰。跋文略記碑史、《周志》、碑陰等，其文曰：

碑陰前人皆未經著錄，其書名有廷掾、功曹、主薄、門下史、鄉嗇夫、將軍、處士等共四列，下二列已磨泐殆盡，惟上二列尚有數十人可見。其弟六行，自首列主薄、汲□□字彥將昔□□至，次列出自少典約缺十一字。弟三列公之也。止似一行直貫而下，茲悉爲摹出，當俟更爲考訂焉。③

《鄰蘇園藏書目錄》錄楊守敬藏書，其文曰：

《太公呂望表》（並碑陰二）（共四）（又由元字移來一張）

又曰：

《太公呂望表》（正本）（在前）。④

---

① 朱翼盦：《歐齋石墨題跋》，書目文獻出版社1990年版，第136頁。
② 馬子雲、施安昌：《碑帖鑑定》，第106—107頁。
③ 張德容：《二銘艸堂金石聚》卷15，同治十一年張氏刊本，第61頁b。
④ 湖北省博物館編：《鄰蘇園藏書目錄》，上海辭書出版社2009年版，第483頁。

光緒三十二年，繆荃孫《藝風堂金石文字目》曰：

《齊太公呂望表》　分書。額分書。太康十年三月丙寅朔十九日甲申造。在河南汲縣學官。

碑陰。廷掾、汲服龍等題名。四列。分書。①

中國國家圖書館收藏繆荃孫舊藏《齊太公呂望表》拓片情況：

繆荃孫舊藏之整幅拓片，雖傳拓年代晚於上述兩種，係嘉慶、道光時所拓。但該本有罕見之碑陰，椎拓亦較精細，並有繆氏題跋兩款及"盱眙吳同遠公望父審定印記"鈐印一方，也較爲珍貴。②

案：《藝風堂金石文字目》提及碑陰（乃當時學者往往失拓者），其記載與中國國家圖書館收藏繆荃孫舊藏《齊太公呂望表》拓片情況符合，可謂兩可爲證，《全集》當收錄此拓爲是。

宣統二年，方若《校碑隨筆》曰：

【齊太公呂望表】隸書，二十行，行三十字。有額、隸書、陰文六字。在河南汲縣。太康十年三月。

確有碑陰約廿一行，甚漫漶，以不拓今竟無知者。陰書汲縣功曹、主簿、議曹、〔廷〕掾、門下等。③

---

① 繆荃孫：《藝風堂金石文字目》卷1，清光緒三十二年藝風堂匯刻本，第18頁a；繆荃孫：《藝風堂金石文字目》卷1，張廷銀、朱玉麒主編：《繆荃孫全集　金石1》，鳳凰出版社2014年版，第24頁。

② 冀亞平、王巽文：《北京圖書館藏石刻叙錄（十一）》，《文獻》第18輯（1983年），第239—240頁；徐自強、吳夢麟：《古代石刻通論》，紫禁城出版社2003年版，第47—48頁。

③ 方若原著，王壯弘增補：《增補校碑隨筆》，第194頁；方若原著，王壯弘增補：《增補校碑隨筆》（修訂本），第127—128頁。

第一章 《齊太公呂望表》的製造與保存　15

魯迅日記記載民國五年（1916年）所購《齊太公呂望表》：

（十月）十日　晴。國慶日，休息。上午銘伯先生來。午後往留黎廠買《神州大觀》第十集一册，一元五角。又晉《太公呂望表》並碑陰題名共二枚，《廉富造象》碑陰並側共三枚，合一元。①

案：1916年10月10日購買的有碑陰，後被利用。《魯迅輯校石刻手稿》錄《呂望表》，據拓片摹寫碑陽、碑陰文字。②

民國三年至十年（1914—1921年），顧燮光至汲縣（今衛輝市）等地訪古。顧燮光《河朔訪古新錄》曰：

碑陰前人皆未經著錄，其書名有廷掾、功曹、主薄、門下史、鄉嗇夫、將軍、處士等共四列，下二列已磨泐殆盡。惟上二列尚有數十人，可見其六行，自首列主薄汲□□字彥將昔□□至次列出自少典（約缺十一字）。第三列公之叔也。止似一行直貫而下，茲悉爲摹出，當俟更爲考訂焉。③

民國二十八年（1939年），羅振玉《石交錄》曰：

《太公望表》有陰側而均不見拓

《太公呂望表》，有陰側，而新舊拓本均遺而不拓。往寓津沽，姚貴昉大令訪碑河朔，囑往補拓，乃墨一本歸，漫漶殊甚，

---

①　魯迅：《魯迅全集（編年版）》第1卷（1898—1919），人民文學出版社2014年版，第468頁。
②　北京魯迅博物館、上海魯迅紀念館編：《魯迅輯校石刻手稿》，上海書畫出版社1987年版；李新宇、周海嬰主編：《魯迅大全集》23《學術編　魯迅輯校石刻手稿　碑銘中　呂望表》，長江文藝出版社2011年版，第28—34頁。
③　顧燮光：《河朔訪古新錄》卷1，民國十九年上海天華印務館排印本，第1頁a、b。

僅存"議曹"、"掾"、"巨鹿程□"等廿行，及"主薄"、"汲"、"吕□"等題名十七行而已。①

河南省文物局《河南碑志叙錄》曰：

> 《吕望表》 全稱《晉太公吕望表》……碑陰 21 行，漫漶較甚，字數不可計。②

案：碑陰隸書。4 行。字多漫滅。清初學者已知碑陰有字，而拓者甚少，是以罕見。

碑陰之文今可依據者有北京故宫藏黄小松拓本、中國國家圖書館藏繆荃孫舊藏拓本、張德容《二銘艸堂金石聚》雙鈎摹寫本。另外，《魯迅輯校石刻手稿》單筆摹寫本可參考。

（4）碑側之文

楊霈輯《大瓢所論碑帖纂列總目備覽》曰：

> 《太公吕望表》并碑陰、側
> 太康十年三月八分書。在河南汲縣西北三十里太公廟。③

姚晏《中州金石目》曰：

> 《太公吕望表》 太康十年三月。八分書。
> 《吕望表》碑陰 八分書。
> 《吕望表》碑側 八分書。
> ……

---

① 羅振玉：《石交録》卷 2，《貞松老人遺稿》甲集，民國三十年上虞羅氏鉛印本，第 1 頁 a。
② 河南省文物局編：《河南碑志叙録》，第 20 頁。
③ 楊霈輯：《大瓢所論碑帖纂列總目備覽》，《楊賓集》，第 497 頁。

右汲縣。①

案：書成於嘉慶庚午（十五年，1810 年），而此條表明記錄於丁未（乾隆五十二年，1787 年），在黃小松重新發現碑上半截的明年。

黃易《嵩洛訪碑日記》記載嘉慶元年：

（十月）初四日，至衛輝府治衛神廟，洗剔《晉太公呂望表》兩斷石，始見碑側有"諸□□"者，又"□□□□飭表上"八分書一行。②

案：碑側的確有字。"諸□□""□□□□飭表上"似是刻碑完畢之辭。

嘉慶七年，孫星衍《寰宇訪碑錄》成。其文曰：

《太公呂望表》　八分書。太康十年三月。河南汲縣。
《呂望表》碑陰　八分書。河南汲縣。
《呂望表》碑側　八分書。河南汲縣。③

宣統二年，方若《校碑隨筆》曰：

孫氏《寰宇訪碑錄》謂碑有側，側則未見。④

民國三年至十年情况，顧燮光《河朔訪古新錄》曰：

---

① 姚晏：《中州金石目》卷 2，第 8 頁 b—9 頁 a。
② 黃易：《嵩洛訪碑日記》，第 13 頁 b。
③ 孫星衍、邢澍：《寰宇訪碑錄》卷 1，第 14 頁 b。
④ 方若原著，王壯弘增補：《增補校碑隨筆》，第 194 頁；方若原著，王壯弘增補：《增補校碑隨筆》（修訂本），第 127—128 頁。

城内西街縣圖書館舊爲文廟，建自何時失攷。有晉太康十年三月《齊太公呂望表》盧無忌立，是碑自晉以來凡四徙，初在太公泉側太公廟，萬曆十二年載置府署賓館。康熙四十六年以前在西門甕城太公廟見劉氏《金石續錄》西壁間。至嘉慶四年由郡廨隙地移至縣學明倫堂。現爲講堂，碑陰、碑側均題名，現因用磚嵌砌不能氈椎。①

案："碑陰碑側均題名，現因用磚嵌砌不能氈椎"者，據前人文已知之。

二　東魏穆子容《修太公呂望祠碑》的製造

《北史·穆泰傳》曰：

> （泰）子子容少好學，無所不覽，求天下書，逢即寫錄，所得萬餘卷。魏末爲兼通直散騎常侍，聘梁、齊。受禪，卒於司農卿。②

東魏武定八年（550年），汲郡太守穆子容立《修太公呂望祠碑》，碑末有"通散騎常侍、聘梁使、平東將軍、中書侍郎、恒州大中正、修左史、汲郡太守穆子容山行之文"。又有"大魏大定八年四月庚辰朔十二日辛卯建造"18字。③

穆子容《修太公呂望祠碑》乃盧无忌《齊太公呂望表》續作，故其錄盧无忌《齊太公呂望表》碑文部分，而後表彰呂氏。

穆子容《修太公呂望祠碑》前文錄盧无忌《齊太公呂望表》的前文，而略其頌詞，本可以校補盧无忌《齊太公呂望表》，只是碑文存在訛誤，又須辨識。穆子容《修太公呂望祠碑》後文乃是對呂尚

---

① 顧燮光：《河朔訪古新錄》卷1，民國十九年上海天華印務館排印本，第1頁a、b。
② 《北史》卷20《穆泰傳》，中華書局1974年點校本，第739頁。
③ 穆子容：《修太公呂望祠碑》，《北京圖書館藏中國歷代石刻拓本彙編》第6冊，第170—171頁。

第一章 《齊太公呂望表》的製造與保存　19

的讚美之詞。

　　穆子容《修太公呂望祠碑》原碑已亡，今有明拓片、清拓片、摹寫本等。

陽

呂望表　　軸115

圖1-2　中國國家圖書館藏梁啓超舊藏穆子容《修太公呂望祠碑》拓片（陽）

20　齊太公呂望表研究

呂望表　　軸115

圖1-3　中國國家圖書館藏梁啓超舊藏穆子容《修太公呂望祠碑》拓片（陰）

（據北京圖書館金石組編：《北京圖書館藏中國歷代石刻拓本彙編》第6册，第170—171頁）

第二節 《齊太公呂望表》保存情況考

一 晉代至明代《齊太公呂望表》保存情況

關於晉《齊太公呂望表》碑的保存情況，學者著錄存在很大分歧，所以需要詳加考證。

《齊太公呂望表》碑立於西晉初，歷隋、唐、宋、元，直至明代，一直在汲縣太公廟。宋人董逌（徽宗時、高宗建炎時人）《廣川書跋·太公碑》曰：

《太公廟碑》今在衛州共縣。①

元人王惲《秋澗集·七言絕句·六度寺》曰：

荒村到寺才三里，古屋懸崖廢幾間。
從此重經題品過，衛人方識有壇山。
山下石田百畝餘，子孫眷戀祖來居。
向人爭說新官好，二稅輸來雜泛無。
縈紆一水蟠深澗，野叟何知說太公。
壇下古碑堪晤語，大書深刻太康中。
太行東麓太公泉，喬木蒼烟擁壞垣。
千載祇應尊有德，不須深泥竹書言。
老鶻鵧雛百丈崖，羽毛才彀獵人來。
孤懷牢落風埃底，何處呼鷹是故臺。
聖泉流潤過南村，共說來年雨水勻。

---

① 董逌：《廣川書跋》卷6《太公碑》，毛晉編：《津逮秘書》，明崇禎毛氏汲古閣刻本，第4頁b。

山若有靈能假手，六花先壓壟頭塵。
支撐佛宇老風煙，歲月仍題聖曆年。
零落亂山終悵望，捫蘿應欠入香泉。
先子能聲以吏聞，生平游戲見詩文。
遺書忽入孤兒眼，淚灑西山日暮雲。
鷹揚來自鎬齒西，草木荒山壁壘低。
賣食解牛真妄說，斷碑明指是殷溪。
山中宿麥苦無多，喜見團科際兩坡。
縱未痛收終有望，入城容易揭差科。①

案：王惲《六度寺》記壇山、般谿之山、呂留村、太公泉、太公廟、汲冢書、盧无忌碑之狀況。太康中所立太公碑，在壇下，證實當時所立在祭祀呂望之所。其蹟宋元時尚存。"斷碑明指是殷溪"一語，則宋元之際盧无忌碑已經斷爲兩截，至明萬曆十二年時才移置府署。

顧炎武《金石文字記》曰：

《太公呂望表》　八分書　太康十年三月
今在汲縣西門太公廟。②

侯大節《（萬曆）衛輝府志·地里志·古蹟》曰：

太公舊居。在府城西北二十五里，舊有廟，今廢。有晉汲令盧無忌碑，殘斷卧道傍。萬曆十二年，知府周思宸載置府治賓館。一碑在府城南關八蜡廟，即汲郡太守穆子容文，今移置

---

① 王惲：《王惲全集彙校》卷24《七言絶句·六度寺》第3冊，第1198—1199頁。
② 顧炎武：《金石文字記》卷2，華東師範大學古籍研究所整理，黃珅、嚴佐之、劉永翔主編：《顧炎武全集》第5冊，徐德明校點，上海古籍出版社2011年版，第253—254頁。

於西門太公廟。①

案：萬曆十二年（1584年），碑斷置於府治賓館，卧棄府廨。明代據斷碑而又有拓本，其時代或爲置於府治賓館之前後。

二　清代《齊太公呂望表》保存情況

清《（乾隆）汲縣志·輿地》曰：

> 太公舊居，在城西北二十五里，地名太公泉，上有墓及廟。漢崔瑗、晉盧無忌立碑記之。漢碑未詳，晉碑殘斷卧道旁。明萬曆十二年，知府周思宸載置府治賓館。又一碑在南關八蠟廟，即魏汲郡太守穆子容文，十五年移置西門太公廟，乾隆初年又移西鹽店無量庵。②

全祖望（康熙四十四年生，乾隆二十年卒，1705—1755年）《晉汲縣齊太公里表跋》曰：

> 廟中今僅有拓跋魏時碑一通。③

案：全祖望《晉汲縣齊太公里表跋》所記在康熙、乾隆間，乃實録。

乾隆癸卯（四十八年，1783年）七月庚寅朔，盧文弨作《北魏

---

① 侯大節纂修：《（萬曆）衛輝府志》卷1《地里志·古蹟》，中國科學院圖書館選編：《稀見中國地方志彙刊》第34册，中國書店出版社1992年影印明萬曆三十一年刻增修補刻本，第578頁下欄；侯大節纂修：《（萬曆）衛輝府志》卷1《地里志·古蹟》，衛輝市地方史志辦公室點校，中州古籍出版社2010年版，第38頁。
② 徐汝瓚修，杜昆纂：《（乾隆）汲縣志》卷2《輿地》，清乾隆二十年刻本，第18頁a。
③ 全祖望：《鮚埼亭集内篇》卷37《題跋二·晉汲縣齊太公里表跋》，《全祖望集彙校集注》，上海古籍出版社2000年版，上册，第711頁。

汲縣齊太公廟碑跋》，言不見晉碑，乃以魏碑論太公年紀。① 案：盧文弨言不見晉碑，亦當時實情。

明清之交，世局變幻，區區一碑，不得暇顧。故學者或言其亡失，實仍在府治賓館。

黃易《秦漢魏六朝輿地碑刻攷》曰：

> 此碑原在河南汲縣太公泉，萬（歷）〔曆〕年間移置府治，久失。②

清乾隆五十一年（1786年），黃易於河南衛輝府署獲上段。黃易將上截碑的拓片贈送畢沅、錢大昕、武億等學者。畢沅《中州金石記》曰：

> 《太公呂望表》
> 太康十年三月立。隸書，隸額，在汲縣。
> 董逌《廣川書跋》載此碑，今碑僅存半截。隸額云"齊太公呂望表"，文有"齊太公呂望者，此縣人"云云，即穆子容碑前所錄也。③

乾隆五十六年（1791年）黃易又得下段。黃易《秦漢魏六朝輿地碑刻攷》曰：

> 此碑原在河南汲縣太公泉，萬歷〔曆〕年間移置府治，久失。乾隆丙午（五十一年），余有中州之役，獲上段於衛輝府

---

① 盧文弨：《北魏汲縣齊太公廟碑跋》，《抱經堂文集》卷15《跋八》，王文錦點校，中華書局1990年版，第206—207頁。
② 黃易：《秦漢魏六朝輿地碑刻攷》（《小蓬萊膦稿》），《漱六編》，清道光二十年仁和王氏刻本，第11頁a、b。
③ 畢沅：《中州金石記》卷1，畢沅輯：《經訓堂叢書》，清乾隆刻本，第11頁a、b。

署，舁入小室中，辛亥（五十六年）秋又得下段，合而爲一。①

清嘉慶四年（1799年），汲縣訓導李元滬請將碑置之縣學（孔廟學宮），並在碑石左下方刻跋兩行。同年秋月，李震又刻跋於碑石左上。

碑末嘉慶四年李元滬跋文曰：

> 碑經斷裂，卧棄府廡隙地。汲學訓導李元滬請置學宮，用備金石家金奚錄昔。嘉慶卯季秋月也。　馮敏行鐫

李震跋文曰：

> 震按今郡城西北三里餘太公祠有魏武定八年碑，列此表於前，茲其初刻也。尤宜寶惜，因從季父移置學署。清嘉慶四季八月朔密邑李震跋。

清嘉慶四年以後（一説道光年間），碑石又一次受損，碑石上部題跋處已斷裂，14行至19行12字以下損去20厘米大小一三角形，殘損20餘字。

繆荃孫《藝風堂金石文字目》曰：

> 《齊太公吕望表》　分書。額分書。太康十年三月丙寅朔十九日甲申造。在河南汲縣學宮。
> 碑陰。廷掾、汲服龍等題名。四列。分書。②

---

① 黄易：《秦漢魏六朝輿地碑刻跂》（《小蓬萊賸稿》），《潄六編》，第11頁a、b。
② 繆荃孫：《藝風堂金石文字目》卷1，張廷銀、朱玉麒主編：《繆荃孫全集　金石1》，第24頁。

中國國家圖書館收藏繆荃孫舊藏《齊太公呂望表》拓片情況：

> 繆荃孫舊藏之整幅拓片，雖傳拓年代晚於上述兩種，係嘉慶、道光時所拓。但該本有罕見之碑陰，椎拓亦較精細，並有繆氏題跋兩款及"盱眙吳同遠公望父審定印記"鈐印一方，也較爲珍貴。①

案：碑陰乃當時學者往往失拓者，《藝風堂金石文字目》之記載與中國國家圖書館收藏繆荃孫舊藏《齊太公呂望表》拓片情況符合，證實《藝風堂金石文字目》記載乃是實錄，此時《齊太公呂望表》碑仍在汲縣學宮。

三　近代《齊太公呂望表》保存情況

民國時期的史料，記載《齊太公呂望表》的所在地點不一，或稱在文廟，或稱在圖書館，或稱在高等小學校（縣立第二小校）。考校之下，諸多資料證實，民國時期，《齊太公呂望表》仍在文廟，民國六年後設圖書館，後設高等小學校（縣立第二小校），故民國時期文獻稱《齊太公呂望表》在文廟、圖書館、高等小學校（縣立第二小校）者，其實是在文廟之圖書館也。

清末，汲縣人李敏修聯合附近數縣創辦經正書舍。民國初，購買文廟爲圖書館，存放碑刻古籍。李怡山《汲縣經正書舍及其圖書館的始末》曰：

> 民國6年（1917年）北京政府內政部拍賣房產委員來汲縣拍賣公產，縣文廟在拍賣之列。"經正書舍"董事會爲保存古蹟，貯藏圖書，籌資購買了縣文廟，籌辦圖書館，選高幼霞爲館長，

---

① 冀亞平、王巽文：《北京圖書館藏石刻叙錄（十一）》，《文獻》第18輯（1983年），第239—240頁；徐自強、吳夢麟：《古代石刻通論》，第47—48頁。

在書舍舍友幫助下于頹簷斷壁荆棘叢中動工修建圖書館，將原崇聖祠、訓導宅作藏碑碣之所，收集散失四鄉之名貴碑石，如《齊太公呂望表》、《九級浮圖碑》等多種碑碣。原明倫堂作集會講演之所，大成殿存善本書，東西兩廡藏普通版本書籍，戟門改造爲閱覽室。①

民國三年至十年（1914—1921年），紹興范鼎卿任河南之河北道尹，遍訪境内古蹟，聘顧燮光專任之。民國十年，范鼎卿去職之時成《河朔古蹟志》八十卷。民國十八年（1929年），顧燮光商定范鼎卿家屬節錄原稿爲十四卷，更名《河朔訪古新錄》。② 顧燮光《河南古物調查表證誤》《河朔訪古隨筆》《河朔金石目》《河朔訪古新錄》《河朔古蹟圖識》等皆相關著作。己未（民國八年，1919年）暮秋，顧燮光《河南古物調查表證誤》曰：

> 晉《太公呂望表》。有陰。有側。太公廟。太康十年三月。按此碑在縣文廟，現爲高等小學校。③

案：民國八年時《齊太公呂望表》存城内圖書館。
顧燮光《河朔金石目》曰：

> 《齊太公呂望表》　　分書。額分書。盧无忌撰。太康十年三月。碑陰。廷掾汲服龍等題名。（二）〔四〕列。分書。在城内縣前街圖書館。④

---

① 李怡山供稿，陳景秋整理：《汲縣經正書舍及其圖書館的始末》，政協河南省汲縣委員會、文史資料研究委員會編：《汲縣文史資料》第1輯，1988年版，第37頁。
② 馬衡：《序》，《河朔訪古新錄》，民國十九年上海天華印務館排印本，第1頁。
③ 顧燮光：《河南古物調查表證誤》，内務部主編：《民國京魯晉豫古器物調查名錄》，北京圖書館2004年影印民國刊本，第989頁。
④ 顧燮光：《河朔金石目》卷1，民國十九年天華印務館排印本，第1頁a。

顧燮光《河朔訪古新録》曰：

城內西街縣圖書館舊爲文廟，建自何時失攷。有晉太康十年三月《齊太公呂望表》盧無忌立，是碑自晉以來凡四徙，初在太公泉側太公廟，萬曆十二年載置府署賓館。康熙四十六年以前在西門甕城太公廟見劉氏《金石續録》西壁間。至嘉慶四年由郡廨隙地移至縣學明倫堂。現爲講堂，碑陰、碑側均題名，現因用磚嵌砌不能氈椎。①

案：劉青藜《金石續録》誤記，此時《齊太公呂望表》仍在府署，詳本書第二章。

吳世勳《河南》自序於民國十五年七月，民國十六年刊，其文曰：

（寅）太公墓　在城西北三十里，爲周太公望自齊還葬處。晉太康間《太公望墓表碑》存城內縣立第二小校；又有魏碑，在城北錢龍廟。②

案：《齊太公呂望表》存圖書館。

魏青鏗《汲縣今志》成書於民國二十四年（1935年）。《汲縣今志》曰：

至設於文廟之圖書館，有石刻多種，素負盛名，尤以晉太康十年《齊太公呂望表》，爲天壤間環寶。③

又曰：

---

① 顧燮光：《河朔訪古新録》卷1，民國十九年天華印務館排印本，第1頁a、b。
② 吳世勳：《河南》，中華書局民國十六年版，第218頁。
③ 魏青鏗：《汲縣今志》第10章，民國二十四年漢文正楷印書局排印本，第33頁。

盧碑疊次遷移，今在縣前街圖書館，即清時之縣學明倫堂。①

民國二十四年（1935年），馬元材（非百）《視察日記》曰：

> 三日（舊二十八日）星期四　晴
> 　　晨八時，與全體同赴縣政府及各機關視察，張縣長隨行。計上午共視察縣政府各科室、政警隊、徵收處、監獄看守所、教育局、經正書舍、附屬圖書館及第一區所等八處，經正書舍者，系本縣耆宿李敏修所組成之學術團體，歷史已久，向以提倡文化事業為職責，圖書館設縣文廟內，有新舊藏書甚多，聞善本亦不少，惜行色匆匆，未及細觀，館內碑銘數百方，以《齊太公碑記》為最名貴，潞王所書唐詩三百首，亦秀麗可喜，皆李所收集者也。文廟房地，原為官產，民國初，政府以五百元之代價售之于經正書舍，故現在已成為私產。②

抗日戰爭期間，時局惡化，碑刻書籍散失殆盡。李怡山《汲縣經正書舍及其圖書館的始末》曰：

> 　　1937年蘆溝橋事變，國民黨軍隊紛紛南退，凡過汲者都來圖書館駐扎已成定例，加之日寇南侵，汲縣各中學陸續南遷，知識界人士亦多流徙，圖書館員工被迫謀散，館藏圖書無力他運，愴惶中將圖書分別封在訓導室、大成殿和西廡藏書室。汲縣淪陷後，日偽橫行，書籍散失殆盡，復經多年戰亂，經正書舍董事本已星散，主要創建人李敏修、王筱汀兩先生，先後作

---

① 魏青鎧：《汲縣今志》第18章，第73頁。
② 馬元材：《視察日記》，河南省政府秘書處編：《河南政治月刊》第5卷第12期（民國二十四年），第18頁。

古，經正書舍及其圖書館這一文化事業亦成陳跡。①

薛瑄《衛河詠古》今人注"太師遺表當官道"曰：

　　太師遺表當官路：太師遺表，指《太公呂望表》。該表爲太康十年，汲令范陽盧無忌立于太公泉上，後幾經遷移，"文革"中已被砸毀。現新鄉市博物館僅存其拓片。②

案："文革"中《齊太公呂望表》被砸毀，於是被徹底消滅。此一説也。

《衛輝市志》（1993年版）曰：

　　現下落不明。僅存碑刻拓片。③

《衛輝市志（1989—2000）》曰：

　　《齊太公呂望表》碑爲晉太康十年（289）三月十九日造，汲令盧无忌撰。原立於太公泉村太公廟內，明萬曆十二年（1584）遷府署，清嘉慶四年（1799）移置學宮（汲水鎮第一完全小學）。現下落不明。④

案：學宮，民國抗戰前爲汲縣縣立第一至第五小學，今爲第一

---

① 李怡山供稿，陳景秋整理：《汲縣經正書舍及其圖書館的始末》，政協河南省汲縣委員會、文史資料研究委員會編：《汲縣文史資料》第1輯，第37頁。
② 政協新鄉市文史資料委員會編：《新鄉文史資料》第6輯《新鄉歷代名勝詩選》，1992年版，第141—142頁。
③ 衛輝市地方史志編纂委員會編：《衛輝市志》，生活·讀書·新知三聯書店1993年版，第551頁。
④ 衛輝市地方史志編纂委員會編，姚航主編：《衛輝市志 1989—2000》，中州古籍出版社2008年版，第117頁。

完全小學。①

李志清《姜太公廟》曰：

> 其拓片尚存，爲省級保護文物收藏。②

安喜萍《衛輝歷代碑刻》曰：

> 現已失，僅存拓片。③

河南省文物局編《河南文物名勝史蹟》曰：

> 現下落不明，碑文拓片尚存。④

案：清嘉慶四年，《齊太公呂望表》碑遷移至孔廟，乃縣學學宮所在。入民國改爲圖書館，碑仍存放此處。中華人民共和國成立以後的資料需進一步查找。似乎存在類似清代黃易的情形，確定此碑下落是衛輝市文史研究者今後的任務。

---

① 鄭伯銘：《抗日戰爭前汲縣小學教育情況》，中國人民政治協商會議衛輝市委員會學習文史委員會編：《衛輝文史資料》第 8 輯，2005 年版，第 95—97 頁。
② 李志清：《姜太公廟》，中國人民政治協商會議衛輝市委員會學習文史委員會編：《衛輝文史資料》第 6 輯，2000 年版，第 28 頁。
③ 安喜萍：《衛輝歷代碑刻》，第 16 頁。
④ 河南省文物局編，楊煥成、周到主編：《河南文物名勝史蹟》，中原農民出版社 1994 年版，第 397 頁。

第 二 章

《齊太公吕望表》學術史與本書的研究方法

　　關於盧无忌《齊太公吕望表》，歷代著録與研究較多。學者就重要史實、書法藝術、碑帖鑑定等方面全面研究《齊太公吕望表》。自晉以來，對《齊太公吕望表》的研究集中在三個大的方面：一是《齊太公吕望表》内容涉及的重要史實（主要有四個：汲冢書出土之年、吕望的籍貫、吕望年紀、《周志》的性質），二是書法藝術（書道），三是碑文與拓本的演變與鑑定。

　　我們蒐集晉以來學者著録研究收藏《齊太公吕望表》資料，綜合考慮到收藏者、研究者的身份地位、代表性與學術價值，擇取合併，乃得晉南北朝時期 2 條、宋元 6 條、明代 15 條、清代 48 條、近代 38 條（以上 109 條），海外 8 條，共計 117 條。依照時代布陳於下。

　　本章之旨在于闡述與把握《齊太公吕望表》真實的學術史，考證這些資料的來源、可靠程度，訂正了許多錯誤的叙述與觀點，提出符合實際的、高效率的研究理論與方法。

第一節　晉以來《齊太公呂望表》著錄與研究情況

一　晉南北朝時期著錄與研究《齊太公呂望表》情況

1. 酈道元《水經注》

酈道元（北魏孝明帝孝昌三年卒，？—527年），字善長，范陽涿縣（今河北省涿州市）人。① 官至御史中尉。事蹟具《魏書》本傳。②《水經》曰：

（清水）又東過汲縣北。

《水經注·清水》曰：

縣故汲郡治。晉太康中立。城西北有石夾水，飛湍濬急，人亦謂之磻溪，言太公嘗釣于此也。城東門北側有太公廟，廟前有碑，碑云："太公望者，河內汲人也。縣民故會稽太守杜宣白令崔瑗曰：'太公本生于汲，舊居猶存。君與高、國同宗太公，載在經傳。今臨此國，宜正其位，以明尊祖之義。'于是國老王喜、廷掾鄭篤、功曹邠勤等咸曰：'宜之。'遂立壇祀，爲之位主。"城北三十里有太公泉，泉上又有太公廟，廟側高林秀木，翹楚競茂。相傳云太公之故居也。晉太康中，范陽盧無忌爲汲令，立碑于其上。太公避紂之亂，屠隱市朝，遯釣魚水，何必渭濱，然後磻溪苟愜神心，曲渚則可。磻溪之名，斯無嫌矣。③

---

① 陳橋驛：《酈道元評傳》，南京大學出版社1994年版，第27—28頁。
② 《魏書》卷89《酷吏傳》，中華書局2017年點校本二十四史修訂本，第2084—2085頁。
③ 酈道元注，楊守敬、熊會貞疏：《水經注疏》卷9《清水》，段熙仲點校，陳橋驛復校，江蘇古籍出版社1989年版，上冊，第812—814頁。

案：《水經注·清水》記載汲城東門北側有崔瑗所立太公碑（已佚），城北三十里太公泉太公廟有盧无忌所立碑。

2. 穆子容《修太公呂望祠碑》

《北史·穆泰傳》曰：

（泰）子子容少好學，無所不覽，求天下書，逢即寫錄，所得萬餘卷。魏末爲兼通直散騎常侍，聘梁、齊。受禪，卒於司農卿。①

東魏武定八年（550 年）汲郡太守穆子容立《修太公呂望祠碑》，碑末有"通散騎常侍、聘梁使、平東將軍、中書侍郎、恒州大中正、修左史、汲郡太守穆子容山行之文"。又有"大魏大定八年四月庚辰朔十二日辛卯建造" 18 字。② 穆子容《修太公呂望祠碑》錄盧无忌《太公呂望表》的前文，而略其頌詞。原碑已亡，今有明清拓本、摹寫本。

二　宋元著錄與研究《齊太公呂望表》情況

宋代金石著述甚多，一些亡佚，如兩宋之際臨海謝堂撰《金石友》一千卷，③ 以其浩繁，可推當記載《齊太公呂望表》。一些書籍成於南宋，囿於疆域，未加記錄，如王象之《輿地碑記目》。今見宋元著錄與研究《齊太公呂望表》的著述有：趙明誠《金石錄》，董逌《廣川書跋》，鄭樵《通志》，陳思《寶刻叢編》，王應麟《困學紀聞》《玉海》，王惲《秋澗集》，等等。

1. 趙明誠《金石錄》

趙明誠（宋神宗元豐四年生，宋高宗建炎三年卒，1081—1129

---

① 《北史》卷 20《穆泰傳》，中華書局 1974 年點校本，第 739 頁。
② 穆子容：《修太公呂望祠碑》，北京圖書館金石組編：《北京圖書館藏中國歷代石刻拓本彙編》第 6 冊，中州古籍出版社 1989 年版，第 170 頁。
③ 宋慈報原著，項士元審訂：《兩浙著述考》，浙江人民出版社 1985 年版，第 1214 頁。

年），字德父，諸城（今山東省諸城市）人。歷官知湖州軍州事。著《金石錄》等。事蹟具《金石錄序》《金石錄後序》等。①

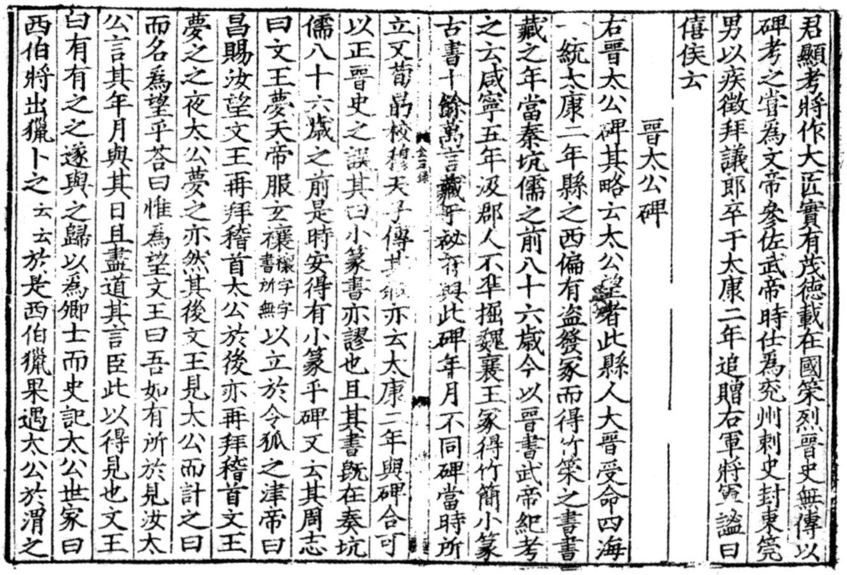

圖 2-1 趙明誠《金石錄·晉太公碑》

（據中華再造善本工程編纂出版委員會編：《中華再造善本 宋金編》，影宋淳熙龍舒郡齋刻本）

趙明誠《金石錄》以所藏三代彝器及漢、唐以來石刻仿歐陽修《集古錄》例編排成帙。南宋紹興中，妻李清照表上於朝。趙明誠《金石錄》曰：

第二百九十二《晉太公碑》太康十年三月②

趙明誠《金石錄·晉太公碑》略舉碑文前文，無頌詞：

---

① 趙明誠：《金石錄序》，《金石錄》，宋淳熙龍舒郡齋刻本；李清照著，王仲朝校注：《李清照集校注》卷3《金石錄後序》，人民文學出版社2000年版，第176—192頁。
② 趙明誠：《金石錄》卷2《目錄二》；趙明誠撰，金文明校證：《金石錄校證》卷2《目錄二》，《中國史學基本典籍叢刊》，中華書局2019年版，第31頁。

右《晉太公碑》，其略云：太公望者，此縣人。大晉受命，四海一統。太康二年，縣之西偏有盜發冢而得竹策之書，書藏之年當秦坑儒之前八十六歲。……碑又云："其《周志》曰：'文王夢天帝服玄禳（禳字字書所無），以立於令狐之津。帝曰：昌，賜汝望。文王再拜稽首，太公於後亦再拜稽首。文王夢之之夜，太公夢之亦然，其後文王見太公而訊之曰：而名爲望乎？答曰：惟，爲望。文王曰：吾如有所見於汝。太公言其年月與其日，且盡道其言，臣此以得見也。文王曰：有之，有之。遂與之歸，以爲卿士。'"……碑又云："其《紀年》曰：'康王六年，齊太公望卒。'參考年數，蓋壽一百一十餘歲。"而《史記》亦不載。案前世所傳汲冢諸書，獨有《紀年》、《穆天子傳》、《師春》等，不載所謂《周志》者，不知爲何書，而杜預《左氏傳後叙》云：汲冢書凡七十五卷，皆藏祕府，預親見之。以此知不特十餘萬言，史之所記蓋不能盡。其亡逸見于今者絶少也。《太公碑》，汲縣令盧無忌立，後題"太康十年三月"云。①

2. 董逌《廣川書跋》

董逌（生卒年不詳，兩宋間人，歷哲宗、徽宗、欽宗、高宗朝），字彥遠，東平（今山東省泰安市東平縣）人。北宋徽宗時官校書郎，靖康中爲國子監祭酒。南宋建炎中爲中書舍人，充徽猷閣待制。事蹟具《宋史翼》本傳。②

宣和中，董逌與黃伯思均以考據賞鑑擅名。董逌《廣川書跋·太公碑》曰：

《太公廟碑》今在衛州共縣，晉太康十年立，其文可識，曰：

---

① 趙明誠：《金石錄》卷20《跋尾十·晉太公碑》；趙明誠撰，金文明校證：《金石錄校證》卷20《跋尾十·晉太公碑》，第385—386頁。

② 陸心源輯：《宋史翼》卷27《董逌傳》，《潛園總集》，清光緒三十二年刻本，第13頁a、b。

太公望者，此縣人。太康二年，縣之西偏有盜發冢而得竹策之書。書藏之年當秦坑儒之前八十六歲。其《周志》曰："文王夢天帝服玄纕以立於令狐之津。帝曰：'昌，賜汝望。'文王再拜稽首，太公於後再拜稽首。文王夢之夜，太公夢之亦然。其後文王見太公而訊之曰：'而名爲望乎？'僉曰：'唯。'文王曰：'吾如有所見□。'太公言其日，且述其言，'臣以此得見也。'文王曰：'有之，有之。'遂與歸，以爲卿士。"其《紀年》曰："康王六年，齊太公卒。"蓋壽一百一十餘歲。《史記》謂："東海上人，西伯與語大説，曰：'自吾先君太公望子久矣。'故號之曰太公望。"又曰："呂尚處世隱海濱，西伯拘羑里，散宜生、閎夭素知而招呂尚。"言呂尚所以事周，雖異然，要之爲文武師，蓋不得其詳。乃廣徵異説，其謂東海上人則得於《孟子》，其先君望子則得于《墨子》，至拘羑里則戰國辯士之論也，灼龜而得兆立以爲師今緯書有之。曾不知諸侯無太師，而東海時避紂爾，則得以爲卿士其説是也。《詩》曰："維師尚父"則知爲武王師也。《竹書》最古，當魏安釐王時國史也，則所書宜可信。其言服玄纕，而《説文》無此字，惟曰《漢令》解衣耕謂之襄，而衛宏《字説》與郭昭卿《字指》則有之，知許慎所遺古文衆矣。昭卿因宏以有記，非得是碑，豈知宏之爲有據哉？《晉紀》言咸寧五年盜發汲郡冢，與此碑異，知史誤也。①

案：董逌《廣川書跋·太公碑》略舉碑文前文，無頌詞。

3. 鄭樵《通志》

鄭樵（宋徽宗崇寧三年生，宋高宗紹興三十二年卒，1104—1162年），字漁仲，莆田（今福建省莆田市）人。紹興間授右迪功

---

① 董逌：《廣川書跋》卷6《太公碑》，中華再造善本工程編纂出版委員會編：《中華再造善本 明代編》，國家圖書館出版社2013年影印中國國家圖書館藏明吳氏叢書堂鈔本；董逌：《廣川書跋》卷6《太公碑》，毛晉編：《津逮秘書》，明崇禎毛氏汲古閣刻本，第4頁b—6頁a。

而誕與其在南郡謂洪恩渝乎不測覆養包平無
外巍巍之功揚于仄陋其受冊命慶雲隨之夫毓
人必於其倫之功非其倫者人亦不得受之文字之壞
至此可歎也

太公碑

太公廟碑今在衛州其縣人太康二年縣之西偏有盜
識曰太公壑者此縣人太康十年立其文可
發剷而得竹策之書書藏之年當秦坑儒之前八
十六歲其周志曰文王夢天帝服玄纁以立於今
狐之津帝曰昌賜汝望文王再拜稽首太公於後
再拜稽首文王夢之夜太公夢之亦然其後文王
見太公而訊之曰而名為望乎曰唯文王曰吾
如有所見□太公言其曰且述其言臣以此得見
也文王曰有之遂與歸以為卿士其紀年曰
康王六年齊太公卒蓋壽一百一十餘歲史記謂
東海上人西伯與語大說曰自吾先君太公子

廣川書跋　卷之五　汲古閣

久矣故號之曰太公望又曰呂尚處世隱海濱西
伯拘羑里散宜生閎夭素知而招呂尚言呂尚所
以事周雖異然要之為文武師蓋不得其詳乃廣
徵異說其謂東海上人則得於孟子其言先君望子
而得兆立以為文武師則得於墨子至拘羑里
則得兆立以為文武師則戰國辯士之論也龜
策曰文王昌砦卜伐崇而乃得卿士其會不知諸侯無太
師而東海時避紂則得以為卿士其說是也詩
曰維師尚父則知為武王師也竹書最古當魏安
釐王時國史也則所書豈可信其言服玄纁而說
文無此字惟曰漢令解衣耕謂之襄而衛宏字說
與郭昭卿字指則有之知許慎所遺古文架矣昭
卿因宏以有記非得是碑登知之為有據哉晉
紀言咸寧五年盜發汲郡冢與此碑異知史誤也

月儀

世謂毌丘奧碑比蔡邕石經無相假借惜其書不
見於世觀晉人評書以索靖比王逸少而歐陽詢

廣川書跋　卷之六　汲古閣

圖 2-2　董逌《廣川書跋·太公碑》

（據毛晉編：《津逮秘書》，明崇禎毛氏汲古閣刻本）

郎，兵部架閣，入爲樞密院編修。事蹟具《宋史》傳。①

鄭樵《通志》于高宗紹興三十一年（1161年）撰成。《通志·金石略》僅言：

《太公碑》。太康十年。未詳。②

4. 陳思《寶刻叢編》

陳思（南宋理宗時人），臨安人。所著《小字錄》前有結銜稱"成忠郎緝熙殿國史實錄院秘書省"。

陳思《寶刻叢編》曰：

《晉立齊太公廟碑》
其略云：太公望者，此縣人。大晉受命，四海一統。太康二年，縣之西偏有盜發（家）〔冢〕而得竹策之書。此碑乃汲縣令盧無忌立，後題太康十年三月。《金石錄》③

案：據《金石錄》，節錄也。

5. 王應麟《困學紀聞》《玉海》

王應麟（宋寧宗嘉定十六年生，元成宗元貞二年卒，1223—1296年），字伯厚，慶元府（今浙江省寧波市）人，祖籍浚儀。淳祐元年進士。寶祐四年，中博學宏辭科。曾任著作佐郎、著作郎、秘書少監、秘書監等，官至禮部尚書兼給事中。事蹟具《宋禮部尚書王公壙記》、④

---

① 《宋史》卷436《儒林六·鄭樵傳》，中華書局1985年點校本，第12944—12945頁。
② 鄭樵：《通志》卷73《金石略》，王雲五：《萬有文庫》第2集，商務印書館民國二十四年版，第843頁中欄；鄭樵：《通志二十略·金石略》，王樹民點校，中華書局1995年版，下冊，第1855—1856頁。
③ 陳思：《寶刻叢編》卷6《河北西路·衛州》，陸心源輯：《十萬卷樓叢書》，清光緒十四年刻本，第47頁b—48頁a。
④ 王昌世：《宋禮部尚書王公壙記》，《四明文獻集（外二種）》，張驍飛點校，《王應麟著作集成》，中華書局2010年版，第572—573頁。

《宋史·儒林傳》本傳。①

王應麟《困學紀聞》曰：

《金石録》："汲縣《太公碑》云：晉太康二年，得竹策之書。其《紀年》曰：'康王六年，齊太公望卒。'參考年數，蓋壽一百一十餘歲。"今按《書·顧命》云"齊侯吕伋"，則成王之末伋已嗣太公爲齊侯矣。②

案：節録《金石録》，略考太公年紀。明人胡儼《拾遺録》録此而未予注明。③

王應麟《玉海·藝文·古史·周志》曰：

《金石録》："《晉太公碑》曰：太康二年，得竹策書，書藏之年當秦坑儒之前八十六歲。其《周志》曰：'文王夢天帝曰：昌，賜汝望。'"④

案：引《金石録》晉太公碑所記《周志》，歸爲古史《周志》。此《周志》非彼古史《周志》，不同也。

王應麟《玉海》曰：

《荀勖傳》："汲郡冢中古文竹書，詔勖次之，以爲《中經》，列在祕書。"荀勖《穆天子傳叙》云："太康二年。"《太公碑》同。《穆天子

---

① 《宋史》卷438《儒林八·王應麟傳》，第12987—12991頁。
② 王應麟著，翁元圻輯注：《困學紀聞注》卷8《孟子》，孫通海點校，中華書局2016年版，第4册，第1148頁。
③ 胡儼：《拾遺録》，胡思敬輯：《豫章叢書》，民國四年至九年南昌胡思敬退廬刻本，第36頁a、b；胡儼：《拾遺録》，劉宗彬點校，余讓堯審訂，陶福履、胡思敬原編，江西省高校古籍整理領導小組整理：《豫章叢書》子部二，江西教育出版社1999—2007年版，第95頁。
④ 王應麟：《玉海》卷46《藝文·古史·周志》，江蘇古籍出版社、上海書店1987年影印光緒九年浙江書局刊本，第2册，第854頁下欄。

傳》目錄云傅瓚爲校書郎中，與勘同校定。①

6. 王惲《秋澗先生大全文集》

王惲（金哀宗正大五年生，元成宗大德八年卒，1228—1304年），字仲謀，衛州汲縣（今河南省衛輝市）人。元中統元年，擢爲中書省詳定官。二年，轉翰林修撰，同知制誥，兼國史院編修官。尋兼中書省左右司都事。後歷任朝列大夫、左司郎中等。事蹟具《元史》本傳。②

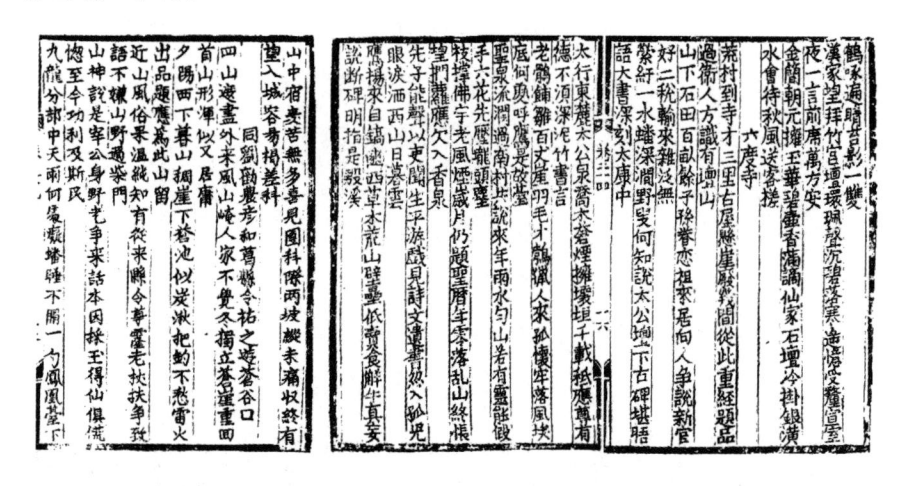

圖 2-3　王惲《秋澗先生大全文集·七言絕句·六度寺》

（據《四部叢刊》影印江南圖書館藏明弘治刊本）

王惲《秋澗先生大全文集·七言絕句·六度寺》曰：

> 荒村到寺才三里，古屋懸崖廢幾間。
> 從此重經題品過，衛人方識有壇山。
> 山下石田百畝餘，子孫眷戀祖來居。
> 向人爭說新官好，二稅輸來雜泛無。

---

① 王應麟：《玉海》卷47《藝文·編年·晉竹書紀年古文官書》，第2冊，第890頁。
② 《元史》卷167《王惲傳》，中華書局1976年點校本，第3932—3935頁。

> 縈紆一水蟠深澗，野叟何知説太公。
> 壇下古碑堪晤語，大書深刻太康中。
> 太行東麓太公泉，喬木蒼烟擁壞垣。
> 千載秖應尊有德，不須深泥竹書言。
> 老鶻鋪雛百丈崖，羽毛才縠獵人來。
> 孤懷牢落風埃底，何處呼鷹是故臺。
> 聖泉流潤過南村，共説來年雨水匀。
> 山若有靈能假手，六花先壓壟頭塵。
> 支撐佛宇老風煙，歲月仍題聖曆年。
> 零落亂山終悵望，捫蘿應欠入香泉。
> 先子能聲以吏聞，生平游戲見詩文。
> 遺書忽入孤兒眼，淚洒西山日暮雲。
> 鷹揚來自鎬豳西，草木荒山壁壘低。
> 賣食解牛真妄説，斷碑明指是殷溪。
> 山中宿麥苦無多，喜見團科隮兩坡。
> 縱未痛收終有望，入城容易揭差科。①

案：王惲《六度寺》所記內涵甚豐富，將與本書有關者一一解析。

第一，"山下石田百畝餘，子孫眷戀祖來居"者，殷谿之山下呂留村也。

第二，"縈紆一水蟠深澗，野叟何知説太公。壇下古碑堪晤語，大書深刻太康中"者，記太康中所立太公碑，在壇下，證實當時所立在祭祀呂望之所。其蹟宋元時尚存。

第三，"太行東麓太公泉，喬木蒼烟擁壞垣。千載秖應尊有德，

---

① 王惲：《秋澗先生大全文集》卷24《七言絕句·六度寺》，張元濟等編：《四部叢刊》，商務印書館民國十八年影印江南圖書館藏明弘治刊本，第16頁a—17頁a；王惲：《王惲全集彙校》卷24《七言絕句·六度寺》，楊亮、鐘彥飛點校，《中國古典文學基本叢書》第3冊，中華書局2013年版，第1198—1199頁。

不須深泥竹書言"者，太公泉舊有太公廟，荒廢，太公之功德傳千載，不須拘泥於汲冢竹書的記載。

第四，"聖泉流潤過南村，共說來年雨水勻。山若有靈能假手，六花先壓壟頭塵"者，盧无忌碑言："且其山也，能興雲雨，財用所出"；"般豀之山，明靈所托。升雲降雨，爲膏爲澤"。

第五，"鷹揚來自鎬豳西，草木荒山壁壘低。賣食解牛真妄說，斷碑明指是殷溪"者，王惲以爲太公望來自西土，不認可太公在朝歌附近賣食解牛之説。又以爲已經斷的盧无忌碑記載此處只是"殷溪"而已。"殷溪"碑文記載爲"般豀"，因碑文模糊而誤。

案：王惲《六度寺》記般豀之山、呂留村、太公泉、太公廟、汲冢書、盧无忌碑之狀況。"斷碑明指是殷溪"一語，則宋元之際盧无忌碑已經斷爲兩截。

三　明代著録與研究《齊太公呂望表》情況

今見明代著録與研究《齊太公呂望表》的著述有：曹昭《格古要論》，李賢等《大明一統志》，陳鑑《碑藪》，楊慎《水經注所載碑目》《丹鉛録》，陳霆《兩山墨談》，陳耀文《正楊》《天中記》，范欽藏、范邦甸《天一閣書目》，范欽藏、錢大昕輯《范氏天一閣碑目》，王在晉《歷代山陵考》，侯大節《(萬曆)衛輝府志》，郭孔延《史通評釋》，來濬《金石備攷》，于奕正《天下金石志》，方以智《通雅》，顧炎武《金石文字記》《唐韻正》《肇域志》，萬斯同《群書疑辨》，等等。

但是，都穆（玄敬，嘉靖四年卒）《金薤琳琅》、孫克弘《古今石刻碑帖目》（萬曆刊）、趙均《金石林時地考》［萬曆己未（四十七年）九月既望自序］未著録。

1. 曹昭《格古要論》

曹昭（元末明初人），字明仲，松江（今上海市松江區）人。父真好古博雅，富於收藏。昭自幼嗜之，撰《格古要論》，辨其真匶，正其要略。①

曹昭《格古要論》自序於洪武二十一年（1388年），其文曰：

《齊太公呂望碑》。漢隸。在汲縣。②

2. 李賢等《大明一統志》

李賢（明成祖永樂六年生，明憲宗成化二年卒，1408—1466年），鄧縣（今河南省鄧州市）人。宣德八年進士。歷任考功郎中、兵部右侍郎等。英宗復位，任吏部尚書兼翰林學士。憲宗即位，升少保、華蓋殿大學士等。事蹟具《明史》本傳。③

李賢等《大明一統志》成於英宗天順五年。李賢等《大明一統志·衛輝府·陵墓》曰：

太公舊居在府城西北二十五里，舊有太公望廟，晉盧無忌為汲令立碑。④

案：此條為後來文獻襲用，且附益碑文，乾隆後又別置碑文於《藝文志》。

3. 陳鑑《碑藪》

陳鑑（明成祖永樂十三年生，明憲宗成化七年卒，1415—1471年），字緝熙，蘇州（今江蘇省蘇州市）人。明英宗正統十三年進士第二人，授翰林編修。景泰初，充經筵講官，升修撰。天順年，侍東宮講讀。成化三年，進侍讀學士，為國子監祭酒，官禮部侍郎。後免職為民。精於鑑古，多藏法書名畫。⑤

---

① 曹昭：《序》，曹昭撰，王佐增：《新增格古要論》卷3《齊太公碑》，《中國藝術文獻叢刊》，浙江人民美術出版社2011年版，第2頁。
② 曹昭撰，王佐增：《新增格古要論》卷3《齊太公碑》，第389頁。
③ 《明史》卷176《李賢傳》，中華書局1974年點校本，第4673—4677頁。
④ 李賢等：《大明一統志》卷28《衛輝府·陵墓》，明天順五年御制序刊本，第25頁a。
⑤ 吳寬：《前朝列大夫國子祭酒陳公墓志銘》，錢穀輯：《吳都文粹續集》卷42，明稿本。

陳鑑《碑藪》署"國子祭酒吳郡陳鑑集",書成於成化三年至七年。陳鑑《碑藪》曰:

《齊太公廟碑》。漢隸。在汲縣。①

案:因《齊太公呂望表》在太公廟,故名。

清人倪濤《六藝之一錄》北京大學藏稿本自序於"乾隆五年歲次庚申二月望日,隱塘崐渠,時年七十有二"。卷五十七《石刻文字三十三·晉立太公碑》錄《水經注》《金石錄》《廣川書跋》《金石文字記》。《六藝之一錄·石刻文字八十九》錄陳鑑《碑藪》:"《齊太公碑》。在汲縣。漢隸。"② 案:《六藝之一錄》鈔錄舊說耳。

4. 楊慎《水經注所載碑目》《丹鉛錄》

楊慎(明孝宗弘治元年生,明世宗嘉靖三十八年卒,1488—1559年),字用修,號升庵,新都(今四川省成都市新都區)人。正德六年殿試第一,授翰林院修撰。後任經筵講官等。事蹟具《明史》本傳。③

楊慎《水經注所載碑目》一卷,明嘉靖十六年朱方刻本。殘缺,仍可辨出記崔瑗碑、盧无忌碑所在及立碑緣由,皆本《水經注》也。④

《丹鉛餘錄》曰:

《竹書紀年》:伊尹卒於沃丁之世,蓋百有五歲。太公卒于

---

① 陳鑑:《碑藪》,明鈔本,第9頁b。
② 倪濤:《六藝之一錄》卷111《石刻文字八十九》,中央圖書館籌備處輯:《四庫全書珍本初集》,上海商務印書館民國二十三年至二十四年影印文溯閣《四庫全書》本,第38頁a。
③ 《明史》卷192《楊慎傳》,第5081—5083頁。
④ 楊慎:《水經注所載碑目》,四庫全書存目叢書編纂委員會編:《四庫存目叢書·史部》第278冊,齊魯書社1996年影印上海圖書館藏明嘉靖十六年朱方刻本,第38頁上、下欄。

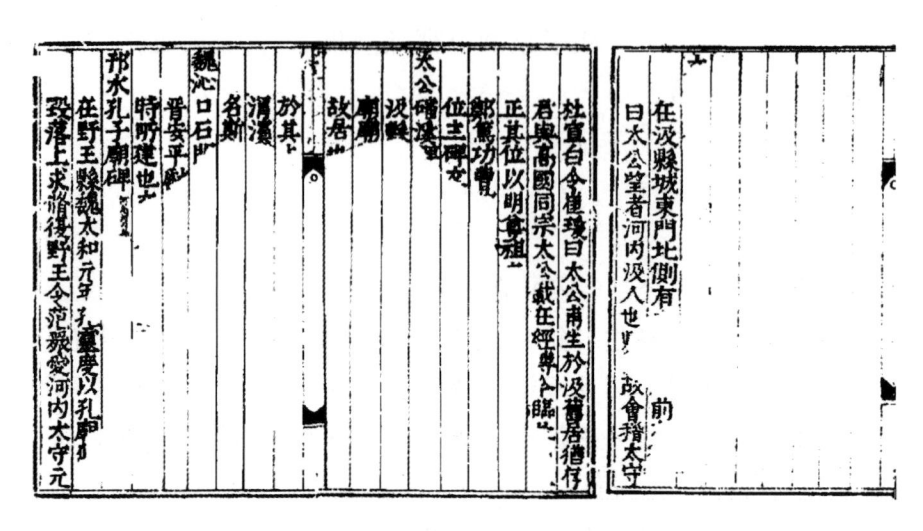

圖 2-4　楊慎《水經注所載碑目》記《齊太公呂望表》

（據四庫全書存目叢書編纂委員會編：《四庫存目叢書·史部》第 278 冊，
影印上海圖書館藏明嘉靖十六年朱方刻本）

康王六年，壽百有十歲。①

《丹鉛摘錄》曰：

　　商伊尹壽百有五歲，見《竹書紀年》。周太公壽百有十歲，見《金石錄》。②

《丹鉛總錄》曰：

　　《竹書紀年》：伊尹卒於沃丁之世，蓋百有五歲。太公卒於

----

①　楊慎：《丹鉛餘錄》卷1，《景印文淵閣四庫全書》第 855 冊，臺灣商務印書館 1986 年版，影印臺北故宮博物院藏本，第 8 頁。
②　楊慎：《丹鉛摘錄》卷3，《景印文淵閣四庫全書》第 855 冊，影印臺北故宮博物院藏本，第 242 頁。

第二章　《齊太公呂望表》學術史與本書的研究方法　47

康王六年，壽百有十歲。①

《楊升菴文集》曰：

　　商伊尹壽百有五歲，見《竹書紀年》。周太公壽百有十歲，見《金石録》。②

案：楊慎《丹鉛録》"周太公壽百有十歲，見《金石録》"者，實際出自盧无忌《齊太公呂望表》，楊慎信而引以爲據。

5. 陳霆《兩山墨談》

陳霆（明憲宗成化四年生，明世宗嘉靖二十八年卒，1468—1549年），字聲伯，號水南，德清（今浙江省湖州市德清縣）人。弘治十五年進士，官刑部給事中。後任山西提學僉事。未及老即致政歸里，隱居渚山四十年。霆博學多聞，著《德清縣志》《兩山墨談》等。③

陳霆《兩山墨談》嘉靖十八年李檗刊。《兩山墨談》論《周志》所載夢事：

　　晉世汲縣有《太公碑》載："文王夢天帝立於令狐之津，謂曰：'昌，賜汝望。'文王再拜稽首，太公於後亦再拜稽首。文王夢之之夜，太公夢之亦然。其後文王見太公而記之曰：'而名爲望乎？'答曰：'唯。'文王曰：'吾如有所於見汝。'太公言其年月與其日，且盡道其言。'臣此以得見也。'文王曰：

---

①　楊慎：《丹鉛總録》卷10《人品類·伊尹太公》，明嘉靖三十三年梁佐刻本，第19頁；楊慎撰，豐家驊校證：《丹鉛總録校證》卷10《人品類·伊尹太公》，中華書局輯：《學術筆記叢刊》上册，中華書局2019年版，第390頁。
②　楊慎：《太史升菴文集》卷48《古聖賢壽》，明萬曆蔡汝賢刻本，第3頁a。
③　陳霆著，陳景超注釋點校：《水南集》（德清圖書館編：《四庫德清文叢》）附録《陳霆傳》（《（康熙）德清縣志》卷7、《（嘉慶）新市鎮續志》、新編《德清縣志》）、陳景超：《陳霆生卒年商兑》《水南先生簡譜》，浙江古籍出版社2017年版，第481—489頁。

'有之，有之。'遂與之歸，以爲卿士。"嘗記宋野史載：徽宗夢至帝所有仙官贊拜，記其狀貌甚悉。迨方士王老志見熟視上曰："頗識老臣否？"帝因記夢游事，覷老志面目儼然，向所見也。因大加禮遇。按徽宗事初嘗嗤其誕妄。今閱此碑，乃知徽宗自以爲遇天下之異人，故特依倣以神其事，殆竊比于文王之遇太公耳。然太公事當以《史記》所序爲正。碑之云云，謂本之《周志》。《周志》今不可見，意汲書所逸之舛編也，豈足多信？①

案：陳霆《兩山墨談》以爲《周志》乃汲書所逸之舛編。

6. 陳耀文《正楊》《天中記》

陳耀文（明世宗嘉靖初生，明神宗萬曆之世卒），字晦伯，確山（今河南省駐馬店市確山縣）人。嘉靖二十九年進士，授中書舍人。官至陝西行僕寺卿。事蹟具《（乾隆）確山縣志》本傳。②

陳耀文《正楊》有隆慶三年四月李褎序及隆慶己巳（三年，1569年）孟冬耀文自序。《正楊》曰：

《竹書紀年》：伊尹卒于沃丁之世，盖百有五歲。太公卒于康王六年，壽百有十歲。③

案：此本於楊慎《丹鉛錄》。

《天中記》有隆慶三年（1569年）序，成書於是年。《天中記·夢》曰：

同夢。文王夢天帝服玄纕以立于令狐之津。帝曰："昌，湯

---

① 陳霆：《兩山墨談》卷4，明嘉靖十八年李橥刻本，第11頁a、b。
② 周之瑚修，嚴克崵纂：《（乾隆）確山縣志》卷3《人物》，清乾隆十一年刻本，第47頁a—48頁b。
③ 陳耀文：《正楊》卷1《伊尹太公》，《景印文淵閣四庫全書》第856冊，影印臺北故宫博物院藏本，第58頁。

汝望。"文王再拜稽首，太公於後亦再拜稽首。文王夢之之夜，太公夢之亦然。其後文王見太公而訊之曰：

"而名爲望乎？"答曰："唯，爲望。"文王曰："吾如有所於見汝。"太公言其年月與其日，且盡道其言。"臣此以得見也。"文王曰："有之，有之。"遂與之歸，以爲卿〔士〕。①

7. 范欽藏、范邦甸《天一閣書目》、錢大昕輯《范氏天一閣碑目》

范欽（明武宗正德元年生，明神宗萬曆十三年卒，1506—1585年），字堯卿，浙江鄞縣（今浙江省寧波市鄞州區）人。嘉靖十一年進士，授湖廣隨州知州，歷任工部員外郎郎中、福建按察使、陝西左布政使、兵部右侍郎等。博雅好古，聚書天一閣，至數萬卷，多秘本，爲四明藏書家第一。天一閣創建於嘉靖四十年至四十五年之間。事蹟具《溫恭毅集》《（光緒）鄞縣志》等。②

范欽藏、范邦甸《天一閣書目》曰：

晉
《太公吕望表》　太康十年。

又曰：

北魏
《太公吕望碑》穆子容撰。正書，武定八年四月。③

---

① 陳耀文：《天中記》卷23《夢》，明萬曆刻本，第32頁b—33頁a。
② 溫恭毅：《溫恭毅公文集》卷4《疏·大臣病故疏》，溫良儒輯：《溫氏叢書》，民國二十五年校印本，第14頁b—15頁a；戴枚修，董沛等纂：《（光緒）鄞縣志》卷36《人物傳十一》，清光緒三年刻本，第18—19頁；又參見戴光中《天一閣主——范欽傳》，浙江人民出版社2006年版。
③ 范邦甸：《天一閣書目》卷2之1《史部·編年類》，清嘉慶十三年揚州阮氏元文選樓刻本，第4頁b；范邦甸等撰：《天一閣書目　天一閣碑目》，江曦、李婧點校，《中國歷代書目題跋叢書》，上海古籍出版社2010年版，第544—545頁。

此乃明人范欽舊藏碑拓。

錢大昕手編自題《竹汀居士年譜》（《錢辛楣先生年譜》）曰：

> 五十二年丁未……
> 三月往寧波府，撰《鄞縣志》三十卷，五閱月而告成。范上舍懋敏招登天一閣，觀所藏金石刻，因爲撰《天一閣碑目》二卷。①

范欽藏、錢大昕輯《范氏天一閣碑目》曰：

> 《太公吕望表》　太康十年三月。②

案：范欽舊藏碑拓之年代不晚于萬曆十三年，屬嘉靖前後。

8. 王在晉《歷代山陵考》

王在晉（明世宗嘉靖四十三年生，明思宗崇禎十六年卒，1564—1643 年），字明初，號岵雲，浚縣（今河南省安陽市浚縣）人，僑居太倉州（今屬江蘇省）。萬曆二十年進士，授中書舍人。歷任江西布政使、右副都御史、兵部尚書，坐事削籍歸。事蹟具《明史·王洽傳》附。③

王在晉《歷代山陵考》卷上：

> 吕尚墓
> 府城西北。自齊還葬于此。晉盧無忌碑尚存。④

---

① 錢大昕：《竹汀居士年譜》（《錢辛楣先生年譜》），陳文和主編：《嘉定錢大昕全集》（增訂本）第 1 冊，陳文和點校，江蘇古籍出版社 2016 年版，第 32—33 頁。
② 錢大昕輯：《范氏天一閣碑目》，鈔本；錢大昕輯：《天一閣碑目》，陳文和主編：《嘉定錢大昕全集》（增訂本）第 4 冊，陳文和點校，第 511 頁。
③ 《明史》卷 257《王洽傳》，第 6624—6625 頁。
④ 王在晉：《歷代山陵考》，明末毛氏汲古閣鈔本，第 12 頁 b。

案：王在晉乃浚縣人，居近汲縣，知此碑，《歷代山陵考》乃實錄。

9. 侯大節《（萬曆）衛輝府志》

侯大節《（萬曆）衛輝府志》萬曆三十一年刊。侯大節《（萬曆）衛輝府志·地里志》曰：

> 太公舊居。在府城西北二十五里，舊有廟，今廢。有晉汲令盧無忌碑，殘斷臥道傍。萬曆十二年，知府周思宸載置府治賓館。一碑在府城南關八蜡廟，即汲郡太守穆子容文，今移置於西門太公廟。①

下"太公望表"錄穆子容碑文。

案：碑斷於萬曆十二年（1584年），置於府治賓館，明代據斷碑而又有拓本，其時代或爲置於府治賓館之前後。

10. 郭孔延《史通評釋》

郭孔延（明神宗萬曆二年生，卒年不詳。1574—？），字延年，江西泰和（今江西省吉安市泰和縣）人。右副都御史郭子章次子。萬曆三十年間就讀國子監。著《史通評釋》等。②

郭孔延《史通評釋》明萬曆三十二年刊。《史通評釋·內篇·採撰》曰：

> 夫邱明授經立傳，廣包諸國。蓋當時有周《志》、晉《乘》、鄭《書》、楚《杌》等篇，遂乃聚而編之混成一錄。……

---

① 侯大節纂修：《（萬曆）衛輝府志》卷1《地里志·古蹟》，中國科學院圖書館選編：《稀見中國地方志彙刊》第34冊，中國書店出版社1992年影印萬曆三十一年刻增修補刻本，第578頁下欄；侯大節纂修：《（萬曆）衛輝府志》卷1《地里志·古蹟》，衛輝市地方史志辦公室點校，中州古籍出版社2010年版，第38頁。

② 郭孔延：《資德大夫兵部尚書郭公青螺年譜》，北京圖書館編：《北京圖書館藏珍本年譜叢刊》第52冊，書目文獻出版社1999年影印民國朱絲欄鈔本。

評曰：採撰當博蹟駮，當擇是此篇大旨，故自丘明、孟堅而下，子玄都無取焉。

《左》文二晉狼瞫曰："《周志》有之：'勇則害上，不登於明堂。'"《注》："《周書》也。"《疏》："周之志記。"

《金石錄》："《晉太公碑》曰：太康二年，得竹策書，書藏之年當秦坑儒之前八十六歲。其《周志》曰：文王夢天帝曰：昌，賜汝望。"①

案：郭孔延《史通評釋》將《左傳》引《周志》、《金石錄》引《周志》並列，以爲同也。

11. 來濬《金石備攷》

來濬（明神宗萬曆以後人②），字梅岑，關中人。

來濬《金石備攷》，康熙甲戌（三十三年，1694年）二序。來濬《金石備攷》河南：

《晉修太公墓碑》　盧無忌立。太康十年。③

12. 于奕正《天下金石志》

于奕正（明神宗萬曆二十五年生，明思宗崇禎九年卒，1597—1636年），字司直，宛平（今屬北京市）人。崇禎元年秀才。著《天下金石志》，與劉侗合撰《帝京景物略》。④

于奕正《天下金石志》自序於崇禎壬申（五年，1632年）七

---

① 劉知幾撰，郭孔延評釋：《史通評釋》卷5《內篇·採撰》，明萬曆三十二年郭孔陵刻本，第3頁b—4頁a。

② 永瑢等：《四庫全書總目》卷87《史部四十三·目錄類存目》，中華書局1965年影印清浙江杭州刻本，上冊，第747頁下欄—748頁上欄。

③ 來濬：《金石備攷》河南，《四庫存目叢書·史部》第278冊，影印陝西省博物館藏清鈔本，第310頁。

④ 王養濂修，李開泰等纂：《（康熙）宛平縣志》卷6《藝文·王崇簡（敬哉）〈都門三子傳〉》，清康熙二十三年刻本，第69頁a—70頁a。

月。《天下金石志》下册河南：

《晉修太公墓碑》　盧無忌立。太康十年。①

13. 方以智《通雅》

方以智（明神宗萬曆三十九年生，清康熙十年卒，1611—1671年），字密之，安徽桐城（今安徽省桐城市）人。崇禎十三年進士，官翰林院檢討。南明唐王拜禮部侍郎、東閣大學士。後出家爲僧。事蹟具《清史稿·遺逸傳》。②

方以智《通雅》初稿成於明崇禎末，後不斷修訂，康熙五年始刊行。《通雅》曰：

汲冢、楚冢今不能分，故有《瑣語》亂《竹書》之疑也。《書史》云：太康二年，汲郡人不準盜魏襄王墓，或言安釐王。竹書數十車，漆書、科斗。武帝以付束晳，隨疑分釋，皆有義證。又《廣川書跋》：太公廟碑今在衛州共縣，晉太康十年立。碑曰：太公望者，此縣人。太康二年，縣之西偏有盜發冢而得竹策之書。書藏之年，當秦坑儒之前八十六歲。《竹書》最古，當魏安釐王時國史也，則所書宜可信。其言服玄纕，而《說文》無此字，惟曰漢令解衣耕謂之纕；而衛宏《字說》與郭昭卿《字指》則有之。如許慎所遺古文衆矣。昭卿因宏以有記，非得是碑，豈知宏之爲有據哉？《晉紀》言咸寧五年盜發汲郡冢，與此碑太康二年異，知《史》誤也。胡元瑞據武帝咸寧五年，譏升菴太康安釐之誤，直未見《廣川書跋》與《書史》邪？若《淮海題跋》言太康元年盜發魏襄冢，則少游誤記也。不準姓音

---

① 于奕正：《天下金石志》下册《河南》，明崇禎刻本，第 8 頁 b。
② 《清史稿》卷 500《遺逸傳一·方以智》，中華書局 1977 年點校本，第 13832—13833 頁。

彪。陳鉅昌《原治篇》引作卞準，非。①

案：方以智《通雅》考訂汲冢竹書出土於太康二年。

14. 顧炎武《金石文字記》《唐韻正》《肇域志》

顧炎武（明神宗萬曆四十一年生，清康熙二十一年卒，1613—1682年），初名絳，字寧人，號亭林，昆山（今江蘇省昆山市）人。明諸生。事蹟具《清史列傳》《清史稿·儒林傳》《清儒學案》。②

顧炎武《金石文字記》卷二記碑、論太公籍貫、年紀。《金石文字記》曰：

《太公呂望表》　八分書　太康十年三月
今在汲縣西門太公廟。

《水經注》曰："縣故汲郡治。城西北有石夾水，飛湍濬急，人亦謂之磻谿，言太公常釣於此也。"今其文曰："般谿之山，明靈所託。""般"即"磻"之異文。《水經注》又言："縣民故會稽太守任宣白令崔瑗曰：太公生於汲，舊居猶存，君與高、國同宗，今臨此國，宜正其位，以明尊祖之義。遂立壇祀。"又言："城北三十里有太公泉，泉上又有太公廟，晉太康中范陽盧無忌爲汲令，立碑於其上。"此碑是无忌所立，"無"字作"无"，而自稱爲太公之裔孫。然則崔、盧二姓皆出太公，其後人之門第可謂盛矣。

《表》云："其《紀年》曰：康王六年，齊太公望卒。蓋壽百一十餘歲。"宋王應麟《困學紀聞》謂："《尚書·顧命》稱

---

① 方以智：《通雅》卷31《器用·金石》，侯外廬主編：《方以智全書》第5冊，上海古籍出版社1988年版，下冊，第973—974頁；方以智：《通雅》卷31《器用·金石》，黃德寬、諸偉奇主編：《方以智全書》第5冊，黃山書社2019年版，第480—481頁。個別標點明顯不當，改正。

② 不著撰人：《清史列傳》卷67《儒林傳下一·顧炎武》，第17冊，第5435—5437頁；《清史稿》卷481《儒林傳二·顧炎武》，第13166—13169頁；徐世昌等：《清儒學案》卷6《亭林學案上·顧炎武》，沈芝盈、梁運華點校，中華書局2008年版，第1冊，第267—269頁。

齊侯吕伋，則成王之末伋已嗣太公爲齊侯。"以太公爲康王時卒者，非矣。開寶中詔修先代帝王祠廟而以鬻熊配文王，召公配武王，周公、唐叔配成王，太公、畢公配康王，蓋因此碑而誤。①

案：清聖祖玄燁訂《御定佩文齋書畫譜》，序作於康熙四十七年二月。《御定佩文齋書畫譜·歷代無名氏書四》據《金石文字記》。②
顧炎武《唐韻正》曰：

於鑠我祖，時惟太公。當殷之末，一德玄通。上帝有命，以錫周邦。公及文王，二夢惟同。上帝既命，若時登庸。遂作心膂，寅亮天工。肆伐大商，克咸厥功。建國胙土，俾矦于東。奮乎百世，聲烈彌洪。③

又曰：

《晉太公吕望表》："般谿之山，明靈所託。升雲降雨，爲膏爲澤。"④

顧炎武《肇域志》曰：

磻溪在縣東南八十里磻溪谷中。亦作般谿，《齊太公吕望表》："般谿之山，明靈所託。"⑤

---

① 顧炎武：《金石文字記》卷2，華東師範大學古籍所整理，黃珅等主編：《顧炎武全集》第5冊，徐德明校點，上海古籍出版社2011年版，第253—254頁。
② 孫岳頒等撰：《御定佩文齋書畫譜》卷62《歷代無名氏書四》，《景印文淵閣四庫全書》第821冊，影印臺北故宫博物院藏本，第675頁。
③ 顧炎武：《唐韻正上平聲》卷1，《音學五書》，清康熙間張弨刊本，第16頁b；顧炎武：《唐韻正上平聲》卷1，《音學五書》，《顧炎武全集》第2冊，劉永翔校點，第316頁。
④ 顧炎武：《唐韻正入聲》卷18，《音學五書》，《顧炎武全集》第3冊，第1076頁。
⑤ 顧炎武：《肇域志》陝西鳳翔府寶雞縣，《顧炎武全集》第9冊，第2830頁。

案：此乃《齊太公呂望表》之頌詞，明拓本（或宋元拓本）尚可見，嘉慶以後殘損。顧氏好遊歷，見聞廣博，可見資料尚多。顧氏所引頌詞，"一德玄通"之"一"乃傳世明拓本不清楚者，可以據補。

15. 萬斯同《群書疑辨》

萬斯同（明思宗崇禎十一年生，清康熙四十一年卒，1638—1702年），字季野，號石園，浙江鄞縣（今浙江省寧波市鄞州區）人。泰子，斯大弟。從黃梨洲遊，專意古學，博通諸史，尤熟明代掌故。康熙十九年，修《明史》，充《明史》纂修官，手定《明史》稿五百卷。著《石經考》等。事蹟具《萬季野先生行狀》《清史列傳》《清史稿》《清儒學案》本傳等。①

萬斯同《群書疑辨·書晉書束皙傳後》曰：

> 乃至《太公碑》所載遇文王事，實據汲塚《周志》，而《束皙傳》備列諸書，獨無所謂《周志》者，則知當時焚毀者固多，其未焚而遺逸者當亦不少也。②

案：萬斯同《群書疑辨·書晉書束皙傳後》以爲《周志》乃汲冢未焚者而遺逸者。

四 清代著錄與研究《齊太公呂望表》情況

今見清代著錄與研究《齊太公呂望表》的著述有：《（順治）衛輝府志》《（雍正）河南通志》《（乾隆）衛輝府志》與《（乾隆）汲縣志》，葉奕苞《金石錄補》，閻若璩《四書釋地續》，劉青藜《金石續錄》，朱彝尊《曝書亭集》《金石文字跋尾》，陳夢雷《古今圖

---

① 劉坊：《萬季野先生行狀》；不著撰人：《清史列傳》卷68《儒林傳下一·萬斯同》第17册，第5464—5466頁；《清史稿》卷484《文苑傳一·萬斯同》，第13345—13347頁；徐世昌等：《清儒學案》卷35《鄞縣二萬學案下·萬斯同》第2册，第1291—1292頁。

② 萬斯同：《群書疑辨》卷9《書晉書束皙傳後》，清嘉慶二十一年刻本，第7頁b。

書集成》，楊賓《楊賓集》，康熙至嘉慶間《欽定大清一統志》《嘉慶重修一統志》，孫之騄《考定竹書》，黃叔璥《中州金石攷》，全祖望《晉汲縣齊太公里表跋》，盧文弨《北魏汲縣齊太公廟碑跋》，黃易《嵩洛訪碑日記》《秦漢魏六朝輿地碑刻攷》《嵩洛訪碑圖》《呂望表》拓本，姚晏《中州金石目》，畢沅《中州金石記》，錢大昕《潛研堂金石文字跋尾》《潛研堂金石文字目錄》，武億《金石三跋》，李元滬、李震嘉慶四年刻跋，孫星衍《寰宇訪碑錄》《續古文苑》《三國六朝金石記》，陳逢衡《竹書紀年集證》，洪頤煊《平津讀碑記》《經典集林》，顧廣圻、瞿鏞、丁福保遞藏《太公呂望表》明拓本，王昶《金石萃編》，俞正燮《癸巳存稿》，趙紹祖《金石文鈔》《金石續鈔》《古墨齋金石跋》，嚴可均《平津館金石萃編》《全上古三代秦漢三國六朝文》，馮雲鵬、馮雲鵷《金石索》，趙魏《竹崦盦金石目錄》，翟雲升《隸篇》，張鑑《冬青館集》，包世臣《藝舟雙楫》，吳式芬《攈古錄》《中州攈古錄》《金石匯目分編》，凌揚藻《蠡勺編》，楊鐸《中州金石目錄》，錢儀吉《衎石齋記事續稿》，張德容《二銘艸堂金石聚》，劉熙載《藝概》，鄭業斅《讀笑齋金石攷略》，毛鳳枝舊藏《齊太公呂望表》明拓本、《石刻書法源流攷》，何昆玉舊藏《齊太公呂望表》乾隆拓本，孫詒讓《籀廎述林》，尹彭壽《魏晉石存目》，楊守敬《三續寰宇訪碑錄》《鄰蘇園藏書目錄》《壬癸金石跋》《寰宇貞石圖》，繆荃孫《金石分地編目》《藝風堂金石文字目》，方若《校碑隨筆》，朱士端《宜祿堂收藏金石記》，葉昌熾《語石》，等等。

1.《（順治）衛輝府志》《（雍正）河南通志》《（乾隆）衛輝府志》《（乾隆）汲縣志》

《（順治）衛輝府志》《（雍正）河南通志》《（乾隆）衛輝府志》《（乾隆）汲縣志》載《齊太公呂望表》碑史、碑文，攷其內容多源自明代舊錄。

《（順治）衛輝府志·地里志·古蹟》曰：

太公舊居。在府城西北二十五里，舊有廟，今廢。有晉汲令盧無忌碑，殘斷卧道傍。萬曆十二年，知府周思宸載置府治賓館。一碑在南關八蜡廟，即汲郡太守穆子容文，今移置西門太公廟。①

下"呂望表"録穆子榮碑文。案：與《（萬曆）衛輝府志》全同，實際鈔録耳。

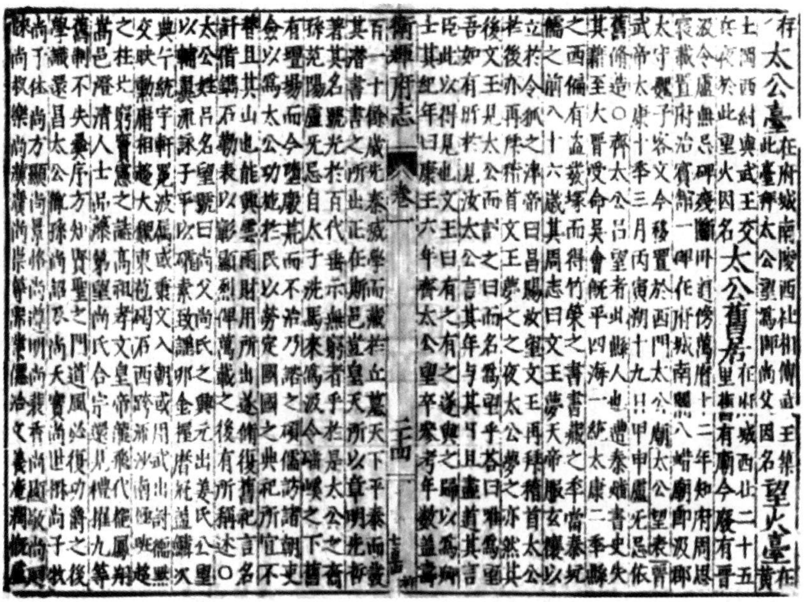

圖 2-5　《（順治）衛輝府志》録盧无忌《呂望表》

《（雍正）河南通志·古蹟上·衛輝府》曰：

太公舊居在府城西二十五里舊太公廟，晉盧無忌爲汲令立碑。②

---

① 程啓朱等修，蘇文樞等纂：《（順治）衛輝府志》卷1《地理志·古蹟》，清順治十六年刻本，第24頁a。
② 田文鏡等修，孫灝等纂：《（雍正）河南通志》卷51《古蹟上·衛輝府》，《景印文淵閣四庫全書》第537冊，影印臺北故宫博物院藏本，第128頁上欄。

《（乾隆）衛輝府志·藝文志上·太公碑記》有前文，無頌詞。①
《（乾隆）汲縣志·輿地志》曰：

> 太公舊居，在城西北二十五里，地名太公泉，上有墓及廟。漢崔瑗、晉盧無忌立碑記之。漢碑未詳，晉碑殘斷臥道旁。明萬（歷）〔曆〕十二年，知府周思宸載置府治賓館。又一碑在南關八蜡廟，即魏汲郡太守穆子容文，十五年移置西門太公廟，乾隆初年又移西鹽店無量庵。四方多有墨拓者。碑記見《藝文志》。②

《（乾隆）汲縣志·太公碑記》有前文，無頌詞。③
案：三者皆據穆子容碑文補爲"齊太公呂望者，此縣人也"，而盧无忌碑無"也"字（詳本書第四章）。

2. 葉奕苞《金石錄補》

葉奕苞（明熹宗天啟五年生，清康熙二十六年卒，1625—1687年），字九來，號二泉，江蘇崑山（今江蘇省崑山市）人。康熙十七年，以監生薦舉博學鴻詞試，罷歸。葺半繭園。閒集秦漢以來金石碑刻，辨證隸釋最詳。著《金石錄補》等。事蹟具《清史列傳》《（同治）蘇州府志》本傳等。④

葉奕苞《金石錄補·晉太公碑》論呂尚事蹟、年紀：

> 小司馬《索隱》註："譙周曰：姓姜，名牙，炎帝之裔，伯夷之後。掌四嶽有功，封之于呂，子孫從其封姓，尚其後

---

① 畢沅、劉鐘之修，德昌纂：《（乾隆）衛輝府志》卷43《碑上·晉汲令盧無忌太公碑》，清乾隆五十三年刻本，第2頁b—3頁a。
② 徐汝瓚修，杜昆纂：《（乾隆）汲縣志》卷2《輿地志下·古蹟》，清乾隆二十年刻本，第18頁a。
③ 徐汝瓚修，杜昆纂：《（乾隆）汲縣志》卷12《藝文志上·太公碑記》，第16頁a—17頁a。
④ 不著撰人：《清史列傳》卷71《文苑傳二·葉奕苞》，第18冊，第5795—5796頁；李銘皖等修，馮桂芬纂：《（同治）蘇州府志》卷96《人物二十三》，清光緒九年江蘇書局刻本，第1頁。

也。"則牙與尚爲兩人明矣。下又云:"文王得之渭濱,云:'吾先君太公望子久矣,故號太公望。'"蓋牙是字,尚是其名。後武王號爲師尚父,又以牙即爲尚,何也?《尚書·顧命》有"齊侯呂伋",使太公望在,安得不叙于召公之前而稱伋乎?《紀年》所謂康王六年卒者謬。又有《紫微斗數》謂太公望一百六十歲者尤誕妄。汲縣令盧無忌者,太公之裔孫也。①

案:葉奕苞《金石錄補·晉太公碑》論呂尚事蹟、年紀,以爲《紀年》康王六年卒謬。

3. 閻若璩《四書釋地》

閻若璩(明思宗崇禎九年生,清康熙四十三年卒,1636—1704年),字百詩,號潛邱居士,太原(今山西省太原市)人,僑居淮安(今江蘇省淮安市)。康熙元年,歸太原。康熙十八年薦舉博學鴻儒科,報罷。參與徐乾學修《大清一統志》。事蹟具《清史列傳》《清史稿·儒林傳》《清儒學案》本傳。②

閻若璩《四書釋地續·北海東海》曰:

> 《齊世家》:"太公望呂尚者,東海上人。"註未悉。《後漢》琅邪國海曲縣劉昭引《博物記》注云:"太公呂望所出,今有東呂鄉。又釣于棘津,其浦今存。"又於清河國廣川縣棘津城辯其當在琅邪海曲此城殊非。余謂海曲故城,《通典》稱在莒縣東,則當日太公辟紂居東海之濱即是其家。漢崔瑗、晉盧無忌立《齊太公碑》以爲汲縣人者誤。③

---

① 葉奕苞:《金石錄補》續跋卷5,《續修四庫全書》第901冊,上海古籍出版社2002年影印清道光二十四年別下齋刻本,第300頁下欄。
② 不著撰人:《清史列傳》卷68《儒林傳下一·閻若璩》,第17冊,第5458—5459頁;《清史稿》卷481《儒林傳二·閻若璩》,第13177—13178頁;徐世昌等:《清儒學案》卷39《潛丘學案·閻若璩》,第2冊,第1461—1464頁。
③ 閻若璩:《四書釋地續·北海東海》,《皇清經解》卷21,清咸豐庚申(十年)廣東學海堂補刊本,第12頁b。

案：閻若璩《四書釋地續·北海東海》信《史記·齊世家》《博物記》《通典》說，而否定漢崔瑗、晉盧无忌立《齊太公碑》說。

4. 劉青藜《金石續錄》

劉青藜（清康熙二年生，康熙四十七年卒，1663—1708 年），字太乙，河南襄城（今河南省許昌市襄城縣）人。康熙四十五年進士，改翰林院庶吉士。性敏好學，博極群書。事蹟具《清儒學案》《（雍正）河南通志》本傳等。①

劉青藜《金石續錄》曰：

> 碑在汲縣西門甕城太公廟西壁間，太康十年立。分書。既不大佳，又係後人重刻。余嘗摩挲久之。康熙四十六年，請假南歸塗次書。②

案：劉青藜《金石續錄》所記誤，此時《齊太公呂望表》在府署，太公廟時有東魏穆子容《修太公呂望祠碑》。

5. 朱彝尊《曝書亭集》《金石文字跋尾》

朱彝尊（明思宗崇禎二年生，清康熙四十八年卒，1629—1709年），字錫鬯，號竹垞，浙江秀水（今浙江省嘉興市）人。康熙十八年，試鴻學鴻博科，除翰林院檢討。二十年，充日講起居注官，入值南書房。三十一年，假歸。康熙南巡，迎駕無錫，御書"研經博物"額賜之。兼有衆長，工詩文考據。著《經義考》《日下舊聞》《曝書亭集》等。事蹟具《清史列傳》《清史稿·文苑傳》《清儒學案》本傳。③

---

① 徐世昌等：《清儒學案》卷 30《起庵學案·劉先生宗泗》第 2 冊，第 1154 頁；田文鏡等修，孫灝等纂：《（雍正）河南通志》卷 64《孝義》，《景印文淵閣四庫全書》第 538 冊，影印臺北故宮博物院藏本，第 118 頁上欄。

② 劉青藜：《金石續錄》卷 1，清康熙四十九年傳經堂刻本，第 17 頁 b。

③ 不著撰人：《清史列傳》卷 71《文苑二·朱彝尊》第 18 冊，第 5776—5777 頁；《清史稿》卷 484《文苑一·朱彝尊》，第 13339—13340 頁；徐世昌等：《清儒學案》卷 32《竹垞學案·朱彝尊》第 2 冊，第 1169—1170 頁。

朱彝尊《晉汲縣齊太公二碑跋》記碑位置、論太公籍貫與年紀，其文曰：

> 汲縣，古朝歌地，相傳師尚父舊居也。遺碑一，表一。表在縣治西南隅，晉武帝太康十年三月，尚父裔孫范陽盧无忌來爲汲令，刻石。碑在縣西北三十里廟中，北魏孝靜帝武定八年四月立石，司農卿穆子容正書。按李白詩云："朝歌屠叟辭棘津，八十西來釣渭濱。"而韓嬰《詩外傳》稱文王舉太公時，公年七十二，與李詩不合。无忌《表》曰："康王六年，齊太公望卒。"按《尚書·顧命》有"齊侯呂伋"文，則伋已嗣公爲侯，非卒于康王時也。然則金石之文亦有不足信者。①

案：嘉興李光暎《金石文考略》引此。②

6. 陳夢雷《古今圖書集成》

陳夢雷（清順治七年生，乾隆六年卒，1650—1741年），字則震，一字省齋，閩縣（今屬福建省福州市閩侯縣）人。康熙九年進士，選庶吉士，散館授編修。謫戍，後召還。奉命編《古今圖書集成》。雍正初，謫戍。事蹟具《清儒學案》。③

康熙四十年，陳夢雷等始編訂，五十五年進呈，賜名《古今圖書集成》。五十九年奉旨刊。雍正時，陳夢雷遭遣戍，蔣廷錫總裁續印。《古今圖書集成·理學彙編·字學典·法帖部》曰：

> 《太公呂望表》
> 按《金石文字記》八分書。太康十年三月。今在汲縣西門

---

① 朱彝尊：《曝書亭集》卷48《晉汲縣齊太公二碑跋》，清康熙朱稻孫五十三年刻本；朱彝尊：《金石文字跋尾》卷3《晉汲縣齊太公二碑跋》，黃任恒重輯：《翠琅玕館叢書》，民國五年刻本，第3頁b—4頁a。

② 李光暎：《觀妙齋藏金石文考略》卷5，清雍正刻本，第3頁b—4頁a。

③ 徐世昌等：《清儒學案》卷41《安溪學案下·陳夢雷》第2冊，第1620—1621頁。

太公廟。①

《古今圖書集成·方輿彙編》録盧無忌《太公舊居碑記》，有前文，無頌詞。②

案：此據方志爲之，未見碑也。故不全而不知。

又《古今圖書集成考證》曰：

《衛輝府部·藝文一之二》晉盧無忌《太公舊居碑記》
　　案今碑作《太公吕望表》。答曰"唯爲望。吾如有所見於汝"。案碑"唯爲望"。下有"文王曰"三字。"太公言其年與其日"，案碑年下有"月"字。③

案：此據拓本校對。
7. 楊賓《楊賓集》

楊賓（清順治七年生，康熙五十九年卒，1650—1720年），字可師，號耕夫，別號大瓢。山陰（今浙江省紹興市）人，後徙蘇州。未仕，嘗以遊幕爲生。工書，精鑑碑版。有《大瓢偶筆》《柳邊紀略》等。事蹟具《楊大瓢傳》。④

楊霈輯《大瓢所論碑帖纂列總目備覽》曰：

《太公吕望表》并碑陰、側
　　太康十年三月八分書。在河南汲縣西北三十里太公廟。⑤

---

① 陳夢雷：《古今圖書集成》第65冊《理學彙編·字學典籍》卷62《法帖部》，中華書局、巴蜀書社1985年影印上海中華書局民國二十三年影印清武英殿銅活字本，第78863頁。
② 陳夢雷：《古今圖書集成》第10冊《方輿彙編 職方典》卷414《衛輝府部·藝文一》，第11465頁。
③ 陳夢雷：《古今圖書集成》第81冊《古今圖書集成考證·方輿彙編 職方典》，第145頁。
④ 佚名：《楊大瓢傳》，柯愈春主編：《楊賓集》，《國家清史委員會·文獻叢刊》，浙江古籍出版社2012年版，第473頁。
⑤ 楊霈輯：《大瓢所論碑帖纂列總目備覽》，《楊賓集》，第497頁。

案：此已記載碑陽、碑陰、碑側皆有刻銘。而後人拓時往往遺落碑陰、碑側（黄易除外），直至清末方才省悟。

8. 康熙至嘉慶間《欽定大清一統志》

《欽定大清一統志》始自康熙，歷雍正、乾隆、嘉慶修訂，前後三次：①

第一次，始於康熙二十五年，至乾隆八年成書，三百四十二卷，名爲蔣廷錫等負責，實際是徐乾學等主修，顧祖禹、閻若璩、齊召南等參修，明年刊印。②

第二次，始於乾隆二十九年，至四十九年成書，五百卷，和珅主修，收入《四庫全書》。

第三次，始於嘉慶二十五年，至道光二十二年成書，五百六十卷，穆彰阿主修，名《嘉慶重修一統志》。③

《（乾隆）欽定大清一統志·衛輝府·祠廟》曰：

> 太公廟。在汲縣北。《水經注》："汲城東門北側有太公廟，廟前有碑云：'縣民故會稽太守杜宣白令崔瑗曰：太公甫生于汲，舊居猶存。國老王喜、廷掾鄭篤、功曹邵勤等咸曰宜。遂立壇祀，爲之位主。'城北三十里有太公泉，上又有太公廟，相傳云太公之故居也。晉太康中，范陽盧無忌爲汲令，立碑于其上。"《元和志》在汲縣西北二十五里。廟有後魏穆子容碑，今存。④

9. 孫之騄《考定竹書》

孫之騄（約清順治末康熙初生，康熙、雍正間人）字子駿，號

---

① 關於編修過程與實情，參見趙榮、楊正泰《中國地理學史（清代）》，商務印書館2006年版，第35頁。

② 蔣廷錫等修，王安國等纂：《大清一統志》，清乾隆九年内府刻本。

③ 穆彰阿等修，李佐賢等纂：《嘉慶重修一統志》，《中國古代地理總志叢刊》，中華書局1986年影印《四部叢刊續編》清史館藏清道光二十二年進呈鈔本。

④ 和珅等：《（乾隆）欽定大清一統志》卷158《衛輝府·祠廟》，《景印文淵閣四庫全書》第477册，臺灣商務印書館1986年影印臺北故宫博物院藏本，第197頁下欄。

晴川，仁和（今浙江省杭州市余杭區仁和鎮）人。康熙貢生。雍正中，官慶元縣教諭，年逾六旬。事蹟具《清史列傳》《清儒學案》本傳。①

孫之騄《考定竹書》，雍正間刻本。《考定竹書》曰：

> 竹書《周志》曰："文王夢天帝服玄纕以立于令狐之津。帝曰：'昌，賜汝望。'文王再拜稽首，太公于後亦再拜稽首。文王夢之夜，太公夢之亦然。其後文王見太公而訊之曰：'而名爲望乎？'荅曰：'唯爲望。'文王曰：'吾如有所于見汝。'太公言其年月與其日，且盡道其言。'臣此以得見也。'文王曰：'有之，有之。'遂與之歸，以爲卿士。"②

案：孫之騄《考定竹書》引"竹書《周志》"，不明所屬。

10. 黄叔璥《中州金石攷》

黄叔璥（清康熙五年生，乾隆七年卒，1666—1742 年），字玉圃，號篤齋，順天府大興（今屬北京市）人。康熙己丑進士。歷任户部主事遷吏部員外郎、御史、河南開歸道、鹽糧道等。事蹟具《清儒學案》本傳。③

黄叔璥《中州金石攷》自序於乾隆辛酉（六年，1741 年）三月。《中州金石攷》曰：

> 《晉修太公廟碑》。太康十年。范陽盧無忌。隸書。在城西北太公泉。④

---

① 不著撰人：《清史列傳》卷 68《儒林傳下一・孫之騄》第 17 册，第 5450 頁；徐世昌等：《清儒學案》卷 201《諸儒學案七・孫之騄》第 8 册，第 7791 頁。
② 孫之騄：《考定竹書》卷 7，清雍正間刻本，第 20 頁 b。
③ 徐世昌等：《清儒學案》卷 62《健餘學案・黄叔璥》第 3 册，第 2430 頁。
④ 黄叔璥：《中州金石攷》卷 4，《四庫存目叢書・史部》第 278 册，影印清乾隆六年刻本，第 689 頁下欄。

又引《水經注》。

案：據他書錄之而已，未見實物，此時碑沒在衛輝府署中。

11. 全祖望《晉汲縣齊太公里表跋》

全祖望（清康熙四十四年生，乾隆二十年卒，1705—1755年），字紹衣，一字謝山，別號鮚埼亭長，浙江鄞縣（今浙江省寧波市鄞州區）人。乾隆元年進士，改翰林院庶吉士。歸家著述，主講蕺山、端溪書院。事蹟具《清史列傳》《清史稿·文苑傳》《清儒學案》本傳。①

全祖望《晉汲縣齊太公里表跋》曰：

> 漢崔瑗為汲令，自以太公之裔，為之立祀置碑，見于酈氏注《水經》。晉太康十年，范陽盧无忌為汲令，又表其里，盧亦太公之後故也。尚父之明德遠矣。碑稱汲縣發塚得竹策，書太公遇合事，埋策之歲在秦焚書八十六年之前，蓋是時汲冢竹書方出，无忌信而書之，于策誣矣。廟中今僅有拓跋魏時碑一通。②

案：全祖望《晉汲縣齊太公里表跋》"廟中今僅有拓跋魏時碑一通"乃實錄。

12. 盧文弨《抱經堂文集》

盧文弨（清康熙五十六年生，乾隆六十年卒，1717—1795年），字召弓，晚號抱經，余姚（今浙江省余姚市）人，遷居杭州。乾隆十七年一甲三名進士，授翰林院編修、上書房走。歷官左春坊左允中、翰林院侍讀學士等。三十三年，乞歸養。主江浙書院。事蹟具

---

① 不著撰人：《清史列傳》卷68《儒林傳下一·全祖望》第17冊，第5486—5487頁；《清史稿》卷481《儒林二·全祖望》，第13186—13187頁；徐世昌等：《清儒學案》卷69《謝山學案上·全祖望》第3冊，第2649—2650頁。

② 全祖望：《鮚埼亭集内篇》卷37《題跋二·晉汲縣齊太公里表跋》，《全祖望集彙校集注》，上海古籍出版社2000年版，上冊，第710—711頁。

《清史列傳》《清史稿·文苑傳》《清儒學案》本傳。①

盧文弨《北魏汲縣齊太公廟碑跋》作於乾隆癸卯（四十八年，1783年）七月庚寅朔，盧文弨言不見晉碑，乃以魏碑論太公年紀：

> 先晉太康十年三月，尚父裔孫范陽盧无忌來爲汲令，以縣嶓嵝之下舊有太公壇場，荒而不治，乃依舊脩造，鐫石立表，在今縣治西南隅。此表吾未之見。後北魏孝靜帝武定八年，太公裔孫尚氏諸人以盧无忌置碑僻據山阜，遂率親黨更營碑祠於博望亭平顯之所，在今縣西北三十里。請太守穆子容爲文記之，子容并爲書无忌之表於前，而乃以己作繫於後。……朱竹垞引李白詩"朝歌屠叟辭棘津，八十西來釣渭濱"，而《韓詩外傳》稱文王舉太公時公年七十二，兩者不合。无忌《表》曰："康王六年，齊太公望卒。"按《尚書·顧命》有"齊侯呂伋"文，則伋已嗣公爲侯，非卒於康王時也。竹垞之言云爾。余案：无忌明據《竹書紀年》之文，非得之流傳也。周公封魯，太公封齊，皆其子之國，而身留京師，故有三年報政之語。周公在而有魯公伯禽，寧太公在而不可有齊侯伋乎？竹垞議之，非是。特太公遇文王之年，諸家所紀七十爲多，但不知定當文王何年。計武王即位元年至康王六年已六十二年，公遇文王縱晚，亦須在前數年，即以《外傳》所說計之公之壽已百三十有餘矣。而无忌之《表》云"蓋壽百一十餘歲"，然則公之遇文王疑不過在五十時，公之女爲武王后，以此參證，不應乃在耋齒。孟子言太公聞文王善養老，來歸。若五十內外，不宜即言老。然人情每預爲晚歲之計者亦多矣，豈必當年即已需養乎？況太公非沾沾僅爲一身計者，其慕文王仁政之美，亦必不專在一節。故

---

① 不著撰人：《清史列傳》卷68《儒林傳下一·盧文弨》第17冊，第5493—5494頁；《清史稿》卷481《儒林二·盧文弨》，第13191—13192頁；徐世昌等：《清儒學案》卷72《抱經學案·盧文弨》第3冊，第2759—2760頁。

愚以爲孟子所言，正不可膠執以爲七十之確証。乾隆癸卯七月庚寅朔，在曲陽書，天氣如南方深秋時。①

13. 黃易《嵩洛訪碑日記》《嵩洛訪碑圖》《小蓬萊閣金石目》《秦漢魏六朝輿地碑刻攷》

黃易（清乾隆九年生，嘉慶七年卒，1744—1802 年），字小松（因父黃樹穀號松石），又號秋庵、秋影庵主，浙江錢塘（今屬浙江省杭州市）人。監生。父樹穀工隸書，博通金石。易承先業於吉金樂石，寢食依之，遂以名家。尤以篆刻著稱，爲"西泠八家"之一。著有《小蓬萊閣金石目》《嵩洛訪碑日記》《武林訪碑錄》等。有《秋景庵主印譜》傳世。與翁方綱、紀昀、朱筠、張壎、畢沅、阮元、錢大昕、武億、孫星衍、王昶等交好（在黃易赴嵩洛訪碑時，當地畢沅幕府中的王復、武億等在接待與住宿上予以足夠的方便。又嘉慶二年，黃易赴岱岩訪碑，得到了孫星衍幕府的幫助）。因長於河防，官山東兗州府濟寧運河同知。事蹟具《清史列傳》《清史稿》《清儒學案》本傳等。②

黃易《小蓬萊閣金石目》《秦漢魏六朝輿地碑刻攷》（《小蓬萊賸稿》）載《呂望表》重新發現經過。乾隆五十六年（1791 年），黃易又得下段。

《小蓬萊閣金石目》曰：

---

① 盧文弨：《抱經堂文集》卷 15《跋八·北魏汲縣齊太公廟碑跋》，彭喜雙校點，陳東輝主編：《盧文弨全集》，浙江人民出版社 2017 年版，第 280—281 頁；盧文弨：《北魏汲縣齊太公廟碑跋》，《抱經堂文集》卷 15《跋八》，王文錦點校，中華書局 1990 年版，第 206—207 頁。

② 不著撰人：《清史列傳》卷 67《文苑傳四·黃易》第 19 冊，第 5985—5988 頁；《清史稿》卷 486《文苑傳三·黃易》，第 13420 頁；徐世昌等：《清儒學案》卷 90《蘇齋學案·黃易》第 4 冊，第 3634 頁；潘庭筠：《山東兗州府運河同知錢唐黃君墓志銘》，魏謙升鈔錄，浙江省博物館藏，收入中國古代書畫鑑定組編：《中國古代書畫圖目》第 11 冊，文物出版社 1994 年版，第 131 頁；黃易等撰：《嵩洛訪碑日記（外五種）》，況正兵等點校，浙江人民美術出版社 2018 年版，第 127—129 頁。

齊太公呂望碑並額俱八分書。有陰。

太康十年　盧無忌文。此碑原在河南汲縣太公泉，萬（歷）〔曆〕年間移置府治。久失。乾隆丙午，獲上段於衛輝府（置）〔署〕輿人小室中。辛亥秋，又得下段。今在府署衞神廟。①

黄易《秦漢魏六朝輿地碑刻攷》曰：

齊太公呂望碑　並額俱八分書。有陰。

太康（元）〔十〕年　盧無忌文。此碑原在河南汲縣太公泉，萬（歷）〔曆〕年間移置府治。久失。乾隆丙午，余有中州之役，獲上段於衛輝府署輿人小室中。辛亥秋，又得下段，合而爲一。②

清乾隆五十一年（1786年），黄易於河南衛輝府署獲上段。黄易將上截碑的拓本贈送畢沅、錢大昕、武億等學者。

清嘉慶元年（1796年）十月，黄易拓全本《齊太公呂望表》。黄易《嵩洛訪碑日記》曰：

（十月）初四日，至衛輝府治衞神廟，洗剔《晉太公呂望表》兩斷石，始見碑側有"諸□□"者，又"□□□□飭表上"八分書一行。……尋武定八年《太公廟碑》，已嵌置北門外新廟。悉揭之。……初六日，大風。至東明郭外宿。展觀晉刻齊太公斷碑，粘連接縫。③

----

①　黄易：《小蓬萊閣金石目》，民國十八年貴池劉公魯畏齋鈔本。
②　黄易：《秦漢魏六朝輿地碑刻攷》（《小蓬萊賸稿》），《漱六編》，清道光二十年仁和王氏刻本，第11頁a、b。
③　黄易：《嵩洛訪碑日記》，伍崇曜輯：《粵雅堂叢書》二編第15集，清道光、光緒間刻本，第13頁b—14頁a。

黄易《嵩洛訪碑圖》成於嘉慶元年十一月，翁方綱十二月跋。明年三月，孫星衍觀後題"嵩洛訪碑廿四圖"。今藏北京故宫博物院。《嵩洛訪碑圖》曰：

晉碑

晉太康十年《太公吕望表》，盧無忌文。昔移衛輝府治，余倅衛時訪得上段，有碑陰，復得下段。魏武定八年穆子容《太公廟碑》舊在無量庵，余囑太守德君移諸碑置北門外太公新廟，兹過衛郡始知穆子容碑移至新廟，晉碑尚在府治衛神廟，命工洗揭其側，有字一行，向所未見。廟内立《周衞州刺史郭進屏盗碑》，四面刻字，盡揭之。嘉慶元年九月自開封至嵩洛，十月經懷慶衛輝東還，往返四十日得碑四百餘種，遊屐所經者成此廿四圖，以志快幸。錢唐黄易。①

圖 2-6　北京故宫博物院藏黄易《嵩洛訪碑圖》記録《齊大公吕望表》

（據金運昌主編：《故宫書畫館‧第七編》，第 155 頁）

朱文鈞《歐齋石墨題跋》曰：

---

①　李佐賢：《書畫鑑影》卷 18《黄小松嵩洛訪碑廿四圖》，《續修四庫全書》第 1086 册，影印華東師大圖書館藏清同治十年利津李氏刻本，第 89—91 頁；黄易：《嵩洛訪碑圖》，金運昌主編：《故宫書畫館‧第七編》，紫禁城出版社 2010 年版，第 155 頁。

《齊太公望表》並陰。太康十年。黃小松舊藏。①

北京故宮博物院藏黃小松、朱文鈞（翼盦）遞藏拓本，乃朱文鈞捐贈。毛裝，38頁，墨紙半開尺寸縱30.6厘米，橫14厘米。題"齊太公呂望表并碑陰"，鈐"小松所得金石"印。② 無嘉慶四年刻跋。③

《中國美術全集·書法篆刻編·魏晉南北朝書法》記所載拓本：

此爲黃易舊藏未刻跋本。④

拓本"齊大公呂望者"與"大晉受命"之間有印，可辨乃"小松所得金石"。此本未見嘉慶四年刻跋，則爲乾隆五十六年至嘉慶四年間拓本，以小松履歷考之，又可定爲乾隆五十六年秋、嘉慶元年十月拓本。

案：黃小松拓本，較之明拓本存在顯著的不同。一些字較明拓本清晰，當出於清理剔出之功；一些字則泯滅不清，成爲斷代的依據。

第9行"垂示無窮者"之"者"泐下半，而明拓本完好。

第10行"來爲汲令"之"令"泐下半，而明拓本完好。

馬子雲舊在故宮研究碑刻，著有《碑帖鑑定》，記載此拓。馬子雲、施安昌《碑帖鑑定》曰：

近見一康乾間拓本，爲黃小松舊藏，有"小松所得金石"印。碑陰四列，碑陽後未刻跋，較嘉慶四年刻跋之拓本尚多二

---

① 朱翼盦：《歐齋石墨題跋》，書目文獻出版社1990年版，第136頁。
② 尹一梅：《故宮藏與黃易相關之晉唐碑帖拓本概述》，故宮博物院編，秦明主編：《内涵暨外延：故宮黃易尺牘研究國際學術研討會論文集》，故宮出版社2018年版，第168—169頁。
③ 中國美術全集編輯委員會編，王靖憲主編：《中國美術全集》第55冊《書法篆刻編 2 魏晉南北朝書法》，人民美術出版社2006年第2版，第36—37頁。
④ 中國美術全集編輯委員會編，王靖憲主編：《中國美術全集》第55冊《書法篆刻編 2 魏晉南北朝書法》，圖版說明第15頁。

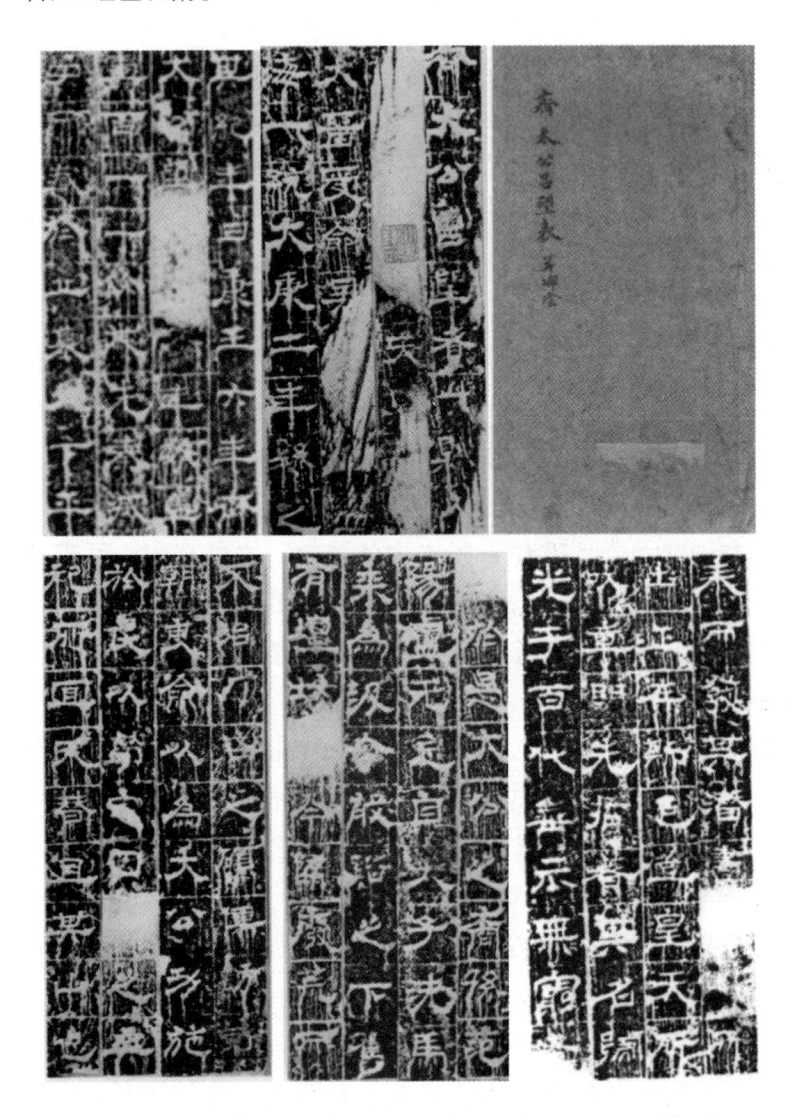

圖 2-7 北京故宮博物院藏黃易、朱文鈞遞藏《齊太公呂望表》清拓本

（據尹一梅：《故宮藏與黃易相關之晉唐碑帖拓本概述》，故宮博物院編，秦明主編：《内涵暨外延：故宮黃易尺牘研究國際學術研討會論文集》，第169頁；中國美術全集編輯委員會編，王靖憲主編：《中國美術全集》第55冊《書法篆刻編 2 魏晉南北朝書法》，第36—37頁、圖版説明第15頁）

十字。即十四行"德"字，十五行"脊寅"二字，十六行"洪般豀之山"五字，十七行"敬報以介福惠"六字與"天命嘉生"之"生"字，十八行"□遠迸迄"四字，十九行"無隕兹命"之"隕"字。刻嘉慶四年跋之初拓本與乾隆年拓同。①

案：黄小松曾將重獲《齊太公吕望表》碑之事函告諸師友。②
14. 姚晏《中州金石目》
姚晏（生卒年不詳，清乾隆、嘉慶時人），字聖常。齋堂爲玉淵堂。浙江歸安（今屬浙江省湖州市）人。姚文田子，蔭生，任刑部主事。著《再續三十五舉》《中州金石目》等。

姚晏《中州金石目》曰：

先文僖公於嘉慶庚午督學中州，先世父從，書成即在此時。③

又曰：

丁未　晉武帝太康十年　汲縣三附無年月偃師一④

又曰：

《太公吕望表》　太康十年三月。八分書。
《吕望表》碑陰　八分書。
《吕望表》碑側　八分書。
……
右汲縣。⑤

---

① 馬子雲、施安昌：《碑帖鑑定》，廣西師範大學出版社1993年版，第106—107頁。
② 參見楊國棟《散見黃易尺牘叢考》，故宫博物院編，秦明主編：《内涵暨外延：故宫黄易尺牘研究國際學術研討會論文集》，第84、89頁；等等。
③ 姚晏：《中州金石目》補遺，姚觀元輯：《咫進齋叢書》第2輯，清光緒九年歸安姚觀元刻本，第2頁b。
④ 姚晏：《中州金石目》卷1，清光緒九年歸安姚觀元刻本，第1頁b。
⑤ 姚晏：《中州金石目》卷2，第8頁b—9頁a。

案：書成於嘉慶庚午（十五年），而此條表明記錄於丁未（乾隆五十二年），在黃小松重新發現碑上半截的明年。

15. 畢沅《中州金石記》

畢沅（清雍正八年生，嘉慶二年卒，1730—1797年），字纕蘅，號秋帆，自號靈巖山人，鎮洋（今江蘇省太倉市）人。乾隆十八年舉人，授內閣中書，充軍機處章京。二十五年，一甲一名進士，授修撰，再遷庶子。任翰林院侍讀學士，官至湖廣總督。事蹟具《清史列傳》《清史稿》《清儒學案》本傳。①

《清史稿·畢沅傳》曰：

> 五十年，調河南巡撫。……五十一年，賜黃馬褂。授湖廣總督。伊陽盜秦國棟戕官，上責沅捕治未得，命仍回巡撫。五十三年，復授湖廣總督。②

洪亮吉《中州金石記後序》曰：

> 尚書弇山先生成《關中金石記》之後二年奉命調撫河南。又三年，而復有《中州金石》之著。③

案：畢沅《中州金石記》成於乾隆五十三年。

黃易於乾隆五十一年（1786年）於衛輝府署獲上段，畢沅《中州金石記》據以略記：

---

① 不著撰人：《清史列傳》卷30《大臣傳次編五·畢沅》，第2305—2309頁；《清史稿》卷332《畢沅傳》，第10976—10978頁；徐世昌等：《清儒學案》卷81《蘭泉學案·畢沅》第4冊，第3146—3147頁。
② 《清史稿》卷332《畢沅傳》，第10977頁。
③ 洪亮吉：《中州金石記後序》，畢沅《中州金石記》，畢沅輯：《經訓堂叢書》，清乾隆刻本，第1頁a。

《太公吕望表》

太康十年三月立。隸書，隸額，在汲縣。

董逌《廣川書跋》載此碑，今碑僅存半截。隸額云"齊太公吕望表"，文有"齊太公吕望者，此縣人"云云，即穆子容碑前所錄也。董逌所載文多錯誤，賴碑存以證之。《水經注》云："汲縣故汲郡治，城北三十里有太公泉，泉上又有太公廟，廟側高林秀木，翹楚競茂。相傳云太公之故居也。晉太康中，范陽盧無忌爲汲令，立碑于其上。"今此碑云"來爲汲令"，蓋即無忌碑也，後缺年月，以穆子容碑載有"晉太康十年三月丙寅朔十九日甲申盧無忌依舊修造"云云知之。①

又於穆子容所立碑曰：

《太公吕望碑》

武定八年四月立，穆子容撰，正書，在汲縣西北三十里太公廟。

《水經注》云："汲縣故汲郡治。城北三十里有太公泉，泉上又有太公廟。廟側高林秀木，翹楚競茂，相傳云太公之故居也。晉太康中，范陽盧無忌爲汲令，立碑於其上。"今碑前有"晉太康十年三月丙寅朔十九日甲申盧無忌依舊修造"，錄無忌文九行，蓋晉碑已泐，子容書之于石也。後十二行爲穆子容文，《北史·穆崇傳》云："子容少好學，無所不覽，求天下書，逢即寫錄，所得萬餘卷。魏末爲兼通直散騎常侍，聘梁、齊。受禪，卒於司農卿。"今碑云"通直散騎常侍聘梁使"，與碑合。又云："平東將軍中書侍郎恒州大中正修左史汲郡太守"，史所未及。碑額有象，有碑陰，書太公裔孫尚姓諸人。

盧文云："太康□□，縣之西偏有盜發塚而得竹簡之書。書

---

① 畢沅：《中州金石記》卷1，《經訓堂叢書》，清乾隆刻本，第11頁a、b。

藏之年，當秦坑儒之前八十六歲。其《周志》曰：文王夢天帝服（元）〔玄〕襀，以（缺）。帝曰：'昌，賜汝望。'文王再拜稽首，太公於後亦再拜稽首。文王夢之夜，太公夢之亦然，其後文王注之曰：'名爲望乎？'答曰：'唯，爲望。''吾如有所見汝。'太公言其季月與日，且盡道其言。'臣以此得見也。'遂與之歸，以爲卿士。"與《史記》不同。

又云"嶓嵕之下，舊有壇場"，按《水經·渭水》又東過陳倉縣西。《注》：磻谿谿中有泉，謂之玆泉，即《呂氏春秋》所謂太公釣玆泉也，〔今〕人謂之凡谷。東南隅有石室，蓋太公所居也。水次平石釣處即太公垂釣之所也。其水清冷神異北流十二里注於渭。《括地志》："玆泉水源出岐州岐山縣西南凡谷。"則此水在今陝西寶雞縣東南。其在汲縣者，《水經注》又爲之說，曰："人亦謂之磻谿。太公避紂之亂，屠隱市朝，遯釣魚水，何必渭濱？然後磻谿苟愜神心曲渚則可磻谿之名，斯無嫌矣。"予按二說俱古，當以寶雞之磻溪爲長，以其爲玆泉出于《呂氏春秋》也。此碑書法方正，筆力透露，爲顔真卿藍本，魏、齊刻石之字無能比其工者。①

案：畢秋帆以魏碑說晉碑事，晉碑損毀故也。其言事多，碑位置、《周志》、嶓嵕、魏碑書法。

16. 錢大昕《潛研堂金石文字跋尾》《潛研堂金石文字目錄》

錢大昕（清雍正六年生，嘉慶九年卒，1728—1804年），字曉徵，一字及之，號辛楣，又號竹汀居士、潛研老人，嘉定（今上海市嘉定區）人。乾隆十九年進士，改翰林院庶吉士，授編修。官翰林院侍講學士、詹事府少詹事、提督廣東學政等。四十年，歸家，主講江南諸書院。事蹟具《清史列傳》《清史稿·文苑傳》《清儒學

---

① 畢沅：《中州金石記》卷1，清乾隆刻本，第17頁b—18頁b。

案》本傳。①

錢大昕《廿二史考異》乾隆三十二年始撰，自序於乾隆四十五年，是年刊。《廿二史考異》曰：

> 五年十月，汲郡人不準掘魏襄王冢，得竹簡小篆古書十餘萬言，藏於秘府。按：《束晳傳》作太康二年、《衛恒傳》作太康元年，與《紀》互異。趙明誠《金石錄》據《太公廟碑》及荀勖序《穆天子傳》俱云太康二年，以正《晉紀》年月之誤，其說固確。②

案：錢大昕《廿二史考異》贊同《齊太公呂望表》所記載汲冢書出土之年在太康二年，認爲可以正《晉紀》之誤。

錢大昕《潛研堂金石文跋尾·太公廟碑》考晉碑有無、論汲冢書出土之年：

> 貞《太公廟碑》武定八年四月。
> ……碑前半刻盧无忌文，後半刻子容文。趙明誠《金石錄》有晉碑，無魏碑，或趙氏所見乃晉時元刻，而未見東魏重刻之本乎？朱彝尊謂："汲縣師尚父舊居，遺碑一、表一：表在縣治西南隅，范陽盧无忌爲汲令刻石；碑在縣西北三十里廟中，穆子容正書。"不知西晉之文，魏時嘗重刻，且與子容記同刻一石。蓋朱所見者，不過東魏之本，工人裝潢，析而爲二，而遂誤以爲真有二碑也。或云：朱氏明言石表所在，似曾見晉刻者。

---

① 不著撰人：《清史列傳》卷68《儒林傳下一·錢大昕》第17册，第5499—5501頁；《清史稿》卷481《儒林二·錢大昕》，第13193—13195頁；徐世昌等：《清儒學案》卷83《潛研學案上·錢大昕》第4册，第3241—3242頁。

② 錢大昕：《廿二史考異》卷18《晉書一》，清乾隆四十五年刻本，第4頁a、b；錢大昕：《廿二史考異》卷18《晉書一》，孫開萍等點校，陳文和主編：《嘉定錢大昕全集》（增訂本）第2册，第368—369頁。

予以爲不然。考魏碑云："盧忌置碑，僻據山阜。"今汲縣治在衛水之濱，平衍無山阜，又當南北之衝，不得云"僻"。使汲縣果有此表，亦必後人傅會重刻者耳。碑乃子容撰文，別無書者姓名。而朱以爲子容書，朱之疏舛如此，其未見晉刻審矣。《晉書·武帝紀》："咸寧五年，汲郡人不準掘魏襄王冢，得竹簡小篆古書十餘萬言。"趙明誠據此碑及荀勖校《穆天子傳》俱作太康二年，以證史之誤。然《晉書·束皙傳》載此事，亦作太康二年，蓋史家所採非一書，紀傳之相抵牾者，固不少矣。①

案：此文關於晉碑之觀點後來有所改易。
錢大昕手編自題《竹汀居士年譜》（《錢辛楣先生年譜》）曰：

　　五十二年丁未……
　　三月，往寧波府，撰《鄞縣志》三十卷，五閏月而告成。范上舍懋敏招登天一閣，觀所藏金石刻，因爲撰《天一閣碑目》二卷。②

范欽藏、錢大昕輯《范氏天一閣碑目》曰：

　　《太公呂望表》　太康十年三月。③

錢大昕《潛研堂金石文跋尾》乾隆丁未（五十二年，1787年）王鳴盛序。《潛研堂金石文跋尾》卷二《太公呂望表》據乾隆時黃

---

① 錢大昕：《潛研堂金石文跋尾》卷3《太公廟碑》，陳文和主編：《嘉定錢大昕全集》（增訂本）第6冊，祝竹點校，第69頁。
② 錢大昕：《竹汀居士年譜》（《錢辛楣先生年譜》），陳文和主編：《嘉定錢大昕全集》（增訂本）第1冊，第32—33頁。
③ 錢大昕輯：《范氏天一閣碑目》，鈔本；錢大昕輯：《天一閣碑目》，陳文和主編：《嘉定錢大昕全集》（增訂本）第4冊，第511頁。

小松所拓的上截碑文：

> 貞《太公吕望表》太康十年三月
> 　　右《太公吕望表》。晋太康中，汲令盧无忌所立。石已斷裂，每行僅存十一二字。无忌名與題識年月皆不可得見矣。予初意此碑不當在汲縣城，疑即東魏碑，裝潢者析而爲二。後見范氏天一閣有此碑，始知其石尚存，深悔向來持論之失。頃黄小松郡丞以揭本見詒，讀之，又知《表》後有韻語六行，爲魏碑所未録。"磻谿"之"磻"作"般"，亦勝於魏碑。碑陰題名漫漶已甚，尚有"功曹"、"主簿"等字可辨。字畫頗古雅，不似東魏之率易。然以魏碑校其文，存者雖無甚異同，而以所闕字數驗之，頗有多寡不合。且既録其文，何又去其韻語？或好事者假託爲之，未可知也。劉青藜亦以此碑爲後人重刻。①

案：此篇僅提及黄小松於乾隆五十一年所獲碑上半截，與乾隆丁未（五十二年，1787年）王鳴盛序時代合。錢大昕於乾隆五十二年五月至天一閣，故此文撰於乾隆丁未（五十二年，1787年）五月之後。

錢大昕將歷年收集的金石拓本編爲《金石後録》，後易名爲《潛研堂金石文字目録》。其文曰：

> 《太公吕望表》　八分書。太康十年三月。在汲縣。碑陰。②

案：由懷疑到最終接受事實。

---

① 錢大昕：《潛研堂金石文跋尾》卷2《太公吕望表》，《嘉定錢大昕全集》（增訂本）第6册，第46—47頁。
② 錢大昕：《潛研堂金石文字目録》卷1，第8頁a；錢大昕：《潛研堂金石文字目録》卷1，《嘉定錢大昕全集》（增訂本）第6册，祝竹點校，第514頁。

17. 武億《金石三跋》

武億（清乾隆十年生，嘉慶四年卒，1745—1799 年），字虛谷，一字小石，自號半石山人，號授堂，偃師（今河南省偃師市）人。乾隆四十五年進士，五十年，授山東博山知縣。主講臨清州清源書院等。事蹟具《清史列傳》《清史稿·儒林傳》《清儒學案》本傳等。①

《金石三跋》乾隆五十五年初刊。《金石三跋》一跋卷三《晉盧无忌建太公表》記碑之現狀、論太公籍貫：

> 晉盧无忌建《太公表》，八分書，太康十年三月。今在汲縣。《表》僅餘上截，黃小松自汲縣西門得之摹拓遺余。《水經注》："汲縣城北三十里有太公泉，泉上有太公廟。晉太康中，范陽盧无忌爲汲令，立碑于其上。"即此也。然今未審碑何時移置西門。又碑云："太公，此縣人"，玫之《四書釋地》，以後漢瑯琊國海曲縣。"劉昭引《博物記》注云：太公呂望所出，今有東呂鄉。又釣于棘津，其浦今存。則當日太公辟紂居東海之濱，即是其家。漢崔瑗、晉盧无忌立《齊太公碑》以爲汲縣人者誤。"余謂不然。《水經注》言縣民故會稽太守任宣白令崔瑗曰："太公生于汲，舊居猶存。"任宣所徵，去古未遠，當得其實。而太公既生居是土，迫近朝歌之墟，不堪其困，然後辟居于東，則汲固其邑里，海曲乃流寓耳。碑溯其始，而閻氏詆以爲誤，不亦甚歟？②

---

① 不著撰人：《清史列傳》卷 68《儒林傳下一·武億》第 17 册，第 5544—5545 頁；《清史稿》卷 481《儒林二·武億》，第 13216—13218 頁；徐世昌等：《清儒學案》卷 104《授堂學案·武億》第 5 册，第 4139—4140 頁；法式善：《武虛谷傳》，《碑傳集》卷 108（第 40 册），第 2 頁 a—3 頁 b。

② 武億：《金石三跋》一跋卷 3《晉盧无忌建太公表》，武穆淳輯：《授堂遺書》，清道光二十三年偃師武氏刻本，第 6 頁 b—7 頁 a。

案：此記當在乾隆五十二年至五十五年間。
又卷三《後魏太公呂望碑》論汲冢書出土之年：

《後魏太公呂望碑》正書。穆子容撰。武定八年四月。今在汲縣。

碑下截剝蝕，上半文獨可識，有云：太康二年，縣之西偏有盜發冢而得竹簡之書。《金石錄》云："荀勗校《穆天子傳》，其《叙》云太康二年，與碑合，可以正《晉史》之誤。"《廣川書跋》案："《晉紀》言咸寧五年盜發汲郡冢，與此碑異，知史誤也。"余攷之非是。閻百詩云："同一《束皙傳》，王隱撰者曰太康元年，房喬修者曰太康二年案隱當據《左傳後序》，房喬當據此碑，已互異如此。當以當日目擊之言爲據。《晉武帝紀》本《起居注》，杜預爲《左傳後序》，皆其所目擊者也。冢蓋發于咸寧五年冬十月，官輒聞知。明年，太康改元，三月，吳平，預始得知。又二年，始見其書。故《序》曰：'初藏在秘府，余晚獲見之。'此與情事頗得。"由是觀之，《紀》文殆非誤，而董氏及趙明誠或失詳也。①

18. 李元滄、李震嘉慶四年刻跋

李元滄（清乾隆十七年生，1752—？年），字書源，號舒園，一號鶴坪。密縣超化（今屬河南省鄭州市密州市）人。乾隆戊子（三十三年，1768年）舉人。任汲縣訓導。嘉慶五年，擢湖南清泉縣令，升靖州知州。因病辭官。著《明史詠》《楚南草》《滇海聯吟》《鶴坪文稿》等。② 李震，元滄侄。

嘉慶四年（1799年），汲縣訓導李元滄請將碑置之縣學（孔廟學宫），並在碑石左下方刻跋兩行。同年秋月，李震又刻跋於碑石左上。

---

① 武億：《金石三跋》一跋卷3《後魏太公呂望碑》，第15頁b—16頁a。
② 秦國經主編，唐益年、葉秀雲副主編：《中國第一歷史檔案館藏 清代官員履歷檔案全編》第23册，華東師範大學出版社1997年影印本，第648—649頁。

碑末嘉慶四年李元滬跋文曰：

　　碑經斷裂，卧棄府廨隙地。汲學訓導李元滬請置學官，用備金石家金奭錄昔。嘉慶卯季秋月也。

馮敏行鐫

李震跋文曰：

　　震按今郡城西北三里餘太公祠有魏武定八年碑，列此表於前，茲其初刻也。尤宜寶惜，因從季父移置學署。清嘉慶四季八月朔密邑李震跋。

《鄧力群贈書目錄　岳麓書院御書樓藏》曰：

　　《齊太公呂望表》　　李震。①

案：此爲嘉慶四年秋以後刻跋本也。

19. 孫星衍《寰宇訪碑錄》《續古文苑》《三國六朝金石記》

　　孫星衍（清乾隆十八年生，嘉慶二十三年卒，1753—1818年），字淵如，又字季逑，陽湖（今江蘇省常州市武進區）人。乾隆五十二年一甲二名進士，授翰林院編修。五十四年，改刑部主事。嘉慶四年，爲阮元聘主詁經精舍。嘉慶十六年，辭官，主鍾山學院。事蹟具《清史列傳》《清史稿·儒林傳》《清儒學案》本傳。②

　　邢澍，字雨民，階州人也。乾隆五十五年進士，官至南安知府。

---

① 鄧力群：《鄧力群贈書目錄　岳麓書院御書樓藏》，湖南大學出版社1990年版，第282頁。
② 不著撰人：《清史列傳》卷69《儒林傳下二·孫星衍》第18冊，第5553—5555頁；《清史稿》卷481《儒林二·孫星衍》，第13224—13226頁；徐世昌等：《清儒學案》卷110《淵如學案·孫星衍》第5冊，第4357—4358頁。

好古博聞，酷嗜金石，兼通六書。孫星衍輯《寰宇訪碑錄》多資於澍。著《關右經籍考》《金石文字辨異》等。事蹟具《清史列傳》《清史稿·文苑傳》《清儒學案》本傳。[1]

孫星衍《三國六朝金石記》論《周志》之性質（王昶《金石萃編·齊太公呂望表》引），其文曰：

> 案此碑稱：太康二年，盜發冢出《周志》。即所謂汲冢周書也。其詞有"文王夢天帝"云云。今不在《逸周書》中，可證知後人以《逸周書》爲汲冢所出之謬矣。[2]

孫星衍、邢澍《寰宇訪碑錄》嘉慶七年刊，春二月孫星衍自序。《寰宇訪碑錄》曰：

> 《太公呂望表》　　八分書。太康十年三月。河南汲縣。
> 《呂望表》碑陰　　八分書。河南汲縣。
> 《呂望表》碑側　　八分書。河南汲縣。[3]

孫星衍《續古文苑》據拓本錄碑文。[4]

20. 顧廣圻、瞿鏞、丁福保遞藏《太公呂望表》明拓本

顧廣圻（清乾隆三十一年生，道光十九年卒，1766—1839年），字千里，號澗薲、思適居士，元和（今江蘇省蘇州市）人。諸生。

---

[1] 不著撰人：《清史列傳》卷67《文苑傳四·邢澍》第19冊，第5983—5985頁；《清史稿》卷486《文苑傳三·邢澍》，第13409頁；徐世昌等：《清儒學案》卷142《介侯學案·邢澍》第6冊，第5597頁。

[2] 王昶：《金石萃編》卷25《齊太公呂望表》，清嘉慶十年經訓堂刊本，第11頁a；清嘉慶十年刻、同治錢寶傳等補修本，第11頁a。

[3] 孫星衍、邢澍：《寰宇訪碑錄》卷1，孫星衍輯：《平津館叢書》第2集，清嘉慶壬戌（七年）平津館刻本，第14頁b。

[4] 孫星衍編：《續古文苑》卷15，孫星衍輯：《平津館叢書》第4集，清嘉慶壬申（十七年）平津館刻本，第19頁b—21頁a。

經、史、訓詁、天算、輿地靡不貫通，至於目錄之學，尤爲專門。兼工校讎，乾、嘉間以校讎名家，盧文弨及廣圻爲最著云。著《思適齋文集》。事蹟具《清史稿》等。①

瞿鏞（乾隆五十九年生，道光二十六年卒，1794—1846年），字子雍，常熟（今江蘇省常熟市）人。貢生。任寶山縣學訓導，數年後即辭歸。父紹基好購書，收藏多宋元善本。鏞承先志，藏書達十餘萬卷，著《鐵琴銅劍樓書目》。尤喜金石文字，辨析精當。著《續金石萃編》《集古印譜》等。事蹟具《（同治）蘇州府志》本傳等。②

丁福保（同治十三年生，1874—1952年），字仲祐，號疇隱居士。無錫人。光緒二十一年，肄業南菁書院。二十九年，曾任京師大學堂譯學館教習。宣統元年後，在上海創辦醫學書局，行醫刊書。好藏書，喜金石、小學等。編著《説文解字詁林》《古錢大辭典》等。事蹟具年譜。③

《北京圖書館藏石刻叙録（十一）》曰：

> 是碑明拓已中斷，但較以後拓本多三字（第二行"冢"、第三行"服"、第九行"者"）。清嘉慶四年刻跋本，不僅此三字已泐，又多損二十字。
>
> 北京圖書館藏最佳整幅拓本系"冢"、"服"、"者"三字未損之明拓。此本拓工尤精，曾爲顧廣圻、瞿鏞、丁福保所遞藏。鈐有"顧氏所收石墨"、"顧千里印"、"鐵琴銅劍樓"等章。④

案："鐵琴銅劍樓"者，瞿鏞之齋名也。顧廣圻（乾隆三十一

---

① 《清史稿》卷481《儒林二·顧廣圻》，第13191—13192頁。
② 李銘皖等修，馮桂芬纂：《（同治）蘇州府志》卷102《人物二十九》，第4頁a。
③ 丁福保：《疇隱居士自訂年譜》，中國國家圖書館藏上海醫學書局民國二十四年鉛印本。
④ 冀亞平、王巽文：《北京圖書館藏石刻叙録（十一）》，《文獻》第18輯（1983年），第239—240頁。

年生，道光十九年卒，1766—1839 年）、瞿鏞（乾隆五十九年生，道光二十六年卒，1794—1846 年）卒年相鄰，此拓本當是顧廣圻贈售於瞿鏞者也。廣圻常以己著贈爲他人著述，則此拓或爲贈品。

圖 2-8　中國國家圖書館藏顧廣圻、瞿鏞、丁福保遞藏《齊太公吕望表》明拓本

（據北京圖書館金石組編：《北京圖書館藏中國歷代石刻拓本彙編》第 2 册，第 53 頁）

21. 王昶《金石萃編》

王昶（約清雍正三年生，嘉慶十一年卒，1725？—1806年），字德甫，號述庵，一號蘭泉，青浦（今上海市青浦區）人。乾隆十九年進士，授內閣中書，充軍機章京。任刑部郎中、刑部侍郎。師從惠棟。事蹟具《清史列傳》《清史稿》《清儒學案》本傳。①

王昶《金石萃編》嘉慶十年初刊。卷二十五據拓本摹寫碑文，闕字悉如之。録《廣川書跋》《金石文字記》《授堂金石跋》、孫星衍《三國六朝金石記》。按語論太公籍貫：

案去汲縣治西北二十五里，崇岡巉崿，林木叢茂，有泉瀚然，其下距泉復二里許，相傳齊太公呂望墓在此，故名其泉爲太公泉，土人即其地建廟以祀焉。考裴駰引《皇覽》云：太公墓在臨淄城南十里。鄭（元）〔玄〕注《檀弓》則云：太公望受封于齊，留爲太師，五世之後歸葬于齊。酈氏《水經注》亦云："太公，河內汲人。"正與碑合。公墓在汲，良可信也。盧氏本出太公之後，《通志·氏族略》云："齊文公之子高，高之孫傒食采於盧，因邑爲氏。"唐京兆曹盧若虛録太公後四十八姓刻石於太公廟，禮部員外郎崔宗之爲製銘，盧氏與焉。《通志》又云：秦有博士盧敖，子孫家於涿水之上，遂爲范陽涿人。无忌其即盧敖之後歟？②

又卷三十二《太公呂望表》於穆子容碑案語曰：

按此碑前刻太康十年范陽盧无忌文，後刻汲郡太守穆子容

---

① 不著撰人：《清史列傳》卷26《大臣傳次編一·王昶》，第2020—2022頁；《清史稿》卷305《王昶傳》，第10523—10524頁；徐世昌等：《清儒學案》卷81《蘭泉學案·王昶》第4冊，第3117—3118頁。

② 王昶：《金石萃編》卷25，第11頁b—12頁a。

叙銘。无忌,《晉書》無傳,文中自稱太公之裔孫。《廣韻》云:姜氏封于盧,以國爲氏。故盧姓同源於太公也。文叙太公遇文王事,託之文王與太公同夢天帝,由此得遇。與《史記》所載"西伯出獵,卜得霸王之輔。于是遇于渭陽,載與俱歸"彼此迥異。文又云"磻嵠之下,舊有壇場,而今墮廢,荒而不治"。磻谿有二處:一在渭水之右。其一在汲縣,即此立碑之所也。《水經注》:"清水又東過汲縣北,西北有石夾水飛湍,人亦謂之磻谿,言太公嘗釣於此也。城東門北側有太公廟,廟前有碑,碑云:'太公望者,河内汲人也。縣民故會稽太守杜宣白令崔瑗曰:太公本生於汲,舊居猶存。君與高、國同宗太公,載在經傳。今臨此國,宜正其位,以明尊祖之義。於是國老王善、廷掾鄭篤、功曹邵勤等咸曰宜之。遂立壇祀爲之位主。'城北三十里有太公泉。泉上有太公廟,廟側高林秀木,翹楚競茂,相傳云太公之故居也。晉太康中范陽盧无忌爲汲令,立碑於其上。"據此則汲縣舊有二太公廟碑,亦有二,此碑所在則城北三十里,然亦非崔瑗之舊。穆文云:"盧忌置碑僻處山阜,崔瑗刊石不枕康衢,遂率親黨更營碑祠以博望之亭形勝之所,西臨滄谷,東帶洮川,周秦故道,燕趙舊路,構宮鐫石,口當平顯。"是別立祠碑之證也。盧文刻于此碑,而崔石不復可玫矣。《廣韻》云:"齊丁公之子食采于崔,因以爲氏。"丁公者,即太公之子汲。其後因以命氏,是崔與丁亦同源太公。故杜宣有"正位尊祖"之語也。……碑書……"磻谿"作"磻嵠"。……①

22. 俞正燮《癸巳存稿》

俞正燮(清乾隆四十年生,道光二十年卒,1775—1840年),字理初,安徽黟縣(今安徽省黃山市黟縣)人。道光元年舉人。晚

---

① 王昶:《金石萃編》卷32,第9頁b—12頁a。

年爲江寧惜陰書院主講。著《癸巳類稿》《癸巳存稿》等。事蹟具《清史列傳》《清史稿》《清儒學案》本傳。①

俞正燮《癸巳存稿》曰：

《水經·渭水注》云："磻溪水出南山茲谷，《吕氏春秋》所謂太公釣茲泉也。東南隅有石室，蓋太公所居。水次平石釣處，即太公垂釣之所，其投竿跽餌，兩膝遺迹猶在。"其地在斜谷北源之西。《清水注》云："汲城西北亦謂之磻溪，城東門北側有太公廟，廟前有碑，碑云：'太公望者，河内汲人也。'"案《史記》云："吕尚者，東海上人。"《孟子》云："居東海之濱。"古蓋傳聞異辭。然《秦策》云："太公望，齊之逐夫，朝歌之廢屠，子良之逐臣，棘津之讎不庸。"

《説苑·尊賢篇》云："太公望，故老婦之出夫也，朝歌之屠佐也，棘津迎客之舍人也。"則太公亦轉徙無常。尉繚子云："太公望年七十，屠牛朝歌，賣食盟津，人謂之狂夫。"則汲宜有太公之蹟。《清水注》又云："汲城北三十里有太公泉，泉上有太公廟，廟側高林秀木，翹楚競茂，相傳云太公之故居也。晋太康中，范陽盧無忌爲汲令，立碑於其上。"嘉慶十二年冬，至汲城西北三十里太公泉，碑乃魏武定八年穆子容書。入廟讀其碑，云："齊太公吕尚者，此縣人也。太康二年，縣之西偏有盜發冢，而得竹策之書。書藏之年當秦坑儒之前八十六歲。其《周志》曰：'文王夢天帝服玄襀以立於令狐之津。帝曰："昌，賜汝望。"文王再拜稽首，太公於後亦再拜稽首。文王夢之夜，太公夢之亦然。其後文王見太公而詢之曰："爾名爲望乎？"荅曰："唯，爲望。""吾如有所見於汝。"

---

① 不著撰人：《清史列傳》卷69《儒林傳下二·俞正燮》第18册，第5624—5426頁；《清史稿》卷486《文苑傳三·俞正燮》，第13422頁；徐世昌等：《清儒學案》卷137《理初學案·俞正燮》第6册，第5363—5364頁。

第二章 《齊太公呂望表》學術史與本書的研究方法　89

太公言其年與其日,且盡道其言。"臣以此得見也。"文王曰:"有之,有之。"遂與之俱歸,以爲卿士。'其《紀年》曰:'康王六年,齊太公望卒。'"其語質野,頗與他書不同。《莊子·田子方篇》云:"文王觀於臧,有一丈夫釣。文王欲舉而授之政,恐大臣父兄弗安也。於是屬諸大夫曰:'昔者,寡人夢見良人。黑色而髯,乘駁馬而偏朱蹄,號曰:寓而政於臧丈人,庶幾民有瘳乎?'諸大夫蹴然曰:'先君王也。王其無他。'遂引臧丈人而授之政。三年,以爲太師,北面問政。臧丈人昧然而不應,泛然而辭,朝令而夕遁,終身無聞。疑即太公事,而別傳爲臧丈人,又言辭遁以掩之。其言帝命,同一託之於夢,史紀其事耳,《周志》非誣也。《晉書·束皙傳》云:"太康二年,竹書數十車。大凡七十五篇,曰《紀年》十三篇,曰《易經》二篇,曰《易繇陰陽卦》二篇,曰《卦下易經》一篇,曰《公孫段》二篇,曰《國語》三篇,曰《名》三篇,曰《師春》一篇,曰《瑣語》十一篇,曰《梁丘藏》一篇,曰《繳書》二篇,曰《生封》一篇,曰《大曆》二篇,曰《穆天子傳》五篇,曰《雜書》十九篇,曰簡書折壞、不識名題者七篇。"雜書爲《周書》、《論楚事》,爲《周食田法》,爲《周穆王美人盛姬死事》,不知碑引《周志》是何篇書也。《宋書·符瑞志》云:"文王將畋,史徧卜之曰:'將大獲。非熊非羆,天遺汝師以佐昌。'臣太祖史疇爲禹卜畋,得皋陶,其兆如此。王至于磻溪之水,呂尚釣於涯。王下趨拜曰:'望公七年,今乃見光景於斯。'"《六韜·文師》其言亦然,但云史爲舜占耳,寫本如此。《繹史》引作爲禹。聖賢遺蹟記者多異詞,不足爲疑。或曰,禹奈何得皋陶?宣十六年《左傳》羊舌職云"禹稱善人,不善人遠"即《論語》子夏言"舜舉皋陶,不仁者遠"。由禹稱之也。古書蓋備列其事,今人以不見而疑之。又李石《續博物志》:"汲有太公廟,潔北有伏生冢。"皆本《水經》。而王士正《香祖筆記》云李石"附會可笑",其笑不在七情之中者也。①

案：俞正燮《癸巳存稿》記嘉慶十二年至太公廟觀穆子容碑，不知碑引《周志》是何篇。

23. 趙紹祖《金石文鈔》《金石續鈔》《古墨齋金石跋》

趙紹祖（清乾隆三十七年生，道光十三年卒，1772—1833年），字繩伯，號琴士，涇縣（今安徽省宣城市涇縣）人。諸生。曾任滁州訓導、廣德州訓導。道光元年，舉孝廉方正。主池州秀山、太平翠螺書院等。事蹟具《清史列傳》《清史稿·文苑傳》《清儒學案》本傳。②

趙紹祖《金石文鈔》自序、凡例皆署於嘉慶元年九月。卷二《魏立太公呂望表》錄碑文，闕字皆標出。後有跋文，略記。趙紹祖《魏立太公呂望表》曰：

此碑爲太公裔孫尚氏所建，前半刻晉盧無忌之文，後半爲魏穆子容之文。似子容作文時，尚氏乃取盧撰而并刻之也。盧《表》云"發其潛盡，盡之所出"，"盡"當爲"書"，此重刻時傳寫之訛。若穆詞云"一匡九合，懸車束馬"，作《太公碑》乃用齊桓事，真可笑矣。己酉七月趙琴士識。③

案：文末署"己酉七月趙琴士識"，作於乾隆五十四年也。

趙紹祖《金石續鈔》卷一《晉立太公呂望表》錄碑文，後有跋文（又收入趙紹祖《古墨齋金石跋》卷二）：

---

① 俞正燮：《癸巳存稿》，安徽古籍叢書編審委員會編纂：《俞正燮全集》第2冊，黃山書社2005年版，第389—390頁。

② 不著撰人：《清史列傳》卷71《文苑傳三·趙紹祖》第19冊，第6024—6025頁；《清史稿》卷486《文苑三·趙紹祖》，第13423頁；徐世昌等：《清儒學案》卷200《諸儒學案六·趙紹祖》第8冊，第7769頁。

③ 趙紹祖：《金石文鈔》卷2，清嘉慶七年涇縣趙紹祖古墨齋刻本，第48頁a—51頁a；趙紹祖：《古墨齋金石跋》卷2，《趙紹祖金石學三種》，牛繼清、趙敏校點，《安徽古籍叢書》，黃山書社2011年版，第343頁。

右晉立《太公呂望表》，盧无忌撰，表後有銘。八分書，猶有漢意。余前輯《金石文鈔》時，取魏所立《太公碑》刻之，固疑穆子容撰文，而尚氏錄盧《表》於前，不知僅刻其前半，而尚有其辭曰"以下銘辭如許也"。余友崔雪堂繡官河南歸，拓以見贈，余喜而亟校之。得"竹策之書"，魏碑作"竹築"；"發其潛書書之所出"，魏碑"書"作"盡"；皆大傷義理。其他尚多闕文疑字，而此碑中斷。其闕者亦藉魏碑補之，則亦有功于此碑也。嘉慶十三年三月七日琴士趙紹祖識。①

又補記碑文後嘉慶刻跋。

案：趙紹祖《金石續鈔》錄碑文據嘉慶四年以後拓本，稍早於嘉慶十三年。

24. 嚴可均《平津館金石萃編》、輯《全上古三代秦漢三國六朝文》

嚴可均（清乾隆二十七年生，道光二十三年卒，1762—1843年），字景文，號鐵橋，烏程（今屬浙江省湖州市吳興區）人。嘉慶五年舉人，官建德縣教諭。事蹟具《清史列傳》《清史稿·儒林傳》《清儒學案》本傳。②

《平津館金石萃編》乃嚴可均、孫星衍之作，嘉慶十年至十四年已具規模。

嚴可均、孫星衍《平津館金石萃編》曰：

《太公呂望表》。太康十年三月。已見王氏《萃編》。③

---

① 趙紹祖：《金石續鈔》卷2，清嘉慶七年涇縣趙紹祖古墨齋刻本，第3頁a—5頁b；趙紹祖：《古墨齋金石跋》卷2，《趙紹祖金石學三種》，第329頁。
② 不著撰人：《清史列傳》卷69《儒林傳下二·嚴可均》第18冊，第5584—5585頁；《清史稿》卷482《儒林三·嚴可均》，第13254—13256頁；徐世昌等：《清儒學案》卷119《鐵橋學案·嚴可均》第5冊，第4713—4714頁。
③ 嚴可均：《平津館金石萃編》卷4，《續修四庫全書》第893冊，影印上海圖書館藏民國間吳興劉氏嘉業堂鈔本，第45頁上欄。

嚴可均於嘉慶十三年以後，花費二十七年，道光十五年輯成《全上古三代秦漢三國六朝文》，《全晉文》卷八十六《太公呂望表》文末標明"碑拓本"，① 依據拓本。

嚴可均輯《全上古三代秦漢三國六朝文》曰：

《周志》

勇則害上，不登於明堂。（《左傳》文二年引《周志》有之，注："《周志》，《周書》也。"案：見《周書·大匡解》）

文王夢天帝服玄纕以立於令狐之津。帝曰："昌，賜汝望。"文王再拜稽首，太公於後亦再拜稽首。文王夢之夜，太公夢之亦然。其後文王見太公而訊之曰："而名爲望乎？"答曰："唯，爲望。"文王曰："吾如有所見於汝。"太公言其年月與其日，且盡道其言："臣此以得見也。"文王曰："有之，有之。"遂與之歸，以爲卿士。晉太康十年，汲縣《齊太公廟碑》引《周志》。

《汲冢瑣語》 謹案：《晉書·束晳傳》："初太康二年，汲郡人不準盜發魏襄王墓，或言安釐王冢，得竹書數十車，其《瑣語》十一篇，諸國卜夢妖怪相書也。"《隋志》：《古文瑣語》四卷，《汲冢書》。《舊新唐志》同，宋以後不著錄。今輯群書引見，省併復重，得二十五事，彙爲一篇，至《穆天子傳》，《竹書紀年》，俱汲塚古文，見存不錄。②

案：嚴可均《全上古三代秦漢三國六朝文》將盧无忌碑所引《周志》、《左傳》所引《周志》並列，仍是重復王應麟之認識，不明此《周志》所屬也。

25. 洪頤煊《平津讀碑記》《經典集林》

洪頤煊（清乾隆三十年生，道光十三年卒，1765—1833 年），字

---

① 嚴可均輯：《全晉文》卷86，《全上古三代秦漢三國六朝文》，清光緒二十年廣雅書局王敏藻校刻本，第9頁b—10頁b。

② 嚴可均輯：《全上古三代文》卷15《古逸》，《全上古三代秦漢三國六朝文》，第8頁a、b。

旌賢，號筠軒，晚號倦舫老人，臨海（今浙江省臨海市）人。嘉慶六年，充選拔貢生。入阮元幕府。好聚書，家藏善本書三萬餘卷，碑版二千餘卷。事蹟具《清史列傳》《清史稿·文苑傳》《清儒學案》本傳。①

洪頤煊《平津讀碑記》記嘉慶十五年至十六年在平津館讀碑考證，十六年八月自序，二十一年平津館刊。

洪頤煊《平津讀碑記》曰：

《太公呂望表》太康十年三月
右《太公呂望表》在汲縣太公廟。凡廿行，行卅字，有直行界線。中段已有斷痕。碑云："太康二年，縣之西偏有盜發冢而得竹策之書。書藏之年，當秦坑儒之前八十六歲。"荀勖《穆天子傳序》："所得《紀年》，蓋魏成王子今王之冢。自今王二十一年至秦始皇燔書之歲八十六年。"其《紀年》曰："康王六年，齊太公望卒。"參考年數，蓋壽百一十餘歲。《史記·齊太公世家》亦云："太公之卒百有餘年。"其所述皆與此碑同。②

案：洪頤煊《平津讀碑記》略記《齊太公呂望表》，以爲碑文載太公年紀與《史記·齊世家》合。

洪頤煊《經典集林》嘉慶間刊。《經典集林·汲冢瑣語》曰：

文王夢天帝服玄襄以立於令狐之津。帝曰："昌，賜汝望。"文王再拜稽首，太公於後亦再拜稽首。文王夢之夜，太公夢之亦然。其後文王見太公而訊之曰："而名爲望乎？"荅曰："唯，

---

① 不著撰人：《清史列傳》卷69《儒林傳下二·洪頤煊》第18冊，第5598頁；《清史稿》卷486《文苑三·洪頤煊》，第13411—13412頁；徐世昌等：《清儒學案》卷123《儀徵學案下·洪頤煊》第5冊，第4893頁。

② 洪頤煊：《平津讀碑記》卷2，《續修四庫全書》第905冊，影印浙江省圖書館藏清嘉慶二十一年刻本，第19頁上、下欄。

爲望。"文王曰："吾如有所於見汝。"太公言其年月與其日，且盡道其言。"臣此以得見也。"文王曰："有之，有之。"遂與之歸，以爲卿士。晉太康十年汲縣《齊太公廟碑》引《周志》。①

案：洪頤煊《經典集林·汲冢瑣語》載《周志》文王、太公夢事，洪氏已識別此《周志》屬《汲冢瑣語》，惜無詳證。

26. 陳逢衡《竹書紀年集證》

陳逢衡（清乾隆四十三年生，咸豐五年卒，1778—1855年），字履長，號穆堂，江都（今江蘇省江都市）人。諸生。道光元年，舉孝廉方正，力辭不就。事蹟具《清史列傳》《清儒學案》本傳等。②

陳逢衡《竹書紀年集證》嘉慶甲子（九年，1804年）九月至壬申（十七年，1812年）冬十月作，癸酉（十八年，1813年）春刻裛露軒刊本。

陳逢衡《竹書紀年集證》曰：

> 文王夢天帝服（元）〔玄〕纕以立於令狐之津，帝曰："昌，賜汝望。"文王再拜稽首。文王夢之之夜，太公夢之亦然。其後文王見太公而訊之曰："而名爲望乎？"答曰："唯。"文王曰："吾如有所見于汝。"太公言其年月與其日，且盡道其言。"臣以此得見也。"文王曰："有之，有之。"遂與之歸，以爲卿士。
>
> 衡案：此一百零三字見孫之騄本，得呂尚以爲師下註引竹書《周志》云云。又《通雅》引《周志》（元）〔玄〕纕作（元）〔玄〕穰，説見前《集説》。嗚乎！此真《璅語》之文矣。方以智曰："汲冢、楚冢今不能分，故有《璅語》亂《竹書》之疑。"

---

① 洪頤煊：《經典集林》卷9，《洪頤煊集》第5冊，胡正武點校，《台州文獻叢書》，上海古籍出版社2018年版，第2349頁。

② 不著撰人：《清史列傳》卷69《儒林傳下二·陳逢衡》第18冊，第5604頁；徐世昌等：《清儒學案》卷131《曉樓學案·陳逢衡》第6冊，第5187頁；金長福：《陳徵君傳》，《碑傳集補》卷48，第4冊，第90—93頁。

斯言洵讀《紀年》者之龜鑑哉！①

案：陳逢衡《竹書紀年集證》認爲盧无忌碑所引《周志》乃《璅語》。又所引《周志》文缺，不如孫之騄《考定竹書》本全。

27. 馮雲鵬、馮雲鵷《金石索》

馮雲鵬（清乾隆三十年生，道光十五年卒，1765—1835 年），字九扶，號晏海，江蘇通州（今江蘇省南通市）人。道光六年，主講曲阜昌平書院。工於書法，擅篆隸書，精於槌樵拓。馮雲鵷，字集軒。清嘉慶十六年二甲十一名進士。歷任東阿、滋陽、曲阜知縣、膠州知州等。參修《濟南府志》，撰《濟南金石志》《濟寧金石志》《續金石圖》等。

嘉慶二十年至嘉慶二十五年，馮雲鵬、馮雲鵷輯《金石索》十二卷，道光元年刊自寫刻本。《石索》五錄碑文，並補（以意而補，多不恰當）。後有考略。《晉汲縣太公表》後跋曰：

> 《金石文字記》云："《水經注》：故汲郡治。城西北有石夾水，飛湍濬急，人謂之磻谿，言太公（常）〔嘗〕釣于此也。今其文曰'般谿之山'，般即磻之異文。"《水經注》又言："縣人故會稽太守任宣白令崔瑗曰：'太公生於汲，舊居猶存，君與高、國同宗，今臨此國，宜正其位，以明尊祖之義。'遂立壇祀。"又言："城北三十里有太公泉，泉上有太公廟。晉太康中，范陽盧無忌爲汲令，立碑于其上。"此碑是無忌所立，其"無"字作"无"，而自稱爲太公之裔孫。然則崔、盧二姓皆出自太公。
>
> 鵷案：此碑已斷裂爲二，故有缺文在其斷處。不可臆度，其餘上兩淋剝落之痕，與筆畫混。《中州金石（志）〔記〕》但載其名未錄其碑，因字泐難辨也。唯《金石萃編》刻其全文，唯細心摹擬未能臻此。今鄒縣胡寄雲少尉拓寄善本，兩相校勘，

---

① 陳逢衡：《竹書紀年集證》卷50，嘉慶十八年裛露軒刊本，第39頁 a、b。

又增補十五字，改正一字，餘尚缺十三字。全點形影不能再補矣。碑中引用《竹書紀年》康王六年一節，與傳世《紀年》相合，故補入"薨"字。其引用《周志》中文王夢天帝一節，不見於《逸周書》，每疑之，不知此不似《周書》之文，乃《瑣語》中之文也。汲冢所得有《瑣語》十一篇，言諸國卜夢妖怪相書，則此夢必在其內也。考《晉書·束皙傳》云："太康二年，汲郡人不準盜發魏襄王墓，或言安釐王冢，得竹書數十車。其《紀年》十三篇，記夏以來至周幽王〔爲犬戎所滅，以事接之，三家分〕，接述魏事至安釐王之二十年。又《易經》二篇，《易繇陰陽卦》二篇，《卦下易經》一篇，《公孫段》二篇，《國語》三篇，《名》三篇，《師春》一篇，《瑣語》十一篇，諸國卜夢妖怪相書也。又《梁邱藏》一篇，言丘藏金玉事。《繳書》（一）〔二〕篇，論弋射法。《生封》一篇，《大曆》二篇，《穆天子傳》五篇，又《雜書》十九篇，《周食田法》、《周書》、《論楚事》、《周穆王美人盛姬〔死〕事》。大凡七十五篇，漆書皆科斗字，七篇簡書折壞。"云云。其書雖七十五篇，其傳于今者祇《竹書紀年》、《穆天子傳》及《美人盛姬〔死〕事》，其《逸周書》則前已引用之，非得此碑，安知《瑣語》軼事哉！其襄字不見於《說文》，而衛宏《字說》與昭卿《字指》有之。蓋許氏時此書未之出也。晉人競尚清譚，寫行艸，古法淪亡。是刻在晉初年，文詞典雅，隸法方整，當爲晉碑之冠。①

28. 趙魏《竹崦盫金石目錄》

趙魏（清乾隆十一年生，道光五年卒，1746—1825年），字恪用，號晉齋，一號綠森，仁和（今屬浙江省杭州市）人。貢生。金

---

① 馮雲鵬、馮雲鵷輯：《金石索》石索五，清道光滋陽縣署刻本；馮雲鵬、馮雲鵷輯：《金石索》石索五，《海內古籍孤本稀見本選刊》，書目文獻出版社1996年影印清道光滋陽縣署刻本，第1617—1622頁。

石學家、藏書家，長於碑板考證。中年遊於畢沅幕下，與孫星衍等切磋學問，見聞日廣。善畫，有"鬼工"之稱。與同鄉黃小松交好。著《竹崦盦金石目錄》等。事蹟具《清史列傳》本傳。①

趙魏《竹崦盦金石目錄》曰：

《呂望表》太康十年三月。盧无忌立。八分書。②

29. 翟雲升《隸篇》

翟雲升（清乾隆四十一年生，咸豐八年卒，1776—1858 年），字舜堂，號文泉，掖縣隅村（今山東省萊州市萊州鎮東南隅村）人。道光二年進士，官廣西知縣，改國子監助教。性忱六書，尤嗜隸古吉金樂石，搜藏甚富，以所得金石拓本著《隸篇》。事蹟具《清儒學案》。③

翟雲升《隸篇》自序於道光十五年，有道光十七年家刻本。《隸篇金石目》錄《太公呂望表》：

《太公呂望表》太康十年三月十九日
《太公呂望表》額④

內收《太公呂望表》字，作雙鉤摹寫。
《隸篇》曰：

晉《太公呂望表》蚌⑤

---

① 不著撰人：《清史列傳》卷 67《文苑傳四·趙魏》第 19 冊，第 5985—5988 頁。
② 趙魏：《竹崦盦金石目錄》，新文豐出版公司編輯部輯：《石刻史料新編》第 2 輯第 20 冊，新文豐出版社 1979 年影印"國立中央"圖書館藏東武劉氏校鈔本，第 14551 頁下欄。
③ 徐世昌等：《清儒學案》卷 145《貫山學案·翟雲升》第 6 冊，第 5692 頁。
④ 翟雲升：《隸篇》金石目，清道光十七年自刻本，第 10 頁。
⑤ 翟雲升：《隸篇》卷 13，第 27 頁 b。

案：翟雲升《隸篇》徵引《晉太公呂望表》53 字（統計）。"蜂"字殘，而翟雲升辨識（1838 年），後 86 年羅雪堂亦辨識（1924年）。翟雲升依據的是嘉慶、道光拓本，尚可信賴。

30. 張鑑《冬青館集》

張鑑（清乾隆三十三年生，道光三十年卒，1768—1850 年），字春冶，號秋水，浙江歸安（今屬浙江省湖州市）人。嘉慶九年副貢生，官武義縣教諭。以博通經史，受阮元之聘，講學杭州孤山詁經精舍，並任幕僚。長於考據，著《十三經叢説》《冬青館集》等。事蹟具《清史列傳》《清史稿》《清儒學案》本傳。①

張鑑《冬青館集》道光己亥（十九年，1839 年）八月二十七日自序。《太公呂望表跋》曰：

> 攷杜元凱《左傳後序》云：太康元年三月，予自江陵還襄陽，會汲郡汲縣有發其界内舊冢者，大得古書，皆簡編科斗文字。發冢者不以爲意，往往散亂。始者藏在祕府，余晚得見之。則發冢當在太康以前，全謝山跋此碑以爲時汲冢竹書方出，無忌信而書之。於策殊失。攷訂按此碑立於太康十年，而云"太康二年縣之西偏有盜發冢□得竹策之書，書藏之年當秦阬儒之年八十六歲"，正與《束皙傳》所云"太康二年汲郡得竹書七十五篇"言相合。其所引《周志》又別出一冢，非魏安釐王冢中物。《隋》、《唐藝文志》以爲《逸周書》出太康中汲郡魏安釐冢者謬也。故今碑所引《周志》亦不見於《紀年》及《逸周書》中。蓋杜氏所見乃咸寧五年所得之竹簡，此碑所引，則束皙所見之竹簡也。後人槩以竹簡爲出汲冢而不知其有二得。此可以解王深寧之惑矣。②

---

① 不著撰人：《清史列傳》卷 73《文苑傳四·張鑑》第 19 册，第 6008—6010 頁；《清史稿》卷 486《文苑傳三·張鑑》，第 13419 頁；徐世昌等：《清儒學案》卷 119《鐵橋學案·張鑑》第 5 册，第 4731 頁。

② 張鑑：《冬青館集》乙集卷 7 文七《太公呂望表跋》，民國四年吳興劉氏嘉業堂刊本，第 22 頁 a、b。

案：張鑑《太公吕望表跋》論汲冢出書之年及《周書》所歸，以爲咸寧五年魏安釐冢出書，而《周書》爲他冢所出。

31. 包世臣《藝舟雙楫》

包世臣（清乾隆四十年生，咸豐五年卒，1775—1855 年），字慎伯，號倦翁，涇縣（今安徽省宣城市涇縣）人。嘉慶十三年舉人。官江西新喻知縣，因劾去官。長任幕僚。工書法、辭章。著《安吴四種》。事蹟具《清史列傳》《清史稿》《清儒學案》本傳。①

道光間（道光五年至十四年），包世臣《藝舟雙楫》成。《藝舟雙楫·論書十二絶句》曰：

《吕望》翩仙接《乙瑛》，峻嚴《孔羨》毓《任城》。歐徐倒置滋流弊，具體還應溯巨卿。

西晉分書有《太公望》、《任城太守孫夫人》二碑，雖峻逸殊科，而皆曲折頓宕，姿致天成。至率更法《任城》，會稽法《吕望》，惟於波發注意，其牽引環轉處，多行以今隸之法，中郎洞達之風息已。②

案：包世臣《藝舟雙楫》認爲《吕望表》翩仙接《乙瑛碑》，其曲折頓宕，姿致天成。又爲會稽所師法。

32. 吴式芬《攈古録》《中州攈古録》《金石匯目分編》

吴式芬（清嘉慶元年生，咸豐六年卒，1796—1856 年），字子苾，號誦孫，海豐（今山東省濱州市無棣縣）人。咸豐五年，授内閣學士，兼禮部侍郎。篤好金石文字，編著《攈古録金文》《攈古録》《金石匯目分編》等 10 餘部，與陳介祺合編《封泥考略》，多

---

① 不著撰人：《清史列傳》卷 73《文苑傳四·包世臣》第 19 册，第 6013—6016 頁；《清史稿》卷 486《文苑傳三·包世臣》，第 13417—13418 頁；徐世昌等：《清儒學案》卷 136《安吴學案·包世臣》第 6 册，第 5325—5326 頁。

② 包世臣：《藝舟雙楫》卷 5《論書十二絶句》，李星點校，吴孟復主編：《包世臣全集》，《安徽古籍叢書》，黄山書社 1993 年版，第 385 頁。

存於中國國家圖書館。①

吳式芬《攈古錄》曰：

《太公呂望表》　八分書。有額。河南汲縣。太康十年三月。
《呂望表》碑陰　八分書。
《呂望表》碑側　八分書。②

案：實據孫星衍《寰宇訪碑錄》。

吳式芬《金石匯目分編》曰：

晉《太公呂望表》八分書。并額。太康十年三月。城西北三十里太公泉廟內。董逌《廣川書跋》載此碑，今碑僅存半截。隸額云："齊太公呂望表"。文有："齊太公呂望者，此縣人"云云。穆子容碑前所錄也。
碑陰　八分書。
碑側　八分書。③

案：《金石匯目分編》"今碑僅存半截"不實，鈔錄耳。

33. 凌揚藻《蠡勺編》

凌揚藻（清乾隆二十五年生，道光二十五年卒，1760—1845年），字譽釗，號藥洲，廣東番禺（今廣東省廣州市番禺區）人。諸生。工詩文。著《蠡勺編》《海雅堂集》等。事蹟具《清儒學案》等。④

《蠡勺編》，同治二年（1863年）伍氏粵雅堂刻《嶺南遺書》

---

① 彭蘊章：《內閣學士兼禮部侍郎銜吳公墓志銘》，繆荃孫纂錄：《續碑傳集》卷17，周駿富輯《清代傳記叢刊·總錄類》第1冊，明文書局1985年影印清宣統二年江楚編譯書局刻本，第808—809頁；于長鑾、劉震主編：《金石學家吳式芬》，《齊魯人文叢書》，中國文史出版社2005年版。
② 吳式芬：《攈古錄》卷5，海豐吳氏刊北京文祿堂印本，第12頁a、b。
③ 吳式芬：《金石匯目分編》卷9之2，海豐吳氏刊北京文祿堂印本，第19頁b。
④ 不著撰人：《清史列傳》卷73《文苑傳四·凌揚藻》第19冊，第5990—5991頁。

本，後有伍崇曜跋。

凌揚藻《蠡勺編‧太公年壽》論太公年紀：

> 汲縣西門太公廟有《太公呂望表》，晉太康十年立石。其《紀年》謂："康王六年，齊太公望卒。"蓋壽百一十餘歲。案《說苑》："呂望年七十，釣於渭渚。他書多言八十。西伯載與俱歸，立爲師。"其歲月雖不可考，然紂十一祀丁巳，囚西伯於羑里，《史記》言散宜生、閎夭招呂尚，三人獻美女、奇物於紂，贖西伯。至紂二十四祀丙寅，西伯薨。明年，子發嗣。又十三年己卯，乃伐紂。至十九年乙酉，崩。丙戌成王立，在位三十七年，壬戌崩。癸亥，康王立。《表》言六年太公卒，是歲在戊辰。合計之，當百有五十餘歲。《困學紀聞》謂："《尚書‧顧命》稱'齊侯呂伋'，則成王之末伋已嗣太公爲齊侯。"以太公爲康王時卒者，非也。然則太公當不下百二三十歲人矣。①

34. 楊鐸《中州金石目錄》

楊鐸（清嘉慶十八年生，光緒五年卒，1813—1879年），名奕鐸，字石卿，河南商城縣（今河南省信陽市商城縣）人。少時遊齊、魯、燕、趙、吳、越、江漢之地，凡山川碑誌，祠廟墓闕之文，無不搜討，聚之十年。略加題識，編成《金石志》。

楊鐸《中州金石目錄》自序於同治六年十月。數十年積累之一、二千件，庚申（咸豐十年）春於南清河遇兵災散落無遺，此爲稍稍集之。《中州金石目錄》曰：

> 《太公呂望表》 八分書。太康十年三月。存。汲縣。

---

① 凌揚藻：《蠡勺編》卷7《太公年壽》，伍崇曜輯：《嶺南叢書》六集，清同治二年南海伍氏粵雅堂歡娛室刻本，第16頁a、b。

《吕望表》碑陰　八分書。汲縣。

《吕望表》碑側　八分書。汲縣。①

案：與姚晏《中州金石目》、孫星衍《寰宇訪碑錄》同。

35. 陸增祥《八瓊室金石補正》

陸增祥（清嘉慶二十年生，光緒十五年卒，1815—1889 年），字魁仲，號星農，江蘇太倉（今江蘇省太倉市）人。道光三十一年一甲一名進士。授翰林院修撰，掌修國史。咸豐十年，授廣西廣遠知府。同治二年，任湖南辰沅永靖道道員。著《八瓊室金石補正》。事蹟具《清史稿》本傳。②

陸增祥《八瓊室金石補正·齊太公吕望表》據《金石錄》、拓本等補王昶《金石萃編》所據殘拓本，又錄碑後二跋。後錄《金石錄》《潛研堂跋尾》《平津讀碑記》。最後評論：

> 據碑尾跋語，碑在汲縣學官。王氏、洪氏俱以爲在太公廟，《中州金石攷》謂在太公泉，殆據《水經注》言之。特不知碑於何時移城，何時斷裂，以致卧棄府廨也。碑無標題，王氏以額字當之，與全書體例不合，然書中如此者甚多。③

36. 錢儀吉《衎石齋記事續稿》

錢儀吉（清乾隆四十八年生，道光三十年卒，1783—1850 年），字衎石，浙江嘉興（今浙江省嘉興市）人。嘉慶十三年進士，選翰林院庶吉士，散館改户部主事，累遷河南道、御史、工科給事中。罷官後，聘主學海堂、大樑書院等。事蹟具《清史列傳》《清史稿》

---

① 楊鐸：《中州金石目錄》卷 1，徐乃昌輯：《鄦齋叢書》，清光緒二十六年南陵徐乃昌刻本，第 11 頁 a。

② 《清史稿》卷 486《文苑傳三》，第 13421 頁。

③ 陸增祥：《八瓊室金石補正》卷 9，民國十四年劉氏希古樓刻本，第 9 頁 b—12 頁 a。

第二章 《齊太公吕望表》學術史與本書的研究方法 103

《清儒學案》本傳。①

錢儀吉《衍石齋記事續稿·跋太公吕望表》論太公望籍貫、《周志》之玄：

> 《史記》："齊太公，東海上人。"而此《表》以爲汲人。《水經注·清水篇》稱汲東門太公廟碑載："縣民會稽太守任宣白令崔瑗謂：'太公生於汲，舊居猶存。'"其言符合。瑗爲汲令，在順帝之世。東京近古。其時士大夫多好采録郡國先賢行事，若趙邠卿《三輔決録》，是爲後世譜録之祖，而此則縣之鄉先生告於官守者，其言必不妄。此《表》太康十年立，時代相接，舊聞相承，太公之爲汲人也信。《太史公書》本之《孟子》，《孟子》但言辟紂而居東海，未嘗謂爲東海之人也。予則正以辟紂之文而益信其爲汲人。蓋汲近朝歌，太公不欲爲紂用，故辟而東走耳。若孤竹在今盧龍縣境，距紂都遠矣。而伯夷，國君之子也，其讓國亦辟紂也。故《孟子》曰："非其君不事，伯夷也。"然則二老行邁迹同事異，雖年世闊絶猶有可玫見。如此《表》辭般谿之山，亭林謂般即磻之異文，則又非是。傳記多言文王得太公於磻谿，是磻谿游處，在歸周之時，非東海之流寓，亦非汲之里居也。《水經注·渭水篇》於陳倉之磻谿謂："磻谿出茲谷，谿中有泉，即《吕氏春秋》所謂太公釣茲泉也。水次平石釣處，其投竿跽餌兩黎遺迹猶存。"蓋道元目驗言之，翔實如此。於汲縣則云："城西北有石夾水，飛湍濬急，人亦謂之磻谿。太公辟紂之亂屠隱市朝，遯釣漁水，何必渭濱然後磻谿？"苟愿心神曲渚，則可斯則達人之大觀，亦解紛之篤論矣。《表》又引汲冢所得《周志》之文，曰："文王夢天帝服（元）

---

① 不著撰人：《清史列傳》卷73《文苑傳四·錢儀吉》第19册，第6003—6005頁；《清史稿》卷486《文苑傳三·錢儀吉》，第13416頁；徐世昌等：《清儒學案》卷143《嘉興二錢學案·錢儀吉》第6册，第5601—5602頁。

〔玄〕襛以立於令狐之津。"襛字不見字書,《説文》裏下引《漢令》解衣耕謂之襄。亭林深以爲譏不知此許氏釋襄字从衣之義,經典襄字皆假借義,故引《漢令》之言以明之。《汲冢書》許所未見,此云衣(元)〔玄〕襛,則襛爲衣名無疑。黃伯思以昭卿《字指》引衛敬仲《字説》有襛字。《隋·經籍志》有晉中庶子郭顯卿《雜字指》一卷,疑即郭書避唐中宗諱顯爲昭,如晉以昭陽宮爲顯陽宮耳。謂是古文足補許氏之闕。是説也,予猶疑之。《説文》云:"枽,从木匹切忍。籀文棶从㭄,匹卦切。"又云:"㳘,水行也。从㳄㐬。流,篆文从水。""㳄,徒行濿水也。从㳄。水涉,篆文从水。"許書先篆後古籀,此則先古籀後篆,蓋變例也。然此从林从㭄者,林爲葩之總名匹卦切。㳄爲二水之壘切,皆有其字,故許以爲部首,若二衣者不成字,襄本从衣,不當更加衣於左,且許書博訪通人,賈侍中以下二十餘人皆采錄之,衛宏與焉。衛有古文,不應見遺恐昭卿傳述,亦不必果出敬仲也。竊謂《周志》之文當作(元)〔玄〕襄,書者加衣,漢季碑版多有俗體,況晉邪?此襛字王大理所錄誤从示,今鬯醅於河北新得衣字分明。玫趙明誠、黃伯思所傳皆同,故備論之。《周志》又云:"王見太公而訆之曰:'而名爲望乎?'"訆,《説文》:"大呼也。"引《春秋傳》"或訆於宋太廟。"今《左傳》本作叫,惠氏謂當从《説文》。於此表更得一證。①

37. 張德容《二銘艸堂金石聚》

張德容(生卒年不詳,清道光、咸豐、同治、光緒間人),字少薇,號松坪,衢州府(今浙江省衢州市)人。咸豐三年進士。同治十一年,任湖南岳州知府。光緒五年,再任岳州知府,修岳陽樓。②

---

① 錢儀吉:《衎石齋記事續稿》卷6《跋太公呂望表》,清道光刻本,第15頁a—17頁a。
② 岳陽市地方志辦公室編:《岳陽市志》,中央文獻出版社2004年版,第239頁。

事蹟具《(民國)衢縣志》本傳等。①

張德容《二銘艸堂金石聚》同治十一年張氏刻本。卷十五雙鉤摹寫碑陽、碑陰文字。跋文略記碑史、《周志》、碑陰等，其文曰：

right晉立《齊太公呂望表》拓本，連額高四尺二寸，廣二尺四寸，在汲縣太公廟。

《水經注》云："汲縣故汲郡治。城北三十里有太公泉，泉上又有太公廟，廟側高林秀木，翹楚競茂。相傳云太公之故居也。晉太康中，范陽盧無忌爲汲令，立碑於其上。"趙氏已著于《錄》，董廣川《書跋》亦載此碑"殊多舛誤"。

碑斷爲兩截，年月在下截之末，畢氏作《中州金石記》以爲缺年月，蓋僅見上半截也。今碑上截後有分書兩行云："碑經斷裂，卧棄府廨隙地。汲學訓導李元滬請置學官，用備金石家金姜錄時。嘉慶四年秋月也。"下截有正書兩行云："震按今郡城西北三里餘太公祠有魏武定八年碑，列此表於前，茲其初刻也。尤宜寶惜，因從季父移置學署。清嘉慶四年八月朔密邑李震跋。"是此碑之不没於今，實李氏之功也。

碑中言盜發冢，得竹策之書，載《周志》文王得太公之説甚奇。蓋古人遇古人遇合之際多託於夢卜，以神其説。

董廣川謂："其言服（元）〔玄〕襃，《説文》無此字，惟曰《漢令》（改）〔解〕衣耕謂之襃，而衛宏《字説》與郭昭卿《字指》則有之，知許慎所遺古文衆矣。"容竊以爲不然，襃字本從衣，其更添衣旁者，乃後人所爲，不得謂許遺古文也。且此字從衣，與從示者不同。繹碑之文義，疑當時假借爲裳字用耳。

盧无忌自稱太公之裔，蓋太公之後四十八姓，盧氏與焉。《通志·氏族略》云："齊文公之子高，高之孫傒食采於盧，因

---

① 鄭永禧纂輯：《(民國)衢縣志》卷23《人物志三》，民國二十六年鉛印本，第50頁a。

邑爲氏是也。"

　　碑陰前人皆未經著録，其書名有廷掾、功曹、主薄、門下史、鄉嗇夫、將軍、處士等共四列，下二列已磨泐殆盡，惟上二列尚有數十人可見。其弟六行，自首列主薄、汲□□字彥將昔□□至，次列出自少典約缺十一字。弟三列公之也。止似一行直貫而下，茲悉爲摹出，當俟更爲考訂焉。①

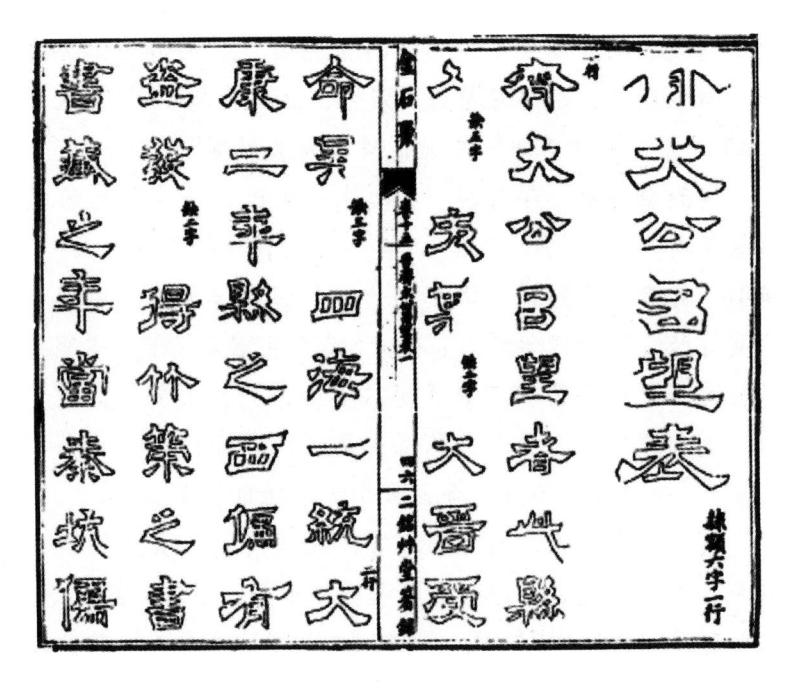

圖 2-9　張德容《二銘艸堂金石聚》録《齊太公呂望表》雙鉤摹寫本

（據新文豐出版公司編輯部輯：《石刻史料新編》第二輯第 3 册，臺北新文豐出版公司 1979 年影印清同治十一年張氏刊本）

38. 劉熙載《藝概》

劉熙載（清嘉慶十八年生，光緒七年卒，1813—1881 年），字伯簡，號融齋，晚號寤崖子，江蘇興化（今江蘇省興化市）人。道

---

① 張德容：《二銘艸堂金石聚》卷 15，同治十一年張氏刊本，第 60 頁 b—61 頁 b。

光二十四年進士。選翰林院庶吉士，散館授編修。咸豐二年，入值上書房。六年，京察一等。不樂仕進，請假客居山東。胡林翼聘至武昌江漢書院主教席。同治三年，徵爲國子監司業。督學廣東，旋補詹事府左春坊左中允。著《藝概》《説文雙聲》等。事蹟具《清史列傳》《清史稿·儒林傳》《清儒學案》本傳。①

同治十二年（1873 年），劉熙載《藝概》成。《藝概·書概七六》曰：

> 晉隸爲宋、齊所難繼，而《孫夫人碑》及《吕望表》尤爲晉隸之最。論者以其峻整超逸，分比梁、鐘，非過也。②

39. 鄭業斆《讀笑齋金石攷略》

鄭業斆（清道光二十二年生，民國八年卒，1842—1919 年），字君覺，號幼惺，長沙縣（今湖南省長沙市長沙縣）人。鄭沅父。諸生。光緒二年，入左宗棠軍幕，官知府。九年，返湘。十年，彭玉麟邀入軍幕。二十二年，魏光燾升陝西巡撫，隨往撫幕，擢道員。二十七年，受命辦理直隸善後事務。著《獨笑齋金石攷略》《獨笑齋金石文攷》等。

鄭業斆《讀笑齋金石攷略》有光緒十三年刻本。卷四《修太公廟碑》曰：

> 碑前録盧无忌《表》云："康王六年，齊太公望卒。"王深寧、朱錫鬯引《尚書·顧命》有"齊侯吕伋"文，言伋已嗣爲

---

① 不著撰人：《清史列傳》卷 67《儒林傳上二·劉熙載》第 17 册，第 5426—5428 頁；《清史稿》卷 480《儒林傳一·劉熙載》，第 13158—13159 頁；徐世昌等：《清儒學案》卷 179《融齋學案·劉熙載》第 7 册，第 6923—6924 頁。

② 劉熙載：《藝概》，《劉熙載文集》，江蘇古籍出版社 2000 年版，第 167—168 頁；劉熙載撰，袁津琥校注：《藝概注稿》卷 5《書概》，《中國文學研究典籍叢刊》，中華書局 2009 年版，下册，第 679 頁。

齊侯，非卒於康王時。而盧抱經題跋則云："周公封魯，太公封齊，皆其子之國，而身留京師，故有三年報政之語。周公在，而有魯公伯禽，甯太公在，而不可有齊侯呂伋乎？"其説甚辨。但成王大漸屬嗣王於群侯，其時召公、芮伯、彤伯、畢公、衛侯、毛公皆在，豈有元老如太公身居京師而獨不與者？揆之情事，殆不其然。總之竹書不可據，是碑既誤信之，後人又必從而爲之説，終未見其能通也。①

案：鄭業斅《讀笑齋金石攷略·修太公廟碑》考太公卒年，以爲竹書、碑文不可信。

40. 毛鳳枝舊藏《齊太公呂望表》明拓本、《石刻書法源流攷》

毛鳳枝（清道光十五年生，光緒二十一年卒，1835—1895年），字子林、號蟬叟，江蘇甘泉（今江蘇省江都市）人，生於北京。父瀚好金石，收藏豐富。鳳枝能詩文，尤喜金石之學。長任幕賓。著《關中金石文字逸存考》等。事蹟具《毛鳳枝傳》。②

仲威《魏晉碑刻善拓過眼之六》曰：

> 此册羅振玉、李國松遞藏本，屬乾嘉拓本，即重新出土後初拓本。
>
> ……
>
> 楠木面板有民國十九年（一九三〇）夏五張運題簽："明拓《齊太公呂望表》，木公先生珍藏。"
>
> 册中還鈐有"鳳枝之印"、"殷禮在斯堂"等印章，惜無題跋。册尾有二十世紀五六十年代舊書店標籤，標價四十元。
>
> 共九開，册高三十五厘米，寬十八點八厘米。帖芯高二十

---

① 鄭業斅：《獨笑齋金石攷略》卷4，《續修四庫全書》第901册，上海古籍出版社2002年影印中國科學院圖書館藏清光緒十三年刻本，第409頁上、下欄。
② 毛昌傑：《續修陝西通志稿·毛鳳枝傳》，毛鳳枝撰，李之勤校注：《南山谷口考校注》，三秦出版社2006年版，第183—185頁。

八厘米，寬十四點六厘米。館藏號：S2487。①

案："鳳枝之印"乃毛鳳枝之印。
毛鳳枝《石刻書法源流攷》乃《關中金石文字逸存考》之附篇，書成於光緒十五年，光緒二十七年（1901年）會稽顧氏刊。

西晉隸體碑刻無多，間有一二，如《太公呂望表》、《孫夫人碑》皆別具風格，清雋瀟灑，正如揮塵清談，不染塵俗，是爲分隸別派。惜當時碑禁甚嚴，傳世寥寥耳。

又"附注攷内碑目"曰：

西晉《太公呂望表》八分書。太康十年刻。在河南汲縣。②

41. 何昆玉舊藏《齊太公呂望表》乾隆拓本

何昆玉（清道光八年生，光緒二十五年卒，1828—1899年），字伯瑜，高要（今廣東省肇慶市）人。何瑗玉兄。擅醫術，精鑑古，富收藏。善墨拓，工篆刻。光緒二十一年，輯自刻印成《百舉齋印譜》。同治十一年，與陳厚滋共編《十鐘山房印舉》。③

中國國家圖書館收藏何昆玉、梁啓超遞藏《齊太公呂望表》拓本：

北京圖書館藏較佳之另一整幅拓本爲乾隆拓。此本無嘉慶

---

① 仲威：《魏晉碑刻善拓過眼之六》，《書法》2013年第12期，第96頁。
② 毛鳳枝：《石刻書法源流攷》，《關中金石文字逸存考》，清光緒二十七年會稽顧氏江西萍鄉縣署刊本，第33頁a、b，38頁a；毛鳳枝：《石刻書法源流攷》，崔爾平選編點校：《明清書論集》，上海辭書出版社2011年版，下冊，第1235頁。
③ 參見梁曉莊《嶺南篆刻史》，嶺南文庫編輯委員會、廣東中華民族文化促進會合編《嶺南文庫》，廣東人民出版社2017年版，第219—226頁。

四年刻跋，爲高要何昆玉、新會梁啓超舊藏，有梁題簽及題跋（民國六年）。並鈐"何伯瑜"、"曆亭寓公"、"飲冰室"、"飲冰室藏"、"新會梁啓超印"、"梁啓超"、"飲冰室藏金石圖書"等印章。①

42. 孫詒讓《籀廎述林》

孫詒讓（清道光二十八年生，光緒三十四年卒，1848—1908年），字仲容，晚號籀廎，瑞安（今浙江省瑞安市）人。同治六年舉人，官刑部主事。事蹟具《清史稿·儒林傳》《清儒學案》本傳。②

孫詒讓《籀廎述林》卷八《晉太公呂望表跋》論汲冢書出土之年、令狐之津爲涑水。

此碑自晉及今幾二千年，尚不甚刓剥。魏穆子容重刻本删其頌詞，文句亦多譌舛，如以"策"爲"築"，以"書"爲"盡"，非以晉石原本校讀，幾不解其爲何語，何其艸艸也。《晉書·束晳傳》載汲郡發冢得竹書事，不云其臧以何年，此《表》首引《竹書》，而云書臧之年當秦坑儒之前八十六歲。杜預《春秋後序》及《史記索隱》並云《紀年》終魏哀王二十年，臧書當又在其後。秦坑儒在始皇三十五年，上溯魏哀王二十年，正得八十七歲。此《表》約略定之，謂當臧于其後一年，故八十六歲爾。又引《周志》云："文王夢天帝服玄纕以立于令狐之津。"令狐在春秋爲晉地，見僖二十四年、文七年、成十一年《左氏傳》，杜預謂在河東。《水經·涑水注》云"又西徑猗氏縣故城北"，又引闞駰云："令狐，即猗氏也。"今山西蒲州府

---

① 冀亞平、王巽文：《北京圖書館藏石刻叙録（十一）》，《文獻》第18輯（1983年），第239—240頁；徐自强、吴夢麟：《古代石刻通論》，紫禁城出版社2003年版，第47—48頁。

② 《清史稿》卷482《儒林三·孫詒讓》，第13302—13303頁；徐世昌等：《清儒學案》卷192《籀廎學案·孫詒讓》第8册，第7397—7398頁。

猗氏縣西十五里有令狐城，即其地。然則令狐之津即涑水矣。①

孫詒讓《籀廎述林·周書斠補序》作於光緒丙申（二十二年，1896 年）七月，其文曰：

> 《周書》七十一篇，《七略》始箸錄。自《左傳》以逮墨、商、韓、呂諸子，咸有誦述。雖雜以陰符，閒傷詭駮，然古事古義多足資攷證，信先秦雅記壁經之枝別也。《隋》、《唐志》繫之汲冢，致爲疏舛。《晉書》記荀勗、束皙所校汲冢古文篇目，雖有《周書》，與此實不相涉。今汲縣晉石刻《太公呂望表》引竹書《周志》"文王夢天帝服玄禳以立于令狐之津"云云。迺真汲冢所得《周書》，以七十一篇書校之，文例殊異，斯其符譣矣。……光緒丙申七月。②

案：孫詒讓以爲《周志》爲《周書》。

43. 尹彭壽《魏晉石存目》

尹彭壽（約清道光十七年生，光緒三十年卒，約 1837—1904 年），字慈經，號竹年，諸城（今山東省諸城市）人。光緒十四年副貢，官蘭山教諭。嗜金石，工篆隸。著《石鼓文彙》《魏晉石存目》等。③

尹彭壽《魏晉石存目》曰：

> 《太公呂望表》有額。均八分書。太康十年三月十九日甲申。
> 碑陰廷掾、汲服龍等題。④

---

① 孫詒讓：《籀廎述林》卷 8，許嘉璐主編：《孫詒讓全集》，中華書局 2010 年版，第 270 頁。
② 孫詒讓：《籀廎述林》卷 5，《孫詒讓全集》，第 153—154 頁。
③ 參見王紹曾、沙嘉孫《山東藏書家史略》（增訂本），《儒學與山左學術叢書》，齊魯社 2017 年版，第 286 頁。
④ 尹彭壽撰，羅振玉校補：《魏晉石存目》，羅振玉輯：《雪堂叢刻》，民國四年鉛印本，第 2 頁 b。

44. 楊守敬《三續寰宇訪碑錄》《鄰蘇園藏書目錄》《壬癸金石跋》《寰宇貞石圖》

楊守敬（清道光十九年生，民國四年卒，1839—1915 年），名開科，字惺吾，號鄰蘇，宜都（今湖北省宜都市）人。同治元年舉人。光緒二十五年，任兩湖書院地理教習、勤成學堂總教長。事蹟具《清史稿·文苑傳》本傳、年譜。①

楊守敬《三續寰宇訪碑錄序》曰：

> 同治癸亥，余年二十有（三）〔五〕。入都，即好金石之學。時館於東草廠七條胡同，每日放館後，即徒步至琉璃廠物色拓本，歸來行人已斷，踉蹌於車迹馬蹄間，及到館則漏已三、四鼓矣。無間寒暑，旁人多非笑之。謂一時金石之癖，無有比者。其時當兵燹之後，都中拓本多不備，竹中無東魏《太公呂望碑》，南旋道出汲縣北關，未食即攜氈墨迥至北十里太公廟前，手打之，歸店而同夥者皆鼾睡矣。此事蘄州黄翔雲雲鵠曾記其集中，非虛語也。②

案：同治二年，楊守敬始有金石之志。是年，歸鄉途中守敬至汲縣太公廟拓東魏《太公呂望碑》，當已有晉盧无忌碑也。

同治六年，楊守敬《激素飛青閣評碑記》成。③ 卷二對《太公呂望碑》《修太公廟碑》書法評價。《激素飛青閣評碑記·太公呂望碑》曰：

> 《太公呂望表》分書。分額。太康十年三月。
> 是碑雖變漢人體格，而一種古茂峭健之致，撲人眉宇，以之肩隨漢魏，良無愧也。

---

① 《清史稿》卷486《文苑三·楊守敬》，第 13443 頁；楊守敬、熊會貞撰，郗志群整理：《鄰蘇老人年譜》，謝承仁主編：《楊守敬集》第 1 册，湖北人民出版社 1988 年版，第 1—42 頁。
② 楊守敬：《三續寰宇訪碑錄》，謝承仁主編：《楊守敬集》第 8 册，第 621 頁。
③ 楊守敬：《激素飛青閣評碑記》，謝承仁主編：《楊守敬集》第 8 册，第 519—584 頁。

自此以後，北魏失之儉，北齊失之豐，隋以下蕩然矣。①

案：此據同治拓本評論。
同治十一年，楊守敬計劃刻《望堂金石》，跋於光緒丁丑（三年）。②
鄰蘇園者，守敬藏書之所也。《鄰蘇園藏書目錄》錄楊守敬藏書，內有《呂望表》。《鄰蘇園藏書目錄》曰：

《太公呂望表》（並碑陰二）（共四）（又由元字移來一張）

又曰：

《太公呂望表》（正本）（在前）。③

又曰：

（第五頁）《太公呂望表》（移入戽）
（第五十二頁）（來）晉《太公呂望表》。④

光緒八年，楊守敬《寰宇貞石圖》由日本國大藏省印刷局初印。所選《呂望表》拓本，⑤ 明顯具備較早的特徵，有嘉慶四年秋八月的刻跋，拓本顯示碑石仍是較完整的兩塊。宣統元年，《寰宇貞石圖》上海重印石印本。所選《呂望表》拓本，⑥ 圖小而字形模糊。拓本明顯具備較晚的特徵，碑刻已經斷裂爲四，又丟失部分。《寰宇

---

① 楊守敬：《激素飛青閣評碑記》卷2《太公呂望碑》，《楊守敬集》第8冊，第554頁。
② 楊守敬：《望堂金石》，謝承仁主編：《楊守敬集》第11冊，第501頁。
③ 湖北省博物館編：《鄰蘇園藏書目錄》，上海辭書出版社2009年版，第483頁。
④ 湖北省博物館編：《鄰蘇園藏書目錄》，第475、549頁。
⑤ 楊守敬：《寰宇貞石圖》卷2，清光緒八年刻本。
⑥ 楊守敬：《寰宇貞石圖》卷2，清宣統元年石印本。

貞石圖》光緒八年刻本、宣統元年重印本僅載拓本，收入《杨守敬集》，徐无聞補《叙錄》。於《齊太公呂望表》，徐无聞《叙錄》曰：

> 本書光緒本、宣統本所印者皆同、光拓本，且印製不清，今據相同拓本重新攝影付印。①

徐无聞説誤，《寰宇貞石圖》光緒八年刻本録《齊太公呂望表》拓本的時代明顯較早，而宣統元年重印本録《齊太公呂望表》拓本的時代明顯偏晚。

光緒壬寅（二十八年，1902 年）、癸卯（二十九年，1903 年）爲端方題跋金石，參考自藏，自爲藏本，有光緒二十九年刻本。《壬癸金石跋·晉太公呂望表跋》曰：

> 自《隋書·經籍志》以《漢志》七十一篇之《周書》當汲冢書，新、舊《唐志》因之。至李巽巖、王伯厚辨論而後，知今所稱《逸周書》即《漢志》所云"孔子删削之餘"，與汲冢書無涉。余考之，《晉書·束晳傳》所載汲冢所得十五種，凡七十五篇，其所云《周書》者，在雜書十九篇内。但云《論楚事》、《周穆王美人盛姬死事》，是不過數篇，何得與七十五篇之書相混？此最不可解者。
>
> 此《碑》引汲冢書有"其《周志》"云云，語殊怪誕。今不見《逸周書》中，尤其明證。然《束晳傳》亦無《周志》之目，惟有"《瑣語》十一篇，〔諸〕國卜夢妖怪相書也"。此《周志》言太公遇文王，皆以夢合，似《周志》當即《瑣語》之一篇。
>
> 《碑》又引《紀年》云："康王六年，齊太公望卒。"與今

---

① 楊守敬撰，徐无聞整理：《寰宇貞石圖》卷 2，謝承仁主編：《楊守敬集》第 9 册，湖北人民出版社 1988 年版，第 192 頁。

本《竹書紀年》合。《碑》又云："參考年數，蓋壽百一十餘歲。"案《史記》言太公百餘歲卒，亦不著其卒於何王之世。《困學紀聞》謂：《尚書‧顧命》稱"齊侯呂伋"，則成王之末已嗣太公爲齊侯。以爲康王時卒者，非也。《尚書疏》謂太公卒於成王時，當得其實。按諸書稱太公遇文王之年，或云七十，《説苑‧尊賢篇》、《後漢書‧周彪傳》。或云七十二，《荀子‧君道》、《韓詩外傳》、《漢書‧東方朔傳》、桓譚《新論》。或云八十，《列女傳‧齊管妾語》《孔叢子‧計問篇》。或云九十，《楚辭‧九辨》。而《紀年》稱太公遇文王在商紂三十一年，至康王六年，即以《紀年》計之，已六十六年。以遇文王最早之七十年計之，已百有三十六歲，何云百十餘歲乎？《書疏》引《雒師言》：太公遇文王於（代）〔伐〕崇之年。《尚書大傳》及《史記》並言遇文王拘羑里之年。《通鑑前編》云在紂之十五年。皆參差，難依據。

至《碑》云太公爲汲縣人，據《水經注》先有漢崔瑗立碑，亦稱此縣人。子玉鴻儒，去古未遠，必有折衷。而《史記》稱太公"東海上人"。《續漢志》"琅邪海曲"下，劉昭引《博物記》："太公呂望所出。"不思《孟子》明云："太公避紂，居東海之濱。"汲縣逼近朝歌，故避之東海。若本爲東海人，何庸避之？是謂海曲爲太公所避之地則可，謂爲所出之地則不可。而閻百詩反以海曲是其家，而以崔瑗、盧无忌爲誤，慎矣。①

案：《壬癸金石跋‧晉太公呂望表跋》略論《周志》屬《瑣語》、太公年壽、太公籍貫。

宣統三年仲冬（12月），楊守敬《學書邇言》成。《學書邇言‧評碑》曰：

　　晉人分書，如《孫夫人》、《太公呂望表》，繼述漢人，應

---

① 楊守敬：《晉太公呂望表跋》，《壬癸金石跋》，謝承仁主編：《楊守敬集》第 8 册，第 1009—1010 頁。

規入矩，未可以時代爲軒輊。①

案：杨守敬《學書邇言·評碑》以《孫夫人》《太公呂望表》爲晉隸之代表，即所謂晉隸之最者也。

45. 繆荃孫《金石分地編目》《藝風堂金石文字目》

繆荃孫（清道光二十四年生，民國八年卒，1844—1919年），字炎之，晚號藝風，江陰（今江蘇省江陰市）人。光緒三年進士，授翰林院編修。十四年，任江陰南菁書院山長。十七年，掌上海樂源書院。二十二年，任南京鐘山書院山長。清亡，居上海。參修清史。著述甚富。事蹟具《清儒學案》《藝風老人年譜》。②

繆荃孫《金石分地編目》稿本，未刊。《金石分地編目》曰：

《太公呂望表》分書。額分書。太康十年四月丙寅朔十一日甲申。在縣西北三十里太公廟。
碑陰。③

繆荃孫《藝風堂金石文字目》稿本藏上海博物館，光緒三十二年曾刻此書，録荃孫三十年所聚版刻。《藝風堂金石文字目》曰：

《齊太公呂望表》　分書。額分書。太康十年三月丙寅朔十九日甲申造。在河南汲縣學官。
碑陰。廷掾、汲服龍等題名。四列。分書。④

---

① 楊守敬：《學書邇言》，謝承仁主編：《楊守敬集》第8冊，第481頁。
② 徐世昌等：《清儒學案》卷188《南皮學案下·繆荃孫》第7冊，第7241—7242頁；繆荃孫：《藝風老人年譜》，張廷銀、朱玉麒主編：《繆荃孫全集　雜著》，鳳凰出版社2014年版，第159—200頁。
③ 繆荃孫：《金石分地編目》卷10，張廷銀、朱玉麒主編：《繆荃孫全集　金石4》，第387頁。
④ 繆荃孫：《藝風堂金石文字目》卷1，光緒三十二年藝風堂匯刻本，第18頁a；繆荃孫：《藝風堂金石文字目》卷1，張廷銀、朱玉麒主編：《繆荃孫全集　金石1》，第24頁。

中國國家圖書館收藏繆荃孫舊藏《齊太公呂望表》拓本情況：

> 繆荃孫舊藏之整幅拓片，雖傳拓年代晚於上述兩種，係嘉慶、道光時所拓。但該本有罕見之碑陰，椎拓亦較精細，並有繆氏題跋兩款及"盱眙吳同遠公望父審定印記"鈐印一方，也較爲珍貴。①

案：《藝風堂金石文字目》提及碑陰（乃當時學者往往失拓者），其記載與中國國家圖書館收藏繆荃孫舊藏《齊太公呂望表》拓片情況符合，可謂兩可爲證，《全集》當收錄此拓爲是。

光緒二十年至二十二年、光緒三十一年至民國八年，繆荃孫與況周頤交往甚密，有圖書互借、互贈、互換、互售之誼，② 並會晤琉璃廠。光緒二十年七月三十日至八月一日，荃孫曾將上百的拓本交況周頤代售。③ 光緒三十一年，況周頤爲繆荃孫校《金石文字目》。④

案：二人同有《齊太公呂望表》拓本。

46. 方若《校碑隨筆》

方若（清同治八年生，1869—1954 年），原名方城，字藥雨，號劬園，別號古貨富翁，浙江定海（今浙江省舟山市定海區）人，寄居天津，曾任《天津日日新聞》社長。富收藏，尤好石泉，能畫。⑤

方若《校碑隨筆》專校碑版文字，由周秦迄五代止，收錄海內名碑凡五百餘種。自清末問世以來，一直爲搜求考證碑刻之必備。初有宣統二年（1910 年）天津中東石印局手鈔石印本，民國十年

---

① 冀亞平、王巽文：《北京圖書館藏石刻叙錄（十一）》，《文獻》第 18 輯（1983 年），第 240 頁；徐自强、吳夢麟：《古代石刻通論》，第 47—48 頁。2021 年 4 月 8 日，驗看，精拓，碑陰拓片右下角有朱文鈐印，而"繆氏題跋兩款"不見。問及圖書館人員，答曰："必以實看爲準"。
② 鄭煒明：《況周頤先生年譜》，上海古籍出版社 2009 年版，第 65—120、153 頁。
③ 鄭煒明：《況周頤先生年譜》，第 96 頁。
④ 鄭煒明：《況周頤先生年譜》，第 157—158 頁。
⑤ 參見張同禮《我所知道的方若》，中國人民政治協商會議天津市委員會、文史資料研究委員會編《天津文史資料選輯》第 18 輯，天津人民出版社 1982 年版，第 189—201 頁。

（1921年）吴隱輯入西泠印社聚珍版山陰吴氏《邂盒金石叢書》本《校碑隨筆》，六册。

方若《校碑隨筆》曰：

> 【齊太公吕望表】隸書，二十行，行三十字。有額、隸書、陰文六字。在河南汲縣。太康十年三月。
>
> 確有碑陰約廿一行，甚漫漶，以不拓今竟無知者。陰書汲縣功曹、主簿、議曹、〔廷〕掾、門下等。孫氏《寰宇訪碑録》謂碑有側，側則未見。是碑明拓已中斷，然多三字，如第二行有"盗發冢"之"冢"字、第三行"文王夢天帝服□襛以立於令狐之津"之"服"字、第九行"垂示無窮者矣"之"者"字未泐。既刻嘉慶四年跋後，當第十四行、十五行，至十九行無一上一下裂紋二道，較近拓尚勝。近拓則此二道裂紋損及"德寅弥山莫分生進隕"九字。按嘉慶二跋，一刻在第二十行空半之上，一刻在第二十行之後一行。①

案：《校碑隨筆》載明拓本、嘉慶刻跋拓本、近拓（清末）之不同，是將《齊太公吕望表》傳世拓本區别爲三個階段。"德寅弥山莫分生進隕"之"分"，實乃"介"字。

47. 朱士端《宜禄堂收藏金石記》

朱士端（生卒年不詳，清末人），寶應（今江蘇省揚州市寶應縣）人。所作《宜禄堂收藏金石記》署名"文林郎、揀選知縣、乙未科大挑二等教育銜、管廣德州訓導、事前充石翼宗學教習、寶應朱士端"，乙未乃光緒二十一年。

朱士端《宜禄堂收藏金石記叙》（《宜禄堂收藏金石記》六卷本）言身爲貧士，碑帖乃"碑估購得，友朋饋遺"，撰《宜禄堂收

---

① 方若原著，王壯弘增補：《增補校碑隨筆》，上海書畫出版社1981年版，第194頁；方若原著，王壯弘增補：《增補校碑隨筆》（修訂本），上海書店出版社2008年版，第127—128頁。

藏金石記》六十卷，又刪爲《宜祿堂收藏金石記》六卷。

朱士端《宜祿堂收藏金石記》（六十卷本）曰：

《齊太公呂望表》八分書。太康十年三月。河南汲縣。①

《晉齊太公呂望表》錄碑文、嘉慶四年刻跋。後跋文考碑史，錄趙明誠《金石錄》《中州金石記》。按語曰：

士端按：家藏是碑下半截文字竝屬完好，故知下半截未曾亡也。《金石錄》云："文王見太公而計之。"細觀原碑右邊尚存丩字，左邊以紙殘缺椎搨未到，實不作計之。②

朱士端《宜祿堂收藏金石記》（六卷本）曰：

士端按：《金石錄》云："文王見太公而計之。"諦審家藏本右邊尚存"丩"形，實不作"計"字。③

48. 葉昌熾《語石》

葉昌熾（清道光二十七年生，民國六年卒，1847—1917年），字鞠裳，長洲（今屬江蘇省蘇州市）人。光緒十六年進士，選庶吉士，授翰林院編修。累至侍講，督甘肅學政。以裁缺歸，著書終老。研求版刻，著《語石》等，均考訂精確。事蹟具《清史稿·文苑傳》《清儒學案》本傳。④

---

① 朱士端：《宜祿堂收藏金石記》卷10，新文豐出版公司編輯部輯：《石刻史料新編》第2輯第5冊，新文豐出版社1979年影印鈔本，第3401頁上欄。
② 朱士端：《宜祿堂收藏金石記》卷10，《石刻史料新編》第2輯第5冊，第3408頁上欄。
③ 朱士端：《宜祿堂收藏金石記》卷2，《春雨樓叢書》，清同治中寶應朱氏刊，第3頁b。
④ 《清史稿》卷486《文苑三·葉昌熾》，第13440頁；徐世昌等：《清儒學案》卷173《校邠學案·葉昌熾》第7冊，第6673頁。

葉昌熾《語石》宣統元年刊。《語石》曰：

　　《宋書·禮志》，建安十年，魏武帝以天下雕敝，禁立碑。高貴鄉公甘露二年大將軍參軍王倫卒，倫兄俊述其遺美云，祗畏王典，不得爲銘，此則碑禁尚嚴也。晉武帝咸寧四年又詔曰：碑表私美，興長虛僞，莫大於此，一禁斷之。義熙中，尚書祠部郎中裴松之，又議禁斷。觀此，則魏晉兩朝屢申立碑之禁。然大臣長吏，人皆私立。《晉書·孫綽傳》，於時文士，綽爲其冠。溫王郄庾諸公之薨，必須綽爲碑文，然後刊石。可見當時法網雖嚴，未嘗禁絶。是以趙德甫所收晉碑，自《鄭烈》、《彭祈》以下逾二十通，但皆漸滅，今廑有存者，惟《任城太守夫人孫氏碑》、《明威將軍郭休碑》、《太公呂望表》、《建寧太守爨寶子碑》。余藏《永和乙卯侯君殘碑》，爲諸家所未見。典午貞珉，已歎觀止，此外惟石室題名及墓門之闕、隧道之碣而已。①

又曰：

　　中州碑版以嵩山三闕爲最古，尚是西京文字。後漢則有《李孟初神祠碑》及《韓仁》、《尹宙》兩石。《安陽五種》，寥寥殘字，且未必真漢刻也。當塗篆漢，厥有雙碑。王基晚出，僅存強半。晉有《呂望表》、《劉韜志》。魏碑莫先於《寇謙之嵩高靈廟》，齊碑莫先於《清河王西門豹祠》。②

案：葉昌熾《語石》述碑史，以見《太公呂望表》之珍。

---

① 葉昌熾：《語石》卷1，宣統元年長洲葉氏刻本，第3頁b—4頁a；葉昌熾撰，柯昌泗評：《語石　語石異同評》卷1，陳公柔、張明善點校，考古學專刊丙種第四號，中華書局1994年版，第10頁。

② 葉昌熾：《語石》卷2，第15頁a；葉昌熾撰，柯昌泗評：《語石　語石異同評》，第100頁。

五　近代著錄與研究《齊太公呂望表》情況

今見近代著錄與研究《齊太公呂望表》的著述有：魯迅藏《太公呂望表》拓片、《中國小說史略》《魯迅輯校石刻手稿》，梁啟超藏何昆玉舊藏《呂望表》拓本、《碑帖跋》，內務部《河南省古物調查表》，吳士鑑《晉書斠注》，顧燮光《河南古物調查表證誤》《河朔訪古隨筆》《河朔金石目》《河朔訪古新錄》《河朔碑記》，歐陽輔《集古求真》，羅振玉《雪堂所藏金石文字簿錄》《石交錄》，甘鵬雲《崇雅堂碑錄錄補》，況周頤舊藏明拓本，吳世勳《河南》，劉聲木《寰宇訪碑錄校勘記》，王維樸《東武王氏商盉堂金石叢話》，李國松舊藏毛鳳枝、羅振玉遞藏拓本，魏青錚《汲縣今志》，朱文鈞藏黃小松舊藏《齊太公呂望表》拓本、《歐齋石墨題跋》，陳文伯藏《齊太公呂望表》明拓本，劉體智藏《齊太公呂望表》明拓本，王重民《周書考》，陳夢家《六國紀年》《汲冢竹書考》，姜亮夫《殷周三巨臣考》，王壯弘《增補校碑隨筆》《崇善樓筆記》，楊震方《碑帖叙錄》，北京圖書館金石組《北京圖書館藏石刻叙錄（十一）》，徐自強、吳夢麟《古代石刻通論》，北京圖書館金石組編《北京圖書館藏中國歷代石刻拓本彙編》，張彥生《善本碑帖錄》，《中國美術全集·書法篆刻編·魏晉南北朝書法》，施蟄存《水經注碑錄》，蔣善國《尚書綜述》，馬寶山《書畫碑帖見聞錄》，孫俊卿《姜太公的籍貫在衛輝》，河南省文物局《河南碑志叙錄》，馬子雲、施安昌《碑帖鑑定》，中國書法博物館編委會《中國書法博物館》，劉昭瑞《宋代著錄石刻纂注》，劉正成主編《中國書法全集》，毛遠明《漢魏六朝碑刻校注》（繁體版），仲威《中國碑拓鑑別圖典》《魏晉碑刻善拓過眼之六》，安喜萍《衛輝歷代碑刻》，等等。

1. 魯迅藏《太公呂望表》拓片、《中國小說史略》《魯迅輯校石刻手稿》

周樹人（清光緒七年生，民國二十五年卒，1881—1936 年），字豫才，筆名魯迅，浙江紹興（今浙江省紹興市）人。事蹟具《魯迅傳》等。①

鲁迅日记记载：

1月13日，得二弟所寄《校碑随笔》六本。
（一九一六年一月）二十二日　晴，大風。上午陳師曾與印泥可半合。午後往留黎廠買《響堂山刻經造象》拓本一分，共六十四枚，十六元。又晉立《太公呂望表》一枚，五角；東魏立《太公呂望表》並陰二枚，一元。②

又曰：

（十月）十日　晴。國慶日，休息。上午銘伯先生來。午後往留黎廠買《神州大觀》第十集一冊，一元五角。又晉《太公呂望表》並碑陰題名共二枚，《廉富造象》碑陰並側共三枚，合一元。③

案：1916年1月22日購買的晉立《太公呂望表》一枚五角，10月10日購買的"晉《太公呂望表》並碑陰題名共二枚，《廉富造象》碑陰並側共三枚，合一元"，以拓本價格而言，自非良拓。10月10日購買的有碑陰，後被利用。《藏家魯迅》發表魯迅舊藏，《太公呂望表》拓片附以魯迅日記1月22日、10月10日記載。④

丁巳日記曰：

（一九一七年五月）十九日　曇。……午後往留黎廠買稍舊

---

① 朱正：《魯迅傳》（修訂本），人民文學出版社2018年版。
② 魯迅：《魯迅全集（編年版）》第1卷（1898—1919），人民文學出版社2014年版，第442頁。
③ 魯迅：《魯迅全集（編年版）》第1卷（1898—1919），第468頁。
④ 王錫榮、喬麗華選編：《藏家魯迅》，上海文化出版社2009年版，第164頁。

拓《太公吕望表》一枚，三元。①

案：此無碑陰，其價3元，當是拓印較精者。"稍舊拓"者，所拓時代略早於前所買拓本所拓的年代。

魯迅《中國小説史略》初刊於1923年。《中國小説史略·神話與傳説》曰：

> 文王夢天帝服玄纕以立於令狐之津。帝曰，"呂，賜汝望。"文王再拜稽首，太公於後亦再拜稽首。文王夢之之夜，太公夢之亦然。其後文王見太公而訓之曰，"而名爲望乎？"答曰，"唯，爲望。"文王曰，"吾如有所見於汝。"太公言其年月與其日，且盡道其言，"臣以此得見也。"文王曰，"有之，有之。"遂與之歸，以爲卿士。（晉立《太公吕望表》石刻，以東魏立《吕望表》補闕字。）②

案：此曰"晉立《太公吕望表》石刻，以東魏立《吕望表》補闕字"，則所據拓本乃清拓，字多闕，據穆子容《修太公吕望祠碑》補之。《中國小説史略·神話與傳説》又曰：

> 漢應劭説，《周書》爲虞初小説所本，而今本《逸周書》中惟《克殷》、《世俘》、《王會》、《太子晉》四篇，記述頗多誇飾，類於傳説，餘文不然。至汲冢所出周時竹書中，本有《瑣語》十一篇，爲諸國卜夢妖怪相書，今佚，《太平御覽》間引其文；又汲縣有晉立《吕望表》，亦引《周志》，皆記夢驗，甚似小説，或《虞初》所本者爲此等，然别無顯證，亦難以定之。③

---

① 魯迅：《魯迅全集（編年版）》第1卷（1898—1919），第519頁。
② 魯迅：《魯迅全集（編年版）》第2卷（1920—1924）《中國小説史略》，第381頁。
③ 魯迅：《魯迅全集（編年版）》第2卷（1920—1924）《中國小説史略》，第380頁。

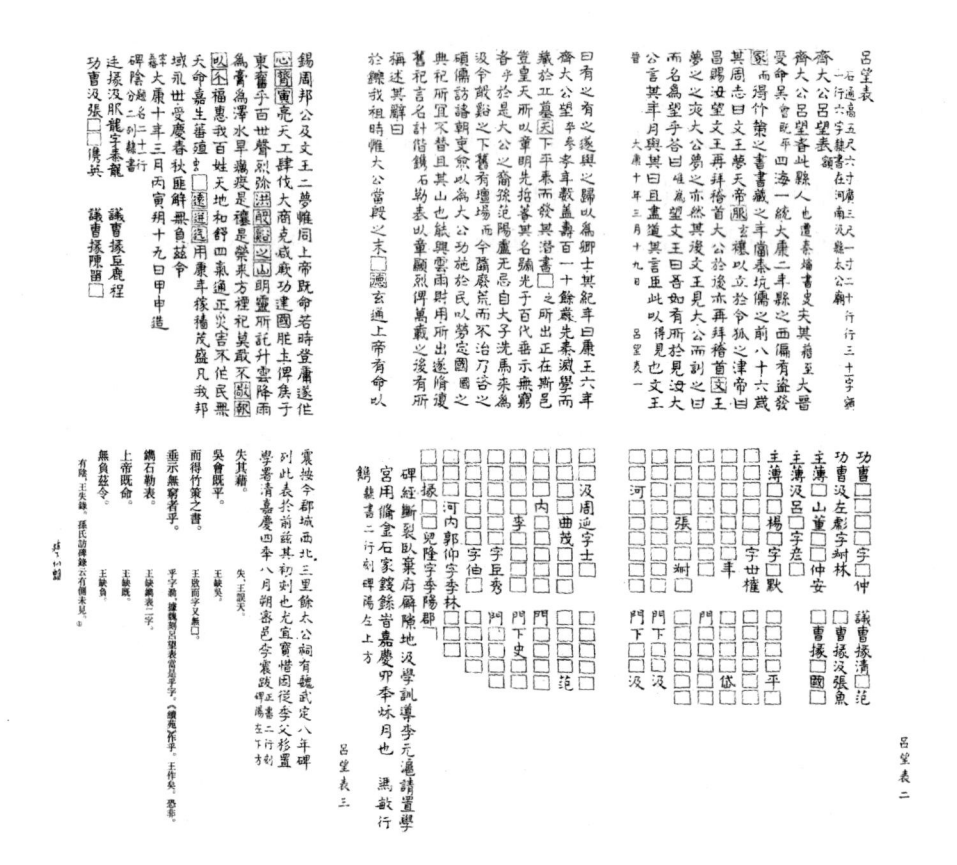

圖 2-10　《魯迅輯校石刻手稿》録《齊太公吕望表》摹寫本

（據李新宇、周海嬰主編：《魯迅大全集》23《學術編　魯迅輯校石刻手稿　碑銘中　吕望表》，第28—34頁）

《魯迅輯校石刻手稿》有《吕望表》，據拓片摹寫，摹寫拓片字爲大字，據穆子容《修太公吕望祠碑》補字爲小字，又有據他資料補之者。① 案：所據清末拓本，較差。

2. 梁啟超藏何昆玉舊藏《吕望表》拓本、《碑帖跋》

梁啟超（清同治十二年生，民國十八年卒，1873—1929年）字

---

① 北京魯迅博物館、上海魯迅紀念館編：《魯迅輯校石刻手稿》，上海書畫出版社1987年版；李新宇、周海嬰主編：《魯迅大全集》23《學術編　魯迅輯校石刻手稿　碑銘中　吕望表》，長江文藝出版社2011年版，第28—34頁。

卓如，一字任甫，號任公，又號飲冰室主人，新會（今廣東省江門市新會區）人。光緒舉人。先從事維新改良，後任清華大學、南開大學教授。事蹟具《梁任公先生傳》《梁任公年譜長編》。①

民國五年（1916年）九月，梁啓超於廣州獲何崑玉舊藏《呂望表》。民國六年十二月，記之。《碑帖跋》曰：

《晉呂太公表》
茲拓無嘉慶四年兩跋，"德寅弥山莫分生逬隕"九字完好，當爲二百年前舊拓，丙辰九月，得自廣州，丁巳十二月校而記之。②

圖 2–11　梁啓超《呂望表跋》
（據冀亞平、賈雙喜編：《梁啓超題跋墨蹟書法集》，第56頁）

---

① 劉盼遂：《梁任公先生傳》，卞孝萱、唐文權：《辛亥人物碑傳集》，團結出版社1991年版，第421—423頁；丁文江、趙豐田，歐陽哲生整理：《梁任公先生年譜長編（初稿）》，中華書局2010年版。

② 梁啓超：《碑帖跋》，《飲冰室文集》之四十四（上），《飲冰室合集》第3册，中華書局1988年版，第39—40頁；冀亞平、賈雙喜編：《梁啓超題跋墨蹟書法集》，榮寶齋1995年版，第56頁。

案："二百年前舊拓"指明末清初，則任公以爲乃明末清初拓本（若爲乾隆拓本，當言百年前舊拓）。

中國國家圖書館收藏何昆玉、梁啓超遞藏《齊太公吕望表》拓本：

> 北京圖書館藏較佳之另一整幅拓本爲乾隆拓。此本無嘉慶四年刻跋，爲高要何昆玉、新會梁啓超舊藏，有梁題簽及題跋（民國六年）。並鈐"何伯瑜"、"曆亭寓公"、"飲冰室"、"飲冰室藏"、"新會梁啓超印"、"梁啓超"、"飲冰室藏金石圖書"等印章。①

乾嘉拓本，或稱之爲重新出土後初拓本。

另外，中國國家圖書館收藏有梁啓超舊藏穆子容《吕望表》碑。②

3. 内務部《河南省古物調查表》

民國初，内務部主持古物調查。汲縣文物調查刊於《政府公報》民國六年（1917年）11月18日第661號。民國七年，《河南省古物調查表》印鑄局刊鉛印本。

内務部《河南省古物調查表》曰：

> 汲縣。
> 金石。
> 晉《太公吕望表》。有陰。有側。
> 太公廟。太康十年三月。③

---

① 冀亞平、王巽文：《北京圖書館藏石刻叙録（十一）》，《文獻》第18輯（1983年），第239—240頁；徐自强、吴夢麟：《古代石刻通論》，第47—48頁。

② 穆子容：《修太公吕望祠碑》，《北京圖書館藏中國歷代石刻拓本彙編》第6册，第170—171頁。

③ 中國第二歷史檔案館整理：《北洋政府公報》（影印本）第118册，上海書店1988年版，第455頁；民國内務部主編：《河南省古物調查表》，《民國京魯晉豫古器物調查名録》，北京圖書館出版社2004年版，第804頁。

案：此時《齊太公呂望表》碑在縣圖書館，此文乃鈔錄自舊志。
己未（民國八年，1919 年）暮秋，顧燮光《河南古物調查表證誤》曰：

> 晉《太公呂望表》。有陰。有側。太公廟。太康十年三月。
> 按此碑在縣文廟，現爲高等小學校。①

4. 吳士鑑《晉書斠注》

吳士鑑（清同治七年生，民國二十二年卒，1868—1933 年），字絅齋，號公詧，錢塘（今浙江省杭州市）人。光緒十八年進士第二人，授翰林院編修，官至侍講。歷任提督江西學政、充資政院碩學通儒議員等。民國三年，任清史館纂修，參編《清史稿》。事蹟具年譜等。②

吳士鑑《晉書斠注》光緒三十年始作（此前準備多年），民國八年成，十七年刻。《晉書斠注·束皙傳》曰：

> 《束皙傳》曰："太康二年，汲郡人不準盜發魏襄王冢，或言安釐王冢，得竹書數十車。"《書鈔》五十七王隱《晉書》曰："太康二年，汲郡冢中得古文竹書。"趙明誠《金石錄》二十《晉太公碑》其略云："太康二年，縣之西偏有盜發冢而得竹策之書，書藏之年當秦坑儒之前八十六歲。"《御覽》六百六十五《東鄉序》曰："得汲冢竹簡，亦長二尺四寸。"案：《束皙傳》及王書、太公碑均作"太康二年"，荀勖校《穆天子傳》亦云"太康二年"，是汲冢之發必在是年，《本紀》蓋誤列前二年耳。惟《史記正義》云："晉咸寧五年汲郡汲縣發魏襄王冢，

---

① 顧燮光：《河南古物調查表證誤》，內務部主編：《民國京魯晉豫古器物調查名錄》，北京圖書館 2004 年影印民國刊本，第 989 頁。
② 吳士鑑：《含嘉室自訂年譜》，北京圖書館編：《北平圖書館藏珍本年譜叢刊》第 192 册，北京圖書館出版社 1998 年版，第 139—222 頁。

得古書册七十五卷", 則與《本紀》同誤。又本書《衛恒傳》云:"太康元年, 汲縣人盜發魏襄王冢。"《北堂書鈔》一百一王隱《晉書》曰:"太康元年, 汲縣〔民盜〕發安釐王宋鈔本誤作'王釐',《類聚》四十引王書作'安釐王'冢, 得竹書漆字", 則又誤作元年也。……杜元凱《春秋後序》曰:"太康元年, 吴寇始平, 余(選)〔還〕襄陽, 乃修成《春秋釋例》及《經傳集解》。始訖, 會汲郡汲縣有發其界内舊冢者,〔大〕得古(文)〔書〕, 皆簡編科斗文字。發冢者不以爲意, 往往散亂。科斗書久廢, 推尋不能盡通。始者藏在祕府, 余晚得見之, 大凡七十五卷。"……惟序首云"太康元年", 乃叙其修成《釋例》之時, 非謂汲冢即發於是年也。①

案: 吴士鑑《晉書斠注》認爲汲冢竹書出土之年當在《晉書·束晳傳》《晉太公碑》、荀勖《穆天子傳序》記載的"太康二年",《晉紀》誤列前二年(咸寧五年)。

5. 歐陽輔《集古求真》

歐陽輔(清道光十六年生, 民國二十八年卒, 1836—1939年), 字棠丞, 泰和縣蜀江(今江西省吉安市泰和縣馬市鎮蜀口大江村)人。光緒二十三年拔貢, 任雩都教諭。光緒末, 棄官至南昌創開智書局。宣統元年, 選爲江西省諮議局議員。民國後, 經營書局, 主纂《泰和縣志》, 並從事金石研究。家藏碑帖墨拓八千餘種, 金石著述三百餘種。精於鑑别, 善於校勘。精選墨拓八百餘種, 詳加考訂, 成《集古求真》, 按書體分類, 依時代排列, 彙集衆説, 附以己論。明年, 開智書局以手稿石印行世。又成《集古求真補正》《集古求真續編》。

歐陽輔《集古求真·太公吕望表》記碑陽、碑陰情況, 又比較

---

① 房玄齡等撰, 吴士鑑、劉承幹注:《晉書斠注》卷3《武帝紀》, 民國十七年吴興劉氏嘉業堂刊本, 第30頁a、b。

明拓、嘉慶四年拓、近拓的區別：

《太公吕望表》 二十行，行三十字。額六字。隸書。陰已全泐，故無拓者。是《表》明已中斷，第二行發冢"冢"字，三行"天帝"下"服"字，九行者矣"者"字皆未泐。嘉慶四年，刻二題記於後，然無裂紋，近則自十四行至十九行之間，有裂紋二道，侵損"德寅弥山莫分生迸隕"九字。①

案：歐陽輔《集古求真·太公吕望表》亦據方若《校碑隨筆》之斷代，表述全同。

6. 況周頤舊藏明拓本

況周頤（清咸豐九年生，民國十五年卒，1859—1926年），字夔笙，別號玉膴詞人，晚號蕙風詞隱。臨桂（今廣西省桂林市）人。光緒五年舉人。後官內閣中書、會典館纂修。清亡，以遺老自居，寄蹟上海，鬻文爲生。著《蕙風詞話》等。事蹟具《況周頤先生年譜》。②

清光緒至民國八年，況周頤結交繆荃孫，又爲端方撰《匋齋藏石記》。

張彦生《善本碑帖録》曰：

晉《齊太公吕望表》碑
……中國歷史博物館、故宮博物院、陳文伯均藏有明拓濃墨本。上海劉惠之舊藏無
跋。整張淡墨爲況周頤藏。③

案：況周頤藏拓現歸屬不明。

---

① 歐陽輔：《集古求真》卷10《太公吕望表》，民國十二年開智書局石印本，第4頁b。
② 鄭煒明：《況周頤先生年譜》，上海古籍出版社2009年版。
③ 張彦生：《善本碑帖録》，中華書局1984年版，第51頁。

7. 顧燮光《河南古物調查表證誤》《河朔訪古隨筆》《河朔金石目》《河朔訪古新錄》《河朔碑記》等

顧燮光（清光緒元年生，民國三十八年卒，1875—1949 年），字鼎梅，號非儒非俠，浙江會稽（今浙江省紹興市）人。光緒間貢生。供職于京曹，官度支部主事。精碑版金石目録之學。民國三年至十年，至河南搜羅金石，寓居衛輝八年，訪得古人未著録的自漢迄元碑刻七百餘種。工書法、繪畫。著《蘿碧簃石言》《河朔新碑目》《兩浙金石別録》《古志彙目》《比干廟碑録》《伊闕造像目》《石刻萃珍》等。

民國三年至十年（1914—1921 年），紹興范鼎卿任河南之河北道尹，遍訪境內古蹟，聘顧燮光專任之。民國十年，范鼎卿去職之時成《河朔古蹟志》八十卷。民國十八年（1929 年），顧燮光商定范鼎卿家屬節録原稿爲十四卷，更名《河朔訪古新録》。① 顧燮光《河南古物調查表證誤》《河朔訪古隨筆》《河朔金石目》《河朔訪古新録》《河朔古蹟圖識》等皆相關著作。事蹟具自序。②

民國八年（己未，1919 年），顧燮光《河南古物調查表證誤》曰：

晉《太公呂望表》。有陰。有側。太公廟。太康十年三月。
按此碑在縣文廟，現爲高等小學校。

又曰：

右汲縣。自北魏迄元止，共遺漏碑碣、經幢、摩崖各類凡八十二種。詳《河朔古蹟志金石目》③

---

① 馬衡：《序》，《河朔訪古新録》，民國十九年上海天華印務館排印本，第 1 頁。
② 顧燮光：《自序》，范鼎卿題識，顧燮光攝景：《河朔古蹟圖識》，民國三十二年合衆圖書館刊。
③ 顧燮光：《河南古物調查表證誤》，內務部主編：《民國京魯晉豫古器物調查名録》，第 989 頁。

顧燮光《河朔訪古隨筆》記載《齊太公呂望表》碑之遷徙：

　　晉碑極少，在天壤者僅四種。《任城孫夫人碑》、《郛休碑》、《爨寶子》。而太康十年三月《齊太公呂望表》其一也。碑字作分書，猶存漢隸模範。錢氏竹汀未見此《表》，其《跋尾》以朱竹垞謂汲縣師尚父舊居遺碑一表，一表在縣治西南隅，諸說爲妄，可謂疏矣。《潛研堂金石跋尾》云：朱彝尊謂汲縣師尚父舊居遺碑一表，一表在縣治西南隅。范陽盧無忌爲汲令，刻石碑在縣西北三十里廟中。穆子容正書不知西晉之文，魏時嘗重刻，且與子容記同刻一石。蓋朱所見者不過東魏之本，工人裝潢析而爲二，而遂誤以爲真有二碑也。或云朱氏明言石表所在，似曾見晉刻者。予爲不然。攷碑云盧无忌置碑僻據山阜，今汲縣治在衛水之濱，平衍無山阜，又當南北之衝，不得云僻。使汲縣果有此《表》，亦必後人傅會重刻者耳。碑乃子容撰文，別無書者姓名，而朱以爲子容書。朱之疏舛如此，其未見晉刻審矣。至晉魏兩太公表所在地址屢經遷徙，縣志所載極明。至清嘉慶四年八月由府廨隙地移置學宮，則見於晉《表》後李震跋語。①

顧燮光《河朔金石目》曰：

　　《齊太公呂望表》　分書。額分書。盧无忌撰。太康十年三月。
　　碑陰。廷掾汲服龍等題名。（二）〔四〕列。分書。
　　在城內縣前街圖書館。②

　　顧燮光《河朔訪古新錄》節錄自民國十年所成《河朔古蹟志》，乃民國三年至十年調查記錄整理所成。己巳（十八年，1929年），關百益署書名。民國十九年馬衡序，上海天華印務館刊。《河朔訪古新錄》曰：

---

① 顧燮光：《河朔訪古隨筆》卷上，民國十五年中南印刷公司印本，第2頁b。
② 顧燮光：《河朔金石目》卷1，民國十九年上海天華印務館排印本，第1頁a。

城內西街縣圖書館舊爲文廟，建自何時失攷。有晉太康十年三月《齊太公呂望表》盧無忌立，是碑自晉以來凡四徙，初在太公泉側太公廟，萬曆十二年載置府署賓館。康熙四十六年以前在西門甕城太公廟見劉氏《金石續錄》西壁間。至嘉慶四年由郡廨隙地移至縣學明倫堂。現爲講堂，碑陰、碑側均題名，現因用磚嵌砌不能氈搨。張氏德容《金石聚》云：" 在汲縣太公廟。《水經注》云：'汲縣故汲郡治。城北三十里有太公泉，泉上又有太公廟，廟側高林秀木，翹楚競茂。相傳云太公之故居也。晉太康中，范陽盧無忌爲汲令，立碑於其上。'趙氏已著於《錄》，董《廣川書跋》亦載此碑'殊多舛誤'。碑斷爲兩截，年月在下截之末，畢氏作《中州金石記》以爲缺年月，蓋僅見上半截也。今碑上截後有分書兩行云：'碑經斷裂，卧棄府廨隙地。汲學訓導李元滬請置學官，用備金石家鎪錄時。嘉慶四年秋月也。'下截有正書兩行云：'震按今郡城西北三里餘太公祠有魏武定八年碑，列此表於前，茲其初刻也。尤宜寶惜，因從季父移置學署。嘉慶四季八月朔密邑李震跋。'是此碑之不没於今，實李氏之功也。碑中言盜發冢，得竹策之書，載《周志》文王得太公之說甚奇。蓋古人遇合之際多托於夢卜，以神其說。董廣川謂：'其言服（元）〔玄〕襄，《説文》無此字，惟曰《漢令》（改）〔解〕衣耕謂之襄，而衛宏《字説》與昭卿《字指》則有之，知許慎所遺古文衆矣。'容竊以爲不然，襄字本從衣，其更添衣旁者，乃後人所爲，不得謂許遺古文也。且此字從衣，與從示者不同。繹碑之文義，疑當時假借爲裳字用耳。盧無忌自稱太公之裔，蓋太公之後四十八姓，盧氏與焉。《通志·氏族略》云：'齊文公之子高，高之孫傒食采於盧，因邑爲氏是也。'碑陰前人皆未經著錄，其書名有廷掾、功曹、主薄、門下史、鄉嗇夫、將軍、處士等共四列，下二列已磨泐殆盡。惟上二列尚有數十人，可見其六行，自首列主薄汲□□字彥將昔□□至次列出自少典（約缺十一字）。第三列公之叔也。止似一行直貫而下，茲悉爲摹出當俟，更爲考訂焉。"①

案：顧燮光《河朔訪古新錄》記載《齊太公呂望表》碑之遷徙，並注述碑之現狀、引張氏德容《二銘艸堂金石聚》跋文。

馬子雲、施安昌《碑帖鑑定》曰：

---

① 顧燮光：《河朔訪古新錄》卷1，第1頁a、b。

然後裂二道在道光年，故嘉慶四年刻跋未裂。如十四行"德"字至十九行"隕"字等已損是在清末。此時"脀寅"二字下之"亮"字尚完好。近年顧鼎梅《河朔碑記》記之拓本"亮"字已泐，碑陰只拓上二列，拓側一小段，字漫漶不清。①

8. 羅振玉《雪堂所藏金石文字簿錄》《石交錄》

羅振玉（清同治五年生，民國二十九年卒，1866—1940年），字叔蘊，一字叔言，號雪堂，上虞（今浙江省上虞市）人。長金石學。與孫詒讓交往。事蹟具《永豐鄉人行年錄》。②

羅振玉《雪堂所藏金石文字簿錄》民國十三年刊，其文曰：

《齊太公呂望表》明拓本

此《表》舊拓本，碑額"齊大公呂望表"六字，"齊"字皆失拓，予所藏兩明拓皆然，《金石萃編》亦但作"大公呂望表"，是其所據舊本，亦未拓"齊"字也。此碑明時橫斷爲二，後又於橫斷處裂爲二，今遂成四石。以此本校勘之，"有盜發冢"之"冢"字，此本但損末筆少許，今則將泐盡。"夢天帝服玄纁"，此本"服"字完好，今本泐盡。"來爲汲令"之"令"字，此本筆筆明晰，今本漫沒。"□德玄通"之"德"字，此全完好，今本但存少許。"遂作心脀，寅亮天工"，今本"心"字全泐，"脀寅"二字存右少半，此本均完。"聲烈彌洪"之"洪"字，此本完好，今本泐盡。"般豀之山"，今本"般"字全泐，"山"字泐太半，此本均完好。"報以介福"，"以介"二字之間，此本完好，今本橫裂，近人謂"介"字已泐，非也。近人又誤書"介"爲"分"。"蛘□遠迸"之"迸"字，此本

---

① 馬子雲、施安昌：《碑帖鑑定》，第106—107頁。
② 甘儒（羅繼祖）緝述：《永豐鄉人行年錄（羅振玉年譜）》，羅繼祖主編：《羅振玉學術論著集》第12集，上海古籍出版社2010年版，第339—483頁。

完好，近拓將泐盡。"無隕茲令"之"隕"，此本完好，今本"（亦）〔隕〕"字上有斜裂紋矣。此本前有莫子偲題籤。

又明拓本

此亦明拓，存字與前本同，予以近拓碑陰附裝入。此碑《金石萃編》所錄多脫誤，今依兩本及近拓之精者比勘，得補正十三字。額"齊大公呂望表"，《萃編》失"齊"字。"大晉受命"句下，乃"吳□□平"，謂吳蜀盪平也，《萃編》失"吳平"二字。"□得竹策之書"，"得"上一字不可辨，《萃編》未空格。"夢天帝服玄纕"，《萃編》失錄"玄"字。"垂示無窮者乎"，《萃編》"乎"字誤作"矣"。"言名計偕，鐫石勒表"，《萃編》失錄"言鐫石表"四字。"上帝既命"，《萃編》失錄"既"字。"蚌□遠迸"，《萃編》失錄"蚌"字，"蚌"下一字，尚見末筆，乃戈之下半，當是"賊"字。"無隕茲令"，《萃編》失錄"隕"字。①

案：羅振玉《雪堂所藏金石文字簿錄》"齊太公呂望表明拓本""又明拓本"，記明拓、清拓之不同。又"依兩本及近拓之精者比勘"校正《金石萃編》。

羅振玉《石交錄》自序於己卯（民國二十八年，1939年）春。《石交錄》曰：

《太公望表》有陰側，而新舊拓本均遺而不拓。往寓津沽，姚貴昉大令訪碑河朔，囑往補拓，乃墨一本歸，漫漶殊甚，僅存"議曹"、"掾"、"巨鹿程□"等廿行，及"主薄"、"汲"、"呂□"等題名十七行而已。②

---

① 羅振玉：《雪堂所藏金石文字簿錄》，民國十三年東方學會刊，第59頁b—60頁b。
② 羅振玉：《石交錄》卷2，《貞松老人遺稿》甲集，民國三十年上虞羅氏鉛印本，第1頁a。

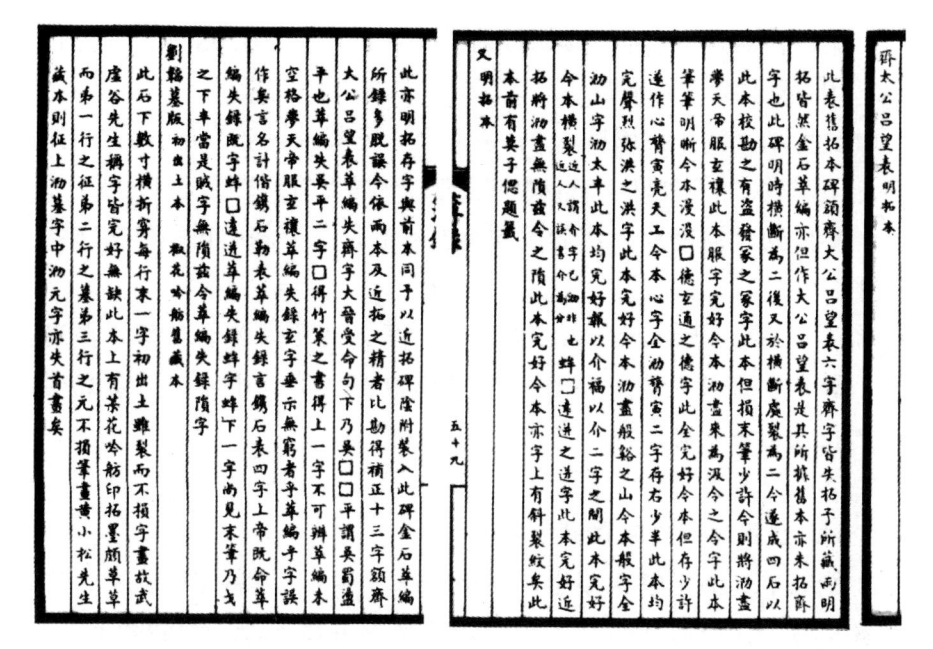

圖 2-12　羅振玉《雪堂所藏金石文字簿錄》記錄《齊太公呂望表》明拓本
（據民國十三年東方學會刊本）

9. 甘鵬雲《崇雅堂碑錄錄補》

甘鵬雲（清同治元年生，民國三十年卒，1862—1941年），字翼父，湖北潛江（今湖北省潛江市）人。光緒二十九年進士。留學日本早稻田大學。歷任職財政稅務於黑龍江、吉林、山西等地。嗜好碑拓書法。①

甘鵬雲《崇雅堂碑錄錄補》自序於乙亥（民國十四年，1925年）六月。《崇雅堂碑錄錄補》曰：

《太公呂望表》八分書。太康十年三月。河南汲縣。②

---

① 湖北省地方志編纂委員會：《湖北省志人物志》第2卷，光明日報出版社1989年版，第949—951頁；白淑春：《中國藏書家綴補錄》，寧夏出版社2016年版，第8頁。
② 甘鵬雲：《崇雅堂碑錄》卷1，民國二十四年潛江甘氏息園排印本，第9頁a。

案：甘鵬雲《崇雅堂碑錄錄補》缺"齊"字，又缺碑陰、碑側。

10. 吳世勳《河南》

吳世勳（清末民國間人），字幹卿。民國六年至十五年，在河南各地中學教書，率學生考察鄉土地理，隨時記錄，積久成帙。①

吳世勳《河南》自序於民國十五年七月，十六年刊，其文曰：

（寅）太公墓　在城西北三十里，爲周太公望自齊還葬處。晉太康間《太公望墓表碑》存城內縣立第二小校；又有魏碑，在城北錢龍廟。②

11. 劉聲木《寰宇訪碑錄校勘記》

劉聲木（清光緒四年生，1878—1959 年），原名體信，字述之，廬江（今安徽省廬江市）人。四川總督劉秉璋三子，劉體智兄。光緒末，分省補用知府，簽分山東。入民國，一意著述。1950 年，任上海文史研究館館員。著《寰宇訪碑錄校勘記》等。③

劉聲木《寰宇訪碑錄校勘記》自序於己巳（民國十八年，1929 年）五月，其文曰：

《太公呂望表》　太康十年三月。聲木謹案：石于嘉慶四年九月李元滬訪得，已斷裂，臥棄府廨隙地，移置學官。"三月"下碑文原有"十九日"三字。"太公"上應以"周"字冠首。④

案：劉聲木《寰宇訪碑錄校勘記》雖小記，而問題殊大。劉聲木不明碑史，碑乃黃小松訪得，不得言李元滬訪得。"太公"上乃"齊"字，不得冠"周"字。又"'三月'下碑文原有'十九

---

① 吳世勳：《自序》，《河南》，中華書局民國十六年版，第 1—2 頁。
② 吳世勳：《河南》，第 218 頁。
③ 劉尚恒、鄭玲：《安徽藏書家傳略》，黃山書社 2013 年版，第 115、189 頁。
④ 劉聲木：《寰宇訪碑錄校勘記》卷 1，《直介堂叢刻本》，第 7 頁 a。

日'三字"，據殘拓也。

12. 王維樸《東武王氏商盉堂金石叢話》

王維樸（清光緒二十三年生，民國二十年卒，1897—1931年），字齊民，諸城（今山東省諸城市）人。出身金石世家。寓居天津。王維樸計劃將父祖遺稿的學術部分編成《諸城王氏金石叢書》。叢書第一、二集於 1930 年編輯完成。早逝，子王津將文物書稿變賣。①

民國十九年，王維樸《東武王氏商盉堂金石叢話》刊於《東方雜誌》第二號。王維樸介紹其舊藏《齊太公呂望表》明末拓本：

> 《呂望表》明末拓本，"冢"字但損末筆少許，"服"字完好，"令"字明晰，"德"字完好。額上"齊"字具存。可珍。②

案：王維樸《東武王氏商盉堂金石叢話》將所藏與清拓本比較，清拓本"冢"字存少許，"服"字存少許乃至磨滅，"令"字模糊不清，"德"字初完好後乃存半。此本佳，惜乎無更詳細說明。

13. 李國松舊藏毛鳳枝、羅振玉遞藏《齊太公呂望表》拓本

李國松（清光緒五年生，民國十七年卒，1879—1928 年前後），字健父，號木公，晚號肥遁廬，合肥（今安徽省合肥市）人。光緒二十三年舉人。歷任度支部郎中、省諮議局長等。藏書數萬卷，多碑版舊拓、書畫名蹟。輯《集虛草堂叢書甲集》。③

仲威《魏晉碑刻善拓過眼之六》曰：

> 此冊羅振玉、李國松遞藏本，屬乾嘉拓本，即重新出土後

---

① 欒鳳功：《"商盉堂"和它的主人》，諸城市政協學宣文史委員會編：《諸城文史集粹》，2001 年版，第 835—837 頁。
② 王維樸：《東武王氏商盉堂金石叢話》，《東方雜誌》民國十九年第二號，第 55—65 頁。
③ 袁思亮：《蘉庵文存》卷 3《李健父生壙志銘》，劉尚恒、鄭玲：《安徽藏書家傳略》，第 113 頁。

初拓本。

其版本特徵如下：

二行"有盜發冢"之"冢"字僅末筆稍損，大體完好（圖十）。

三行"文王夢天帝服□禳以立於令狐之津"之"服"字尚存，僅右半下泐連石花。

九行"垂示無窮者矣"之"者"字未泐（圖十一）。

斷綫下十四行至十八行無其他裂痕，以下諸字皆見存，如：十四行"當殷之末□德玄通"之"德"字（圖十二），第十五行"遂作心膂寅亮天工"之"膂寅"三字（參見圖十二），十六行"般谿之山"四字，十七行"敬報以介福"之"敬報以"三字，十八行"遠逬"兩字。

楠木面板有民國十九年（一九三〇）夏五張運題簽："明拓齊太公呂望表，木公先生珍藏。"

册中還鈐有"鳳枝之印"、"殷禮在斯堂"等印章，惜無題跋。册尾有二十世紀五六十年代舊書店標籤，標價四十元。

共九開，册高三十五厘米，寬十八點八厘米。帖芯高二十八厘米，寬十四點六厘米。館藏號：S2487。[①]

案：此文記載翔實，可信。"鳳枝之印"屬毛鳳枝、"殷禮在斯堂"屬羅振玉。根據學者所記載，此拓本先後歸毛鳳枝、羅雪堂、李國松（木公）、吳門劉氏、上海圖書館所有。"楠木面板有民國十九年（一九三〇）夏五張運題簽：'明拓齊太公呂望表，木公先生珍藏。'"民國十三年尚屬羅振玉，十九年已屬李國松。

14. 魏青銍《汲縣今志》

魏青銍（清光緒三十二年生，1906—1990年），汲縣（今河南省衛輝市）宋村人。金陵女子師範大學畢業，方志學家，河南省文

[①] 仲威：《魏晉碑刻善拓過眼之六》，《書法》2013年第12期，第95—96頁。

第二章 《齊太公呂望表》學術史與本書的研究方法　139

史館員。①

民國二十四年，魏青錋著成《汲縣今志》。《汲縣今志》曰：

至設於文廟之圖書館，有石刻多種，素負盛名，尤以晉太康十年《齊太公呂望表》，爲天壤間環寶。②

又曰：

盧碑疊次遷移，今在縣前街圖書館，即清時之縣學明倫堂。③

乃錄盧碑前文，④ 襲自舊志耳。

15. 朱文鈞藏黃小松舊藏《齊太公呂望表》拓本、《歐齋石墨題跋》

朱文鈞（清光緒七年生，民國二十六年卒，1881—1937 年），字幼平、翼盫、翼厂、甄甫，浙江蕭山（今浙江省杭州市蕭山區）人。早年遊學歐洲，回國後曾任故宫博物院特約委員。富收藏，碑版、書畫多罕見珍品，精於鑑别。搜藏漢唐碑版 700 餘種，1952 年由後人捐獻北京故宫博物院。著《歐齋石墨題跋》等。⑤

朱文鈞《歐齋石墨題跋》曰：

《齊太公望表》並陰。太康十年。黃小松舊藏。⑥

---

① 參見新鄉市地方史志編纂委員會編《新鄉市志》，生活・讀書・新知三聯書店 1994 年版，下册，第 627 頁。
② 魏青錋：《汲縣今志》第 10 章，民國二十四年漢文正楷印書局排印本，第 33 頁。
③ 魏青錋：《汲縣今志》第 18 章，第 73 頁。
④ 魏青錋：《汲縣今志》第 18 章，第 73—74 頁。
⑤ 朱家濂：《先父翼厂先生年譜長編》，政協浙江省蕭山市委員會文史工作委員會編：《蕭山文史資料專輯》第 5 輯《朱翼厂先生史料專輯》，1993 年版，第 139—191 頁；希文：《〈朱翼厂先生百歲誕辰紀念集〉書後》，《圖書通訊》1987 年第 1 期，第 85—87 頁。
⑥ 朱翼盫：《歐齋石墨題跋》，書目文獻出版社 1990 年版，第 136 頁。

案：北京故宫博物院藏黄小松、朱文鈞遞藏《齊太公望表》拓本，1952年由本家屬捐贈。關於此件的其他著錄已見黄易條。

16. 陳文伯舊藏《齊太公吕望表》明拓本

陳文伯（清末民國間人）。富收藏，藏品後贈北京文管處。張彦生於書肆識得。

張彦生《善本碑帖録》曰：

> 晉《齊太公吕望表》碑
> ……
> 明拓本第二行上截"有盗發冢"，"發冢"二字完好，三行"夢天帝服"，"服"字完好，九行"無窮"下"者"字完好（圖八）。黄易獲石初拓本，末刻嘉慶四年李元滬等跋。十四行下截斷處"德"字，後至十八行斷處，共缺十二字。稍舊拓十六行上截"弥"下"洪"字完好，十七行"（英）〔莫〕"字，十八行"生"字、十九行"隕兹"二字，斜裂一道，損及跋"汲學"、"嘉"等字。中國歷史博物館、故宫博物院、陳文伯均藏有明拓濃墨本。上海劉惠之舊藏無跋。整張淡墨爲況周頤藏。①

案：陳文伯舊藏《齊太公吕望表》拓本與清人顧千里舊藏拓本相近，確屬明拓本。陳文伯藏品後多歸北京市文物處，此品當亦屬之。

17. 劉體智舊藏《齊太公吕望表》明拓本

劉體智（清光緒五年生，1879—1962年），字惠之、晦之，晚號善齋老人，安徽廬江（今安徽省廬江市）人。四川總督劉秉璋四子，蔭任皮支部郎中。歷任大清銀行安徽督辦、中國實業銀行董事、上海分行總經理。經營所得用來收藏。以甲骨文、青銅器及善本古籍爲大宗，兼及書畫瓷器、璽印名碑等。藏書樓名"遠碧樓""小校經閣"。藏書近十萬册，其中善本書約兩千册，宋版本九部。所藏

---

① 張彦生：《善本碑帖録》，第51頁。

圖 2-13　陳文伯舊藏《齊太公呂望表》明拓本
（據張彥生：《善本碑帖錄》圖八）

一無記載，二無藏印。1950 年，他將所藏古籍善本捐贈上海市文物管理委員會；銅器陶器捐贈給上海博物館。1962 年，任上海文史館館員。①

張彥生《善本碑帖錄》曰：

> 晉《齊太公呂望表》碑
> ……
> 明拓本第二行上截"有盜發冢"，"發冢"二字完好，三行"夢天帝服"，"服"字完好，九行"無窮"下"者"字完好（圖八）。黃易獲石初拓本，末刻嘉慶四年李元滬等跋。十四行下截斷處"德"字，後至十八行斷處，共缺十二字。稍舊拓十六行上截"弥"下"洪"字完好，十七行"〔英〕〔莫〕"字，十八

---

① 劉尚恒、鄭玲：《安徽藏書家傳略》，第 114、189 頁。

行"生"字、十九行"隕兹"二字，斜裂一道，損及跋"汲學"、"嘉"等字。中國歷史博物館、故宫博物院、陳文伯均藏有明拓濃墨本。上海劉惠之舊藏無跋。整張淡墨爲况周頤藏。①

案："上海劉惠之舊藏無跋"即劉體智所藏《齊太公吕望表》明拓本。此本無跋。後捐上海市文物管理委員會，今歸上海圖書館。

18. 柯昌泗《漢晉石刻略録》

柯昌泗（清光緒二十五年生，1899—1952年），字燕舲，號謐齋，山東膠縣人。柯劭忞長子。畢業於國立北京大學文科。曾在國立北京大學、北平師範大學、輔仁大學、北京師範學院等任教。歷任山東省東臨道道尹、聊城縣知事、察哈爾省政府委員兼教育廳廳長、直隸政治研究所所長等。著《後漢書校注》《三國志集釋》《傳習録注》等。師從羅振玉，嗜金石，喜收藏，撰《魯學齋金石記》《山左訪碑録校補》《語石異同評》等。②

《漢晉石刻略録》，國家圖書館藏稿本一册，謄清鈔本一册。《序》一葉，末題"乙酉（1945年）臘日膠西柯昌泗識於舊京寓居之魯學齋"。③是書因廣王懿榮《漢石存目》而作。

《漢晉石刻略録》曰：

齊太公吕望表
分書。有額。太康十年三月十九日甲申。
在河南汲縣城太公廟。④

---

① 張彦生：《善本碑帖録》，第51頁。
② 參見鄧雲鄉《史學家柯昌泗》，氏著《雲鄉叢稿》，《鄧雲鄉集》，中華書局2015年版，第254—259頁；盧芳玉《柯昌泗〈漢晉石刻略録〉成書、體例及貢獻》，《中國典籍與文化論叢》第17輯，鳳凰出版社2015年版，第228頁。
③ 柯昌泗撰，盧芳玉整理：《漢晉石刻略録》，《中國典籍與文化論叢》第17輯，第238頁。
④ 柯昌泗撰，盧芳玉整理：《漢晉石刻略録》，《中國典籍與文化論叢》第17輯，第278頁。

案：此鈔錄前人著述而未加實地考察。

19. 王重民《周書考》

王重民（清光緒二十九年生，1903—1975 年），字有三，高陽（今河北省保定市高陽縣）人。1924 年，入北京高等師範學校（今北京師範大學）。畢業後，任北海圖書館編纂委員兼索引組組長。1934 年，北平圖書館派到法國國立圖書館考察研究。1947 年回國，仍在北平圖書館工作，兼任北京大學教授。中華人民共和國成立後，歷任北京圖書館參考部主任、副館長，北京大學圖書館學系主任等職。事蹟具《民國人物小傳》本傳。①

王重民《周書考》文末署"一九三七年三月二十六日巴黎"，原載一九四七年七月十一日天津《大公報》副刊《文史週刊》第三十三期。王重民《周書考》曰：

> 周文王遇太公望的故事，在秦漢以前古書裏，都說是太公老年很窮困，屠牛賣飯，釣於渭濱，文王將出獵，卜得一個所獲"非龍非彲，非虎非羆"的吉兆，於是遇到太公，立以爲師。如《史記·齊太公世家》、《吕氏春秋·長見篇》的高誘注都是這樣記述的。可是自從汲冢古書發見，晉太康十年汲縣令盧無忌立的太公《吕望表》，和東魏武定八年穆子容所撰的《吕望碑》，則都是根據新出土的《周志》，所述他們的遇合，便和以前有些不同了。魯迅先生作《中國小說史略》用東魏碑以補晉表的缺字，把這一段文字，校勘出來，兹照錄如下：
>> 文王夢天帝服玄纕以立於令狐之津。帝曰，"昌，賜汝望。"文王再拜稽首，太公於後亦再拜稽首。文王夢之之夜，太公夢之亦然。其後文王見太公而訝之曰，"而名爲望乎？"答曰，"唯，爲望。"文王曰："吾如有所見于汝。"太公言其年月與其日，且盡道其言："臣以此得見也。"文

---

① 劉紹唐主編：《民國人物小傳》，上海三聯書店 2016 年版，第 13 册，第 24—34 頁。

王曰："有之，有之。"遂與之歸，以爲卿士。（一九三一年訂正本，頁三十三。）

盧無忌和穆子容，都引用這一段新材料，蓋因較以前的説法神秘，欲以增加社會上一般人對於太公的信仰。可是這一段故事，在没有發見這部《周志》以前，便有人説過。王逸注《楚辭》："吕望之鼓刀兮，遭周文而得舉，"先用前一説，然後又引"或言"，則恰與後一説相同。兹亦録之如下：

或言周文王夢立令狐之津，太公在後。帝曰："昌，賜汝名師！"文王再拜。太公夢亦如此。文王出田，見如所夢，載與俱歸，以爲太師也。（《湖北叢書》本卷一頁十七）

這顯是節引的《周志》原文。可是王逸生在太康以前百餘年，却似乎已經見到《周志》，所以這是一個很有趣味的問題。魯迅先生在他的《小説史略》裏，還有一段解説：

漢應劭説：《周書》爲《虞初小説》所本，而今《逸周書》中惟《克殷》《世俘》《王會》《太子晉》四篇，記述頗多誇飾，類於傳説，餘文不然。至汲冢所出周時竹書中，本有《瑣語》十一篇。又汲縣有晉立《吕望表》，亦引《周志》，皆記夢驗，甚似小説。或《虞初》所本者爲此等，然則無顯證，亦難以定之。

《漢書·藝文志》有《周考》十六篇，班固自注，説是"考周事也"。又有《虞初周説》九百四十二篇，應劭説是以《周書》爲本。他們或者曾見過，則王逸所本，即便不是直接採自《周書》，也必定間接别有所據。現在我在巴黎所藏的敦煌卷子裏邊，找到一卷宋元豐以前未經刊落的原本《六韜》，内引一大段《周志》二十八國的事。想最初的《六韜》就是西漢人，或者是東漢人，根據《周志》一類的書雜綴而成的。余别有校定本，兹不贅。

《吕望表》引作《周志》，原本《六韜》所引書名亦同，而《文選·思玄賦》注和《赭白馬賦》注並引古文《周書》，大概同是一書。其出自汲冢的本子便加上"古文"二字以別之。《左傳》文公二年引《周志》："勇則害上，不登於明堂。"卻見《周書·大匡解》，是在《逸周書》中，和小說家的《周書》，是很不相同的兩部書。可是《左氏傳》稱他爲《周志》，可見《周書》和《周志》的名稱，古人是曾經把他們混亂的。現在我要把《呂望表》和原本《六韜》所引的《周志》，和《漢志》小說家的《周考》《周說》《周書》，雖不敢斷定他們一定是一部書，但把他們歸併成一類或同書異名，或前後相因，大概是比較近情理的。一九三七年三月二十六日巴黎。①

案：王重民《周書考》論《周志》的性質，以爲"現在我要把《呂望表》和原本《六韜》所引的《周志》，和《漢志》小說家的《周考》《周說》《周書》，雖不敢斷定他們一定是一部書，但把他們歸併成一類或同書異名，或前後相因，大概是比較近情理的"。敦煌卷子裏邊原本《六韜》引《周志》二十八國的事，今人已整理發表。②

20. 陳夢家《六國紀年》《汲冢竹書考》

陳夢家（清宣統三年生，1911—1966 年），上虞（今浙江省上虞市）人。1936 年以後，先後在燕京大學、西南聯合大學、美國芝加哥大學、清華大學教學。1952 年後，任中國科學院考古研究所研究員。事蹟具《中國現代社會科學家傳略》本傳。③

1944 年，陳夢家輯錄《竹書紀年》，先後作《六國紀年表》《六國紀年表考證》《汲冢竹書考》，其中《六國紀年表》《六國紀年表考證》1948 年发表，後收入 2005 年中華書局版的《六國紀年》。

---

① 王重民：《周書考》，原載天津《大公報》副刊《文史週刊》第三十三期（一九四七年七月十一日），收入氏著《冷廬文藪》，上海古籍出版社 1992 年版，第 42—44 頁。

② 王重民：《原本六韜》，《敦煌古籍叙錄》，中華書局 2010 年版，第 150 頁；王繼光：《敦煌唐寫本〈六韜〉殘卷校釋》，《敦煌輯刊》1984 年第 2 期，第 25—52 頁。

③ 周永貞：《陳夢家傳略》，《中國現代社會科學家傳略》第 6 輯，山西人民出版社 1985 年版，第 240—255 頁。

陳夢家《六國紀年》曰：

　　言楚、晉事的《國語》從不見引，而汲冢的《周書》據見引的四條而觀，皆與楚事
無涉。《呂大公望表》引《周志》"文王夢天帝"一條，《文選·思玄賦》注引《古文周書》"周穆王姜后畫寢而孕"一條（亦見引于《繹史》卷二六），《文選·赭白馬賦》注引《古文周書》"穆王田"一條，宋劉敞《稽瑞》引《汲冢周書》"伯杼子往于東海，至于三壽，得一狐九尾"一條。最後一條《山海經·海外東經》郭璞注引作《汲郡竹書》而《路史·後紀十四》注及《通鑑前編舉要》引以爲《紀年》。《文選·思玄賦》注及《繹史》卷二六所引一條，明梅鼎祚《文紀》引作《汲冢師春》。杜預《後序》引《紀年》"伊尹即位七年……而中分之"，胡三省《通鑑注》以爲《師春》。①

案：陳夢家《六國紀年》以爲《周志》屬《周書》。
《六國紀年》附編有《汲冢竹書考》一篇，簡略考證了汲冢竹書的出土年代、地望和墓主等問題。《汲冢竹書考》將出土年代總結爲咸寧五年、太康元年、太康二年、太康八年四說，然後評論：

　　以上四說，前三說皆在太康三年以前。杜《序》作于太康三年，皇甫謐已見《竹書》，而據《晉書》本傳謐卒于太康三年，故《竹書》之出不得晚于此年。八年之說，決不可信。王隱爲東渡前人，荀勖爲編校竹書之人，《大公望表》作于太康十年，故太康二年之說較爲可信。疑咸寧五年十月爲太康元年十月之誤，故杜《序》此事于太康元年三月吴寇始平之後。元年

---

① 陳夢家：《六國紀年表叙》，《六國紀年》，《西周年代考·六國紀年》，中華書局2005年版，第72頁。

十月出土，而官收車送當在次年，故諸書均謂二年出土也。①

21. 姜亮夫《殷周三巨臣考》

姜亮夫（清光緒二十八年生，1902—1995年），名寅清，字亮夫，雲南昭通（今雲南省昭通市）人。1927年，畢業於清華大學研究生院。歷任復旦大學、河南大學教授等，曾擔任雲南省教育廳長。中華人民共和國成立後，在杭州大學執教，爲國務院學位委員會委員，一級教授。著作有《姜亮夫全集》等。事蹟具《中國現代語言學家傳略》本傳。②

姜亮夫《殷周三巨臣考》曰：

> 又《竹書》載康王六年，齊太公薨。按此説亦至不可信。紂三十一年，文王得吕尚，以爲師（詳後），至是凡六十六年，若得望年已七十以上，則此時當得年百四十至百六十歲，恐無此理。則疑康王六年或當是成王六年之誤。③

22. 王壯弘《增補校碑隨筆》《崇善樓筆記》

王壯弘（民國二十年生，1931—），原籍浙江慈溪（今浙江省寧波市慈溪市），生於上海。1956年至1960年，在上海古籍書店任徵集文物工作。1960年，調入榮寶齋（朵雲軒）工作。1977年後，任職於上海書畫出版社。1987年出國講學，1989年定居香港。歷任中國書法家協會學術委員、上海書畫出版社副編審等。編著《增補校碑隨筆》《崇善樓筆記》等，編纂《中國歷代書法墨蹟大觀》等。

王壯弘對清人方若《校碑隨筆》作了大量的增補，故名《增補

---

① 陳夢家：《汲冢竹書考》，《六國紀年》，《西周年代考·六國紀年》，第174頁。
② 中國語言學會《中國現代語言學家傳略》編寫組：《中國現代語言學家傳略》第2卷，河北教育出版社2004年版，第540—545頁。
③ 姜亮夫：《殷周三巨臣考》，王仲犖主編：《歷史論叢》第2輯，齊魯書社1981年版，第113頁。

校碑隨筆》。書中系統記載了歷代碑刻的流傳淵源、各個不同時期拓本的詳細情況，爲碑帖的鑑定及年代的斷定提供了參考的依據。《增補校碑隨筆》曰：

> 《齊太公呂望表》
> 此石明時橫斷爲二，後又於橫斷處直裂爲二，遂成四石。
> 見李木公藏羅叔言舊藏本，乃明末清初時所拓。
> 二行"冢"字但損末筆，三行"服"字完好，十四行"德玄通"之"德"字完好，十五行"遂作心膂寅亮天工"之"心膂寅"三字完好，十六行"般豀之山"之"般山"二字完好，十七行"報以介福"之"以介"二字之間完好，十八行"遠迸"之"迸"字完好，十九行"無隕兹令"之"隕"字完好。
> 近百年拓本，"冢"字大損，"服"字泐盡，"德"字損大半，"心膂寅"三字，"心"字泐盡，"膂寅"二字損大半；"般"字泐盡，"山"字損大半，"以介"二字間有橫裂痕，"迸"字損大半，"隕"字有斜裂紋。
> 碑末，嘉慶四年李元滬、李震二跋，道光時拓尚完好，近拓損甚。
> 若上截十六行"聲烈弥洪"之"洪"字未損者，也稍舊拓本。
> 愛儷園《慈淑樓叢帖》珂㼈版印。明拓本。①

案：王壯弘《增補校碑隨筆》載《齊太公呂望表》不同時期的拓本的詳細情況，區分爲明末清初拓本、近百年拓本。嘉慶四年刻跋，道光時尚好，近拓損甚。

王壯弘《崇善樓筆記》記載羅振玉所藏《齊太公呂望表》一明拓本情況：

---

① 方若原著，王壯弘增補：《增補校碑隨筆》，第195頁；方若原著，王壯弘增補：《增補校碑隨筆》（修訂本），第128頁。

《太公吕望表》

此册也爲羅振玉舊藏，羅氏《雪堂金石文字簿錄》中載之，碑額"齊太公吕望表"之"齊"字皆失拓，此本也無之。碑明時已橫斷爲二，後再裂爲四，此册已斷爲二，但碑文内"有盜發冢"之"冢"字，但損末筆。"夢天帝服玄襀"，此本"服"字完好，"遂作心脊寅亮天工"之"心脊寅"三字均完好，"聲烈弥洪"之"洪"字完好，"般豀之山""般山"二字完好，"報以介福"之"以介"二字之間未裂，"蜉□遠迸"之"迸"字完好，今本以上所舉之處均已泐損；此本墨色濃重，碑文考據處均有羅氏"⬛"斧狀小印。爲李木公所得，今歸吴門劉氏。余按拓墨及損泐之字乃明末拓本（慈淑樓曾影印）。①

案：王壯弘《增補校碑隨筆》《崇善樓筆記》所記即羅振玉《雪堂所藏金石文字簿錄》"齊太公吕望表明拓本"。此拓後爲李木公藏，後歸吴門劉氏。民國十四年（中元乙丑陽月，1925年），上海愛儷園以珂羅版影印了一部《慈淑樓叢帖》，其中《齊大公吕望表》即據此拓本。②

23. 北京圖書館金石組《北京圖書館藏石刻叙錄（十一）》、徐自强、吴夢麟《古代石刻通論》、北京圖書館金石組編《北京圖書館藏中國歷代石刻拓本彙編》等

北京圖書館金石組冀亞平、王巽文《北京圖書館藏石刻叙錄（十一）》刊於《文獻》第 18 輯（1983 年），載國家圖書館收藏盧无忌《齊太公吕望表》明清拓本（又載徐自强、吴夢麟《古代石刻通論》③）。《北京圖書館藏石刻叙錄（十一）》曰：

---

① 王壯弘：《崇善樓筆記》，上海书店出版社 2008 年版，第 72 頁。
② 盧无忌：《齊大公吕望表》（珂羅版印羅振玉舊藏明拓本），《慈淑樓叢帖》，民國十四年（中元乙丑陽月）上海愛儷園印行。
③ 徐自强、吴夢麟：《古代石刻通論》，第 47—48 頁。

是碑明拓已中斷，但較以後拓本多三字（第二行"冢"、第三行"服"、第九行"者"）。清嘉慶四年刻跋本，不僅此三字已泐，又多損二十字。

北京圖書館藏最佳整幅拓本係"冢"、"服"、"者"三字未損之明拓。此本拓工尤精，曾爲顧廣圻、瞿鏞、丁福保所遞藏。鈐有"顧氏所收石墨"、"顧千里印"、"鐵琴銅劍樓"等章。

北京圖書館藏較佳之另一整幅拓本爲乾隆拓。此本無嘉慶四年刻跋，爲高要何昆玉、新會梁啓超舊藏，有梁題簽及題跋（民國六年）。並鈐"何伯瑜"、"曆亭寓公"、"飲冰室"、"飲冰室藏"、"新會梁啓超印"、"梁啓超"、"飲冰室藏金石圖書"等印章。

此文，繆荃孫舊藏之整幅拓片，雖傳拓年代晚於上述兩種，係嘉慶、道光時所拓。但該本有罕見之碑陰，椎拓亦較精細，並有繆氏題跋兩款及"盱眙吳同遠公望父審定印記"鈐印一方，也較爲珍貴。①

中國國家圖書館藏明拓收入《北京圖書館藏中國歷代石刻拓本彙編》，拓片説明曰：

《吕望表》　顧121
晉太康十年（289）三月十九日刻。原在河南汲縣。拓片額高19厘米，寬10厘米；碑身高128厘米，寬74厘米。隸書。②

案：此碑標號"顧121"者，當即顧千里所藏明拓本。

中國國家圖書館收藏的《齊太公吕望表》拓片，見於目録查詢系統介紹的尚有：

---

① 冀亞平、王巽文：《北京圖書館藏石刻叙録（十一）》，《文獻》第18輯（1983年），第239—240頁。
② 盧无忌：《吕望表》，北京圖書館金石組編：《北京圖書館藏中國歷代石刻拓本彙編》第2册，第53頁。

《吕望表》拓片1張，索書號：各地1720。長120厘米，寬72厘米。有嘉慶四年刻跋。

《吕望表》拓片1張，索書號：各地750。長123厘米，寬70厘米。有嘉慶四年刻跋。

24. 張彥生《善本碑帖錄》

張彥生（清光緒二十七年生，1901—1982年），字國材，直隸（今河北省）吳橋縣人。十四歲至北京琉璃廠隸古齋碑帖文玩店學徒。後起用舊"慶雲堂碑帖"經營碑帖文物。1956年後，歷任北京市文物商店碑帖門市部主任、北京市文物店經理、中國歷史博物館顧問、國家文物局咨議委員等職。長期從事碑帖鑑定與研究工作，著有《善本碑帖錄》。①

張彥生《善本碑帖錄》曰：

> 晉《齊太公吕望表》碑
>
> 隸書，廿行，行卅字。額隸書一行六字。
>
> 晉太康十年三月十九日甲申造。
>
> 碑在河南汲縣太公廟，明萬曆間移置府治，石失。黃易於乾隆丙午（五十一年）獲上段於衛輝府署，乾隆五十六年又出下段，現存河南汲縣縣學。
>
> 明拓本第二行上截"有盜發冢"，"發冢"二字完好，三行"夢天帝服"，"服"字完好，九行"無窮"下"者"字完好（圖八）。黃易獲石初拓本，末刻嘉慶四年李元滮等跋。十四行下截斷處"德"字，後至十八行斷處，共缺十二字。稍舊拓十六行上截"弥"下"洪"字完好，十七行"（英）〔莫〕"字，十八行"生"字、十九行"隕茲"二字，斜裂一道，損及跋"汲學"、"嘉"等字。中國歷史博物館、故宮博物院、陳文伯均

---

① 參見杏林《中國法帖史》下册，山東美術出版社2010年版，第383頁；張元善《我的父親張彥生》，《我與二百年老店》，中國商業出版社2011年版，第2—6頁。

藏有明拓濃墨本。上海劉惠之舊藏無跋。整張淡墨爲况周頤藏。①

案：張彥生《善本碑帖録》記載碑史、明拓與近拓的區别及明拓本的收藏情况。其於碑之現存鈔録清代舊文"現存河南汲縣縣學"，屬不妥。叙述碑文與拓本的演變尚屬簡略，記録收藏不全。總之，文字需要訂補。

25.《中國美術全集·書法篆刻編·魏晉南北朝書法》

1986 年，《中國美術全集·書法篆刻編·魏晉南北朝書法》由人民美術出版社刊；2006 年第 2 版。此書録北京故宫博物院藏黄易舊藏未刻跋本，當在嘉慶元年至四年（刻跋以前）。《中國美術全集·書法篆刻編·魏晉南北朝書法》記所載拓本：

二二 《齊太公吕望表》碑 晉太康十年（公元二八九年）
拓本
故宫博物院藏初拓本 原石現存河南汲縣

《齊太公吕望表》盧無忌撰文。隸書，額題"齊太公吕望表"陰文六字隸書。碑陰約二十一行，已損泐過甚。石在明季斷裂爲二，後佚。清人黄易在乾隆年間（公元一七三六——一七九五年），先後訪得碑石兩段，合而爲一。碑末有嘉慶四年（公元一七九九年）李元滬、李震二跋，此爲黄易舊藏未刻跋本。

晉代隸書仍是書碑的主要字體，它承襲漢末遺勢，更趨峻整。而《齊太公吕望表》，結構匀美，筆法妍雅，風韻也未離漢隸醇古意味。清劉熙載説："晉隸爲宋、齊所難繼，而《孫夫人碑》及《吕望表》，尤爲晉隸之最。"（見《藝概·書概》），予以很高評價。楊守敬也説："晉人分（隸）書，如《孫夫人》、《太公吕望表》，繼述漢人，應規入矩，未可以時代爲軒輊。"（見《學書邇言》）

此碑清顧炎武《金石文字記》、趙紹祖《古墨齋金石跋》、

---

① 張彥生：《善本碑帖録》，第 51 頁。

第二章 《齊太公呂望表》學術史與本書的研究方法　153

王昶《金石萃編》、陸增祥《八瓊室金石補正》等書均有著錄。（東夷）①

案：此介紹對於碑史的介紹存在一些錯誤。至於書法藝術的評價上可參考。拓本已於清代黃易條介紹。

26. 施蟄存《水經注碑錄》

施蟄存（清光緒三十一年生，1905—2003年），浙江杭州（今浙江省杭州市）人。1921年起，先後在三江大學、上海大學、震旦大學學習。歷任現代書局編輯，雲南大學、暨南大學、震旦大學、華東師範大學教授等。著有《水經注碑錄》《北山集古錄》等。②

沈建中《施蟄存先生編年事錄》曰：

（一九六四年）五月十日，下午先生去朵雲軒購得《楊淮表記》裱本一軸，又到古籍書店買印本《呂望表》《孔褒碑》各一本。③

案：有此好，故有所論述。

1987年，施蟄存《水經注碑錄》由天津古籍出版社出版。《水經注碑錄》曰：

四四　漢立《太公廟碑》　四五　晉立《太公呂望表》

汲縣城東門北側，有太公廟，廟前有碑。碑云："太公望者，河内汲人也。縣民故會稽太守杜宣白令崔瑗曰：太公本生于汲，舊居猶存，君與吾高國同宗太公，載在經傳。令臨此國，宜正其位，以明尊祖之義。於是國老王喜，廷掾鄭篤，功曹邠勤

---

① 中國美術全集編輯委員會編，王靖憲主編：《中國美術全集》第55冊《書法篆刻編 2 魏晉南北朝書法》，圖版說明第14—15頁。
② 沈建中編撰：《施蟄存先生編年事錄》，上海古籍出版社2013年版。
③ 沈建中編撰：《施蟄存先生編年事錄》，第751頁。

等,咸曰宜之。遂立壇祀,爲之位主。"城北三十里,有太公泉,泉上又有太公廟。廟側高林秀木。翹楚競茂,相傳云太公之故居也。晉太康中,范陽盧无忌爲汲令,立碑於其上。(清水篇)

舍按:酈氏此文,記錄太公呂望碑二通:一、漢崔瑗立;一、晉盧無忌立。漢碑久已亡失,不見宋人著錄,而明趙氏《寒山堂金石林》,周氏《古今碑刻》、于氏《天下金石志》均於河南衛輝縣著錄漢崔瑗書《太公廟碑》,妄也。盧無忌所立碑,今猶在,碑爲晉太康十年三月十九日造。有額,題云:"齊太公呂望表"。宋人著錄此碑者有《金石錄》、《廣川書跋》、《通志·金石略》、《寶刻叢編》,惟歐陽修則未見此碑也。然趙氏稱《晉太公碑》,董氏稱《太公碑》,陳氏稱《晉立齊太公廟碑》,似皆未見碑額,故不用本題。《金石略》稱《太公碑》,注云:"未詳",則並碑文亦未睹也。明人如趙凡夫、都玄敬諸家,均無藏錄,墨本流傳,當在明清之間,顧炎武、朱彝尊始有跋也。全文著錄始於《金石萃編》。文凡二十行,行三十字,有"太公之裔孫,范陽盧无忌,自太子洗馬來爲汲令。殷畝之下,舊有壇場,而今墮廢,荒而不治。乃咨之碩儒,訪諸朝吏,遂脩復舊祀"云云,因知其即酈氏所述之碑也。碑不知何時已中斷,故錢大昕跋云:"石已斷裂,每行僅存十一二字,無忌名與題識年月皆不可得見矣。"畢沅《中州金石記》亦云:"今碑僅存半截。"趙紹祖《金石文續鈔》所錄亦爲殘文,蓋乾隆以前,此碑僅上半截及額顯於世耳。至嘉慶四年秋,下半截碑石始發現,遂得壁合。今碑上刻馮敏行、李震二跋記其事。馮跋云:"碑經斷裂,卧棄府廨,汲縣訓導李元滬請置學官,用備金石家搜錄。"然則此碑上下兩截,均在汲縣府廨,未常離散,竟不知其下截何以久不拓也。此後,碑上截又斜裂一道,今此碑已成三石矣。

此碑言汲冢書出於太康二年,可以正《晉書·武帝紀》稱咸寧五年之誤。碑文又引汲冢所出《周志》,此書今已失傳。碑文述太公事，亦出逸聞古記，而字跡又古雅，得東京遺意，故向爲金石考古家所重視。劉青藜疑其爲後人重刻，錢大昕謂是好事者假託爲之，皆未見全碑故耳。

碑陰有題名，錢大昕始言之，謂"碑陰題名，曼患已甚，尚有'功曹'、'主簿'等字可辨。"繆氏《藝風堂金石文字目》云："碑陰廷掾汲服龍等題名四列，分書。"方氏《校碑隨筆》云："碑陰約二十一行，甚漫患，以不拓，今竟無知者。陰書汲縣功曹、主簿、議曹掾、門下等。"言及碑陰者，余所見惟此，而著録其文字行款者，竟未之見。碑側亦有字刻，僅見孫氏《寰宇訪碑録》，方藥雨亦云未見，則椎拓者更少也。余收碑數十年，亦未嘗得此碑陰側。

太公廟漢碑雖亡，然今有東魏碑一石，建於武定八年，則酈道元所不及見也。碑文二十三行，行四十二字。首行云："晉武帝太康十年三月丙寅朔十九日甲申盧无忌依舊修造"。第二行至第十行，即録盧刻太公吕望表文。①

案：《水經注碑録》四五《晉立太公吕望表》略考碑題名、碑陰、碑側。

27. 蔣善國《尚書綜述》

蔣善國（清光緒二十四年生，1898—1986年），黑龍江安慶縣人。漢字學家，東北人民大學（吉林大學）教授。著《尚書綜述》等。

1988年，蔣善國《尚書綜述》由上海古籍出版社刊。蔣善國《尚書綜述》曰：

> 三、汲冢周書或周書一名周志
>
> 《汲冢竹書》裏面的《周書》又叫作《周志》。晉《太公望

---

① 施蟄存：《水經注碑録》四五《晉立太公吕望表》，天津古籍出版社1987年版，第74—77頁。

廟表》引出土竹書的《周志》説：

　　齊太公吕望者，此縣人也。……太康二年，縣之西偏，有盜發冢，而得竹策之書，書藏之年，當秦坑儒之前八十六歲。其《周志》曰："文王夢天帝，服玄禳，以立於令狐之津。帝曰：昌！賜汝望。文王再拜稽首，太公於後，亦再拜稽首。文王夢之夜，太公夢之亦然，其後文王見太公而計之曰：而名爲望乎？苔曰：唯！爲望。文王曰：吾如有所見汝。太公言其年月與其日，且盡道其言，臣此以得見也。文王曰：有之，有之。遂與之歸，以爲卿士。"

　　這個廟表是太康十年三月汲縣縣令盧無忌所立，上離太康二年竹書出土祇幾年的光景，所引《周志》就是汲冢出土的，不過《束晳傳》裏面並没有這部書的名稱，只在雜書十九篇裏面有"《周書》"這個名稱。清孫詒讓在《周書斠補自序》裏面説："今汲縣晉石刻《太公吕望表》引竹書《周志》'文王夢天帝服玄禳以立於令狐之津'云云，乃真汲冢所得《周書》。"所説的十分正確。同時也有人把《漢志》所著録的七十一篇《周書》也叫作《周志》。《左氏》文公二年《傳》説："《周志》有之：'勇則害上，不登於明堂。'"晉杜預注説："《周志》，《周書》也。"今《逸周書·大匡解》有這兩句，只是"則"字作"如"，"不"字上有"則"字，略有差異罷了。故不論汲冢所出的《周書》或《漢志》所著録的七十一篇《周書》，都有人叫作《周志》。《太公望廟表》所引《周志》，不見今《逸周書》，可能是在《程寤》以下八篇亡書裏面。這八篇前後都記文王事，《太公望廟表》所引這篇《周志》，正是記文王遇太公事。①

案：蔣善國《尚書綜述》從孫詒讓在《周書斠補自序》説，以爲《周志》即《逸周書》也。

---

①　蔣善國：《尚書綜述》，上海古籍出版社1988年版，第437頁。

28. 馬寶山《書畫碑帖見聞錄》

馬寶山（清宣統三年生，1911—2004年），衡水（今河北省衡水市）人。十六歲至琉璃廠墨寶齋碑帖書畫店做學徒。從事碑帖書畫鑑定收藏八十餘年，與羅振玉、張大千諸多名家交往。事蹟具《書畫碑帖見聞錄·前言》。①

馬寶山《書畫碑帖見聞錄·書畫珍品過目留記》曰：

> 1990年4月21日上午10時半，首都博物館孫秀卿、葉度二位送來碑帖書畫多件，請余鑑定真偽並分出等級類別。此批文物乃康生所藏，內多稀見珍品，茲將經目後難忘之精品略記於下，以備考。
> 宋拓《雲麾碑》，有郭尚先題，金書。
> 明初拓薛刻《孫過庭書譜》。
> 明拓未剜本《太公吕望表碑》。②

北京市文物管理處有明拓本，"文革"初康生多次自北京市文物管理處取走大批文物，加蓋私章。康生所得，或在此時。可惜馬寶山《書畫碑帖見聞錄》記載簡略，難以詳加考證。

29. 孫俊卿《姜太公的籍貫在衛輝》

孫俊卿，原河南省衛輝市統戰部部長。

1991年，孫俊卿《姜太公的籍貫在衛輝》刊。其文論姜太公之籍貫在衛輝，並記太公廟、碑所在。《姜太公的籍貫在衛輝》曰：

> 太公廟。衛輝有五處：一處在城西北三十里太公泉村，現在為太公泉小學，廟內現有清乾隆十三年巡撫畢沅的修廟碑；一處在汲城村（汲縣老城所在地）東門北側，縣志記載廟前碑

---

① 馬寶山：《前言》，《書畫碑帖見聞錄》，北京燕山出版社2009年版，第1—2頁。
② 馬寶山：《書畫碑帖見聞錄》，第178頁。

云:"齊太公望者,河內汲人也";一處在汲縣城西門月城內,清朝中期《齊太公呂望表》碑仍存放於此;一處在城西北側的太公廟街;一處在城西八里,(四)早在東漢,汲令崔瑗就有修太公廟碑,碑云:"大公本生於汲,故居猶存。"西晉太康十年汲令盧无忌,在舊廟的基礎上,爲尊祖重新修廟,立有著名的《齊太公呂望表》碑(載入《金石萃編》),碑云"齊太公呂望者,此縣人也,遭秦燔書,史失其籍"。①

案:此記載"汲縣城西門月城內,清朝中期《齊太公呂整表》碑仍存放於此"。

30.《河南碑志叙録》

河南省文物局《河南碑志叙録》曰:

《呂望表》全稱《晉太公呂望表》在衛輝市孔廟內。西晉太康十年(289年)三月刻。碑高1.28米,寬74厘米。明時橫斷爲二,後又直裂成四石,卧棄府廨。清嘉慶四年(1799年)始移置孔廟學宫。盧无忌撰文並題額,碑文隸書,碑陽20行,行30字,有直行界線;碑陰21行,漫漶較甚,字數不可計。額隸書6字。清錢大昕謂其書:"字劃頗古雅,不似東魏之率意。"又云:"其雖峻逸殊科,而皆曲折頓宕,姿致天成。"趙紹祖謂其"猶有漢意。"舊拓本第二行"冢"字末筆微損。碑末有嘉慶四年李元滬、李震雨跋。愛(麗)〔儷〕園《慈淑樓叢帖》珂羅版印明拓本。②

案:記載碑史、書法史上的價值、拓本,過於簡單,模糊不清。

---

① 孫俊卿:《姜太公的籍貫在衛輝》,政協河南省衛輝市委員會學習文史委員會編:《衛輝文史資料》第3輯,1991年,第98—99頁。

② 河南省文物局編:《河南碑志叙録》,中州古籍出版社1992年版,第20頁。

31. 馬子雲、施安昌《碑帖鑑定》

馬子雲（清光緒二十九年生，1903—1986 年），郃陽（今陝西省渭南市郃陽縣）人。1918—1929 年，在北京琉璃廠慶雲堂碑帖鋪工作。1929—1947 年，在家中從事文物鑑定。1947 年，入故宮博物院，從事銅器、碑帖傳拓與鑑定。歷任研究館員、國家文物鑑定委員會委員等。著《金石傳拓技術》《碑帖鑑定淺說》《石刻見聞錄》（《碑帖鑑定》）《校碑隨錄》等。①

馬子雲、施安昌《碑帖鑑定》曰：

《齊太公呂望表》碑 隸書，碑陽廿行，行三十字。碑陰四列，上二列清晰，下二列漫漶，碑額隸書陰文六字。太康十年（289）三月。在河南汲縣。《校碑隨筆》云："明拓本已斷，較嘉慶四年刻（1799）跋本多三字，即二行'有盜發冢'之'冢'字，三行'天帝服'之'服'字，九行'無窮者'之'者'字。"此本子尚未一見。近見一康乾間拓本，爲黃小松舊藏，有"小松所得金石"印。碑陰四列，碑陽後未刻跋，較嘉慶四年刻跋之拓本尚多二十字。即十四行"德"字，十五行"脊寅"二字，十六行"洪般䝬之山"五字。十七行"敬報以介福惠"六字與"天命嘉生"之"生"字。十八行"□遠進迖"四字，十九行"無隕茲命"之"隕"字。刻嘉慶四年跋之初拓本與乾隆年拓同。《校碑隨筆》云，近拓十四至十九行裂紋損及"德、寅、弥、山、莫、分、生、迖、隕九字"。此説有待商榷。如以近拓論，即清末拓，"德、寅"等二十字皆已損泐，決非其九字。如是刻嘉慶年跋本，又將"寅"字上之"脊"字遺漏。"弥"字至今尚存，不應列其九字未損之中。"莫"字至道光始損。"介"字誤釋爲"分"字。所記有誤，釋文又錯。

---

① 參見施安昌《馬子雲先生學術經歷片斷回顧》，《善本碑帖論稿》，上海書畫出版社 2017 年版，第 321—334 頁。

然後裂二道在道光年，故嘉慶四年刻跋未裂。如十四行"德"字至十九行"隕"字等已損是在清末。此時"脊寅"二字下之"亮"字尚完好。近年顧鼎梅《河朔碑記》記之拓本"亮"字已泐，碑陰只拓上二列，拓側一小段，字漫漶不清。①

案：馬子雲、施安昌《碑帖鑑定》以黃小松舊藏爲主要依據，訂正《校碑隨筆》。探研《齊太公呂望表》不同拓本文字之差別，區分爲明拓本（未見）、康乾間拓本、乾隆拓本、刻嘉慶四年跋拓本、道光拓本、近年拓本。所記載黃小松舊藏《呂望表》拓本爲故宮所收藏。結合《呂望表》碑史及黃小松履歷，黃小松舊藏《呂望表》拓本應屬乾隆五十六年或嘉慶元年所拓，而不是《碑帖鑑定》推定的"康乾間拓本"。

32. 徐无聞《寰宇貞石圖·太公呂望表·敘錄》

徐无聞（1931—1993 年），四川成都人。字嘉齡，號无聞。西南師範大學中文系教授，長於書法、篆刻。

《寰宇貞石圖》清本僅載拓本。收入《楊守敬集》，補《敘錄》。徐无聞《敘錄》曰：

《太公呂望表》太康十年（二八九年）
　　拓本碑身高一百零七厘米，寬七十四厘米，隸書二十行，行三十字，字徑三厘米。碑額高十九厘米，寬十厘米，隸書一行五字，字徑四厘米，文曰："太公呂望表"。本書光緒本、宣統本所印者皆同、光拓本，且印製不清，今據相同拓本重新攝影付印。
　　此碑今在河南汲縣城内。《水經注·清水》記汲縣城東北門側太公廟有漢崔瑗立碑，"城北三十里，有太公泉，泉上又有太公廟。廟側高林秀木，翹翹競茂，相傳云太公之故居也。晉太康中，范陽盧無忌爲汲令，立碑于其上。"

---

① 馬子雲、施安昌：《碑帖鑑定》，第 106—107 頁。

漢碑久亡，存者唯此晉碑。宋自《金石錄》以後，多有著錄。明時碑從中部橫斷爲二，何時自太公泉移至縣城亦不可考。乾隆以前拓本多僅上半截，嘉慶以後乃爲上下截合拓。上半截末二行刻跋云：

碑經斷裂，臥棄府廨隙地，汲學訓導李元滬請置學宮，用備金石家鎪錄，時嘉慶四年秋月也。

下半截末行刻跋云：

震按：今郡城西北三里餘太公祠，有魏武定八年碑，列此表于前。茲其初刻也，尤宜寶惜，因從季父移置學署。清嘉慶四年八月朔，密邑李震跋。

齊太公呂望佐周滅殷有大功，受封于齊。自古相傳太公爲汲人，墓亦在焉。《通志·氏族略》：齊文公之子高，高之孫傒食采于盧，因邑爲氏。故盧氏亦太公之裔。此碑乃晉太康中范陽盧無忌爲汲令時，爲太公修復舊祀所立。碑云："太康二年，縣之西偏有盜發冢，得竹策之書。書藏之年，當秦坑儒之前八十六歲，其《周志》曰：……"此乃中國古籍史中一重要史實。《晉書·束皙傳》云："太康二年，汲郡人不準盜發魏襄王墓，或言安釐王冢，得竹書數十車。……武帝以其書付祕書校綴次第，尋考指歸，而以今文寫之。皙在著作，得觀竹書，隨疑分釋，皆有義證。"所記雖稍詳，然已後於此碑。碑與傳記竹書之出皆在太康二年，足證《晉書·武帝紀》咸寧五年之誤。汲冢古書之傳于今者唯《竹書紀年》，此碑稱引之《周志》亦久亡矣。碑距竹書出土僅八年，當時傳寫不易，盧無忌官汲令之前爲太子洗馬在京師，故得見之也。

此碑隸書與今所見西晉諸隸碑略有不同，乃在其保留東漢意趣獨多。碑陰有字，然漫漶不可辨識，故無拓本流傳。①

---

① 楊守敬撰，徐无聞整理：《寰宇貞石圖》卷2，謝承仁主編：《楊守敬集》第9册，第192頁。

案："碑身高一百零七厘米"，誤。"此碑今在河南汲縣城內""明時碑從中部橫斷爲二，何時自太公泉移至縣城亦不可考""碑陰有字，然漫漶不可辨識，故無拓本流傳"等碑史記載，皆有誤。此文未經仔細修訂詳考，故價值不大。

33. 中國書法博物館編委會《中國書法博物館》

2003年，中國書法博物館編委會《中國書法博物館》第2卷刊。其文曰：

  《齊太公吕望表碑》筆畫雖然較殘，但仍可見用筆較靈活。部分豎筆伸長較長，筆畫形態變化也較大，筆畫收藏適度，出鋒較少。波磔形態多姿，較古樸。其結體舒展，字形匀稱，内容緊凑，部分字形略長。其章法齊整，豎行之間有明顯格線，字間亦有細線格，力求莊重。節奏因碑文漫漶不易窺全貌，但仍可知韵律較強，全篇輕重有序。其字體汲取了漢隸正統派的風格，其書風與魏的《受禪表》等近似。①

案：中國書法博物館編委會《中國書法博物館》第2卷介紹《齊太公吕望表碑》的書法藝術特點。

34. 劉昭瑞《宋代著録石刻纂注》

2006年，劉昭瑞《宋代著録石刻纂注》刊。《宋代著録石刻纂注》曰：

  《太公碑》
  趙録目第二百九十二、跋卷二十。《略》。《廣川書跋》六。《叢》六引趙録作"晉立齊太公廟碑"。
  隸書，不著書撰人姓名，汲縣令盧無忌太康十年三月十九

---

① 中國書法博物館編委會編纂：《中國書法博物館》第2卷，海燕出版社2003年版，第107頁。

日立。《水經注》卷九記"汲縣城北三十里，有太公泉，泉上又有太公廟，廟側高林秀木，翹楚競茂，相傳云太公之故居也。晉太康中范陽盧无忌爲汲令，立碑於其上"。又記一會稽太守杜宣所立太公廟碑。今盧所立碑存。文二十行，足行三十字，隸書題額"太公呂望表"。清人著錄，石已斷裂爲二。文見《金石萃編》卷二十五。①

案：劉昭瑞《宋代著錄石刻纂注》對《齊太公呂望表》的介紹簡單又存在訛誤和不妥之處。"隸書題額'太公呂望表'"不確，缺"齊"字。《金石萃編》對《齊太公呂望表》的著錄存在問題，今人不當據之。

35. 劉正成主編《中國書法全集》

2007年，劉正成主編《中國書法全集》由榮寶齋出版社刊。《中國書法全集》第10卷《三國兩晉南北朝編　三國兩晉南北朝碑刻摩崖》卷一、第11卷《三國兩晉南北朝編　三國兩晉南北朝碑刻摩崖》卷二錄《齊太公呂望表》日本藏本。②《中國書法全集》第11卷《三國兩晉南北朝編　三國兩晉南北朝碑刻摩崖》卷二介紹《齊太公呂望表》曰：

15.《齊太公呂望表》

西晉太康十年（二八九）三月刻。揭本。高一二六厘米，廣七十四厘米。凡二十行，行三十字。有豎行界格；額題隸書"齊太公呂望表"。文隸書。石在河南汲縣，揭藏故宮博物院。

此碑爲太公望之後裔汲縣令盧无忌於太公故里發現記錄太公望之竹簡，並懷念始祖齊太公望呂尚而建。太公望，又稱呂

---

① 劉昭瑞：《宋代著錄石刻纂注》，北京圖書館出版社2006年版，第154頁。
② 劉正成主編：《中國書法全集》第10卷《三國兩晉南北朝編　三國兩晉南北朝碑刻摩崖》卷一，榮寶齋出版社2007年版，第85—97頁；劉正成主編：《中國書法全集》第11卷《三國兩晉南北朝編　三國兩晉南北朝碑刻摩崖》卷二，第521—522頁。

望、吕尚，俗稱姜太公、姜子牙。周文王遇之於渭水之陽，云："吾太公望子久矣"，故號爲"太公望"。輔佐武王伐紂，滅商後受封於營丘，爲齊國開國之君。

原石明代斷裂，剝落甚夥，繼又佚失，清乾隆年間爲黄易重新訪得。傳世明搨本第二行上截有"盜發冢"數字，皆完好。三行"夢天帝服"之"服"字完好。然今已不多見明搨本，中國歷史博物館、故宫、陳文伯、〔況〕周頤等藏有明搨本。日本清源實門氏所藏尚見"盜發"二字，亦頗爲珍貴。此碑結體内緊外鬆，筆劃開張，與晉碑常體稍異，而有漢碑風韻。楊守敬《學書邇言》云："晉人分書，如《孫夫人》、《太公吕望表》，繼述漢人，應規入矩，未可以時代爲軒輊。"

參考　王昶《金石萃編》卷二十五　包世臣《藝舟雙楫》楊守敬《學書邇言》　張彦生《善本碑帖録》

釋文（略）

（劉運峰　劉智先）①

案：劉正成主編《中國書法全集》第11卷《三國兩晉南北朝編　三國兩晉南北朝碑刻摩崖》卷二介紹《齊太公吕望表》，簡要叙述吕望、碑史、書法藝術。

36. 毛遠明《漢魏六朝碑刻校注》（繁體版）

毛遠明（民國三十八年生，1949—2017年），簡陽（今四川省簡陽市）人。西南大學漢語言文獻研究所教授。主要研究方向爲古漢語辭彙、碑刻語言文字研究、古籍整理。

2008年，毛遠明《漢魏六朝碑刻校注》（繁體版）刊。據國圖藏沙千里所藏明拓，校注碑文20餘條。②

---

① 劉正成主編：《中國書法全集》第11卷《三國兩晉南北朝編　三國兩晉南北朝碑刻摩崖》卷二，第521—522頁。

② 毛遠明：《漢魏六朝碑刻校注》（繁體版），線裝書局2008年版，第2册，第294—295頁。

37. 仲威《中國碑拓鑑別圖典》《魏晉碑刻善拓過眼之六》

仲威，上海圖書館研究館員，研究碑刻等。

2010年，仲威《中國碑拓鑑別圖典》刊。仲威《中國碑拓鑑別圖典》曰：

明拓本

二行"有盜發冢"之"冢"字未泐。

三行"文王夢天帝服□襄以立於令狐之津"之"服"字未泐。

九行"垂示無窮者矣"之"者"字未泐。

僅據舊說，筆者未見明拓。

乾嘉拓本（重新出土後初拓本）

二行"有盜發冢"之"冢"字末筆稍損。

三行"文王夢天帝服□襄以立於令狐之津"之"服"字右半下泐連石花。

九行"垂示無窮者矣"之"者"字未泐。

國家圖書館藏有整紙拓本，系乾嘉初拓本。（參見插圖一）

嘉慶拓本

嘉慶四年（1799）刻李元滉、李震二跋（李元滉隸書跋刻兩行，在碑之上段二十一行、二十二行處，李震楷書刻跋兩行在下段末行年款左側）。（插圖三、四）中斷線下十四行至十八行無其他裂痕，以下諸字皆見存，如：十四行"德玄通"之"德"字，第十五行"遂作心膂寅亮天工"之〔心〕膂寅"三字，十六行"般谿之山"四字，十七行"敬報以介福"之"敬報以"三字，十八行"遠逝"兩字。（插圖五，封照插圖六、插圖八）

道光拓本

二行"有盜發冢"之"冢"字泐下大半。

三行"文王夢天帝服□襄以立於令狐之津"之"服"字

全泐。

九行"垂示無窮者矣"之"者"字泐下半。

中斷線下十四行至十八行，增裂一道，裂紋線貫穿十四行"德玄通"之"德"字，第十五行"遂作心膂寅亮天工"之"寅"字，十六行"般谿之山"之"山"字，十七行"敬報以介福"之"以介"二字間，十八行"遠迸"之"迸"。（插圖六）另，自第十五行"遂作心膂寅亮天工"之"心"字起，至十九行"無隕兹令"之"隕"字斜裂一道。十六行"聲烈弥洪"之"洪"字泐，十九行"無隕兹令"之"隕"字上有裂紋。（參見插圖六）

清末拓本

第二行"有盜發冢"之"冢"字全泐。（插圖七）

中斷線下十四行至十八行，兩條裂紋中一大塊石面剝泐，泐去十餘字，如：十四行"德玄通"之"德"字，第十五行"遂作心膂寅亮天工"之"心膂寅"三字，十六行"般谿之山"四字，十七行"敬報以介福"之"敬報以"三字，十八行"遠迸"兩字。（插圖八、九）①

案：仲威《中國碑拓鑑別圖典》陳述《吕望表》明清拓本之不同，分爲明拓本、乾嘉拓本（重新出土後初拓本）、嘉慶拓本、道光拓本、清末拓本等時期，與馬子雲、施安昌《碑帖鑑定》大體相同。仲威以爲學者以往原定爲明拓本者（國家圖書館藏顧千里舊藏本、陳文伯舊藏本等）屬於乾嘉初拓本，故實際上將所有拓本歸爲清代，與實際不符。

仲威《魏晉碑刻善拓過眼之六》記羅振玉、李國松遞藏拓本，以爲屬乾嘉拓本，即重新出土後初拓本。《魏晉碑刻善拓過眼之六》曰：

---

① 仲威：《中國碑拓鑑別圖典》，文物出版社 2010 年版，第 192—197 頁。

此册羅振玉、李國松遞藏本，屬乾嘉拓本，即重新出土後初拓本。

其版本特徵如下：

二行"有盜發冢"之"冢"字僅末筆稍損，大體完好（圖十）。

三行"文王夢天帝服□禳以立於令狐之津"之"服"字尚存，僅右半下泐連石花。九行"垂示無窮者矣"之"者"字未泐（圖十一）。

斷線下十四行至十八行無其他裂痕，以下諸字皆見存，如：十四行"當殷之末□德玄通"之"德"字（圖十二），第十五行"遂作心薈寅亮天工"之"〔心〕薈寅"三字（參見圖十二），十六行"般谿之山"四字，十七行"敬報以介福"之"敬報以"三字，十八行"遠迸"兩字。

楠木面板有民國十九年（一九三〇）夏五張運題簽："明拓齊太公呂望表，木公先生珍藏。"

册中還鈐有"鳳枝之印"、"殷禮在斯堂"等印章，惜無題跋。册尾有二十世紀五六十年代舊書店標籤，標價四十元。

共九開，册高三十五厘米，寬十八點八厘米。帖芯高二十八厘米，寬十四點六厘米。館藏號：S2487。①

案：此文記載翔實，可信。"鳳枝之印"屬毛鳳枝，"殷禮在斯堂"屬羅振玉。根據學者所記載，此拓本先後歸毛鳳枝、羅雪堂、李國松（木公）、吳門劉氏、上海圖書館所有。仲威以爲顧千里、羅振玉舊藏乃乾嘉拓本。此與事實不符，仍當定爲明拓本。

38. 安喜萍《衛輝歷代碑刻》

安喜萍（1961—），新鄉市衛輝市人。歷任衛輝市博物館館長、衛輝市文化局文物科長等。衛輝市博物館副研究館員。

---

① 仲威：《魏晉碑刻善拓過眼之六》，《書法》2013 年第 12 期，第 96 頁。

2013 年,安喜萍《衛輝歷代碑刻》刊。據新鄉博物館藏清末拓本,簡注碑文 10 餘條。①

六　海外著録與研究《齊太公吕望表》情況

今見海外著録與研究《齊太公吕望表》的著述有:小川琢治《穆天子傳考》,藤原楚水《增訂寰宇貞石圖》,伏見沖敬《中國書道史》,真田但馬、宇野雪村《中國書道史》,清源實門藏《齊太公吕望表》拓本(《中國書法全集》所録《齊太公吕望表》日本藏本),玉村清司編《宇野雪村文庫拓本目録》,京都大學人文科學研究所藏魏晉碑刻文字拓本中有《齊太公吕望表》拓本,淑德大學書學文化センター《淑德大學書學文化センター藏中國石刻拓本目録》,等等。

1. 小川琢治《穆天子傳考》

小川琢治(1870—1941 年),本姓淺井,日本國和歌山縣人。1896 年,東京帝國大學理科大學地質學科畢業,入大學院。畢業後,任農商務省地質調查研究所技術員。1908 年,任京都帝國大學地理學教授。1909 年,獲東京帝國大學理科博士學位。1926 年,當選爲帝國學士院會員。事蹟具《日本漢學史》等。②

昭和三年(1928 年),小川琢治《穆天子傳考》一文發表,據《齊太公吕望表》碑文。③

2. 藤原楚水《增訂寰宇貞石圖》

藤原楚水(1880—1990 年)出生於日本國大分縣豐後高田市。1898 年,入大阪關西法律學校(今關西大學)。1901 年,轉明治法律學校(今明治大學)。1904 年,進"實業之日本社",任《征露

---

① 安喜萍:《衛輝歷代碑刻》,中州古籍出版社 2013 年版,第 14—16 頁。
② 李慶:《日本漢學史(第二部):成熟和迷途》第四編第六章第二節《小川琢治》,上海人民出版社 2010 年版,第 257—261 頁。
③ [日]小川琢治:《穆天子傳考》,《狩野博士還曆紀念支那學論叢》,京都:弘文堂昭和三年(1928 年)版;[日]小川琢治:《穆天子傳考》,江俠庵編譯:《先秦經籍考》,商務印書館民國二十二年版,下册,第 93—254 頁。

(俄)戰報》編輯。後爲《實業之日本》編輯。1928年,退職。1929年,出版《支那金石書談》,從此專心對中國書法和文化進行研究。1930年,任平凡社《書道全集》編輯。1932年,爲三省堂顧問。1937年,《書苑》(三省堂)創刊,爲主幹。1945年,在駒澤大學、東京學藝大學、橫濱國立大學等講授東洋美術史、中國書道史。著《書道六體大字典》《中國書道史》《石刻書道考古大系》《書道和金石》《書道金石學》《鄰蘇老人書論集》《注解名蹟碑帖大成》等。①

昭和十五年(1940年),藤原楚水《增訂寰宇貞石圖》由興文社刊。是書以楊守敬《寰宇貞石圖》爲底本,補充收錄,換去底本不佳者。凡收錄先秦兩漢迄唐代乃至朝鮮、日本石刻470餘種,較楊書增加百餘種。

《增訂寰宇貞石圖》第2卷《太公呂望表》,拓片仍然使用楊守敬《寰宇貞石圖》光緒八年所用拓片,只是版面增大,拓片字體變大,整體很有氣勢,只是字或不清楚,刻跋尤其如此。②

3. 伏見沖敬《中國書道史》

昭和三十五年(1960年),伏見沖敬《中國書道史》由渡邊隆男發行所株式會社刊。

伏見沖敬《中國書道史》曰:

《太公呂望表》
太康十年(二八九)　河南·汲縣
此碑是宋代以來記載於著錄的有名的碑,它繼承了古法,是晉代石碑中的佳作。③

---

① 李慶:《日本漢學史(第三部):轉折和發展(1945—1971)》,上海人民出版社2010年版,第630—632頁。
② 河井荃廬監修,藤原楚水纂輯:《增訂寰宇貞石圖》卷2,昭和十五年(1940年)日本興文社印本,第106頁。
③ [日]伏見沖敬:《中國書法史》,竇金蘭譯,天津人民美術出版社2000年版,第49頁。

圖 2-14　伏見沖敬《中國書道史》録《齊太公吕望表》

4. 真田但馬、宇野雪村《中國書道史》

昭和四十二年（1967 年），真田但馬、宇野雪村《中國書道史》刊。《中國書道史》曰：

> 《齊太公吕望表》　晉太康十年（289）　河南汲縣
> 　　這是末孫盧无忌爲了讚頌齊太公吕望之德而建立的。其字體汲取了漢隸正統派的風格，其書風與魏的《受禪表》等近似。①

---

　　① ［日］真田但馬、宇野雪村：《中國書法史》，瀛生、吳緒彬譯，人民美術出版社 1998 年版，上册，第 29 頁。

5. 日本國清源實門氏藏《齊太公呂望表》拓本

2007 年，劉正成主編《中國書法全集》由榮寶齋出版社刊。《中國書法全集》第 10 卷《三國兩晉南北朝編　三國兩晉南北朝碑刻摩崖》卷一、第 11 卷《三國兩晉南北朝編　三國兩晉南北朝碑刻摩崖》卷二録《齊太公呂望表》日本藏本。① 《中國書法全集》第 11 卷《三國兩晉南北朝編　三國兩晉南北朝碑刻摩崖》卷二録《齊太公呂望表》曰：

> 原石明代斷裂，剥落甚夥，繼又佚失，清乾隆年間爲黄易重新訪得。傳世明搨本第二行上截有"盗發冢"數字，皆完好。三行"夢天帝服"之"服"字完好。然今已不多見明搨本，中國歷史博物館、故宫、陳文伯、〔況〕周頤等藏有明搨本。日本清源實門氏所藏尚見"盗發"二字，亦頗爲珍貴。②

案：此日本藏本乃日本國清源實門氏所藏，無嘉慶四年刻跋，分析文字在清末（詳見本書第三章）。

此本有"又節"印，似爲人名。

6. 玉村清司編《宇野雪村文庫拓本目録》

宇野雪村（明治四十五年生，昭和六十三年卒，1912—1988 年），日本國兵庫縣美方郡人。1926 年，入御影師範學校。1932 年，師從上田桑鳩學習書法。任每日書道執委會委員長、奎星會代表、玄美社主宰等，前衛書法家。收集古墨、法帖並加以研究。著《古墨》《法帖》等。③

平成十六年（2004 年），門人玉村清司編成《宇野雪村文庫拓

---

① 劉正成主編：《中國書法全集》第 10 卷《三國兩晉南北朝編　三國兩晉南北朝碑刻摩崖》卷一，第 85—97 頁；劉正成主編：《中國書法全集》第 11 卷《三國兩晉南北朝編　三國兩晉南北朝碑刻摩崖》卷二，第 521—522 頁。

② 劉正成主編：《中國書法全集》第 11 卷《三國兩晉南北朝編　三國兩晉南北朝碑刻摩崖》卷二，第 521 頁。

③ 陳汝春、楊再立編著：《中日當代著名書法家集萃》，哈爾濱出版社 1992 年版，第 88—90 頁；陳振濂：《日本書法史》，《陳振濂學術著作集》，上海書畫出版社 2018 年版，第 306—308 頁。

172　齊太公呂望表研究

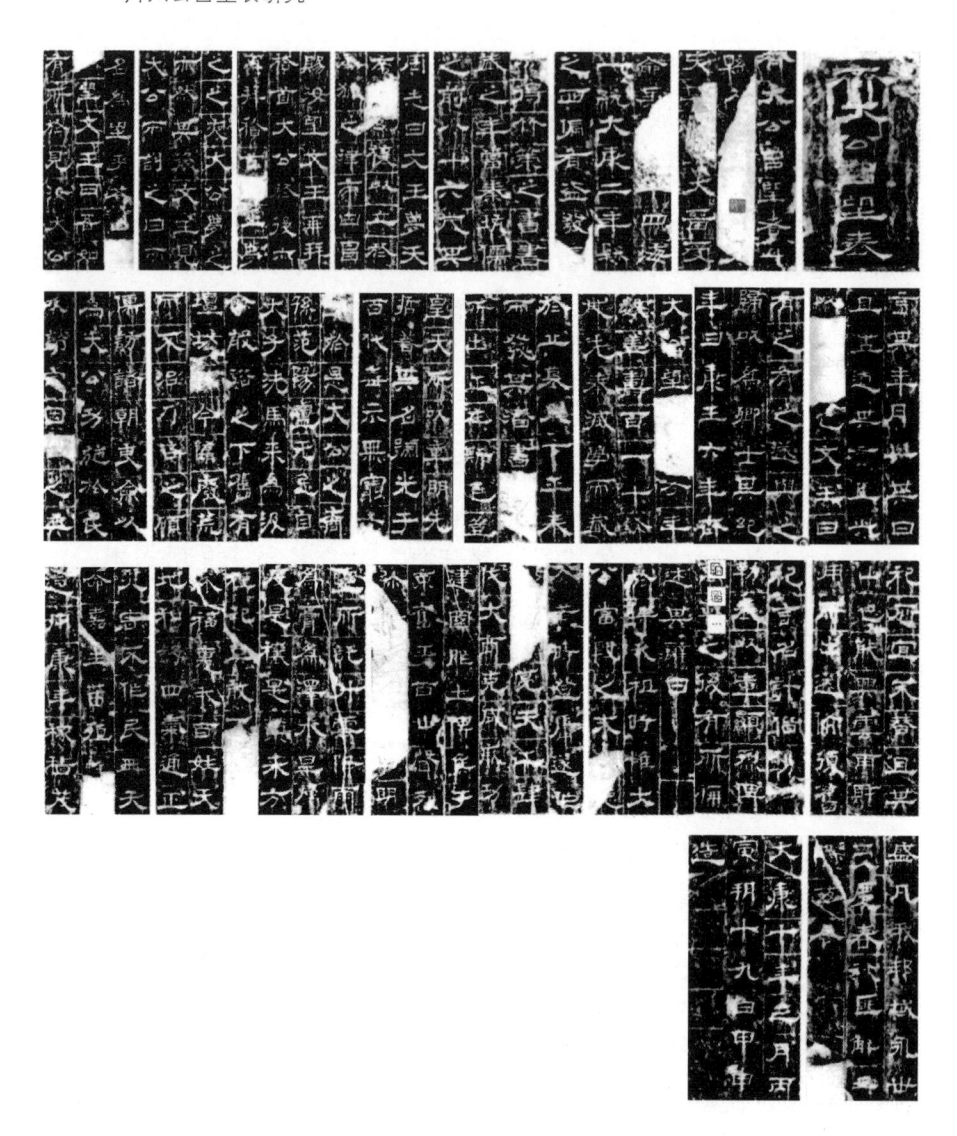

圖 2-15　日本國清源實門氏藏《齊太公呂望表》拓本
（據劉正成主編：《中國書法全集》第 10 卷、11 卷）

本目錄》。

玉村清司編《宇野雪村文庫拓本目錄》曰：

239《太公呂望表》西晋　太康 10 年（289）　整 1977

石题 502

240《太公吕望表》西晋　太康 10 年（289）　　册 156　石题 502

241《曹子建廟碑》·《太公吕望表》　西晋太康 10 年（289）　隋開皇 13 年（592）　册 408　石題 511　石題 502①

7. 京都大學人文科學研究所《京都大學人文科學研究所藏魏晉碑刻文字拓本》、三國時代的出土文字資料班《魏晉石刻資料選注》

京都大學人文科學研究所藏魏晉碑刻文字拓本中有《齊太公吕望表》拓本，來自中國的饋贈與購買，② 乃清末拓本。

京都大學人文科學研究所編《京都大學人文科學研究所藏魏晉碑刻文字拓本》目錄曰：

GIS0018X 西晉大公吕望表　太康 10 年（289）3 月 19 日③

2005 年，京都大學人文科學研究所三國時代的出土文字資料班《魏晉石刻資料選注》一四《齊大公吕望表》，注釋碑文 61 條，着眼文字朔源，尋其出處。④

8. 淑德大學書學文化センター編《淑德大學書學文化センター藏中國石刻拓本目錄》

平成 26 年（2014 年），淑德大學書學文化センター《淑德大學

---

① 玉村清司編：《宇野雪村文庫拓本目錄》，大東文化大學書道研究所平成十六年（2004 年）版，第 21 頁。

② 京都大學人文科學研究所編：《京都大學人文科學研究所藏魏晉碑刻文字拓本》，京都大學人文科學研究所網站；井波陵一：《人文科學研究所所藏石刻資料について》，《中國石刻文獻研究國際ワークショップ報告書》，京都大學人文科學研究所 2007 年版，第 53—70 頁。

③ 京都大學人文科學研究所編：《京都大學人文科學研究所藏魏晉碑刻文字拓本》，京都大學人文科學研究所網站。

④ 三國時代の出土文字資料班：《魏晉石刻資料選注》一四《齊大公吕望表》，《京都大學人文科學研究所研究報告》，京都大學人文科學研究所 2005 年版，第 40—52 頁。

書學文化センター藏中國石刻拓本目録》編成。其文曰：

320《太公吕望表》　太康 10 年 3 月 19 日（289）　軸 5363
　軸 5409　册 5703　石題 502　北図 2-53　校碑 194　善本 51
　中書 641　魯手 539　文化 591
321《太公吕望表》陰　　　　　　　　　　　　　軸 5364①

第二節　晉以來《齊太公吕望表》著録與研究情況之分析

晉以來《齊太公吕望表》的著録與研究，首先集中在考證史實上，繼而書法藝術，繼而碑帖鑑定。至於每個學者情況不同，偏重不同。大體可以分爲三個階段：

第一階段：晉至明代，主要集中在考證史實上，兼有文字分析。
第二階段：清代，主要是金石著録，考證碑史、史實、書法藝術。
第三階段：清末以來，碑帖鑑定與書法藝術爲主流。

一　關於《齊太公吕望表》内容涉及的重要史實

《齊太公吕望表》内容涉及的重要史實，包括五個方面：汲冢書出土之年、汲冢的地望、吕望的籍貫、吕望年紀、《周志》的性質。

（一）汲冢書出土之年

關於汲冢書出土之年，學者意見不一。肯定盧无忌碑文説者有董逌《廣川書跋》等。董逌《廣川書跋·太公碑》曰：

---

① 淑德大学書学文化センター編：《淑德大学書学文化センター藏中国石刻拓本目録》，平成二十六年（2014 年）版，第 19 頁。

《晉紀》言咸寧五年盜發汲郡冢，與此碑異，知史誤也。①

相容不同觀點者有錢大昕《潛研堂金石文跋尾·太公廟碑》，其文曰：

《晉書·武帝紀》："咸寧五年，汲郡人不準掘魏襄王冢，得竹簡小篆古書十餘萬言。"趙明誠據此碑及荀勖校《穆天子傳》俱作太康二年，以證史之誤。然《晉書·束皙傳》載此事，亦作太康二年，蓋史家所採非一書，紀傳之相抵牾者，固不少矣。②

否定盧无忌碑文說者有武億《金石三跋》一跋卷三《後魏太公呂望碑》，其文曰：

碑下截剝蝕，上半文獨可識，有云：太康二年，縣之西偏有盜發冢而得竹簡之書。《金石錄》云："荀勖校《穆天子傳》，其《叙》云太康二年，與碑合，可以正《晉史》之誤。"《廣川書跋》案："《晉紀》言咸寧五年盜發汲郡冢，與此碑異，知史誤也。"余攷之非是。閻百詩云："同一《束皙傳》，王隱撰者曰太康元年，房喬修者曰太康二年案隱當據《左傳後序》，房喬當據此碑，已互異如此。當以當日目擊之言爲據。《晉武帝紀》本《起居注》，杜預爲《左傳後序》，皆其所目擊者也。冢蓋發於咸寧五年冬十月，官輒聞知。明年，太康改元，三月，吳平，預始得知。又二年，始見其書。故《序》曰：'初藏在秘府，余晚獲見之。'此與情事頗得。"由是觀之，《紀》文殆非誤，

---

① 董逌：《廣川書跋》卷6《太公碑》，毛晉編：《津逮秘書》，第4頁b—5頁a。
② 錢大昕：《潛研堂金石文跋尾》卷3《太公廟碑》，陳文和主編：《嘉定錢大昕全集》（增訂本）第6冊，第69頁。

而董氏及趙明誠或失詳也。①

(二) 汲冢的地望

關於汲冢的地望，《齊太公呂望表》記載：

> 太康二年，縣之西偏有盜發冢而得竹策之書。②

對於《齊太公呂望表》的記載，學者尚無懷疑者。不過尚有其他觀點，本書第五章予以探討。

(三) 呂望的籍貫

《孟子》《史記》記載呂尚滅商前居東海，學者以爲太公東海之人。《齊太公呂望表》與之不同，又成一說。對於《齊太公呂望表》的記載學者持不同的意見。

對此未加表態者有顧炎武《金石文字記》、朱彝尊《曝書亭集·晉汲縣齊太公二碑跋》等。③

否定盧无忌碑文説者有閻若璩《四書釋地續·北海東海》，其文曰：

> 《齊世家》："太公望呂尚者，東海上人。"註未悉。《後漢》琅邪國海曲縣劉昭引《博物記》注云："太公呂望所出，今有東呂鄉。又釣于棘津，其浦今存。"又於清河國廣川縣棘津城辯其當在琅邪海曲此城殊非。余謂海曲故城，《通典》稱在莒縣東，則當日太公辟紂居東海之濱即是其家。漢崔瑗、晉盧无忌

---

① 武億：《金石三跋》一跋卷3《後魏太公呂望碑》，第15頁b—16頁a。
② 盧无忌：《呂望表》，北京圖書館金石組編：《北京圖書館藏中國歷代石刻拓本彙編》第2冊，第53頁。
③ 顧炎武：《金石文字記》卷2，華東師範大學古籍所整理，黃珅等主編：《顧炎武全集》第5冊，第253—254頁；朱彝尊：《曝書亭集》卷48《晉汲縣齊太公二碑跋》，第3頁a。

立《齊太公碑》以爲汲縣人者誤。①

贊成盧无忌碑文說者有武億《金石三跋》、王昶《金石萃編》、錢儀吉《衍石齋記事續稿》、楊守敬《壬癸金石跋·晉太公呂望表跋》、孫俊卿《姜太公的籍貫在衛輝》等。

武億《金石三跋》一跋卷三《晉盧无忌建太公表》曰：

> 太公既生居是土，迫近朝歌之墟，不堪其困，然後辟居于東，則汲固其邑里，海曲乃流寓耳。碑溯其始，而閻氏詆以爲誤，不亦甚歟？②

王昶《金石萃編》按語曰：

> 酈氏《水經注》亦云："太公，河內汲人。"正與碑合。公墓在汲，良可信也。③

錢儀吉《衍石齋記事續稿·跋太公呂望表》曰：

> 此《表》太康十年立，時代相接，舊聞相承，太公之爲汲人也信。《太史公書》本之《孟子》，《孟子》但言辟紂而居東海，未嘗謂爲東海之人也。予則正以辟紂之文而益信其爲汲人。蓋汲近朝歌，太公不欲爲紂用，故辟而東走耳。④

楊守敬《壬癸金石跋·晉太公呂望表跋》曰：

---

① 閻若璩：《四書釋地續·北海東海》，《皇清經解》卷21，第12頁b。
② 武億：《金石三跋》一跋卷3《晉盧无忌建太公表》，第6頁b—7頁a。
③ 王昶：《金石萃編》卷25，第7頁a—11頁b。
④ 錢儀吉：《衍石齋記事續稿》卷6《跋太公呂望表》，第15頁a、b。

《孟子》明云："太公避紂，居東海之濱。"汲縣逼近朝歌，故避之東海。若本爲東海人，何庸避之？是謂海曲爲太公所避之地則可，謂爲所出之地則不可。①

(四) 吕望的年紀

盧无忌《齊太公呂望表》曰：

其《紀年》曰："康王六年，齊太公望卒。"參考年數，蓋壽百一十餘歲。②

然王應麟《困學紀聞》、顧炎武《金石文字記》、葉奕苞《金石錄補》、朱彝尊《曝書亭集》、凌揚藻《蠡勺編》並以爲非。王應麟《困學紀聞》曰：

《金石錄》："汲縣《太公碑》云：晉太康二年，得竹策之書。其《紀年》曰：'康王六年，齊太公望卒。'參考年數，蓋壽一百一十餘歲。"今按《書·顧命》云"齊侯呂伋"，則成王之末伋已嗣太公爲齊侯矣。③

顧炎武《金石文字記》曰：

《表》云："其《紀年》曰：康王六年，齊太公望卒。蓋壽百一十餘歲。"宋王應麟《困學紀聞》謂："《尚書·顧命》稱齊侯呂伋，則成王之末伋已嗣太公爲齊侯。"以太公爲康王時卒

---

① 楊守敬：《晉太公呂望表跋》，《壬癸金石跋》，謝承仁主編：《楊守敬集》第 8 册，第 1009—1010 頁。
② 盧无忌：《呂望表》，北京圖書館金石組編：《北京圖書館藏中國歷代石刻拓本彙編》第 2 册，第 53 頁。
③ 王應麟著，翁元圻輯注：《困學紀聞注》卷 8《孟子》第 4 册，第 1148 頁。

者，非矣。開寶中詔修先代帝王祠廟而以鬻熊配文王，召公配武王，周公、唐叔配成王，太公、畢公配康王，蓋因此碑而誤。①

葉奕苞《金石録補》曰：

《尚書·顧命》有"齊侯吕伋"，使太公望在，安得不叙于召公之前而稱伋乎？《紀年》所謂康王六年卒者謬。②

朱彝尊《晉汲縣齊太公二碑跋》論太公年紀：

按李白詩云："朝歌屠叟辭棘津，八十西來釣渭濱。"而韓嬰《詩外傳》稱文王舉太公時，公年七十二，與李詩不合。无忌《表》曰："康王六年，齊太公望卒。"按《尚書·顧命》有"齊侯吕伋"文，則伋已嗣公爲侯，非卒于康王時也。然則金石之文亦有不足信者。③

凌揚藻《蠡勺編·太公年壽》曰：

汲縣西門太公廟有《太公吕望表》，晉太康十年立石。其《紀年》謂："康王六年，齊太公望卒。"蓋壽百一十餘歲。案《説苑》："吕望年七十，釣於渭渚。他書多言八十。西伯載與俱歸，立爲師。"其歲月雖不可考，然紂十一祀丁巳，囚西伯於羑里，《史記》言散宜生、閎夭招吕尚，三人獻美女、奇物於紂，贖西伯。至紂二十四祀丙寅，西伯薨。明年，子發嗣。又

---

① 顧炎武：《金石文字記》卷2，華東師範大學古籍所整理，黄珅等主編：《顧炎武全集》第5册，第253—254頁。
② 葉奕苞：《金石録補》續跋卷5，《續修四庫全書》第901册，影印清道光二十四年别下齋刻本，第300頁下欄。
③ 朱彝尊：《金石文字跋尾》卷3《晉汲縣齊太公二碑跋》，第3頁b—4頁a。

十三年己卯，乃伐紂。至十九年乙酉，崩。丙戌成王立，在位三十七年，壬戌崩。癸亥，康王立。《表》言六年太公卒，是歲在戊辰。合計之，當百有五十餘歲。《困學紀聞》謂："《尚書·顧命》稱'齊侯吕伋'，則成王之末伋已嗣太公爲齊侯。"以太公爲康王時卒者，非也。然則太公當不下百二三十歲人矣。①

盧文弨《北魏汲縣齊太公廟碑跋》以爲碑文是，其文曰：

朱竹垞引李白詩"朝歌屠叟辭棘津，八十西來釣渭濱"，而《韓詩外傳》稱文王舉太公時公年七十二，兩者不合。无忌《表》曰："康王六年，齊太公望卒。"按《尚書·顧命》有"齊侯吕伋"文，則伋已嗣公爲侯，非卒於康王時也。竹垞之言云爾。余案：无忌明據《竹書紀年》之文，非得之流傳也。周公封魯，太公封齊，皆其子之國，而身留京師，故有三年報政之語。周公在而有魯公伯禽，寧太公在而不可有齊侯伋乎？竹垞譏之，非是。特太公遇文王之年，諸家所紀七十爲多，但不知定當文王何年。計武王即位元年至康王六年已六十二年，公遇文王縱晚，亦須在前數年，即以《外傳》所説計之公之壽已百三十有餘矣。而无忌之《表》云"蓋壽百一十餘歲"，然則公之遇文王疑不過在五十時，公之女爲武王后，以此參證，不應乃在耋齒。孟子言太公聞文王善養老，來歸。若五十内外，不宜即言老。然人情每預爲晚歲之計者亦多矣，豈必當年即已需養乎？況太公非沾沾僅爲一身計者，其慕文王仁政之美，亦必不專在一節。故愚以爲孟子所言，正不可膠執以爲七十之確証。②

---

① 凌揚藻：《蠡勺編》卷7《太公年壽》，伍崇曜輯：《嶺南叢書》六集，第125頁。
② 盧文弨：《抱經堂文集》卷15《跋八·北魏汲縣齊太公廟碑跋》，《盧文弨全集》，第280—281頁。

鄭業斆《讀笑齋金石攷略·修太公廟碑》又質疑盧文弨說：

　　碑前錄盧无忌《表》云："康王六年，齊太公望卒。"王深寧、朱錫鬯引《尚書·顧命》有"齊侯呂伋"文，言伋已嗣爲齊侯，非卒於康王時。而盧抱經題跋則云："周公封魯，太公封齊，皆其子之國，而身留京師，故有三年報政之語。周公在，而有魯公伯禽，甯太公在，而不可有齊侯呂伋乎？"其說甚辨。但成王大漸屬嗣王於羣侯，其時召公、芮伯、彤伯、畢公、衛侯、毛公皆在，豈有元老如太公身居京師而獨不與者？揆之情事，殆不其然。總之竹書不可據，是碑既誤信之，後人又必從而爲之說，終未見其能通也。①

姜亮夫《殷周三巨臣考》曰：

　　又《竹書》載康王六年，齊太公薨。按此說亦至不可信。紂三十一年，文王得呂尚，以爲師（詳後），至是凡六十六年，若得望年已七十以上，則此時當得年百四十至百六十歲，恐無此理。則疑康王六年或當是成王六年之誤。②

案：學者意見不一，當考。
（五）《周志》的性質
學者對於《周志》的性質意見不一，主要有六種觀點。
1. 古史《周志》
王應麟《玉海·藝文·古史·周志》曰：

　　《金石錄》："《晉太公碑》曰：太康二年，得竹策書，書藏

---

① 鄭業斆：《獨笑齋金石攷略》卷4，《續修四庫全書》第901冊，第409頁上、下欄。
② 姜亮夫：《殷周三巨臣考》，王仲犖主編：《歷史論叢》第2輯，第113頁。

之年當秦坑儒之前八十六歲。其《周志》曰:'文王夢天帝曰:昌,賜汝望。'"①

郭孔延《史通評釋·內篇·採撰》曰:

夫邱明授經立傳,廣包諸國。蓋當時有周《志》、晉《乘》、鄭《書》、楚《杌》等篇,遂乃聚而編之混成一録。……
評曰:採撰當博蹯駁,當擇是此篇大旨,故自丘明、孟堅而下,子玄都無取焉。
《左》文二晉狼瞫曰:"《周志》有之:'勇則害上,不登於明堂。'"《注》:"《周書》也。"《疏》:"周之志記。"
《金石録》:"《晉太公碑》曰:太康二年,得竹策書,書藏之年當秦坑儒之前八十六歲。其《周志》曰:文王夢天帝曰:昌,賜汝望。"②

案:郭孔延《史通評釋》將《左傳》引《周志》、《金石録》引《周志》並列,以爲同也。

嚴可均輯《全上古三代秦漢三國六朝文》曰:

《周志》

勇則害上,不登於明堂。(《左傳》文二年引《周志》有之,注:"《周志》,《周書》也。"案:見《周書·大匡解》。)
文王夢天帝服玄禳以立於令狐之津。帝曰:"昌,賜汝望。"文王再拜稽首,太公於後亦再拜稽首。文王夢之夜,太公夢之亦然。其後文王見太公而訊之曰:"而名爲望乎?"荅曰:"唯,爲望。"文王曰:"吾如有所見於汝。"太公言其年月與其日,且

---

① 王應麟:《玉海》卷46《藝文·古史·周志》第2冊,第854頁下欄。
② 劉知幾撰,郭孔延評釋:《史通評釋》卷5《內篇·採撰》,第3頁b—4頁a。

盡道其言："臣此以得見也。"文王曰："有之，有之。"遂與之歸，以爲卿士。晉太康十年，汲縣《齊太公廟碑》引《周志》。

《汲冢瑣語》 謹案：《晉書·束晳傳》："初太康二年，汲郡人不準盜發魏襄王墓，或言安釐王冢，得竹書數十車，其《瑣語》十一篇，諸國卜夢妖怪相書也。"《隋志》：《古文瑣語》四卷，《汲冢書》。《舊新唐志》同，宋以後不著錄。今輯羣書引見，省併復重，得二十五事，彙爲一篇，至《穆天子傳》，《竹書紀年》，俱汲冢古文，見存不錄。①

案：嚴可均《全上古三代秦漢三國六朝文》將盧无忌碑所引《周志》與《左傳》所引《周志》並列，仍是重復王應麟之認識，不明此《周志》乃屬《瑣語》也。

2. 汲冢遺逸

陳霆《兩山墨談》以爲《周志》乃汲書所逸之舛編：

碑之云云，謂本之《周志》。《周志》今不可見，意汲書所逸之舛編也，豈足多信？②

萬斯同《羣書疑辨·書晉書束晳傳後》以爲《周志》乃汲冢未焚者而遺逸者：

乃至《太公碑》所載遇文王事，實據汲塚《周志》，而《束晳傳》備列諸書，獨無所謂《周志》者，則知當時焚毀者固多，其未焚而遺逸者當亦不少也。③

3. 不明

孫之騄《考定竹書》引"竹書《周志》"，不明所屬。④ 俞正燮

---

① 嚴可均輯：《全上古三代文》卷15《古逸》，《全上古三代秦漢三國六朝文》，第8頁a、b。
② 陳霆：《兩山墨談》卷4，第8頁a、b。
③ 萬斯同：《羣書疑辨》卷9《書晉書束晳傳後》，清嘉慶二十一年刻本，第7頁b。
④ 孫之騄：《考定竹書》卷7，第20頁b。

《癸巳存稿》不知碑引《周志》是何篇。① 孫星衍《三國六朝金石記》論《周志》之性質（王昶《金石萃編·齊太公呂望表》引），以爲《逸周書》不出於汲冢：

> 案此碑稱：太康二年，盜發冢出《周志》。即所謂汲冢周書也。其詞有"文王夢天帝"云云。今不在《逸周書》中，可證知後人以《逸周書》爲汲冢所出之謬矣。②

魯迅《中國小説史略·神話與傳説》曰：

> 漢應劭説，《周書》爲虞初小説所本，而今本《逸周書》中惟《克殷》、《世俘》、《王會》、《太子晉》四篇，記述頗多誇飾，類於傳説，餘文不然。至汲冢所出周時竹書中，本有《瑣語》十一篇，爲諸國卜夢妖怪相書，今佚，《太平御覽》間引其文；又汲縣有晉立《呂望表》，亦引《周志》，皆記夢驗，甚似小説，或《虞初》所本者爲此等，然別無顯證，亦難以定之。③

案：亦不明《周志》的性質。

4. 汲冢《瑣語》

陳逢衡《竹書紀年集證》曰：

> 文王夢天帝服（元）〔玄〕纕以立於令狐之津，帝曰："昌，賜汝望。"文王再拜稽首。文王夢之之夜，太公夢之亦然。其後文王見太公而訊之曰："而名爲望乎？"答曰："唯。"文王曰："吾如有所見於汝。"太公言其年月與其日，且盡道其言。"臣以

---

① 俞正燮：《癸巳存稿》，安徽古籍叢書編審委員會編纂：《俞正燮全集》第 2 册，第 389—390 頁。
② 王昶：《金石萃編》卷 25《齊太公呂望表》，第 11 頁 a。
③ 魯迅：《魯迅全集（編年版）》第 2 卷（1920—1924）《中國小説史略》，第 380 頁。

此得見也。"文王曰："有之，有之。"遂與之歸，以爲卿士。

衡案：此一百零三字見孫之騄本，得呂尚以爲師下註引竹書《周志》云云。又《通雅》引《周志》（元）〔玄〕纁作（元）〔玄〕穰，説見前《集説》。嗚乎！此真《璅語》之文矣。方以智曰："汲冢、楚冢今不能分，故有《璅語》亂《竹書》之疑。"斯言洵讀《紀年》者之龜鑑哉！①

洪頤煊《經典集林·汲冢瑣語》曰：

文王夢天帝服玄穰以立於令狐之津。帝曰："昌，賜汝望。"文王再拜稽首，太公於後亦再拜稽首。文王夢之夜，太公夢之亦然。其後文王見太公而訊之曰："而名爲望乎？"答曰："唯，爲望。"文王曰："吾如有所於見汝。"太公言其年月與其日，且盡道其言。"臣此以得見也。"文王曰："有之，有之。"遂與之歸，以爲卿士。晉太康十年汲縣《齊太公廟碑》引《周志》。②

楊守敬《壬癸金石跋·晉太公呂望表跋》略論《周志》屬《瑣語》：

此《碑》引汲冢書有"其《周志》"云云，語殊怪誕。今不見《逸周書》中，尤其明證。然《束晳傳》亦無《周志》之目，惟有"《瑣語》十一篇，〔諸〕國卜夢妖怪相書也"。此《周志》言太公遇文王，皆以夢合，似《周志》當即《瑣語》之一篇。③

---

① 陳逢衡：《竹書紀年集證》卷50，第39頁a、b。
② 洪頤煊：《經典集林》卷9，《洪頤煊集》第5冊，第2349頁。
③ 楊守敬：《晉太公呂望表跋》，《壬癸金石跋》，謝承仁主編：《楊守敬集》第8冊，第1009—1010頁。

5. 《六韜》或《周考》《周說》《周書》

王重民《周書考》曰：

現在我要把《呂望表》和原本《六韜》所引的《周志》，和《漢志》小說家的《周考》《周說》《周書》，雖不敢斷定他們一定是一部書，但把他們歸併成一類或同書異名，或前後相因，大概是比較近情理的。①

6. 《周書》（《逸周書》）

孫詒讓《籀廎述林·周書斠補序》曰：

《周書》七十一篇，《七略》始箸錄。自《左傳》以逮墨、商、韓、呂諸子，咸有誦述。雖雜以陰符，閒傷詭駁，然古事古義多足資攷證，信先秦雅記壁經之枝別也。《隋》、《唐志》繫之汲冢，致爲疏舛。《晉書》記荀勖、束晳所校汲冢古文篇目，雖有《周書》，與此實不相涉。今汲縣晉石刻《大公呂望表》引竹書《周志》"文王夢天帝服玄禳以立于令狐之津"云云。迺真汲冢所得《周書》，以七十一篇書校之，文例殊異，斯其符譣矣。②

陳夢家《六國紀年》曰：

言楚、晉事的《國語》從不見引，而汲冢的《周書》據見引的四條而觀，皆與楚事無涉。《呂大公望表》引《周志》"文王夢天帝"一條，《文選·思玄賦》注引《古文周書》"周穆王姜后畫寢而孕"一條（亦見引于《繹史》卷二六），《文選·赭

---

① 王重民：《周書考》，《冷廬文藪》，第44頁。
② 孫詒讓：《籀廎述林》卷5，《孫詒讓全集》，第153頁。

白馬賦》注引《古文周書》"穆王田"一條，宋劉敞《稽瑞》引《汲冢周書》"伯杼子往于東海，至于三壽，得一狐九尾"一條。最後一條《山海經·海外東經》郭璞注引作《汲郡竹書》而《路史·後紀十四》注及《通鑑前編舉要》引以爲《紀年》。《文選·思玄賦》注及《繹史》卷二六所引一條，明梅鼎祚《文紀》引作《汲冢師春》。杜預《後序》引《紀年》"伊尹即位七年……而中分之"，胡三省《通鑑注》以爲《師春》。①

蔣善國《尚書綜述》曰：

三、汲冢周書或周書一名周志

《汲冢竹書》裏面的《周書》又叫作《周志》。晉《太公望廟表》引出土竹書的《周志》説：

> 齊太公呂望者，此縣人也。……太康二年，縣之西偏，有盜發冢，而得竹策之書，書藏之年，當秦坑儒之前八十六歲。其《周志》曰："文王夢天帝，服玄禳，以立於令狐之津。帝曰：昌！賜汝望。文王再拜稽首，太公於後，亦再拜稽首。文王夢之夜，太公夢之亦然，其後文王見太公而計之曰：而名爲望乎？答曰：唯！爲望。文王曰：吾如有所見汝。太公言其年月與其日，且盡道其言，臣此以得見也。文王曰：有之，有之。遂與之歸，以爲卿士。"

這個廟表是太康十年三月汲縣縣令盧無忌所立，上離太康二年竹書出土只幾年的光景，所引《周志》就是汲冢出土的，不過《束晳傳》裏面並没有這部書的名稱，只在雜書十九篇裏面有"《周書》"這個名稱。清孫詒讓在《周書斠補自序》裏面説："今汲縣晉石刻《太公呂望表》引竹書《周志》'文王夢天帝服玄禳以立於令狐之津'云云，乃真汲冢所得《周書》。"所

---

① 陳夢家：《六國紀年表叙》，《六國紀年》，《西周年代考·六國紀年》，第72頁。

説的十分正確。同時也有人把《漢志》所著録的七十一篇《周書》也叫作《周志》。《左氏》文公二年《傳》説："《周志》有之：'勇則害上，不登於明堂。'"晉杜預注説："《周志》，《周書》也。"今《逸周書·大匡解》有這兩句，只是"則"字作"如"，"不"字上有"則"字，略有差異罷了。故不論汲冢所出的《周書》或《漢志》所著録的七十一篇《周書》，都有人叫作《周志》。《太公望廟表》所引《周志》，不見今《逸周書》，可能是在《程寤》以下八篇亡書裏面。這八篇前後都記文王事，《太公望廟表》所引這篇《周志》，正是記文王遇太公事。①

案：蔣善國《尚書綜述》從孫詒讓《周書斠補自序》説，以爲《周志》即《逸周書》也。

二 關於《齊太公呂望表》的書法藝術

錢大昕《潛研堂金石文跋尾》據乾隆時黃小松所拓的上截碑文：

　　字畫頗古雅，不似東魏之率易。②

趙紹祖《金石續鈔·晉立太公呂望表》曰：

　　右晉立《太公呂望表》，盧无忌撰，表後有銘。八分書，猶有漢意。③

---

① 蔣善國：《尚書綜述》，第437頁。
② 錢大昕：《潛研堂金石文跋尾》卷2《太公呂望表》，《嘉定錢大昕全集》（增訂本）第6册，第47頁。
③ 趙紹祖：《金石續鈔》卷1，第3頁a—5頁b；趙紹祖：《古墨齋金石跋》卷2，《趙紹祖金石學三種》，第329頁。

第二章 《齊太公呂望表》學術史與本書的研究方法　189

馮雲鵬、馮雲鵷輯《金石索》石索五錄碑文，《晉汲縣太公表》後跋曰：

> 晉人競尚清譚，寫行艸，古法淪亡。是刻在晉初年，文詞典雅，隸法方整，當爲晉碑之冠。①

包世臣《藝舟雙楫》曰：

> 《呂望》翩仙接《乙瑛》，峻嚴《孔羡》毓《任城》。歐徐倒置滋流弊，具體還應溯巨卿。
> 　西晉分書有《太公望》、《任城太守孫夫人》二碑，雖峻逸殊科，而皆曲折頓宕，姿致天成。至率更法《任城》，會稽法《呂望》，惟於波發注意，其牽引環轉處，多行以今隸之法，中郎洞達之風息已。②

案：包世臣《藝舟雙楫》認爲《呂望表》翩仙接《乙瑛碑》，其曲折頓宕，姿致天成。又爲會稽所師法。

同治六年，楊守敬《激素飛青閣評碑記》曰：

> 《太公呂望表》分書。分額。太康十年三月。
> 　是碑雖變漢人體格，而一種古茂峭健之致，撲人眉宇，以之肩隨漢魏，良無愧也。
> 　自此以後，北魏失之儉，北齊失之豐，隋以下蕩然矣。③

楊守敬《學書邇言·評碑》曰：

---

① 馮雲鵬、馮雲鵷輯：《金石索》石索五，第1622頁。
② 包世臣：《藝舟雙楫》，《包世臣全集》，第385頁。
③ 楊守敬：《激素飛青閣評碑記》卷2《太公呂望碑》，《楊守敬集》第8冊，第554頁。

晉人分書，如《孫夫人》、《太公吕望表》，繼述漢人，應規入矩，未可以時代爲軒輊。①

劉熙載《藝概·書概七六》曰：

晉隸爲宋、齊所難繼，而《孫夫人碑》及《吕望表》尤爲晉隸之最。論者以其峻整超逸，分比梁、鐘，非過也。②

昭和四十二年（1967年），真田但馬、宇野雪村《中國書道史》曰：

《齊太公吕望表》晉太康十年（289）　河南汲縣
這是末孫盧无忌爲了讚頌齊太公吕望之德而建立的。其字體汲取了漢隸正統派的風格，其書風與魏的《受禪表》等近似。③

三　關於《齊太公吕望表》的碑文與拓本的演變與鑑定

清末以來，《齊太公吕望表》的碑文與拓本的演變成爲學者探討的一大課題。《齊太公吕望表》拓本斷代始於清末，方若可作爲代表人物。民國以來，學者探討此問題者漸多，而意見不合。

方若《校碑隨筆》曰：

是碑明拓已中斷，然多三字，如第二行有"盜發冢"之"冢"字、第三行"文王夢天帝服□襓以立於令狐之津"之"服"字、第九行"垂示無窮者矣"之"者"字未泐。既刻嘉

---

① 楊守敬：《學書邇言》，《楊守敬集》第8册，第481頁。
② 劉熙載撰，袁津琥校注：《藝概注稿》卷5《書概》，第679頁。
③ ［日］真田但馬、宇野雪村：《中國書法史》，上册，第29頁。

慶四年跋後，當第十四行、十五行，至十九行無一上一下裂紋二道，較近拓尚勝。近拓則此二道裂紋損及"德寅弥山莫分生迸隤"九字。按嘉慶二跋，一刻在第二十行空半之上，一刻在第二十行之後一行。①

案：《校碑隨筆》載明拓本、嘉慶刻跋拓本、近拓（清末）之不同，是將《齊太公吕望表》傳世拓本區别爲三個階段。"德寅弥山莫分生迸隤"之"分"，實乃"介"字。

歐陽輔《集古求真·太公吕望表》亦據方若《校碑隨筆》之斷代，表述全同：

> 是《表》明已中斷，第二行發冢"冢"字，三行"天帝"下"服"字，九行者矣"者"字皆未泐。嘉慶四年，刻二題記於後，然無裂紋，近則自十四行至十九行之間，有裂紋二道，侵損"德寅弥山莫分生迸隤"九字。②

羅振玉《雪堂所藏金石文字簿録》區别明拓本、清精拓本、《金石萃編》所據拓本，所論甚精當：

> 《齊太公吕望表》明拓本
> 此《表》舊拓本，碑額"齊大公吕望表"六字，"齊"字皆失拓，予所藏兩明拓皆然，《金石萃編》亦但作"大公吕望表"，是其所據舊本，亦未拓"齊"字也。此碑明時横斷爲二，後又於横斷處裂爲二，今遂成四石。以此本校勘之，"有盜發冢"之"冢"字，此本但損末筆少許，今則將泐盡。"夢天帝

---

① 方若：《校碑隨筆》，清宣統二年天津中東石印局手鈔石印本；方若原著，王壯弘增補：《增補校碑隨筆》，第194頁；方若原著，王壯弘增補：《增補校碑隨筆》（修訂本），第127—128頁。
② 歐陽輔：《集古求真》卷10《太公吕望表》，第4頁b。

服玄襮",此本"服"字完好,今本泐盡。"來爲汲令"之"令"字,此本筆筆明晰,今本漫没。"囗德玄通"之"德"字,此全完好,今本但存少許。"遂作心膂,寅亮天工",今本"心"字全泐,"膂寅"二字存右少半,此本均完。"聲烈弥洪"之"洪"字,此本完好,今本泐盡。"般豀之山",今本"般"字全泐,"山"字泐太半,此本均完好。"報以介福","以介"二字之間,此本完好,今本横裂,近人謂"介"字已泐,非也。近人又誤書"介"爲"分"。"蜂囗遠迸"之"迸"字,此本完好,近拓將泐盡。"無隕兹令"之"隕"字,此本完好,今本"(亦)〔隕〕"字上有斜裂紋矣。此本前有莫子偲題籤。

又明拓本

此亦明拓,存字與前本同,予以近拓碑陰附裝入。此碑《金石萃編》所録多脱誤,今依兩本及近拓之精者比勘,得補正十三字。額"齊大公吕望表",《萃編》失"齊"字。"大晉受命"句下,乃"吴囗囗平",謂吴蜀盪平也,《萃編》失"吴平"二字。"囗得竹策之書","得"上一字不可辨,《萃編》未空格。"夢天帝服玄襮",《萃編》失録"玄"字。"垂示無窮者乎",《萃編》"乎"字誤作"矣"。"言名計偕,鑴石勒表",《萃編》失録"言鑴石表"四字。"上帝既命",《萃編》失録"既"字。"蜂囗遠迸",《萃編》失録"蜂"字,"蜂"下一字,尚見末筆,乃戈之下半,當是"賊"字。"無隕兹令",《萃編》失録"隕"字。①

王壯弘《增補校碑隨筆》載《齊太公吕望表》不同時期拓本的詳細情况,區分爲明末清初拓本、近百年拓本。嘉慶四年刻跋,道光時尚好,近拓損甚。

---

① 羅振玉:《雪堂所藏金石文字簿録》,第59頁b—60頁b。

第二章 《齊太公呂望表》學術史與本書的研究方法　193

《齊太公呂望表》

此石明時橫斷爲二，後又於橫斷處直裂爲二，遂成四石。

見李木公藏羅叔言舊藏本，乃明末清初時所拓。

二行"冢"字但損末筆，三行"服"字完好，十四行"德玄通"之"德"字完好，十五行"遂作心脀寅亮天工"之"心脀寅"三字完好，十六行"般豀之山"之"般山"二字完好，十七行"報以介福"之"以介"二字之間完好，十八行"遠迸"之"迸"字完好，十九行"無隕兹令"之"隕"字完好。

近百年拓本，"冢"字大損，"服"字泐盡，"德"字損大半，"心脀寅"三字，"心"字泐盡，"脀寅"二字損大半；"般"字泐盡，"山"字損大半，"以介"二字間有橫裂痕，"迸"字損大半，"隕"字有斜裂紋。

碑末，嘉慶四年李元滬、李震二跋，道光時拓尚完好，近拓損甚。

若上截十六行"聲烈弥洪"之"洪"字未損者，也稍舊拓本。

愛儷園《慈淑樓叢帖》珂瓓版印。明拓本。①

王壯弘《崇善樓筆記》記載羅振玉所藏《齊太公呂望表》一明拓本情況：

《太公呂望表》

此册也爲羅振玉舊藏，羅氏《雪堂金石文字簿録》中載之，碑額"齊太公呂望表"之"齊"字皆失拓，此本也無之。碑明時已橫斷爲二，後再裂爲四，此册已斷爲二，但碑文內"有盗發冢"之"冢"字，但損末筆。"夢天帝服玄纕"，此本"服"

---

① 方若原著，王壯弘增補：《增補校碑隨筆》，第195頁；方若原著，王壯弘增補：《增補校碑隨筆》（修訂本），第128頁。

字完好,"遂作心脊寅亮天工"之"心脊寅"三字均完好,"聲烈弥洪"之"洪"字完好,"般豀之山""般山"二字完好,"報以介福"之"以介"二字之間未裂,"蟀□遠迚"之"迚"字完好,今本以上所舉之處均已泐損;此本墨色濃重,碑文考據處均有羅氏"✠"斧狀小印。爲李木公所得,今歸吳門劉氏。余按拓墨及損泐之字乃明末拓本(慈淑樓曾影印)。①

案:王壯弘《增補校碑隨筆》《崇善樓筆記》所記即羅振玉《雪堂所藏金石文字簿録》"齊太公吕望表明拓本"。

張彦生《善本碑帖録》記載明拓與近拓的區别及明拓本的收藏情況:

> 明拓本第二行上截"有盜發冢","發冢"二字完好,三行"夢天帝服","服"字完好,九行"無窮"下"者"字完好(圖八)。黄易獲石初拓本,末刻嘉慶四年李元漍等跋。十四行下截斷處"德"字,後至十八行斷處,共缺十二字。稍舊拓十六行上截"弥"下"洪"字完好,十七行"(英)〔莫〕"字,十八行"生"字、十九行"陨茲"二字,斜裂一道,損及跋"汲擧"、"嘉"等字。中國歷史博物館、故宮博物院、陳文伯均藏有明拓濃墨本。上海劉惠之舊藏無跋。整張淡墨爲況周頤藏。②

馬子雲、施安昌《碑帖鑑定》以黄小松舊藏爲主要依據,訂正《校碑隨筆》:

> 《齊太公吕望表》碑 隸書,碑陽廿行,行三十字。碑陰四

---

① 王壯弘:《崇善樓筆記》,第72頁。
② 張彦生:《善本碑帖録》,第51頁。

列，上二列清晰，下二列漫漶，碑額隸書陰文六字。太康十年（289）三月。在河南汲縣。《校碑隨筆》云："明拓本已斷，較嘉慶四年刻（1799）跋本多三字，即二行'有盜發冢'之'冢'字，三行'天帝服'之'服'字，九行'無窮者'之'者'字。"此本子尚未一見。近見一康乾間拓本，爲黄小松舊藏，有"小松所得金石"印。碑陰四列，碑陽後未刻跋，較嘉慶四年刻跋之拓本尚多二十字。即十四行"德"字，十五行"脊寅"二字，十六行"洪般谿之山"五字。十七行"敬報以介福惠"六字與"天命嘉生"之"生"字。十八行"□遠迸迄"四字，十九行"無隕兹命"之"隕"字。刻嘉慶四年跋之初拓本與乾隆年拓同。《校碑隨筆》云，近拓十四至十九行裂紋損及"德、寅、弥、山、莫、分、生、迸、隕九字"。此説有待商榷。如以近拓論，即清末拓，"德、寅"等二十字皆已損泐，決非其九字。如是刻嘉慶年跋本，又將"寅"字上之"脊"字遺漏。"弥"字至今尚存，不應列其九字未損之中。"莫"字至道光始損。"介"字誤釋爲"分"字。所記有誤，釋文又錯。然後裂二道在道光年，故嘉慶四年刻跋未裂。如十四行"德"字至十九行"隕"字等已損是在清末。此時"脊寅"二字下之"亮"字尚完好。近年顧鼎梅《河朔碑記》記之拓本"亮"字已泐，碑陰只拓上二列，拓側一小段，字漫漶不清。①

案：馬子雲、施安昌《碑帖鑑定》探研《齊太公吕望表》不同拓本文字之差别，區分爲明拓本（未見）、康乾間拓本、乾隆拓本、刻嘉慶四年跋拓本、道光拓本、近年拓本。所記載黄小松舊藏《吕望表》拓本爲故宫所收藏。結合《吕望表》碑史及黄小松履歷，黄小松舊藏《吕望表》拓本應屬乾隆五十六年或嘉慶元年所拓，而不是《碑帖鑑定》推定的"康乾間拓本"。

---

① 馬子雲、施安昌：《碑帖鑑定》，第106—107頁。

仲威《中國碑拓鑑別圖典》陳述《吕望表》明清拓本之不同：

明拓本

二行"有盜發冢"之"冢"字未泐。

三行"文王夢天帝服□襐以立於令狐之津"之"服"字未泐。

九行"垂示無窮者矣"之"者"字未泐。

僅據舊説，筆者未見明拓。

乾嘉拓本（重新出土後初拓本）

二行"有盜發冢"之"冢"字末筆稍損。

三行"文王夢天帝服□襐以立於令狐之津"之"服"字右半下泐連石花。

九行"垂示無窮者矣"之"者"字未泐。

國家圖書館藏有整紙拓本，係乾嘉初拓本。（參見插圖一）

嘉慶拓本

嘉慶四年（1799）刻李元滬、李震二跋（李元滬隸書跋刻兩行，在碑之上段二十一行、二十二行處，李震楷書刻跋兩行在下段末行年款左側）。（插圖三、四）中斷線下十四行至十八行無其他裂痕，以下諸字皆見存，如：十四行"德玄通"之"德"字，第十五行"遂作心膂寅亮天工"之〔心〕膂寅"三字，十六行"般谿之山"四字，十七行"敬報以介福"之"敬報以"三字，十八行"遠迸"兩字。（插圖五，封照插圖六、插圖八）

道光拓本

二行"有盜發冢"之"冢"字泐下大半。

三行"文王夢天帝服□襐以立於令狐之津"之"服"字全泐。

九行"垂示無窮者矣"之"者"字泐下半。

中斷線下十四行至十八行，增裂一道，裂紋線貫穿十四行

"德玄通"之"德"字,第十五行"遂作心脣寅亮天工"之"寅"字,十六行"般豀之山"之"山"字,十七行"敬報以介福"之"以介"二字間,十八行"遠迸"之"迸"。(插圖六)另,自第十五行"遂作心脣寅亮天工"之"心"字起,至十九行"無隕茲令"之"隕"字斜裂一道。十六行"聲烈弥洪"之"洪"字泐,十九行"無隕茲令"之"隕"字上有裂紋。(參見插圖六)

清末拓本

第二行"有盜发冢"之"冢"字全泐。(插圖七)

中斷線下十四行至十八行,兩條裂紋中一大塊石面剝泐,泐去十餘字,如:十四行"德玄通"之"德"字,第十五行"遂作心脣寅亮天工"之"心脣寅"三字,十六行"般豀之山"四字,十七行"敬報以介福"之"敬報以"三字,十八行"遠迸"兩字。(插圖八、九)①

案:仲威《中國碑拓鑑別圖典》分爲明拓本、乾嘉拓本(重新出土後初拓本)、嘉慶拓本、道光拓本、清末拓本等時期,與馬子雲、施安昌《碑帖鑑定》大體相同。仲威以爲學者以往原定爲明拓本者(國家圖書館藏顧千里舊藏本、陳文伯舊藏本等)屬於乾嘉初拓本,故實際上將所有拓本歸爲清代,與實際不符。

仲威《魏晉碑刻善拓過眼之六》記羅振玉、李國松遞藏拓本,以爲屬乾嘉拓本,即重新出土後初拓本。仲威《魏晉碑刻善拓過眼之六》記羅振玉、李國松遞藏拓本,以爲屬乾嘉拓本,即重新出土後初拓本。《魏晉碑刻善拓過眼之六》曰:

此册羅振玉、李國松遞藏本,屬乾嘉拓本,即重新出土後初拓本。

---

① 仲威:《中國碑拓鑑別圖典》,第192—197頁。

其版本特徵如下：

二行"有盜發冢"之"冢"字僅末筆稍損，大體完好（圖十）。

三行"文王夢天帝服□襄以立於令狐之津"之"服"字尚存，僅右半下泐連石花。

九行"垂示無窮者矣"之"者"字未泐（圖十一）。

斷線下十四行至十八行無其他裂痕，以下諸字皆見存，如：十四行"當殷之末□德玄通"之"德"字（圖十二），第十五行"遂作心脊寅亮天工"之"〔心〕脊寅"三字（參見圖十二），十六行"般谿之山"四字，十七行"敬報以介福"之"敬報以"三字，十八行"遠進"兩字。

楠木面板有民國十九年（一九三〇）夏五張運題簽："明拓齊太公呂望表，木公先生珍藏。"

册中還鈐有"鳳枝之印"、"殷禮在斯堂"等印章，惜無題跋。册尾有二十世紀五六十年代舊書店標簽，標價四十元。

共九開，册高三十五厘米，寬十八點八厘米。帖芯高二十八厘米，寬十四點六厘米。館藏號：S2487。①

案：此文記載翔實，可信。"鳳枝之印"屬毛鳳枝，"殷禮在斯堂"屬羅振玉。根據學者所記載，此拓本先後歸毛鳳枝、羅雪堂、李國松（木公）、吳門劉氏、上海圖書館所有。仲威以爲顧千里、羅振玉舊藏乃乾嘉拓本。此與事實不符，仍當定爲明拓本。

第三節　本書的研究思路與理論方法

一　學者以往研究存在的主要問題

學者以往對《齊太公呂望表》的研究存在明顯的不足之處：

---

① 仲威：《魏晉碑刻善拓過眼之六》，《書法》2013年第12期，第95—96頁；仲威：《善本碑帖過眼錄》（續編），文物出版社2017年版，第119—120頁。

一是缺乏學術史的把握。清代以來，學者以往都是根據殘破的拓本進行研究，沒有把握晉以來的資料。

1. 對於碑史模糊不清，存在明顯誤記與誤會之處。

2. 關於碑的存放與存亡模糊不清。自明代以來對於《齊太公吕望表》碑的存放、存亡記載不清，訛誤相傳。

二是資料不齊全。清代學者對於明拓、清拓、民國拓本的資料不齊全，近人發現資料很多，但是公佈的資料不夠多。自清以來多據殘碑論書史，故不明之處多，誤解之處亦多。①

三是碑文斷代尚存在分歧。清末以來學者的斷代稍顯疏闊，近人斷代之觀點又有矛盾之處，所以需要重新斟酌。

四是近人多以書法研究此碑，對於碑的内容研究很少。宋明清代學者尚對内容有少量考證，近代以來論書法者遠多於考證内容者。

二　本書的研究思路與理論方法

一是全面搜集資料。自晉代以來的關於《齊太公吕望表》收藏、著録、研究資料盡可能地搜集。

二是把握學術史，校訂訛誤，擇取真實可信的資料。以年代、人物、關係、實録、實物爲脈絡構成系統網。

三是攻關關鍵的學術問題。重點解決《齊太公吕望表》的碑文與拓本的演變問題，成爲清晰認識《齊太公吕望表》拓本的關鍵。

四是充分利用各種資料對《齊太公吕望表》碑文復原。爲今後利用科技手段重新復刻《齊太公吕望表》打下堅實的基礎。

五是探討《齊太公吕望表》内容涉及的重要史實：汲冢出土之年、汲冢的地望、吕望的籍貫、吕望的年紀、《周志》的性質，解決學術疑難問題，顯現《齊太公吕望表》的學術價值與當今社會價值。

---

① 毛遠明：《漢魏六朝碑刻校注》（繁體版）第 2 册，第 294—295 頁。

第 三 章

《齊太公呂望表》拓本摹寫本斷代

第一節　清以來《齊太公呂望表》拓本斷代研究狀況及分析

一　清以來《齊太公呂望表》拓本斷代研究狀況

《齊太公呂望表》拓本斷代始於清末，方若可作爲代表人物。民國以來，學者探討此問題者漸多，而意見不合。茲將諸家意見陳於後。

1. 方若《校碑隨筆》

宣統二年，方若《校碑隨筆》刊。方若《校碑隨筆》曰：

> 是碑明拓已中斷，然多三字，如第二行有"盜發冢"之"冢"字、第三行"文王夢天帝服□禳以立于令狐之津"之"服"字、第九行"垂示無窮者矣"之"者"字未泐。既刻嘉慶四年跋後，當第十四行、十五行，至十九行無一上一下裂紋二道，較近拓尚勝。近拓則此二道裂紋損及"德寅彌山莫分生

第三章 《齊太公呂望表》拓本摹寫本斷代 201

迸陨"九字。按嘉慶二跋，一刻在第二十行空半之上，一刻在第二十行之後一行。①

案：《校碑隨筆》載明拓本、嘉慶刻跋拓本、近拓（清末）之不同，是將《齊太公呂望表》傳世拓本區別爲三個階段。"德寅弥山莫分生迸陨"之"分"，實乃"介"字。

2. 梁啓超《碑帖跋》

民國五年（1916 年）九月，梁啓超於廣州獲何昆玉舊藏《呂望表》。民國六年十二月，記之。《碑帖跋》曰：

> 《晉呂太公表》
> 兹拓無嘉慶四年兩跋，"德寅弥山莫分生迸陨"九字完好，當爲二百年前舊拓，丙辰九月，得自廣州，丁巳十二月校而記之。②

案："德寅弥山莫分生迸陨九字完好"者，據方若《校碑隨筆》而言。"二百年前舊拓"，則爲明末清初拓本（若任公以爲乾隆拓本，當言百年前舊拓）。未言明拓完好的"冢服者"三字，當爲嘉慶四年秋八月刻跋以前拓本。

中國國家圖書館收藏何昆玉、梁啓超遞藏《齊太公呂望表》拓本：

> 北京圖書館藏較佳之另一整幅拓本爲乾隆拓。此本無嘉慶

---

① 方若：《校碑隨筆》，清宣統二年天津中東石印局手鈔石印本；方若原著，王壯弘增補：《增補校碑隨筆》，上海書畫出版社 1981 年版，第 194 頁；方若原著，王壯弘增補：《增補校碑隨筆》（修訂本），上海書店出版社 2008 年版，第 127—128 頁。

② 梁啓超：《碑帖跋》，《飲冰室文集》之四十四（上），《飲冰室合集》第 3 册，中華書局 1988 年版，第 39—40 頁；冀亞平、賈雙喜編：《梁啓超題跋墨蹟書法集》，榮寶齋 1995 年版，第 56 頁。

四年刻跋，爲高要何昆玉、新會梁啓超舊藏，有梁題簽及題跋（民國六年）。並鈐"何伯瑜"、"厯亭寓公"、"飲冰室"、"飲冰室藏"、"新會梁啓超印"、"梁啓超"、"飲冰室藏金石圖書"等印章。①

案：乾嘉拓本，或稱之爲重新出土後初拓本。

3. 歐陽輔《集古求真》

民國十一年（1922年），歐陽輔作成《集古求真》。民國十二年，由開智書局以手稿石印行世。

歐陽輔《集古求真·太公吕望表》比較明拓、嘉慶四年拓、近拓的區別：

> 是《表》明已中斷，第二行發冢"冢"字，三行"天帝"下"服"字，九行者矣"者"字皆未泐。嘉慶四年，刻二題記於後，然無裂紋，近則自十四行至十九行之間，有裂紋二道，侵損"德寅弥山莫分生迸隕"九字。②

案：歐陽輔《集古求真·太公吕望表》亦據方若《校碑隨筆》之斷代，表述全同。

4. 羅振玉《雪堂所藏金石文字簿録》《石交録》

民國十三年（1924年），羅振玉《雪堂所藏金石文字簿録》由東方學會刊。其文曰：

> 《齊太公吕望表》明拓本
> 此《表》舊拓本，碑額"齊大公吕望表"六字，"齊"字

---

① 冀亞平、王巽文：《北京圖書館藏石刻叙録（十一）》，《文獻》第18輯（1983年），第239—240頁；徐自强、吳夢麟：《古代石刻通論》，紫禁城出版社2003年版，第47—48頁。
② 歐陽輔：《集古求真》卷10《太公吕望表》，民國十二年開智書局石印本，第4頁b。

皆失拓，予所藏兩明拓皆然，《金石萃編》亦但作"大公吕望表"，是其所據舊本，亦未拓"齊"字也。此碑明時橫斷爲二，後又於橫斷處裂爲二，今遂成四石。以此本校勘之，"有盜發冢"之"冢"字，此本但損末筆少許，今則將泐盡。"夢天帝服玄纕"，此本"服"字完好，今本泐盡。"來爲汲令"之"令"字，此本筆筆明晰，今本漫没。"□德玄通"之"德"字，此全完好，今本但存少許。"遂作心脊，寅亮天工"，今本"心"字全泐，"脊寅"二字存右少半，此本均完。"聲烈彌洪"之"洪"字，此本完好，今本泐盡。"般豀之山"，今本"般"字全泐，"山"字泐太半，此本均完好。"報以介福"，"以介"二字之間，此本完好，今本橫裂，近人謂"介"字已泐，非也。近人又誤書"介"爲"分"。"蚌□遠迸"之"迸"字，此本完好，近拓將泐盡。"無隕兹令"之"隕"，此本完好，今本"(亦)〔隕〕"字上有斜裂紋矣。此本前有莫子偲題籤。

又明拓本

此亦明拓，存字與前本同，予以近拓碑陰附裝入。此碑《金石萃編》所録多脱誤，今依兩本及近拓之精者比勘，得補正十三字。額"齊大公吕望表"，《萃編》失"齊"字。"大晉受命"句下，乃"吴□□平"，謂吴蜀盪平也，《萃編》失"吴平"二字。"□得竹策之書"，"得"上一字不可辨，《萃編》未空格。"夢天帝服玄纕"，《萃編》失録"玄"字。"垂示無窮者乎"，《萃編》"乎"字誤作"矣"。"言名計偕，鑴石勒表"，《萃編》失録"言鑴石表"四字。"上帝既命"，《萃編》失録"既"字。"蚌□遠迸"，《萃編》失録"蚌"字，"蚌"下一字，尚見末筆，乃戈之下半，當是"賊"字。"無隕兹令"，《萃編》失録"隕"字。[1]

---

[1] 羅振玉：《雪堂所藏金石文字簿録》，民國十三年東方學會石印本，第59頁b—60頁b。

案：羅振玉《雪堂所藏金石文字簿錄》"齊太公呂望表明拓本""又明拓本"，記明拓、清拓之不同。又"依兩本及近拓之精者比勘"校正《金石萃編》。

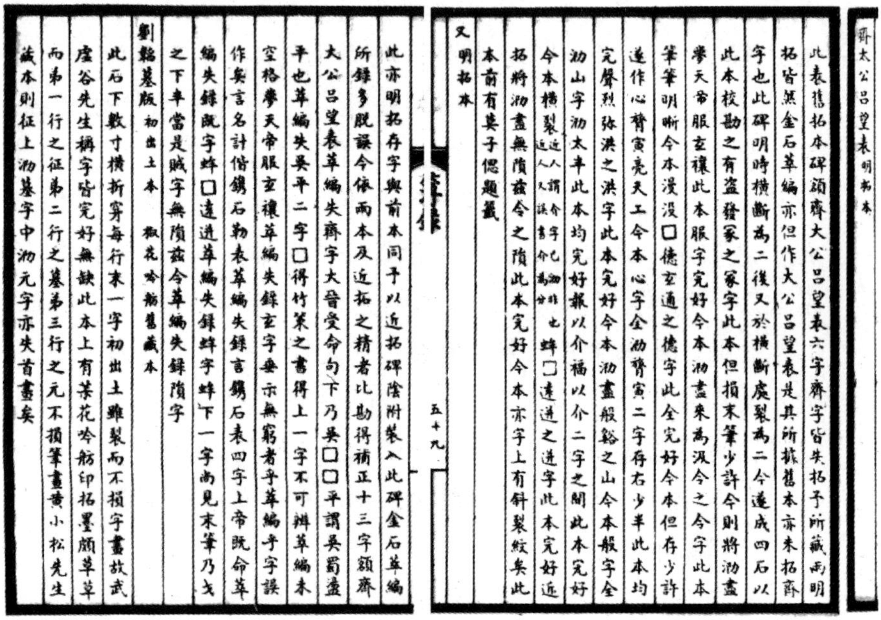

圖 3－1　羅振玉《雪堂所藏金石文字簿錄》記錄《齊太公呂望表》明拓本

（據民國十三年東方學會刊本，第 59 頁 b—60 頁 b）

5. 王維樸《東武王氏商盉堂金石叢話》

民國十九年（1930 年），王維樸《東武王氏商盉堂金石叢話》介紹舊藏《齊太公呂望表》明末拓本：

> 《呂望表》明末拓本，"冢"字但損末筆少許，"服"字完好，"令"字明晰，"德"字完好。額上"齊"字具存。可珍。①

案：王維樸《東武王氏商盉堂金石叢話》將所藏與清拓本比較，

---

① 王維樸：《東武王氏商盉堂金石叢話》，《東方雜誌》民國十九年第二號，第 55—65 頁。

清拓本"冢"字存少許,"服"字存少許乃至磨滅,"令"字模糊不清,"德"字初完好後乃存半。此本佳,惜乎無更詳細說明。王維樸所比較,實際是參考了羅振玉《雪堂所藏金石文字簿録》的觀點,字詞多相近,意見亦同。

6. 王壯弘《增補校碑隨筆》《崇善樓筆記》

王壯弘《增補校碑隨筆》系統記載了歷代碑刻的流傳淵源、各個不同時期的拓本的詳細情況,爲碑帖的鑑定及年代的斷定提供了參考的依據。《增補校碑隨筆》曰:

《齊太公吕望表》
此石明時橫斷爲二,後又於橫斷處直裂爲二,遂成四石。
見李木公藏羅叔言舊藏本,乃明末清初時所拓。
二行"冢"字但損末筆,三行"服"字完好,十四行"德玄通"之"德"字完好,十五行"遂作心脊寅亮天工"之"心脊寅"三字完好,十六行"般谿之山"之"般山"二字完好,十七行"報以介福"之"以介"二字之間完好,十八行"遠迸"之"迸"字完好,十九行"無隕茲令"之"隕"字完好。
近百年拓本,"冢"字大損,"服"字泐盡,"德"字損大半,"心脊寅"三字,"心"字泐盡,"脊寅"二字損大半;"般"字泐盡,"山"字損大半,"以介"二字間有橫裂痕,"迸"字損大半,"隕"字有斜裂紋。
碑末,嘉慶四年李元滬、李震二跋,道光時拓尚完好,近拓損甚。
若上截十六行"聲烈弥洪"之"洪"字未損者,也稍舊拓本。
愛儷園《慈淑樓叢帖》珂瓓版印。明拓本。①

---

① 方若原著,王壯弘增補:《增補校碑隨筆》,第195頁;方若原著,王壯弘增補:《增補校碑隨筆》(修訂本),第128頁。

案：王壯弘《增補校碑隨筆》載《齊太公呂望表》不同時期的拓本的詳細情況，區分爲明末清初拓本、近百年拓本。嘉慶四年刻跋，道光時尚好，近拓損甚。

王壯弘《崇善樓筆記》記載羅振玉所藏《齊太公呂望表》一明拓本情況：

> 《太公呂望表》
> 此册也爲羅振玉舊藏，羅氏《雪堂金石文字簿録》中載之，碑額"齊太公呂望表"之"齊"字皆失拓，此本也無之。碑明時已橫斷爲二，後再裂爲四，此册已斷爲二，但碑文内"有盜發冢"之"冢"字，但損末筆。"夢天帝服玄纁"，此本"服"字完好，"遂作心膂寅亮天工"之"心膂寅"三字均完好，"聲烈彌洪"之"洪"字完好，"般谿之山""般山"二字完好，"報以介福"之"以介"二字之間未裂，"蚌□遠進"之"進"字完好，今本以上所舉之處均已泐損；此本墨色濃重，碑文考據處均有羅氏"❋"斧狀小印。爲李木公所得，今歸吳門劉氏。余按拓墨及損泐之字乃明末拓本（慈淑樓曾影印）。①

案：王壯弘《增補校碑隨筆》《崇善樓筆記》所記即羅振玉《雪堂所藏金石文字簿録》"齊太公呂望表明拓本"。此拓後爲李木公藏，後歸吳門劉氏。民國十四年（中元乙丑陽月，1925年），上海愛儷園以珂羅版影印了一部《慈淑樓叢帖》，包括《齊太公呂望表》等，所印明拓本即據此拓本。②

7. 張彥生《善本碑帖録》

張彥生《善本碑帖録》曰：

---

① 王壯弘：《崇善樓筆記》，上海書店出版社2008年版，第72頁。
② 盧无忌：《齊太公呂望表》（珂羅版印羅振玉舊藏明拓本），《慈淑樓叢帖》，民國十四年（中元乙丑陽月）上海愛儷園印行。

晉《齊太公呂望表》碑

隸書，廿行，行卅字。額隸書一行六字。

晉太康十年三月十九日甲申造。

碑在河南汲縣太公廟，明萬曆間移置府治，石失。黃易於乾隆丙午（五十一年）獲上段於衛輝府署，乾隆五十六年又出下段，現存河南汲縣縣學。

明拓本第二行上截"有盜發冢"，"發冢"二字完好，三行"夢天帝服"，"服"字完好，九行"無窮"下"者"字完好（圖八）。黃易獲石初拓本，末刻嘉慶四年李元滬等跋。十四行下截斷處"德"字，後至十八行斷處，共缺十二字。稍舊拓十六行上截"弥"下"洪"字完好，十七行"（英）〔莫〕"字，十八行"生"字、十九行"隕兹"二字，斜裂一道，損及跋"汲學"、"嘉"等字。中國歷史博物館、故宮博物院、陳文伯均藏有明拓濃墨本。上海劉惠之舊藏無跋。整張淡墨爲況周頤藏。①

案：張彥生《善本碑帖錄》記載明拓與近拓的區別。

8. 馬子雲、施安昌《碑帖鑑定》

馬子雲、施安昌《碑帖鑑定》曰：

《齊太公呂望表》碑　隸書，碑陽廿行，行三十字。碑陰四列，上二列清晰，下二列漫漶，碑額隸書陰文六字。太康十年（289）三月。在河南汲縣。《校碑隨筆》云："明拓本已斷，較嘉慶四年刻（1799）跋本多三字，即二行'有盜發冢'之'冢'字，三行'天帝服'之'服'字，九行'無窮者'之'者'字。"此本子尚未一見。近見一康乾間拓本，爲黃小松舊藏，有"小松所得金石"印。碑陰四列，碑陽後未刻跋，較嘉慶四年刻跋之拓本尚多二十字。即十四行"德"字，十五行"脊寅"二

---

① 張彥生：《善本碑帖錄》，中華書局1984年版，第51頁。

字，十六行"洪般豀之山"五字。十七行"敬報以介福惠"六字與"天命嘉生"之"生"字。十八行"□遠迸迄"四字，十九行"無隕茲命"之"隕"字。刻嘉慶四年跋之初拓本與乾隆年拓同。《校碑隨筆》云，近拓十四至十九行裂紋損及"德、寅、弥、山、莫、分、生、迸、隕九字"。此説有待商榷。如以近拓論，即清末拓，"德、寅"等二十字皆已損泐，決非其九字。如是刻嘉慶年跋本，又將"寅"字上之"脊"字遺漏。"弥"字至今尚存，不應列其九字未損之中。"莫"字至道光始損。"介"字誤釋爲"分"字。所記有誤，釋文又錯。然後裂二道在道光年，故嘉慶四年刻跋未裂。如十四行"德"字至十九行"隕"字等已損是在清末。此時"脊寅"二字下之"亮"字尚完好。近年顧鼎梅《河朔碑記》記之拓本"亮"字已泐，碑陰只拓上二列，拓側一小段，字漫漶不清。①

案：馬子雲、施安昌《碑帖鑑定》以黃小松舊藏爲主要依據，訂正《校碑隨筆》。探研《齊太公吕望表》不同拓本文字之差別，區分爲明拓本（未見）、康乾間拓本、乾隆拓本、刻嘉慶四年跋拓本、道光拓本、近年拓本。所記載黃小松舊藏《吕望表》拓本爲故宫所收藏。結合《吕望表》碑史及黃小松履歷，黃小松舊藏《吕望表》拓本應屬乾隆五十六年或嘉慶元年所拓，而不是《碑帖鑑定》推定的"康乾間拓本"。

9. 仲威《中國碑拓鑑別圖典》《魏晉碑刻善拓過眼之六》

仲威《中國碑拓鑑別圖典》曰：

明拓本

二行"有盜發冢"之"冢"字未泐。

三行"文王夢天帝服□襄以立於令狐之津"之"服"字

---

① 馬子雲、施安昌：《碑帖鑑定》，第106—107頁。

未泐。

九行"垂示無窮者矣"之"者"字未泐。

僅據舊說，筆者未見明拓。

乾嘉拓本（重新出土後初拓本）

二行"有盜發冢"之"冢"字末筆稍損。

三行"文王夢天帝服□禳以立於令狐之津"之"服"字右半下泐連石花。

九行"垂示無窮者矣"之"者"字未泐。

國家圖書館藏有整紙拓本，系乾嘉初拓本。（參見插圖一）

嘉慶拓本

嘉慶四年（1799）刻李元滬、李震二跋（李元滬隸書跋刻兩行，在碑之上段二十一行、二十二行處，李震楷書刻跋兩行在下段末行年款左側）。（插圖三、四）中斷綫下十四行至十八行無其他裂痕，以下諸字皆見存，如：十四行"德玄通"之"德"字，第十五行"遂作心膂寅亮天工"之"〔心〕膂寅"三字，十六行"般谿之山"四字，十七行"敬報以介福"之"敬報以"三字，十八行"遠迸"兩字。（插圖五，封照插圖六、插圖八）

道光拓本

二行"有盜發冢"之"冢"字泐下大半。

三行"文王夢天帝服□禳以立於令狐之津"之"服"字全泐。

九行"垂示無窮者矣"之"者"字泐下半。

中斷綫下十四行至十八行，增裂一道，裂紋綫貫穿十四行"德玄通"之"德"字，第十五行"遂作心膂寅亮天工"之"寅"字，十六行"般谿之山"之"山"字，十七行"敬報以介福"之"以介"二字間，十八行"遠迸"之"迸"。（插圖六）另，自第十五行"遂作心膂寅亮天工"之"心"字起，至十九行"無隕茲令"之"隕"字斜裂一道。十六行"聲烈彌

洪"之"洪"字泐，十九行"無隕茲令"之"隕"字上有裂紋。（參見插圖六）

清末拓本

第二行"有盜发冢"之"冢"字全泐。（插圖七）

中斷線下十四行至十八行，兩條裂紋中一大塊石面剝泐，泐去十餘字，如：十四行"德玄通"之"德"字，第十五行"遂作心膂寅亮天工"之"心膂寅"三字，十六行"般谿之山"四字，十七行"敬報以介福"之"敬報以"三字，十八行"遠进"兩字。（插圖八、九）①

案：仲威《中國碑拓鑑別圖典》陳述《吕望表》明清拓本之不同，分爲明拓本、乾嘉拓本（重新出土後初拓本）、嘉慶拓本、道光拓本、清末拓本等時期，與馬子雲、施安昌《碑帖鑑定》大體相同。仲威以爲學者以往原定爲明拓本者（國家圖書館藏顧千里舊藏本、陳文伯舊藏本等）屬於乾嘉初拓本，故實際上將所有拓本歸爲清代，與實際不符。

仲威《魏晉碑刻善拓過眼之六》記羅振玉、李國松遞藏拓本，以爲屬乾嘉拓本，即重新出土後初拓本。《魏晉碑刻善拓過眼之六》曰：

此册羅振玉、李國松遞藏本，屬乾嘉拓本，即重新出土後初拓本。

其版本特徵如下：

二行"有盜發冢"之"冢"字僅末筆稍損，大體完好（圖十）。

三行"文王夢天帝服□襄以立於令狐之津"之"服"字尚存，僅右半下泐連石花。

九行"垂示無窮者矣"之"者"字未泐（圖十一）。

---

① 仲威：《中國碑拓鑑別圖典》，文物出版社2010年版，第192—197頁。

斷線下十四行至十八行無其他裂痕，以下諸字皆見存，如：十四行"當殷之末□德玄通"之"德"字（圖十二），第十五行"遂作心膂寅亮天工"之"膂寅"三字（參見圖十二），十六行"般谿之山"四字，十七行"敬報以介福"之"敬報以"三字，十八行"遠邇"兩字。

楠木面板有民國十九年（一九三〇）夏五張運題簽："明拓齊太公呂望表，木公先生珍藏。"

册中還鈐有"鳳枝之印"、"殷禮在斯堂"等印章，惜無題跋。册尾有二十世紀五六十年代舊書店標簽，標價四十元。

共九開，册高三十五厘米，寬十八點八厘米。帖芯高二十八厘米，寬十四點六厘米。館藏號：S2487。①

案：此文記載翔實，可信。"鳳枝之印"屬毛鳳枝、"殷禮在斯堂"屬羅振玉。根據學者所記載，此拓本先後歸毛鳳枝、羅雪堂、李國松（木公）、吳門劉氏、上海圖書館所有。又仲威以爲顧千里、羅振玉舊藏乃乾嘉拓本。此與事實不符，仍當定爲明拓本。

二 清以來《齊太公呂望表》拓本斷代研究狀况之分析

自清末以來，學者致力於區別《齊太公呂望表》的拓本斷代。方若《校碑隨筆》乃先行者（宣統二年刊本），繼而有歐陽輔《集古求真》（民國十二年刊本）、羅振玉《雪堂所藏金石文字簿錄》（民國十三年刊本）、王維樸《東武王氏商盉堂金石叢話》（民國十九年刊本）等，以羅振玉比較明拓、近拓最爲詳瞻。

中華人民共和國成立後，王壯弘《增補校碑隨筆》對方若《校碑隨筆》作了增補，主要是增補了羅振玉《雪堂所藏金石文字簿錄》的觀點。張彥生《善本碑帖錄》結合明拓、黃小松拓、近拓（清末民初的拓本）稍作總結。馬子雲、施安昌《碑帖鑑定》對方

---

① 仲威：《魏晉碑刻善拓過眼之六》，《書法》2013年第12期，第95—96頁。

若《校碑隨筆》的觀點作了訂正。

仲威《中國碑拓鑑別圖典》《魏晉碑刻善拓過眼之六》提出新的見解，區分爲明拓本、乾嘉拓本、嘉慶拓本、道光拓本、清末拓本。他的觀點實際主張都是清拓本，否定明拓本，忽視民國拓本的存在。所以，他的觀點與事實不符。國家圖書館等藏顧千里舊藏即爲明拓本，與故宮收藏的黄小松拓本明顯不同。

我們認爲清末民初學者關於明拓本、近拓本的區别是基於事實的總結，是真實可信的。目前所見資料比較豐富，可以在他們研究的基礎上進一步深入研究，區分得更細緻一些。當然，前提是符合實際。

第二節　《齊太公呂望表》拓本斷代

欲探究《齊太公呂望表》拓本斷代，須追究碑刻斷裂之經過，以及文字磨泐之歷程。學者以往就此作過研究，只是僅能把握大致，尚未細緻到明確全過程，並且其推測缺乏證實。今則遍尋相關文獻之記録與拓本摹本相加考訂碑刻斷裂之經過、文字磨泐之歷程。

一　《齊太公呂望表》碑斷裂之經過

（一）晉唐至宋元時期

《齊太公呂望表》碑立於西晉初，歷隋、唐、宋、元，直至明代，一直在河南汲縣太公廟。

宋人董逌（徽宗時、高宗建炎時人）《廣川書跋·太公碑》曰：

　　《太公廟碑》今在衛州共縣。①

---

①　董逌：《廣川書跋》卷6《太公碑》，毛晉編：《津逮秘書》，明崇禎毛氏汲古閣刻本，第4頁b—5頁a。

第三章 《齊太公呂望表》拓本摹寫本斷代 213

元人王惲《秋澗集·七言絕句·六度寺》曰：

荒村到寺才三里，古屋懸崖廢幾間。
從此重經題品過，衛人方識有壇山。
山下石田百畝餘，子孫眷戀祖來居。
向人爭說新官好，二稅輸來雜泛無。
縈紆一水蟠深澗，野叟何知說太公。
壇下古碑堪晤語，大書深刻太康中。
太行東麓太公泉，喬木蒼烟擁壞垣。
千載祇應尊有德，不須深泥竹書言。
老鶻鵓雛百丈崖，羽毛才縠獵人來。
孤懷牢落風埃底，何處呼鷹是故臺。
聖泉流潤過南村，共說來年雨水勻。
山若有靈能假手，六花先壓壟頭塵。
支撑佛宇老風烟，歲月仍題聖曆年。
零落亂山終悵望，捫蘿應欠入香泉。
先子能聲以吏聞，生平游戲見詩文。
遺書忽入孤兒眼，淚洒西山日暮雲。
鷹揚來自鎬酆西，草木荒山壁壘低。
賣食解牛真妄說，斷碑明指是殷溪。
山中宿麥苦無多，喜見團科隙兩坡。
縱未痛收終有望，入城容易揭差科。①

案：王惲《六度寺》記壇山、般谿之山、呂留村、太公泉、太公廟、汲冢書、盧无忌碑之狀況。太康中所立太公碑，在壇下，證

---

① 王惲：《秋澗先生大全集》卷 24《七言絕句·六度寺》，張元濟等編：《四部叢刊》，商務印書館民國十八年影印江南圖書館藏明弘治刊本，第 16 頁 a—17 頁 a；王惲：《王惲全集彙校》卷 24《七言絕句·六度寺》，楊亮、鐘彥飛點校，《中國古典文學基本叢書》，中華書局 2013 年版，第 3 册，第 1198—1199 頁。

實當時所立在祭祀呂望之所。其蹟宋元時尚存。"斷碑明指是殷溪"一語，則宋元之際《齊太公呂望表》碑已經斷爲兩截。

（二）明萬曆至清嘉慶時期

侯大節《（萬曆）衛輝府志·古蹟》曰：

> 太公舊居。在府城西北二十五里，舊有廟，今廢。有晉汲令盧無忌碑，殘斷卧道傍。萬曆十二年，知府周思宸載置府治賓館。①

清《（乾隆）汲縣志·輿地》曰：

> 太公舊居，在城西北二十五里，地名太公泉，上有墓及廟。漢崔瑗、晉盧無忌立碑記之。漢碑未詳，晉碑殘斷卧道旁。明萬曆十二年，知府周思宸載置府治賓館。②

案：萬曆十二年（1584年），斷碑移置於府治賓館。明代據斷碑而又有拓本，其時代或爲置於府治賓館之前後。

《小蓬萊閣金石目》曰：

> 齊太公呂望碑並額俱八分書。有陰。
> 太康十年盧無忌文。此碑原在河南汲縣太公泉，萬（歷）〔曆〕年間移置府治。久失。乾隆丙午，獲上段於衛輝府（置）〔署〕輿人小室中。辛亥秋，又得下段。今在府署衛神廟。③

黃易《秦漢魏六朝輿地碑刻攷》曰：

---

① 侯大節纂修：《（萬曆）衛輝府志》卷1《古蹟》，中國科學院圖書館選編：《稀見中國地方志彙刊》第34冊，中國書店出版社1992年影印明萬曆三十一年刻增修補刻本，第578頁下欄。
② 徐汝瓚修，杜昆纂：《（乾隆）汲縣志》卷2《輿地》，清乾隆二十年刻本，第18頁a。
③ 黃易：《小蓬萊閣金石目》，民國十八年貴池劉公魯畏齋鈔本。

齊太公呂望碑並額俱八分書。有陰。

太康（元）〔十〕年盧无忌文。此碑原在河南汲縣太公泉，萬（歷）〔曆〕年間移置府治。久失。乾隆丙午，余有中州之役，獲上段於衛輝府署輿人小室中。辛亥秋，又得下段，合而爲一。①

黃易《嵩洛訪碑日記》曰：

（十月）初四日，至衛輝府治衛神廟，洗剔《晉太公呂望表》兩斷石，始見碑側有"諸□□"者，又"□□□□飭表上"八分書一行。……尋武定八年《太公廟碑》，已嵌置北門外新廟。悉搨之。……初六日，大風。至東明郭外宿。展觀晉刻齊太公斷碑，粘連接縫。②

黃易《嵩洛訪碑圖》曰：

晉碑

晉太康十年《太公呂望表》，盧無忌文。昔移衛輝府治，余倅衛時訪得上段，有碑陰，復得下段。魏武定八年穆子容《太公廟碑》舊在無量庵，余囑太守德君移諸碑置北門外太公新廟，茲過衛郡始知穆子容碑移至新廟，晉碑尚在府治衛神廟，命工洗搨其側，有字一行，向所未見。廟內立《周衛州刺史郭進屏盜碑》，四面刻字，盡搨之。嘉慶元年九月自開封至嵩洛，十月經懷慶衛輝東還，往返四十日得碑四百餘種，遊屐所經者成此

---

① 黃易：《秦漢魏六朝輿地碑刻攷》（《小蓬萊膡稿》），《漱六編》，清道光二十年仁和王氏刻本，第11頁a、b。
② 黃易：《嵩洛訪碑日記》，伍崇曜輯：《粵雅堂叢書》二編第15集，清道光、光緒間刻本，第13頁b—14頁a。

廿四圖，以志快幸。錢唐黃易。①

案：《齊太公呂望表》碑因斷裂而於明萬曆年間移置衛輝府署，黃易於乾隆末於府署重新訪得。此時已經斷裂爲二。學者所稱明拓本諸本、北京故宮博物院所藏黃易拓本皆斷爲二，自明末至清代早期如此。

嘉慶四年（1799年），汲縣訓導李元滬請將碑置之縣學（孔廟學宮），並在碑石左下方刻跋兩行。同年秋月，又刻李元滬跋於碑石左上。李元滬跋曰：

> 碑經斷裂，卧棄府廡隙地。汲學訓導李元滬請置學官，用備金石家金妥録昔。嘉慶卯季秋月也。
>
> 馮敏行鐫

李震跋文曰：

> 震按今郡城西北三里餘太公祠有魏武定八年碑，列此表於前，兹其初刻也。尤宜寶惜，因從季父移置學署。清嘉慶四季八月朔密邑李震跋。

案：此二刻跋在碑之 20 行，學者以爲刻字之所必是初無斷裂之處。

王昶《金石萃編》嘉慶十年初刊。《金石萃編》據拓本摹寫碑文，闕字悉如之。② 案：《金石萃編》所録《齊太公呂望表》碑文頌

---

① 李佐賢：《書畫鑑影》卷18《黃小松嵩洛訪碑廿四圖》，《續修四庫全書》第1086册，上海古籍出版社 2002 年影印華東師大圖書館藏清同治十年利津李氏刻本，第 89—91 頁；黃易：《嵩洛訪碑圖》，金運昌主編：《故宫書畫館·第七編》，紫禁城出版社 2010 年版，第 155 頁。

② 王昶：《金石萃編》卷25，清嘉慶十年經訓堂刊本，第 7 頁 a—11 頁 b；清嘉慶十年刻、同治錢寶傳等補修本，第 7 頁 a—11 頁 b。

詞部分沒有缺失，證實此時跋文部分尚未斷裂。

嘉慶十三年，趙紹祖《金石續鈔》錄碑文，後有跋。又補記碑文後嘉慶刻跋。① 案：趙紹祖《金石續鈔》錄碑文據嘉慶四年以後拓本。趙紹祖《金石續鈔》跋文曰：

> 余友崔雪堂繡官河南歸，拓以見贈，余喜而亟校之。……此碑中斷。其闕者亦藉魏碑補之，则亦有功于此碑也。嘉慶十三年三月七日琴士趙紹祖識。②

案：嘉慶十三年（1808年），趙紹祖猶言"此碑中斷"，是拓本頌詞部分尚較完好。

嘉慶二十年至嘉慶二十五年，馮雲鵷、馮雲鵬合編《金石索》，道光元年刊自寫刻本。馮雲鵷於《晉汲縣太公表》後跋曰：

> 鵷案：此碑已斷裂爲二，故有缺文在其斷處。不可臆度，其餘上兩淋剥落之痕，與筆畫混。《中州金石（志）〔記〕》但載其名未錄其碑，因字泐難辨也。唯《金石萃編》刻其全文，唯細心摹擬未能臻此。今鄒縣胡寄雲少尉拓寄善本，兩相校勘，又增補十五字，改正一字，餘尚缺十三字。全點形影不能再補矣。③

案：《金石索》以《金石萃編》爲本，據鄒縣胡寄雲少尉拓寄善本（拓寄善本者，嘉慶未拓刻跋本）參校。言"此碑已斷裂爲

---

① 趙紹祖：《金石續鈔》卷1，清嘉慶七年涇縣趙紹祖古墨齋刻本，第3頁a—5頁b；趙紹祖：《古墨齋金石跋》卷2，《趙紹祖金石學三種》，牛繼清、趙敏校點，《安徽古籍叢書》，黃山書社2011年版，第329頁。

② 趙紹祖：《金石續鈔》卷1，第3頁a—5頁b；趙紹祖：《古墨齋金石跋》卷2，《趙紹祖金石學三種》，第329頁。

③ 馮雲鵬、馮雲鵷輯：《金石索》石索五，清道光滋陽縣署刻本；《海內古籍孤本稀見本選刊》，書目文獻出版社1996年影印清道光滋陽縣署刻本，第1621頁。

二""兩淋剝落之痕",然則編《金石索》之時碑未及大損,碑文頌詞部分較完好(遂作心膂"心"字可以證實)。碑文頌詞部分損毀在道光以後。

(三)清道光時期

瞿雲升《隸篇》積數十年而成,自序于道光十五年,有道光十七年家刻本。《隸篇金石目》錄《太公呂望表》。① 《隸篇》曰:

晉《太公呂望表》蛑。②

案:瞿雲升《隸篇》徵引《晉太公呂望表》53字(統計)。"蛑"字殘,而瞿雲升辨識(1838年),功夫了得,後86年羅雪堂亦辨識(1924年)。瞿雲升依據的是嘉慶、道光拓本,尚可信賴。不見"冢""服""者"三字,亦不見"賊"、"般谿之山"之"谿"字。"膂""寅""介"字完好,③ 屬嘉慶、道光刻本,以其履歷當屬嘉慶拓本。

(四)清咸豐同治時期

楊守敬自同治二年有金石之志。《鄰蘇園藏書目錄》錄楊守敬藏書,內中有《呂望表》。《鄰蘇園藏書目錄》曰:

《太公呂望表》(並碑陰二)(共四)(又由元字移來一張)

又曰:

《太公呂望表》(正本)(在前)。④

---

① 瞿雲升:《隸篇》金石目,清道光十七年自刻本,第10頁a。
② 瞿雲升:《隸篇》卷13,第27頁b。
③ 瞿雲升:《隸篇》卷7,第27頁b;卷14,第27頁b;卷2,第2頁b。
④ 湖北省博物館編:《鄰蘇園藏書目錄》,上海辭書出版社2009年版,第483頁。

又曰：

（第五頁）《太公呂望表》（移入戾）
（第五十二頁）（來）晉《太公呂望表》。①

楊守敬《寰宇貞石圖》由日本國大藏省印刷局初印，宣統元年上海重印石印本，《寰宇貞石圖》僅載清末拓本。收入《楊守敬集》，徐无聞補《叙錄》。②

二　《齊太公呂望表》碑文字磨泐之歷程

明末，《齊太公呂望表》碑已經斷裂爲二，且前文文字有缺失。總體而言，文字較爲完整。

乾隆末年，黃小松重新發現碑刻，後所拓乾隆末嘉慶初拓本文字較之明末拓本已有磨損。

嘉慶四年秋刻跋以後至嘉慶十年間，王昶所獲拓本文字已有不清楚者。

嘉慶十三年三月，趙紹祖所獲稍前所拓碑文文字已有磨損者。

文字之磨損在碑斷裂爲二處最爲嚴重，不斷受到侵損，乃至多爲消亡。

同樣的情況發生在穆子容碑上，可作參考，加深印象。莫友芝《宋元舊本書經眼錄》曰：

東魏《太公廟碑》
此紙。庚申八月，經衛輝、繩兒手拓者。辛酉二月，剪貼於太湖軍幕。碑前半重錄晉盧无忌表。後半乃刻穆子容文。又

---

① 湖北省博物館編：《鄴蘇園藏書目錄》，第475、549頁。
② 楊守敬撰，徐无聞整理：《寰宇貞石圖》卷2，謝承仁主編：《楊守敬集》第9册，第192—193頁。

一式。

　　此拓咸豐辛酉冬收於皖城，以校去秋經衛輝所拓，尚多存十許字；以校蘭泉《萃編》所錄，又多損十餘字。蓋嘉慶末、道光初拓矣。臘月五日，繩兒重裝貼過，爲記之。右跋又一本。①

案：穆子容碑經嘉慶、道光至咸豐辛酉經多拓已經有 10 餘字損毀。

清代金石學大興，亦是一些文物遭受損壞之時，碑刻首當其衝。究其原因：

一是當時人們文物保護意識不強，炫耀與佔有欲很強。

二是缺乏相關機制與組織保護文物。

三是附庸風雅之士大有人在。

四是一些商人以此牟利。

所以，《齊太公呂望表》、穆子容碑遭受侵害是必然的。

統計存在顯著磨蝕歷程的主要有 32 字。

表 3–1　　　　　　《齊太公呂望表》各本文字磨泐歷程

	顧、羅（甲）本		黃、張、楊（甲）本			清源本	楊（丙）本	京都	磨泐歷程
	顧	羅（甲）	黃	張	楊（甲）				
冢 2.12			闕	闕					明拓但損末筆，清拓殘存近乎泐盡。
服 3.12				闕					明拓完整，嘉慶時損多半，清末泐盡。
玄 3.13									明拓已損，嘉慶時損上半，清末存下部少許。
者 9.12									明拓完整，嘉慶時損半，清末僅存少許。
令 10.4									明拓完整，嘉慶時、清末模糊。

---

① 莫友芝：《宋元舊本書經眼錄》，中華書局 2008 年版，第 180 頁。

第三章 《齊太公呂望表》拓本摹寫本斷代　221

續表

	顧、羅（甲）本		黃、張、楊（甲）本			清源本	楊(丙)本	京都	磨泐歷程
	顧	羅(甲)	黃	張	楊(甲)				
德 14.14			有						明拓完整，嘉慶時尚好，清末僅存少許。
心 15.13				闕					明拓尚存少許，清拓泐盡。
齊 15.14			有						明拓、嘉慶完整，清末泐盡。
寅 15.15			有						明拓、嘉慶完整，清末泐盡。
亮 15.16									明清拓完好，清末民國拓破損，乃至殘存右半。
建 15.27									明拓完整，嘉慶時尚好，清末有裂紋。
國 15.28									明拓完整，嘉慶時尚好，清末有裂紋。
洪 16.12			有						明拓完整，嘉慶時尚好，清末僅存微許。
般 16.13			有						明拓、嘉慶時尚存上部，清末泐盡。
谿 16.14			有						明拓、嘉慶完整，清末泐盡。
之 16.15			有						明拓、嘉慶完整，清末泐盡。
山 16.16			有						明拓、嘉慶完整，清末泐盡。
升 16.21									明拓完整，嘉慶時尚好，清末有裂紋。
雲 16.22									明拓完整，嘉慶時尚好，清末有裂紋。
降 16.23									明拓完整，嘉慶時尚好，清末有裂紋。

續表

顧、羅（甲）本		黃、張、楊（甲）本			清源本	楊(丙)本	京都	磨泐歷程
顧	羅(甲)	黃	張	楊(甲)				
雨 16.24								明拓完整，嘉慶時尚好，清末有裂紋。
爲 16.25								明拓完整，嘉慶時尚好，清末有裂紋。
莫 17.11								明拓完整，嘉慶時尚好，清末破損。
敬 17.14			有					明拓、嘉慶完整，清末泐盡。
報 17.15			有					明拓、嘉慶完整，清末泐盡。
以 17.16			有			（闕）		明拓、嘉慶完整，清末泐盡。
介 17.17			有					明拓完整，嘉慶時尚好，清末破損。
生 18.10			有					明拓完整，嘉慶時尚好，清末破損。
賊 18.14						（闕）		明拓、嘉慶存末筆，清末泐盡。
遠 18.15			有			（闕）	（闕）	明拓、嘉慶完整，清末泐盡。
进 18.16			有			（闕）	（闕）	明拓、嘉慶完整，清末泐盡。
隕 19.8			有					明拓完整，嘉慶時尚好，清末破損。
茲 19.9								明拓完整，嘉慶時尚好，清末破損。

注："顧"即中國國家圖書館藏顧廣圻、瞿鏞、丁福保遞藏明拓本，"羅（甲）"即羅振玉舊藏明拓本珂羅版印本，"黃"即北京故宮博物院藏黃易、朱文鈞遞藏拓本，"張"即張德容《二銘艸堂金石聚》錄《齊太公呂望》雙鉤摹寫本，"楊（甲）"即楊守敬《寰宇貞石圖》光緒八年刻本所錄拓本，"清源"即日本國清源實門氏藏清拓本，"楊（丙）"即《楊守敬集·寰宇貞石圖》所錄拓本，"京都"即京都大學人文科學研究所藏拓本。

第三節 《齊太公呂望表》明拓本

碑於明代已經斷裂爲二，自十二字以下分爲上下兩段。雖有明代拓本傳世，但是未見斷裂以前之拓本。

明代拓本有范欽藏《太公呂望表》拓本、顧炎武《唐韻正》所據明拓本、中國國家圖書館藏顧千里、瞿鏞、丁福保遞藏《齊太公呂望表》明拓本、孫星衍《續古文苑》所據拓本、方若《校碑隨筆》所記明拓本、上海圖書館藏羅振玉、李國松遞藏明拓本、中國國家博物館藏本、故宮博物院藏本、陳文伯藏本、劉惠之藏本、況周頤藏本。

1. 范欽藏《太公呂望表》

范欽（明武宗正德元年生，明神宗萬曆十三年卒，1506—1585年）藏、錢大昕輯《范氏天一閣碑目》曰：

《太公呂望表》　太康十年三月。①

2. 顧炎武《唐韻正》所據明拓本

顧炎武生在明清之際，值碑斷爲兩截之後，時碑在衛輝府上。

顧炎武《唐韻正》曰：

於鑠我祖，時惟太公。當殷之末，一德玄通。上帝有命，以錫周邦。公及文王，二夢惟同。上帝既命，若時登庸。遂作心膂，寅亮天工。肆伐大商，克咸厥功。建國胙土，俾矦于東。奮乎百世，聲烈弥洪。②

----

① 錢大昕輯：《范氏天一閣碑目》，鈔本；錢大昕輯：《天一閣碑目》，陳文和主編：《嘉定錢大昕全集》（增訂本）第4冊，江蘇古籍出版社2016年版，第511頁。
② 顧炎武：《唐韻正上平聲》卷1，《音學五書》，清康熙間張弨刊本，第16頁b；顧炎武：《唐韻正上平聲》卷1，《音學五書》，《顧炎武全集》第2冊，第316頁。

又曰：

《晉太公吕望表》："般谿之山，明靈所託。升雲降雨，爲膏爲澤。"①

顧炎武《肇域志》曰：

磻溪在縣東南八十里磻溪谷中。亦作般谿，《齊太公吕望表》："般谿之山，明靈所託。"②

案：此乃《齊太公吕望表》之頌詞，明拓本尚可見。"一德玄通"之"一"，傳世明拓本滅，嘉慶以後字更多殘損。顧氏好遊歷，見聞廣博，可見資料尚多。

3. 中國國家圖書館藏顧千里舊藏《齊太公吕望表》明拓本、孫星衍《續古文苑》所據拓本

中國國家圖書館收藏的《齊太公吕望表》情況：

是碑明拓已中斷，但較以後拓本多三字（第二行"冢"、第三行"服"、第九行"者"）。清嘉慶四年刻跋本，不僅此三字已泐，又多損二十字。

北京圖書館藏最佳整幅拓本係"冢"、"服"、"者"三字未損之明拓。此本拓工尤精，曾爲顧廣圻、瞿鏞、丁福保所遞藏。鈐有"顧氏所收石墨"、"顧千里印"、"鐵琴銅劍樓"等章。③

---

① 顧炎武：《唐韻正入聲》卷18，《音學五書》，《顧炎武全集》第3冊，第1076頁。
② 顧炎武：《肇域志》陝西鳳翔府寶雞縣，華東師範大學古籍所整理，黃珅等主編：《顧炎武全集》第9冊，譚其驤等校點，上海古籍出版社2011年版，第2830頁。
③ 冀亞平、王巽文：《北京圖書館藏石刻叙錄（十一）》，《文獻》第18輯（1983年），第239—240頁；徐自强、吳夢麟：《古代石刻通論》，紫禁城出版社2003年版，第47—48頁。

案：中國國家圖書館藏明拓收入《北京圖書館藏中國歷代石刻拓本彙編》。①此碑標號"顧121"者，當即顧千里所藏明拓本。此拓第2行"冢"字較完好，僅損末筆少許。第3行"天帝服"之"服"字、第9行"垂示無窮者"之"者"字完好。

孫星衍《寰宇訪碑錄》曰：

> 《太公呂望表》　　八分書。太康十年三月。河南汲縣。
> 《呂望表》碑陰　　八分書。河南汲縣。
> 《呂望表》碑側　　八分書。河南汲縣。②

嘉慶十二年（1807年），孫星衍主編《續古文苑》。顧千里參與孫星衍校《古文苑》，參編《續古文苑》，③孫星衍《續古文苑序》曰：

> 爲予討論有顧君千里。④

顧千里有明拓，可證《續古文苑》所用乃明拓。

孫星衍《續古文苑》曰：

> 《太公呂望表》　　　　晉盧无忌
> 齊太公呂望者，此縣人也。遭秦燔書，史失其藉，至大晉

---

① 盧无忌：《呂望表》，北京圖書館金石組編：《北京圖書館藏中國歷代石刻拓本彙編》第2冊，中州古籍出版社1989年版，第53頁。
② 孫星衍：《寰宇訪碑錄》卷1，孫星衍輯：《平津館叢書》第2集，清嘉慶七年平津館刻本，第14頁b。
③ 參見倪惠穎《孫星衍撰輯〈續古文苑〉的文壇意義》，《南京大學學報》（哲學·人文科學·社會科學版）2009年第5期，第61—62頁；曹虹、陳曙雯、倪惠穎《清代常州駢文研究》，江蘇人民出版社2010年版，第210—211頁。
④ 孫星衍：《續古文苑序》，《續古文苑》，孫星衍輯：《平津館叢書》第4集，清嘉慶壬申（十七年）平津館刻本，第2頁b。

受命，吴會既平，四海一統。太康二年，縣之西偏有盜發冢而得竹策之書。書藏之年當秦坑儒之前八十六歲。其《周志》曰："文王夢天帝服（元）〔玄〕襄以立於令狐之津。帝曰：'昌，賜汝望。'文王再拜稽首。大公於後亦再拜稽首。文王夢之之夜，太公夢之亦然。其後文王見太公而訊之曰：'而名爲望乎？'答曰：'唯爲望。'文王曰：'吾如有所於見汝。'太公言其年月與其日且盡道其言，'臣此以得見也。'文王曰：'有之。有之。'遂與之歸，以爲卿士。"其《紀年》曰："康王六年，齊太公望卒。"參考年數，蓋壽百一十餘歲。先秦滅學，而藏於丘墓。天下平泰，而發其潛書。書之所出，正在斯邑。豈皇天所以章明先哲，著其名號，光于百代，垂示無窮者乎？於是太公之裔孫范陽盧无忌自太子洗馬來爲汲令。殷谿之下舊有壇場，而今墮廢荒而不治。乃諮之碩儒，訪諸朝吏，僉以爲太公功施於民，以勞定國，國之典祀，所宜不替。且其山也，能興雲雨，財用所出。遂脩復舊祀，言名計偕，鐫石勒表，以章顯烈，俾萬載之後有所稱述。

其辭曰：於爍我祖，時惟大公。當殷之末，□德（元）〔玄〕通。上帝有命，以錫周邦。公及文王，二夢惟同。上帝既命，若時登庸。遂作心膂，寅亮天工。肆伐大商，克咸厥功。建國胙土，俾侯于東。奮乎百世，聲烈彌洪。殷谿之山，明靈所託。升雲降雨，爲膏爲澤。水旱厲疫，是禳是榮。來方禋祀，莫敢不敬。報以介福，惠我百姓。天地和舒，四氣通正。災害不作，民無夭命。嘉生蕃殖，□□遠迸。迄用康年，稼穡茂盛。凡我邦域，永世受慶。春秋匪解，無隕兹令。

大康十年三月丙寅朔十九日甲申造。①

案：孫星衍《續古文苑》所錄《太公吕望表》僅缺三字（□德

---

① 孫星衍編：《續古文苑》卷15，第19頁b—21頁a。

玄通、□□遠迸），當據明拓，《齊太公呂望表》前文可據穆子容《修太公呂望祠碑》補，而《齊太公呂望表》頌詞明拓本此三字不甚清楚。

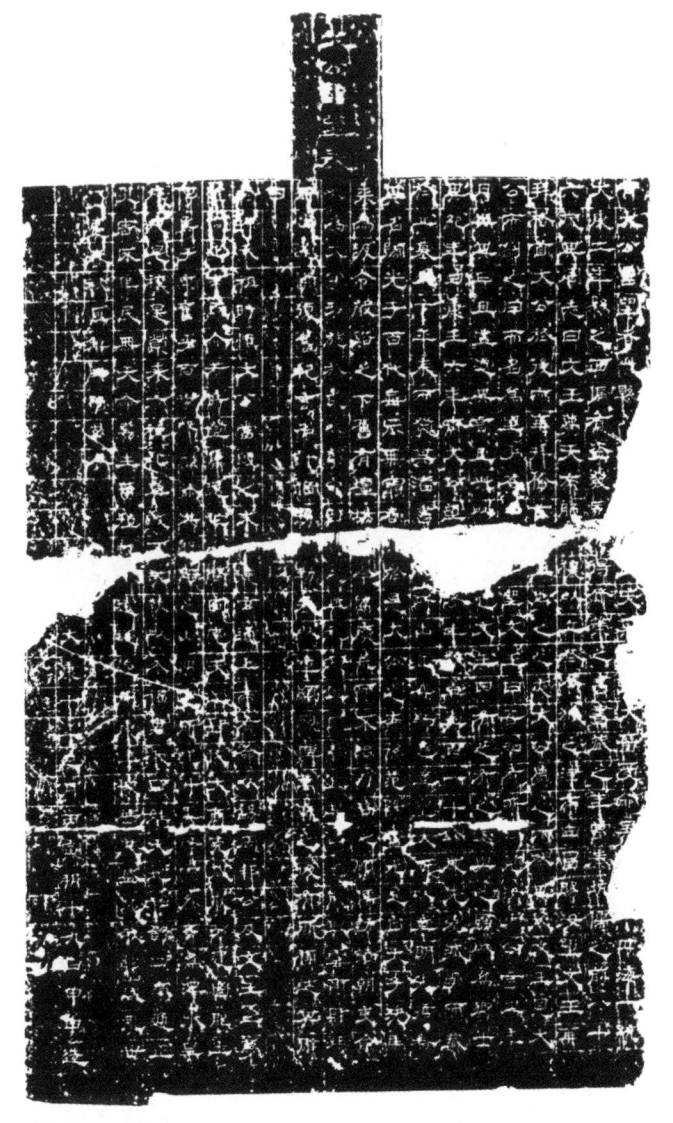

呂望表　　顧121

圖 3－2　中國國家圖書館藏顧廣圻、瞿鏞、丁福保遞藏《齊太公呂望表》明拓本

（據北京圖書館金石組編：《北京圖書館藏中國歷代石刻拓本彙編》第 2 冊，第 53 頁）

4. 方若《校碑隨筆》所記明拓本

方若《校碑隨筆》曰：

是碑明拓已中斷，然多三字，如第二行有"盜發冢"之"冢"字、第三行"文王夢天帝服□襄以立于令狐之津"之"服"字、第九行"垂示無窮者矣"之"者"字未泐。①

5. 羅振玉藏明拓本

羅振玉《雪堂所藏金石文字簿録》曰：

《齊太公吕望表》明拓本

此《表》舊拓本，碑額"齊大公吕望表"六字，"齊"字皆失拓，予所藏兩明拓皆然，《金石萃編》亦但作"大公吕望表"，是其所據舊本，亦未拓"齊"字也。此碑明時橫斷爲二，後又於橫斷處裂爲二，今遂成四石。以此本校勘之，"有盜發冢"之"冢"字，此本但損末筆少許，今則將泐盡。"夢天帝服玄襄"，此本"服"字完好，今本泐盡。"來爲汲令"之"令"字，此本筆筆明晰，今本漫没。"□德玄通"之"德"字，此全完好，今本但存少許。"遂作心膂，寅亮天工"，今本"心"字全泐，"膂寅"二字存右少半，此本均完。"聲烈彌洪"之"洪"字，此本完好，今本泐盡。"般谿之山"，今本"般"字全泐，"山"字泐太半，此本均完好。"報以介福"，"以介"二字之間，此本完好，今本橫裂，近人謂"介"字已泐，非也。近人又誤書"介"爲"分"。"蜉□遠迸"之"迸"字，此本完好，近拓將泐盡。"無隕茲令"之"隕"，此本完好，今本"（亦）〔隕〕"字上有斜裂紋矣。此本前有莫子偲題籤。

---

① 方若原著，王壯弘增補：《增補校碑隨筆》，第194頁；方若原著，王壯弘增補：《增補校碑隨筆》（修訂本），第128頁。

又明拓本

此亦明拓,存字與前本同,予以近拓碑陰附裝入。此碑《金石萃編》所錄多脫誤,今依兩本及近拓之精者比勘,得補正十三字。額"齊大公吕望表",《萃編》失"齊"字。"大晉受命"句下,乃"吴□□平",謂吴蜀盪平也,《萃編》失"吴平"二字。"□得竹策之書","得"上一字不可辨,《萃編》未空格。"夢天帝服玄纕",《萃編》失錄"玄"字。"垂示無窮者乎",《萃編》"乎"字誤作"矣"。"言名計偕,鐫石勒表",《萃編》失錄"言鐫石表"四字。"上帝既命",《萃編》失錄"既"字。"蛼□遠迸",《萃編》失錄"蛼"字,"蛼"下一字,尚見末筆,乃戈之下半,當是"賊"字。"無隕兹令",《萃編》失錄"隕"字。①

王壯弘《增補校碑隨筆》曰:

《齊太公吕望表》
此石明時横斷爲二,後又於横斷處直裂爲二,遂成四石。
見李木公藏羅叔言舊藏本,乃明末清初時所拓。
二行"冢"字但損末筆,三行"服"字完好,十四行"德玄通"之"德"字完好,十五行"遂作心脊寅亮天工"之"心脊寅"三字完好,十六行"般豀之山"之"般山"二字完好,十七行"報以介福"之"以介"二字之間完好,十八行"遠迸"之"迸"字完好,十九行"無隕兹令"之"隕"字完好。
近百年拓本,"冢"字大損,"服"字泐盡,"德"字損大半,"心脊寅"三字,"心"字泐盡,"脊寅"二字損大半;"般"字泐盡,"山"字損大半,"以介"二字間有横裂痕,"迸"字損大半,"隕"字有斜裂紋。

---

① 羅振玉:《雪堂所藏金石文字簿錄》,第59頁b—60頁b。

碑末，嘉慶四年李元滬、李震二跋，道光時拓尚完好，近拓損甚。

若上截十六行"聲烈弥洪"之"洪"字未損者，也稍舊拓本。

愛儷園《慈淑樓叢帖》珂瓏版印。明拓本。①

王壯弘《崇善樓筆記》記載羅振玉所藏《齊太公呂望表》一明拓本情況：

《太公呂望表》

此册也爲羅振玉舊藏，羅氏《雪堂金石文字簿錄》中載之，碑額"齊太公呂望表"之"齊"字皆失拓，此本也無之。碑明時已橫斷爲二，後再裂爲四，此册已斷爲二，但碑文内"有盜發冢"之"冢"字，但損末筆。"夢天帝服玄纁"，此本"服"字完好，"遂作心膂寅亮天工"之"心膂寅"三字均完好，"聲烈弥洪"之"洪"字完好，"般谿之山""般山"二字完好，"報以介福"之"以介"二字之間未裂，"蛑□遠迸"之"迸"字完好，今本以上所舉之處均已泐損；此本墨色濃重，碑文考據處均有羅氏"▆"斧狀小印。爲李木公所得，今歸吳門劉氏。余按拓墨及損泐之字乃明末拓本（慈淑樓曾影印）。②

案：王壯弘《增補校碑隨筆》《崇善樓筆記》所記即羅振玉《雪堂所藏金石文字簿錄》"齊太公呂望表明拓本"。此拓本有羅振玉的"殷禮在斯堂""永豐鄉人羅振玉叔言""▆"印，後爲李木公藏，後歸吳門劉氏。民國十四年（中元乙丑陽月，1925年），上海愛儷園以珂瓏版影印了一部《慈淑樓叢帖》（3函23册），包括

---

① 方若原著，王壯弘增補：《增補校碑隨筆》，第195頁。
② 王壯弘：《崇善樓筆記》，第72頁。

《漢孔宙碑》《齊大公呂望表》等，所印明拓本即據此拓本。①

仲威《魏晉碑刻善拓過眼之六》曰：

此冊羅振玉、李國松遞藏本，屬乾嘉拓本，即重新出土後初拓本。

其版本特徵如下：

二行"有盜發冢"之"冢"字僅末筆稍損，大體完好（圖十）。

三行"文王夢天帝服□襐以立於令狐之津"之"服"字尚存，僅右半下泐連石花。九行"垂示無窮者矣"之"者"字未泐（圖十一）。

斷線下十四行至十八行無其他裂痕，以下諸字皆見存，如：十四行"當殷之末□德玄通"之"德"字（圖十二），第十五行"遂作心脊寅亮天工"之"脊寅"三字（參見圖十二），十六行"般豀之山"四字，十七行"敬報以介福"之"敬報以"三字，十八行"遠迸"兩字。

楠木面板有民國十九年（一九三〇）夏五張運題簽："明拓齊太公呂望表，木公先生珍藏。"

冊中還鈐有"鳳枝之印"、"殷禮在斯堂"等印章，惜無題跋。冊尾有二十世紀五六十年代舊書店標簽，標價四十元。

共九開，冊高三十五厘米，寬十八點八厘米。帖芯高二十八厘米，寬十四點六厘米。館藏號：S2487。②

案：此文記載翔實，可信。"鳳枝之印"屬毛鳳枝、"殷禮在斯堂"屬羅振玉。根據學者所記載，此拓本先後歸毛鳳枝、羅雪堂、李國松（木公）、吳門劉氏、上海圖書館所有。

---

① 盧无忌：《齊大公呂望表》（珂羅版印羅振玉舊藏明拓本），《慈淑樓叢帖》。
② 仲威：《魏晉碑刻善拓過眼之六》，《書法》2013年第12期，第95—96頁。

圖 3－3　羅振玉舊藏《齊大公呂望表》明拓本珂羅版印本

（《慈淑樓叢帖》）

圖 3－4　上海圖書館藏毛鳳枝、羅振玉、李國松遞藏《齊太公呂望表》明拓本

（據仲威：《魏晉碑刻善拓過眼之六》，《書法》2013 年第 12 期）

6. 張彥生《善本碑帖錄》所記諸家收藏明拓本

張彥生《善本碑帖錄》曰：

明拓本第二行上截"有盜發冢"，"發冢"二字完好，三行"夢天帝服"，"服"字完好，九行"無窮"下"者"字完好（圖八）。黃易獲石初拓本，末刻嘉慶四年李元滬等跋。十四行下截斷處"德"字，後至十八行斷處，共缺十二字。稍舊拓十六行上截"弥"下"洪"字完好,十七行"〔英〕〔莫〕"字,十八行"生"字、十九行"隕茲"二字,斜裂一道,損及跋"汲學"、"嘉"等字。中國歷史博物館、故宮博物院、陳文伯均藏有明拓濃墨本。上海劉惠之舊藏無跋。整張淡墨爲沉周頤藏。①

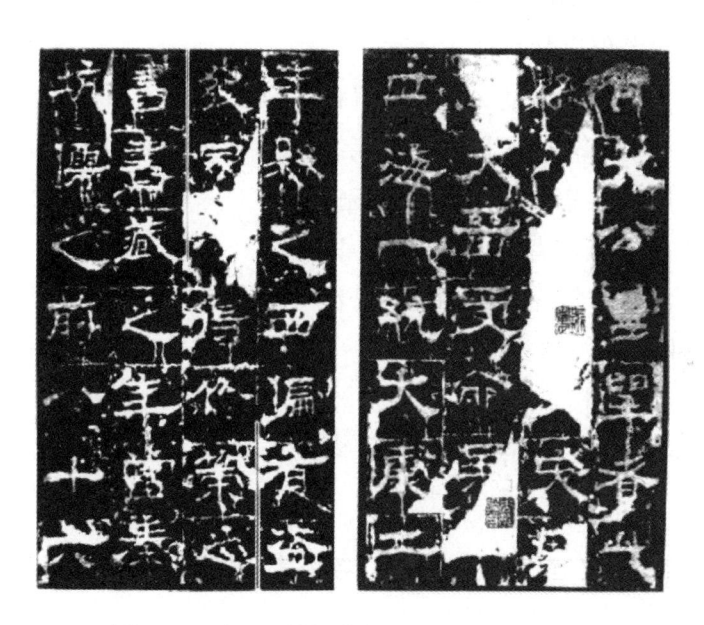

圖 3-5　陳文伯舊藏《齊太公呂望表》明拓本

(據張彥生:《善本碑帖錄》圖八)

7. 馬寶山《書畫碑帖見聞錄》所記明拓本

馬寶山《書畫碑帖見聞錄·書畫珍品過目留記》曰:

> 1990 年 4 月 21 日上午 10 時半,首都博物館孫秀卿、葉度二位送來碑帖書畫多件,請余鑑定真偽並分出等級類別。此批文物乃康生所藏,内多稀見珍品,茲將經目後難忘之精品略記於下,以備考。

---

① 張彥生:《善本碑帖錄》,第51頁。

宋拓《雲麾碑》，有郭尚先題，金書。

明初拓薛刻《孫過庭書譜》。

明拓未剜本《太公呂望表碑》。①

總結明代拓本的情況：

碑文大體保存較好。

碑前文個別文字缺失，可以以穆子容碑補。

第2行"有盜發冢"，"冢"字較完好，僅損末筆少許。

第3行"天帝服"，"服"字完好。

第9行"無窮者"，"者"字完好。

碑頌詞部分較完好，個別字磨滅不甚清楚。

第14行"□德玄通"，"□"字已經闕失，從格内上下情況分析，"一"字可信。

第18行"蜉□遠迸"，"□"尚見末筆，乃戈之下半。

第四節 《齊太公呂望表》清民國初拓本摹寫本

清代拓本較多，依據所拓時代區分爲數種。

1. 乾隆五十一年至五十六年拓本

乾隆五十一年（1786年），黃易重新發現《齊太公呂望表》碑上部後，即拓以贈錢大昕、武億等學者。黃易《秦漢魏六朝輿地碑刻攷》曰：

齊太公呂望碑並額俱八分書。有陰。

太康（元）〔十〕年盧無忌文。此碑原在河南汲縣太公泉，

---

① 馬寶山：《書畫碑帖見聞錄》，《當代文物鑑定家論叢》，北京燕山出版社2009年版，第178頁。

萬（歷）〔曆〕年間移置府治。久失。乾隆丙午，余有中州之役，獲上段於衛輝府署輿人小室中。辛亥秋，又得下段，合而爲一。①

武億《金石三跋》一跋曰：

晉盧无忌建《太公表》，八分書，太康十年三月。今在汲縣。《表》僅餘上截，黄小松自汲縣西門得之摹拓遺余。②

2. 乾隆五十六年秋至嘉慶四年拓本

乾隆五十六年秋至嘉慶四年拓本，無嘉慶四年秋的刻跋。北京故宮博物院、中國國家圖書館等藏有。

（1）黄易拓本

黄易《秦漢魏六朝輿地碑刻攷》曰：

齊太公吕望碑並額俱八分書。有陰。

太康（元）〔十〕年盧無忌文。此碑原在河南汲縣太公泉，萬（歷）〔曆〕年間移置府治。久失。乾隆丙午，余有中州之役，獲上段於衛輝府署輿人小室中。辛亥秋，又得下段，合而爲一。③

清嘉慶元年十月，黄易拓《齊太公吕望表》。黄易《嵩洛訪碑日記》曰：

（十月）初四日，至衛輝府治衛神廟，洗剔《晉太公吕望表》兩斷石，始見碑側有"諸□□"者，又"□□□餙表

---

① 黄易：《秦漢魏六朝輿地碑刻攷》（《小蓬萊膡稿》），《漱六編》，第11頁a、b。
② 武億：《金石三跋》一跋卷3，武穆淳輯：《授堂遺書》，清道光二十三年偃師武氏刻本，第6頁b—7頁a。
③ 黄易：《秦漢魏六朝輿地碑刻攷》（《小蓬萊膡稿》），《漱六編》，第11頁a、b。

上"八分書一行。……尋武定八年《太公廟碑》，已嵌置北門外新廟。悉搨之。……初六日，大風。至東明郭外宿。展觀晉刻齊太公斷碑，粘連接縫。①

黃易《嵩洛訪碑圖》曰：

晉碑

晉太康十年《太公呂望表》，盧無忌文。昔移衛輝府治，余倅衛時訪得上段，有碑陰，復得下段。魏武定八年穆子容《太公廟碑》舊在無量庵，余囑太守德君移諸碑置北門外太公新廟，茲過衛郡始知穆子容碑移至新廟，晉碑尚在府治衛神廟，命工洗搨其側，有字一行，向所未見。廟內立《周衛州刺史郭進屏盜碑》，四面刻字，盡搨之。

嘉慶元年九月自開封至嵩洛，十月經懷慶衛輝東還，往返四十日得碑四百餘種，遊屐所經者成此廿四圖，以志快幸。錢唐黃易。②

北京故宮博物院藏黃小松、朱文鈞（翼盦）遞藏拓本，係朱氏捐贈之物，時代斷爲乾隆拓本。毛裝，38頁，墨紙半開尺寸縱30.6厘米，橫14厘米。題"齊太公呂望表并碑陰"，鈐"小松所得金石"印。③
此本無嘉慶四年刻跋，④《中國美術全集·書法篆刻編·魏晉南北朝書法》記所載拓本：

---

① 黃易：《嵩洛訪碑日記》，第13頁b—14頁a。
② 李佐賢：《書畫鑑影》卷18《黃小松嵩洛訪碑廿四圖》，《續修四庫全書》第1086冊，影印華東師大圖書館藏清同治十年利津李氏刻本；黃易：《嵩洛訪碑圖》，金運昌主編：《故宮書畫館第七館》，紫禁城出版社2010年版，第156頁。
③ 尹一梅：《故宮藏與黃易相關之晉唐碑帖拓本概述》，故宮博物院編，秦明主編：《内涵暨外延：故宮黃易尺牘研究國際學術研討會論文集》，故宮出版社2018年版，第168—169頁。
④ 中國美術全集編輯委員會編，王靖憲主編：《中國美術全集》第55冊《書法篆刻編 2 魏晉南北朝書法》，人民美術出版社2006年第2版，第36—38頁。

此爲黄易舊藏未刻跋本。①

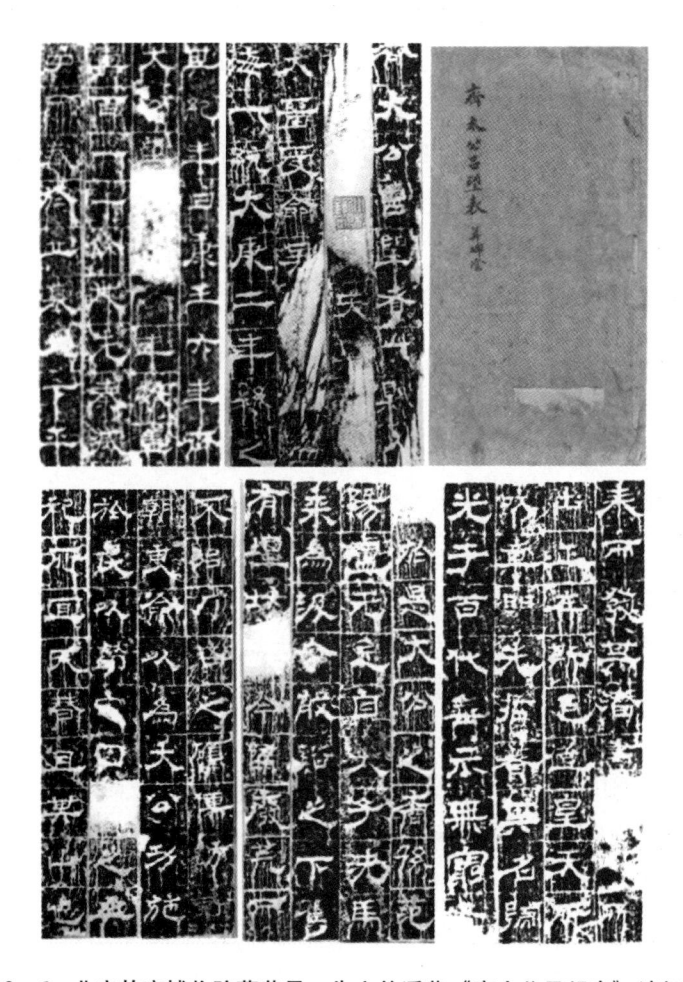

圖 3-6　北京故宫博物院藏黄易、朱文鈞遞藏《齊太公吕望表》清拓本

（據尹一梅：《故宫藏與黄易相關之晉唐碑帖拓本概述》，故宫博物院編，秦明主編：《内涵暨外延：故宫黄易尺牘研究國際學術研討會論文集》，第169頁；中國美術全集編輯委員會編，王靖憲主編：《中國美術全集》第55册《書法篆刻編 2 魏晉南北朝書法》，第36—37頁、圖版説明第15頁）

---

① 中國美術全集編輯委員會編，王靖憲主編：《中國美術全集》第55册《書法篆刻編 2 魏晉南北朝書法》，圖版説明第15頁。

拓本"齊大公呂望者"與"大晉受命"之間有印，可辨乃"小松所得金石"。此本未見嘉慶四年刻跋，則爲乾隆五十六年末嘉慶四年間拓本，以小松履歷考之，又可定爲乾隆五十六年秋、嘉慶元年十月拓本。

案：黃小松拓本，較之明拓本存在顯著的不同。一些字較明拓本清晰，或許出於清理剔出之功；一些字泯滅不清，成爲斷代的依據。

第9行"垂示無窮者"之"者"泐下半，而明拓本完好。

第10行"來爲汲令"之"令"泐下半，而明拓本完好。

馬子雲在故宮研究碑刻，馬子雲、施安昌《碑帖鑑定》記載此拓：

> 近見一康乾間拓本，爲黃小松舊藏，有"小松所得金石"印。碑陰四列，碑陽後未刻跋，較嘉慶四年刻跋之拓本尚多二十字。即十四行"德"字，十五行"眷寅"二字，十六行"洪般貅之山"五字，十七行"敬報以介福惠"六字與"天命嘉生"之"生"字，十八行"□遠進迄"四字，十九行"無隕兹命"之"隕"字。刻嘉慶四年跋之初拓本與乾隆年拓同。①

（2）中國國家圖書館藏何昆玉、梁啓超遞藏乾隆拓本

中國國家圖書館收藏的《齊太公呂望表》情況：

> 北京圖書館藏較佳之另一整幅拓本爲乾隆拓。此本無嘉慶四年刻跋，爲高要何昆玉、新會梁啓超舊藏，有梁題簽及題跋（民國六年）。並鈐"何伯瑜"、"曆亭寓公"、"飲冰室"、"飲冰室藏"、"新會梁啓超印"、"梁啓超"、"飲冰室藏金石圖書"等印章。②

---

① 馬子雲、施安昌：《碑帖鑑定》，第106—107頁。
② 冀亞平、王巽文：《北京圖書館藏石刻叙錄（十一）》，《文獻》第18輯（1983年），第239—240頁；徐自強、吳夢麟：《古代石刻通論》，紫禁城出版社2003年版，第47—48頁。

乾嘉拓本，或稱之爲重新出土後初拓本。

3. 嘉慶四年秋八月以後有刻跋拓本

嘉慶四年秋八月，由府署移至孔廟，李元滬、李震加刻跋文。有王昶《金石萃編》所據拓本、嚴可均輯《全上古三代秦漢三國六朝文》所據拓本、趙紹祖《金石續鈔》所據拓本、馮雲鵬《金石索》所據拓本、陸增祥《八瓊室金石補正》所據拓本、張德容《二銘艸堂金石聚》所據拓本、朱士端《宜禄堂金石記》所據拓本。嘉慶四年秋八月以後有刻跋拓本顯示碑石仍爲較完整的兩塊。

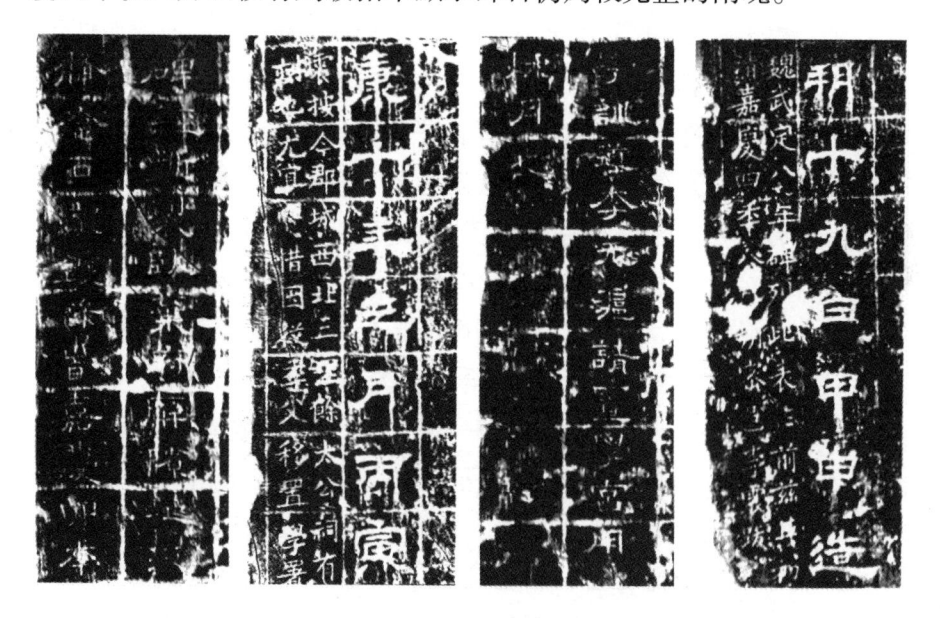

圖 3-7 《齊太公吕望表》嘉慶四年李元滬、李震刻跋

（據仲威：《中國碑拓鑑別圖典》第 194 頁插圖三局部、第 195 頁插圖四局部）

（1）王昶《金石萃編》所據拓本

王昶《金石萃編》嘉慶十年初刊，同治錢寶傳等補修。王昶《金石萃編》曰：

《大公吕望表》

齊大公吕望者，此縣人。□□□□，□（天）〔失〕其□。□

大晉受命，□□□□，四海一統。大康二年，縣之西偏，有盜發冢，〔□〕得竹策之書。書藏之年，當秦坑儒之前八十六歲。其《周志》曰：" 文王夢天帝服□襀以立於令狐之津。帝曰：'昌，賜汝望。'文王再拜稽首，大公於後亦再拜稽首。文王夢之之夜，大公夢之亦然。其後文王見大公而訓之曰：'而名爲望乎？'答曰：'□□望。'文王曰：'吾如有所於見汝。'大公言其年月與其日，且盡道其言，'臣此以□□也。'文王曰：'有之，有之。'遂與之歸，以爲卿士。"其《紀年》曰：" 康王六年，齊太公望□。"□考年數，蓋壽百一十餘歲。

先秦滅學而藏於丘墓，天下平泰而發其潛書。□□所出，正在斯邑。豈皇天所以章明先哲，著其名號，光於百代，垂示無窮者矣！於是太公之裔孫范陽盧无忌自太子洗馬來爲汲令。磻磎之下舊有壇場，□今墮廢荒而不治。乃咨之碩儒，訪諸朝吏，僉以爲大公，功施於民，以勞定國，□之典祀，所宜不替。且其山也，能興雲雨，財用所出。遂脩復舊祀，□名計偕，□□勒□，以章顯烈，俾萬載之後有所稱述。其辭曰：於鑠我祖，時惟大公。當殷之末，□德（廟諱）〔玄〕通，上帝有命，以錫周邦。公及文王，二夢惟同。上帝□命，若時登庸。遂作心膂，寅亮天工。肆伐大商，克咸厥功。建國胙土，俾矦于東。奮乎百世，聲烈弥洪。磻磎之山，明靈所託。升雲降雨，爲膏爲澤。水旱癘疫，是禳是祭。來方禋祀，莫敢不敬。報以（个）〔介〕福，惠我百姓。天地和舒，四氣通正。災害不作，民無夭命。嘉生蕃殖，□□遠迸。迄用康年，稼穡茂盛。凡我邦域，永世受慶。春秋匪解，無□茲令。

太康十年三月丙寅朔十九日甲申造。①

案：此據拓本，而個別字辨識有誤，個別字沒有識別出來。

---

① 王昶：《金石萃編》卷25《太公呂望表》，第7頁a—9頁a。

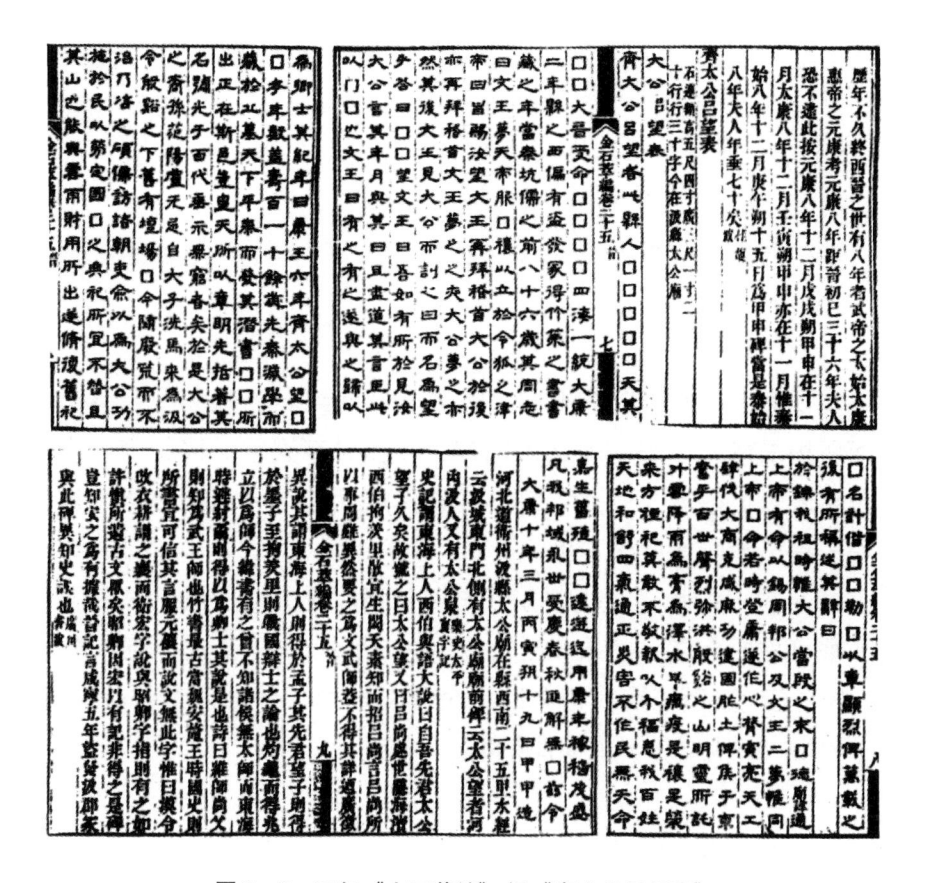

圖 3-8　王昶《金石萃編》錄《齊太公呂望表》

（據《續修四庫全書》編纂委員會編：《續修四庫全書》第 887 冊，影印清嘉慶十年刻、同治錢寶傳等補修本）

羅振玉《雪堂所藏金石文字簿錄》曰：

又明拓本

此亦明拓，存字與前本同，予以近拓碑陰附裝入。此碑《金石萃編》所錄多脫誤，今依兩本及近拓之精者比勘，得補正十三字。額"齊大公呂望表"，《萃編》失"齊"字。"大晉受命"句下，乃"吳□□平"，謂吳蜀盪平也，《萃編》失"吳平"二字。"□得竹策之書"，"得"上一字不可辨，《萃編》未空格。"夢天帝服玄禳",《萃編》失錄"玄"字。"垂示無窮者乎",《萃編》"乎"字誤作"矣"。"言名計偕,鐫石勒表",《萃編》失錄"言鐫石表"四字。"上帝既命",《萃編》失錄"既"字。"蜱□遠迸",《萃編》失錄"蜱"字,"蜱"下一字,尚見末筆,乃戈之下半,當是"賊"字。"無隕兹令",《萃編》失錄"隕"字。①

案:通過比較可以看出,王昶《金石萃編》所據拓本當係清拓本而所拓未精者,而王昶又未細辨,存在脱字誤字。清乾隆五十六年至嘉慶十年拓本,以其不清,或爲嘉慶元年十月以前拓本,即黄小松未剔出碑以前所拓本也。

(2) 嚴可均輯《全上古三代秦漢三國六朝文》所據拓本

嚴可均於嘉慶十三年以後,花費二十七年,道光十五年輯成《全上古三代秦漢三國六朝文》。《全晉文》卷八十六《太公吕望表》文末標明"碑拓本",依據此拓本。

《太公吕望表》

齊大公吕望者,此縣人也。□□□□,失其□。□大晉受命,□□□□,四海一統。太康二年,縣之西偏,有盗發冢,得竹策之書。書藏之年,當秦坑儒之前八十六歲。其《周志》曰:"文王夢天帝服玄禳以立於令狐之津。帝曰:'昌,賜汝望。'文王再拜稽首,太公於後亦再拜稽首。文王夢之之夜,太公夢之亦然。其後文王見太公而訓之曰:'而名爲望乎?'答曰:'唯,名望。'文王曰:'吾如有所於見汝。'太公言其年月與其日,且盡道其言,'臣此以得見也。'文王曰:'有之,有之。'遂與之歸,以爲卿士。"其《紀年》曰:"康王六年,齊太公望卒。"參攷年數,蓋壽百一十餘歲。先秦滅學而藏於丘墓,天下

---

① 羅振玉:《雪堂所藏金石文字簿錄》,第59頁b—60頁b。

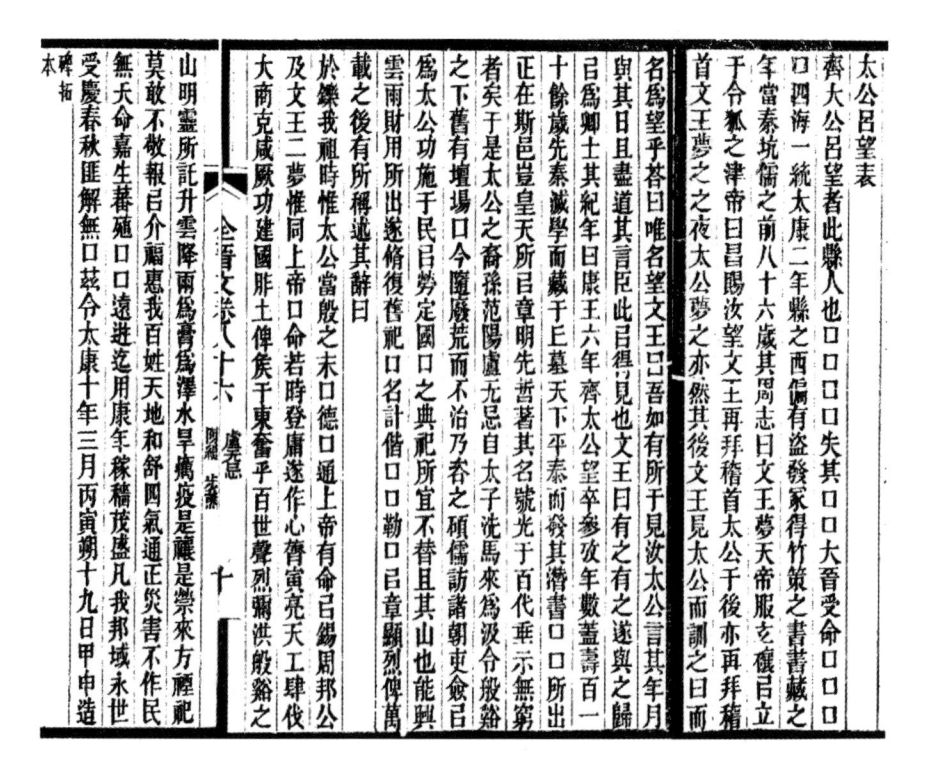

圖3-9 嚴可均輯《全上古三代秦漢三國六朝文》錄《太公呂望表》
（據清光緒二十年廣雅書局王敏藻校刻本）

平泰而發其潛書。□□所出，正在斯邑。豈皇天所以章明先哲，著其名號，光於百代，垂示無窮者矣！于是太公之裔孫范陽盧无忌自太子洗馬來爲汲令。般谿之下舊有壇場，□今墮廢荒而不治。乃咨之碩儒，訪諸朝吏，僉以爲太公，功施于民，以勞定國，□之典祀，所宜不替。且其山也，能興雲雨，財用所出。遂脩復舊祀，□名計偕，□□勒□，以章顯烈，俾萬載之後有所稱述。

其辭曰：於鑠我祖，時惟太公。當殷之末，□德□通，上帝有命，以錫周邦。公及文王，二夢惟同。上帝□命，若時登庸。遂作心膂，寅亮天工。肆伐大商，克咸厥功。建國胙土，俾矦于東。奮乎百世，聲烈弥洪。般谿之山，明靈所託。升雲降雨，爲膏爲澤。水旱癘疫，是禳是榮。來方禋祀，莫敢不敬。報以介福，惠我百姓。天地和舒，四氣通正。災害不作，民無夭命。嘉生蕃殖，□□遠迮。迄用康年，稼穡茂盛。凡我邦域，永世受慶。春秋匪解，無□茲令。

太康十年三月丙寅朔十九日甲申造。（碑拓本）①

案：嚴可均《平津館金石萃編》曰：

《太公呂望表》　太康十年三月。
　　已見王氏《萃編》。②

將嚴可均輯《全上古三代秦漢三國六朝文》所據拓本與王昶《金石萃編》所據拓本比較，探究二者之關係。

"□□所出，正在斯邑"，王昶《金石萃編》亦作此。明拓本、黃易拓本"書之"字闕。

"□今墮廢荒而不治"，王昶《金石萃編》亦作此。明拓本"而"字已泐難辨，黃易拓本"而"字泐盡。

"□名計偕，□□勒□"，王昶《金石萃編》亦作此。明拓本"言"字有些模糊，清拓本可辨，此屬辨別不清。明拓本"鐫石□勒表"之"勒"不清，清拓本可辨。

"□德□通"，王昶《金石萃編》作"□德（廟諱）通"。明拓本"玄"、清早期拓本"玄"字可辨，此出於避諱。

"遂作心膂"，王昶《金石萃編》亦作此。明拓本"心"字可辨，清末拓本"心"字泐盡。

觀其文與王昶《金石萃編》所錄拓本同，所據同也。所以，嚴

---

① 嚴可均輯：《全晉文》卷86，《全上古三代秦漢三國六朝文》，清光緒二十年廣雅書局王敏藻校刻本，第9頁b—10頁b。
② 嚴可均：《平津館金石萃編》卷4，《續修四庫全書》第893冊，影印上海圖書館藏民國間吳興劉氏嘉業堂鈔本，第45頁上欄。

可均輯《全上古三代秦漢三國六朝文》所據拓本實際是以王昶《金石萃編》所錄拓本爲基礎的。

（3）趙紹祖《金石續鈔》所據拓本

趙紹祖《金石續鈔》錄碑文，後有跋，跋文後題"嘉慶十三年三月七日"。又補記碑文後嘉慶刻跋。① 案：趙紹祖《金石續鈔》錄碑文據嘉慶四年以後拓本。前文參考穆子容碑，頌詞據碑文而誤釋一些文字。

《太公呂望表》

齊太公呂望者，此縣人也。遭秦燔書，史失其籍。至大晉受命，吳會既平，四海一統。大康二年，縣之西偏有盜發冢而得竹策之書。書藏之年，當秦坑儒之前八十六歲。其《周志》曰："文王夢天帝服（元穰）〔玄纕〕，以立於令狐之津。帝曰：'昌，賜汝望。'文王再拜稽首，大公於後亦再拜稽首。文王夢之之夜，大公夢之亦然，其後文王見大公而（訝）〔訊〕之曰：'而名爲望乎？'答曰：'唯爲望。'文王曰：'吾如有所見於汝。'大公言其年月與其日，且盡道其言，臣此以得見也。文王曰：'有之，有之。'遂與之歸，以爲卿士。"其《紀年》曰："康王六年，〔齊〕太公望卒。"參考年數，蓋壽百一十餘歲。

先秦滅學而藏於（邱）〔丘〕墓，天下平泰而發其潛書。書之所出，正在斯邑。豈皇天所以章明先哲，著其名號，光于百代，垂示無窮者矣！於是太公之裔孫范陽盧无忌自太子洗馬來爲汲令。般谿之下舊有壇場，而今墮廢荒而不治。乃咨之碩儒，訪諸朝吏，僉以爲太公功施於民，以勞定國，國之典祀，所宜不替。且其山也，能興雲雨，財用所出。遂脩復舊祀，言名計偕，鐫石勒表，以章顯烈，俾萬載之後有所稱述。

---

① 趙紹祖：《金石續鈔》卷1，第3頁a—5頁b；趙紹祖：《古墨齋金石跋》卷2，《趙紹祖金石學三種》，牛繼清、趙敏校點，《安徽古籍叢書》，黃山書社2011年版，第329頁。

其辭曰：於鑠我祖，時惟大公。當殷之末，（闕）德（元）〔玄〕通，上帝有命，以錫周邦。公及文王，二夢惟同。上帝有命，若時登庸。遂作（闕）膂，寅亮天工。肆伐大商，克咸厥功。建國胙土，俾矦于（京）〔東〕。奮乎百世，聲烈彌洪。殷谿之山，明靈所託。升雲降雨，爲膏爲澤。水旱癘疫，是禳是榮。來方禋祀，莫敢不敬。報以介福，惠我百姓。天地和舒，四氣通正。災害不作，民無夭命。嘉生蕃殖，（闕二字）遠（闕）。迄用康年，稼穡茂盛。凡我邦域，永世受慶。春秋匪解，無（憤）〔隕〕茲令。

太康十年三月丙寅朔十九日甲申造。

案：前文據穆子容碑，僅頌詞可作分析。

首先，"遂作（闕）膂"所闕"心"字。王昶《金石萃編》作"遂作心膂"。明拓本"心"字可辨，清末拓本"心"字泐盡。案："心"字，此與趙氏交代爲嘉慶四年以後刻跋本，又稍早於嘉慶十三年所拓符合，此時"心"字已经受損。

其次，分析頌詞，似所據拓本不精。一些字没有識出：

"（闕二字）遠（闕）"後所闕"迸"字，屬拓本不清。

一些字誤識：

"俾矦於（京）〔東〕"誤作"京"。

"無（憤）〔隕〕茲令"誤作"憤"。

所以，嘉慶十三年稍前，碑頌詞部分已經開始磨蝕，此拓之"功"也。

（4）嚴可均、孫星衍《平津館金石萃編》、洪頤煊《平津讀碑記》《經典集林》所據拓本

《平津館金石萃編》乃嚴可均、孫星衍之作，嘉慶十年至十四年已具規模。[①]

[①] 李士彪：《輯佚大家：嚴可均傳》，浙江人民出版社2008年版，第111—130頁。

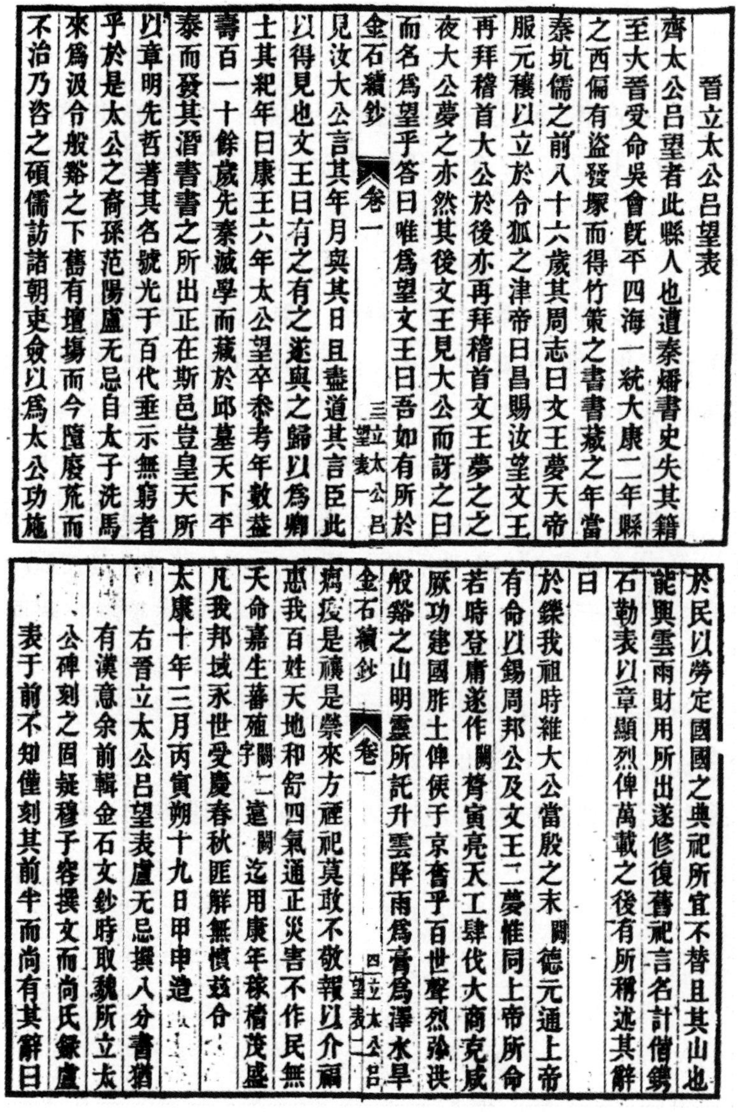

圖 3–10　趙紹祖《金石續鈔》錄《齊太公呂望表》
（據新文豐出版公司編輯部輯：《石刻史料新編》第二輯第 7 冊，第 5365 頁下欄—5366 頁上欄）

《平津館金石萃編》曰：

　　《太公呂望表》　太康十年三月。

已見王氏《萃編》。①

洪頤煊《平津讀碑記》記嘉慶十五年至十六年在平津館讀碑考證，十六年八月自序，二十一年平津館刊。《平津讀碑記》曰：

《太公呂望表》太康十年三月
右《太公呂望表》在汲縣太公廟。凡廿行，行卅字，有直行界線。中段已有斷痕。碑云："太康二年，縣之西偏有盜發冢而得竹策之書。書藏之年，當秦坑儒之前八十六歲。"荀勖《穆天子傳序》："所得《紀年》，蓋魏成王子今王之冢。自今王二十一年至秦始皇燔書之歲八十六年。"其《紀年》曰："康王六年，齊太公望卒。"參考年數，蓋壽百一十餘歲。《史記·齊太公世家》亦云："太公之卒百有餘年。"其所述皆與此碑同。②

案：洪頤煊《平津讀碑記》略記《齊太公呂望表》，以爲碑文載太公年紀與《史記·齊世家》合。

洪頤煊《經典集林》嘉慶間刊。卷九《汲冢瑣語》曰：

文王夢天帝服玄襀以立於令狐之津。帝曰："昌，賜汝望。"文王再拜稽首，太公於後亦再拜稽首。文王夢之夜，太公夢之亦然。其後文王見太公而訓之曰："而名爲望乎？"荅曰："唯，爲望。"文王曰："吾如有所於見汝。"太公言其年月與其日，且盡道其言。"臣此以得見也。"文王曰："有之，有之。"遂與之歸，以爲卿士。晉太康十年汲縣《齊太公廟碑》引《周志》。③

---

① 嚴可均：《平津館金石萃編》卷4，第1頁a。
② 洪頤煊：《平津讀碑記》卷2，《續修四庫全書》第905冊，影印浙江省圖書館藏清嘉慶二十一年刻本，第19頁上、下欄。
③ 洪頤煊：《經典集林》卷9，《洪頤煊集》第5冊，胡正武點校，《台州文獻叢書》，上海古籍出版社2018年版，第2349頁。

案：洪頤煊《平津讀碑記》《經典集林》所據乃孫星衍所藏拓本，即嚴可均《平津館金石萃編》所提拓本。

（5）馮雲鵬《金石索》所據拓本

嘉慶二十年至嘉慶二十五年，馮雲鵬、馮雲鵷合編《金石索》，道光元年刊自寫刻本。《金石索》石索五錄碑文，並補。後有考略。①

晉汲縣《太公表》

齊大公吕望者，此縣人。號爲師（石缺二字半，今補）尚父（夫）〔失〕其□。□大晉受命，□□□□，四海一統。大康二年，縣之西偏，有盜發冢，□（殘缺）得竹策之書。書藏之年，當秦坑儒之前八十六歲。其《周志》曰："文王夢天帝服玄襘以立於令狐之津。帝曰：'昌，賜汝望。'文王再拜稽首，大公於後亦再拜稽首。文王夢之之夜，大公夢之亦然。其後文王見大公而訊之曰：'而名爲望乎？'答曰：'（臣）〔唯〕（名）（爲）望。'文王曰：'吾如有所於見汝。'大公言其年月與其日，且盡道其言，'臣此以□□也。文王曰：'有之，有之。'遂與之歸，以爲卿士。"其《紀年》曰："康王六年，齊大公望（薨）〔卒〕（以《紀年》補）。"□考年數，蓋壽百一十餘歲。"

先秦滅學而藏於丘墓，天下平泰而發其潛書。□□所出，正在斯邑。豈皇天所以章明先哲，著其名號，光于百代，垂示無窮者（乎）〔矣〕！於是大公之裔孫范陽盧无忌自大子洗馬來爲汲令。般谿之下舊有壇場，□今墮廢荒而不治。乃咨之碩儒，訪諸朝吏，僉以爲大公功施於民，以勞定國，□之典祀，所宜不替。且其山也，能興雲雨，財用所出。遂脩復舊祀，守（誤）名計偕，刊（誤）石勒表，以章顯烈，俾萬載之後有所稱述。

其辭曰：於鑠我祖，時惟大公。當殷之末，□德玄通，上帝有命，以錫周邦。公及文王，二夢惟同。上帝既命，若時登

---

① 馮雲鵬、馮雲鵷輯：《金石索》石索五，第 1617—1622 頁。

庸。遂作心膂，寅亮天工。肆伐大商，克咸厥功。建國胙土，俾侯于東。奮乎百世，聲烈弥洪。般谿之山，明靈所託。升雲降雨，爲膏爲澤。水旱癘疫，是禳是禜。來方禋祀，莫敢不敬。報以介福，惠我百姓。天地和舒，四氣通正。災害不作，民無夭命。嘉生蕃殖，□□遠迸。迄用康年，稼穡茂盛。凡我邦域，永世受慶。春秋匪解，無隙茲令。

大康十年三月丙寅朔十九日甲申造。

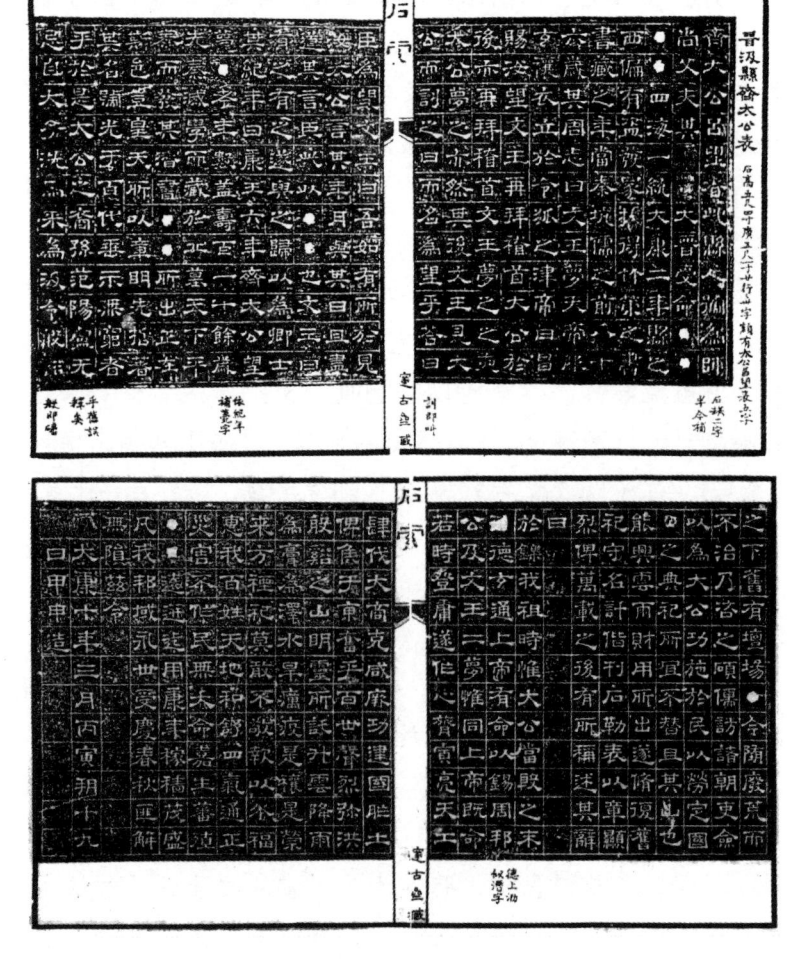

圖 3-11　馮雲鵬、馮雲鵷《金石索》錄《齊太公呂望表》

（據書目文獻出版社影印清道光元年刊自寫刻本）

案：《金石索》石索五《晉汲縣太公表》後跋曰：

  鵷案：此碑已斷裂爲二，故有缺文在其斷處。不可臆度，其餘上兩淋剥落之痕，與筆畫混。《中州金石（志）〔記〕》但載其名未録其碑，因字泐難辨也。唯《金石萃編》刻其全文，唯細心摹擬未能臻此。今鄒縣胡寄雲少尉拓寄善本，兩相校勘，又增補十五字，改正一字，餘尚缺十三字。全點形影不能再補矣。①

《金石索》之《晉汲縣太公表》是在《金石萃編》的基礎上增補、改正文字，參以鄒縣胡寄雲少尉拓寄善本，達到"增補十五字，改正一字"。

首先，標明補6字："號爲師（石缺二字半，今補）尚父"5字，"齊太公望（薨）〔卒〕（以《紀年》補）"1字。

案：以上所補皆誤。

其次，未標明補9字。

《金石萃編》"文王夢天帝服□襫"（因避諱而闕"玄"字），《金石索》增補爲"文王夢天帝服玄襫"（"玄"字避諱缺筆）。

《金石萃編》"□德（廟諱）〔玄〕通"（因避諱而闕"玄"字），《金石索》作"□德玄通"（"玄"字避諱缺筆）。

案：以上兩處實際算不上增補，卻證實所據拓本此2字可辨。

《金石萃編》"答曰：'□□望'"，《金石索》增補爲"答曰：'臣（誤）名（誤）望'"，補2字，皆誤。案：此2字明拓本已泐盡，不可辨識。

《金石萃編》"遂作□膂"，《石索》增補爲"遂作心膂"，補1字。案："心"字，明拓本可辨識，清末拓本已泐盡，此證實《金石索》所據拓本此字可辨。

---

① 馮雲鵬、馮雲鵷輯：《金石索》石索五，第1621頁。

《金石萃編》"□名計偕，□□勒□"，《金石索》增補爲"守（誤）名計偕，刊（誤）□勒表"，補3字，"表"字《金石萃編》屬模糊不清。案：誤補2字，證實此2字不清楚。

《金石萃編》"無□茲令"，《金石索》作"無隕茲令"，補"隕"字。

案：實際可以補充4字：玄、心、表、隕。證實此4字在所據拓本中可辨。

第三，改正字3處。

《金石萃編》"此縣人。□□□□，□（天）〔失〕其□"，《金石索》作"此縣人。號爲師（石缺二字半，今補）尚父（夫）〔失〕其□"，改"天"作"夫"。案：誤。

《金石萃編》"垂示無窮者矣"，《金石索》改正作"垂示無窮者乎"。案：誤。清拓不清楚。

《金石萃編》"報以个福"，《金石索》改正作"報以介福"。案：此改正確。

所以，《金石索》玄、表、心、隕、介6字可辨。

自嘉慶二十年至二十五年馮雲鵷與馮雲鵬合編《金石索》，道光元年刊自寫刻本。即《金石索》的編纂年代在嘉慶二十年至二十五年。馮雲鵷於《晉汲縣太公表》後跋曰：

鵷案：此碑已斷裂爲二。①

《金石索》以《金石萃編》爲本，據鄒縣胡寄雲少尉拓寄善本（拓寄善本者，嘉慶末拓刻跋本）參校。然則編《金石索》之時碑未及大損，碑文頌詞部分較完好（遂作心膂"心"字可以證實）。碑文頌詞部分損毀在道光以後。

---

① 馮雲鵬、馮雲鵷輯：《金石索》石索五，第1621頁。

(6) 陸增祥《八瓊室金石補正》所據拓本

陸增祥《八瓊室金石補正》卷九《齊太公呂望表》據《金石錄》補王昶《金石萃編》所據殘拓本前文，又據拓本補王昶《金石萃編》所據殘拓本頌詞，又錄碑後二跋。①

> 齊太公呂望表 太康十年三月十九
>
> 子缺言名計偕鐫□勒表缺言鐫三字
> 元禮曰 唯爲塋以得見也 塋卒奈孝缺既無隕茲令
> □失其□天誤受命吳缺吳發冢而得脫一字據金石錄補而服
> 碑經斷裂卧弃府廨汲縣訓導李元滬請置學宮用
> 備金石家援錄時嘉慶四年秋月也馮敏并鐫
> 震按今郡城西北三里太公祠有魏武定八年碑列
> 此表於前茲其初刻也尤宜寶惜因從季父移置學
> 署清嘉慶四年八月朔寗邑李震跋 以上二條刊碑尾

圖3-12　陸增祥《八瓊室金石補正》記《齊太公呂望表》

（據民國十四年劉氏希古樓刻本）

(7) 張德容《二銘艸堂金石聚》所據拓本

張德容《二銘艸堂金石聚》有同治十一年刻本。卷十五雙鉤摹

---

① 陸增祥：《八瓊室金石補正》卷9，民國十四年劉氏希古樓刻本，第9頁b。

寫碑陽、碑陰文字。① 分析字形與黃易藏拓本近同，而不同於清末拓本，當據嘉慶刻跋本而摹寫。

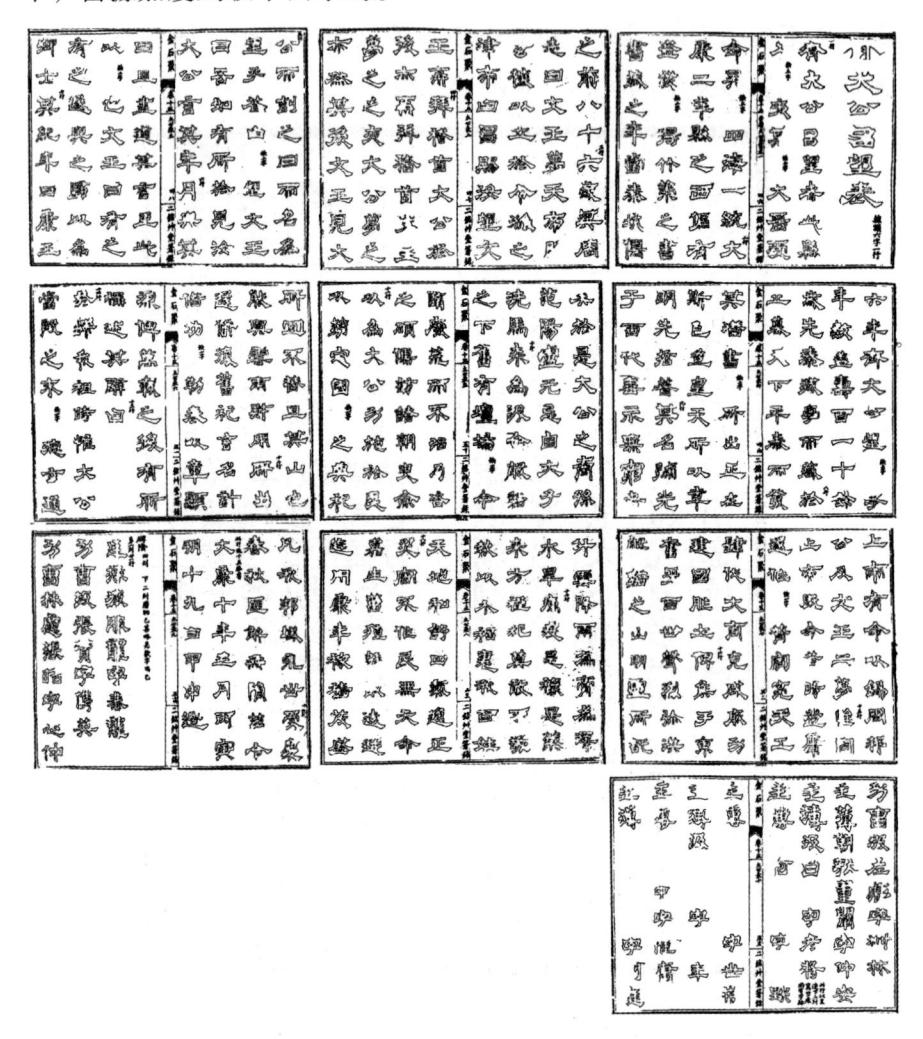

圖 3-13　張德容《二銘艸堂金石聚》錄《齊太公呂望表》雙鉤摹寫本

（據新文豐出版公司編輯部輯：《石刻史料新編》第二輯第 3 冊，臺北新文豐出版公司 1979 年影印清同治十一年張氏刊本）

---

① 張德容：《二銘艸堂金石聚》卷 15，同治十一年張氏刊本，第 46 頁 a—60 頁 a。

（8）楊守敬《寰宇貞石圖》光緒八年所録拓本

楊守敬《寰宇貞石圖》光緒八年所録拓本，亦所録拓本《增訂寰宇貞石圖》所録拓本。① 此拓本顯示，碑仍是完整的兩塊，碑上部沿"兹祀弥"有一細微的劃痕，碑下部沿"大（字下）、永、介（字下）、靈（字中）、工（字中）"有一細微的劃痕。

碑文保存情況較好，與張德容《二銘艸堂金石聚》録《齊太公吕望表》雙鉤摹寫本比較，"服"字損壞更甚而不見，所以其時代接近而略晚。總之，此拓本的時代屬於嘉慶時期，較爲完好。

（9）朱士端《宜禄堂收藏金石記》所據拓本

朱士端《宜禄堂收藏金石記》（六十卷本）卷十録碑文、嘉慶四年刻跋，後跋文考碑史。②

《大公吕望表》

齊大公□望者，此縣人。□□□□，□□□□。大晉受命，□□□□，四海一統。大康二年，縣之西偏，有盜發□，得竹策之書。書藏之年，當秦坑儒之前八十六歲。其《周志》曰："文王夢天帝□□襓以立於令狐之津。帝曰：'昌，賜汝望。'文王再拜稽首，大公於後亦再拜稽首。□□夢之之夜，大公夢之亦然。其後文王見大公而丩（殘存）之曰：'而名爲望乎？'答曰：'□□望。'文王曰：'吾如有□於見□。'大公言其年月□其日，且盡道其言，'此以□□□。'文王曰：'有之，有之。'遂與之歸，以爲卿士。"其《紀年》曰："康王六年，齊太公望□。"□考年□，（盡）〔蓋〕壽百一十餘歲。

先秦滅學而藏於丘墓，□下平泰而發其潛書。□□所出，正在斯□。豈皇天所以章明先哲，著其名號，光于百代，垂示

---

① 楊守敬：《寰宇貞石圖》卷2，清光緒八年刻本；河井荃盧監修，藤原楚水纂輯：《增訂寰宇貞石圖》卷2，昭和十五年（1940年）日本興文社印本，第106頁。

② 朱士端：《宜禄堂收藏金石記》卷10，新文豐出版公司編輯部輯：《石刻史料新編》第2輯第5册，新文豐出版社1979年影印鈔本，第3406頁下欄—3407頁上欄。

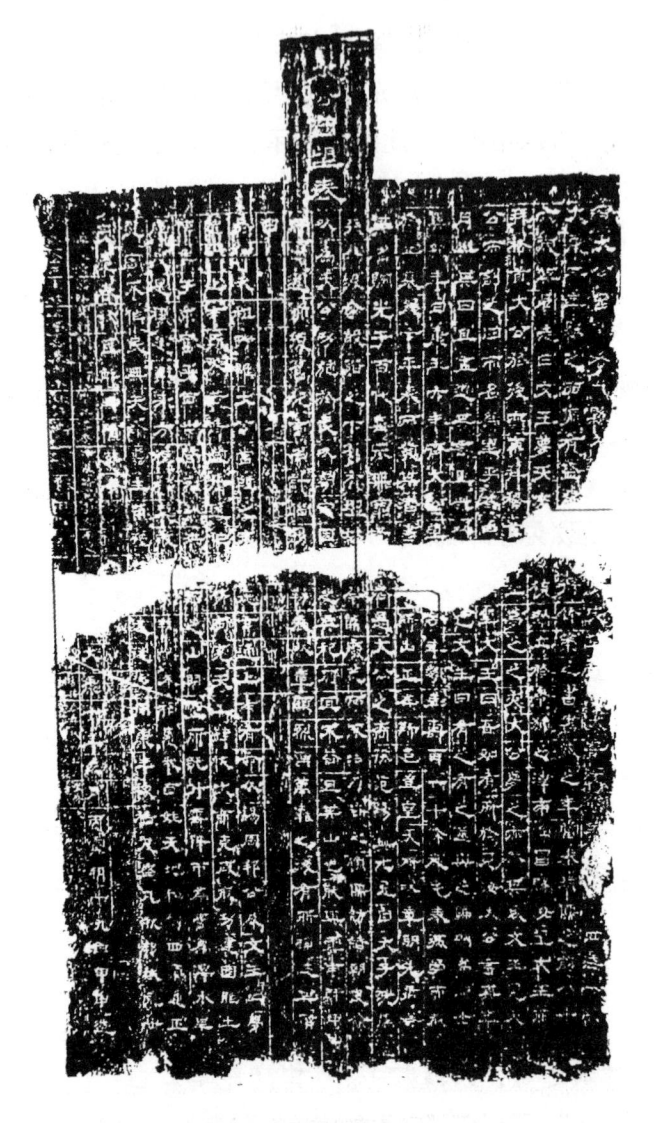

圖 3-14　楊守敬《寰宇貞石圖》清光緒八年刻本録《呂望表》拓片

無窮□□！於是大公之裔孫范陽盧无忌，自大子洗馬來爲汲令。般豁之下舊有壇場，□今□廢荒而不治。□咨之碩儒，訪諸朝吏，僉以爲大公功施於□，以勞□（思）〔國〕，□之典祀，□宜□替。且其山也，能興雲雨，財用所出。遂脩復舊祀，□名計偕，（功）〔〕□勒□，以章顯烈，（傳）〔俾〕萬載之後有

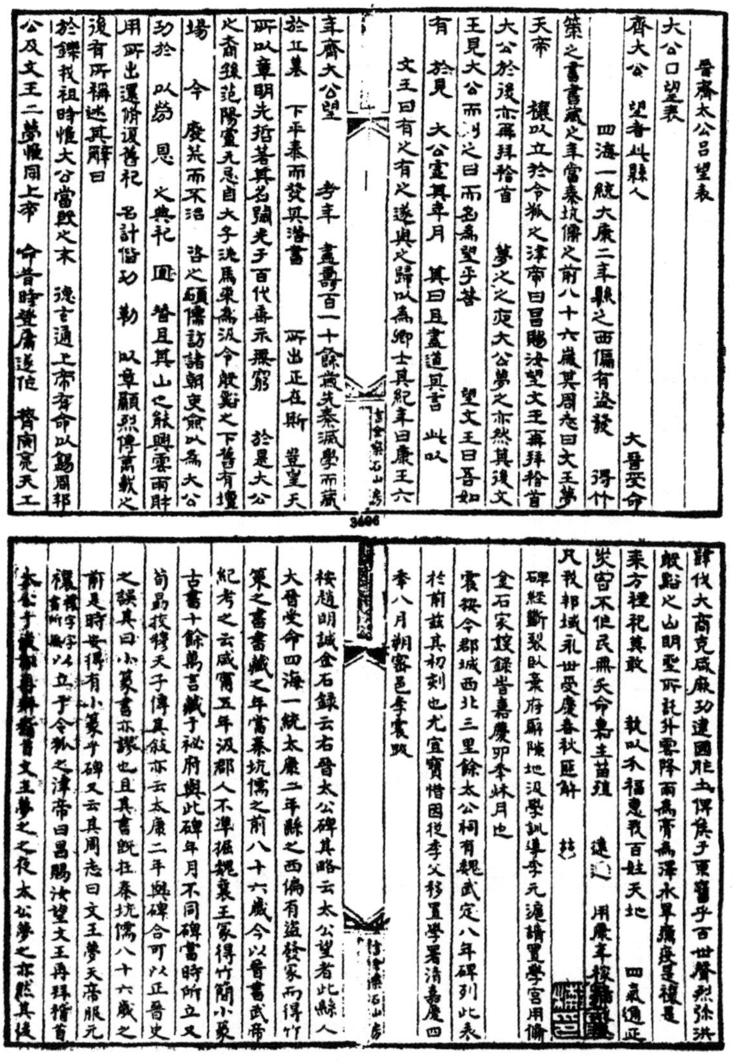
晉齊太公呂望表
大公呂望表
齊大公　望者此縣人　大晉受命
四海一統大康二年縣之西偏有盜發　得竹
策之書書藏之年當秦坑儒之前八十六歲其周志曰文王夢
天帝　服以立於令狐之津帝曰昌賜汝望文王再拜稽首
大公於後亦再拜稽首　夢之之夜大公夢之亦然其後文
王見大公而訓之曰而名為望乎答　望文王曰吾如
有　於見　大公望其年月　其曰且盡道其言　此以
文王曰有之有之遂與之歸以為卿士其紀年曰康王六
年齊大公望　考卒　蓋壽百一十餘歲先秦滅學而藏
於丘墓　下平秦而發其潛書　所出正在斯　豈望天
所以章明先哲著其名蹟光于百代垂示無窮　於是大公
之裔孫范陽盧无忌自大子洗馬來為汲令駐郡之下晉有擅
場　令　廢荒而不治　咨之碩儒訪諸朝吏僉以為大公
功於　以為　思　之典祀　匪　咨且其山也能興雲雨時
用所出還修復舊祀　君計俗功　勤　以章顯烈傳萬載之
後有所稱述其辭曰
於鑠我祖時惟大公當殷之末　德玄通上帝有命以錫周邦
公及文王二夢惟同上帝　命昔時登庸遂作　脊寅亮天工

肆伐大商克咸厥功建國東土俾侯于東奄有百世聲烈弥洪
殷點之山明靈所託升雲降雨為膏為澤水旱癘疫是禱是
乘方禋祀其敢　執以禾福惠我百姓天地　四氣通正
災害不作民無夭命嘉生茁殖　建　用康年　稼
凡我邦域永世受慶春秋匪解　表
碑經斷裂臥棄府廨陂地汲學訓導李元滬請置學宮用備
金石家搜錄嘗嘉慶卯季秋月也
震按今郡城西北三里餘太公祠有魏武定八年碑列此表
於前並其初刻也尤宜寶惜因從李文移置學署清嘉慶四
年八月朔客邑李震跋
按趙明誠金石錄云右晉太公碑其略云太公望者此縣人
大晉受命四海一統太康二年縣之西偏有盜發冢而得竹
策之書書藏之年當秦坑儒之前八十六歲今以晉書武帝
紀考之云咸寧五年汲郡人不準掘魏襄王冢得竹簡小篆
古書十餘萬言藏于祕府與此碑年月不同碑當時所立又
荀勗校穆天子傳其敘亦云太康二年與碑合可以正晉史
之誤其曰小篆書亦謬也且其書既在秦坑儒八十六歲之
前是時安得有小篆乎碑又云其周志曰文王夢天帝服元
禳書所以立于令狐之津帝曰昌賜汝望文王再拜稽首
文王夢之之夜太公夢之亦然其後

圖 3－15　朱士端《宜祿堂收藏金石記》錄《齊太公呂望表》

（據新文豐出版公司編輯部輯：《石刻史料新編》第 2 輯第 5 册，第 3406 頁下欄—3407 頁上欄）

所稱述。

其辭曰：於鑠我祖，時惟大公。當殷之末，□德玄通，上帝有命，以錫周邦。公及文王，二夢惟同。上帝□命，（昔）〔若〕時登庸。遂作□脊，寅亮天工。肆伐大商，克咸厥功。建國胙土，俾矣于東。奮乎百世，聲烈彌洪。般谿之山，明靈所託。升雲降雨，爲膏爲澤。水旱癘疫，是禳是禜。來方禋祀，莫敢□□。報以（个）〔介〕福，惠我百姓。天地□□，四氣通正。災害不作，民無夭命。嘉生（苗）〔蕃〕殖，□□遠迸（殘存）。迄用康年，稼穡茂盛。凡我邦域，永世受慶。春秋匪解，□□茲□。

朱士端《宜祿堂收藏金石記》（六十卷本）曰：

《齊太公吕望表》八分書。太康十年三月。河南汲縣。①

按語曰：

士端按：家藏是碑下半截文字並屬完好，故知下半截未曾亡也。《金石録》云："文王見太公而計之。"細觀原碑右邊尚存"丩"字，左邊以紙殘缺椎搨未到，實不作計之。②

朱士端《宜祿堂收藏金石記》（六卷本）曰：

士端按：《金石録》云："文王見太公而計之。"諦審家藏本右邊尚存"丩"形，實不作"計"字。③

案：朱士端《宜祿堂收藏金石記》所録《太公呂望表》文字闕字甚多，需要仔細分析。

首先，所據拓本的前文闕字甚多，頌詞部分亦有闕字，當是據

---

① 朱士端：《宜祿堂收藏金石記》卷10，《石刻史料新編》第2輯第5册，第3401頁上欄。
② 朱士端：《宜祿堂收藏金石記》卷10，《石刻史料新編》第2輯第5册，第3408頁上欄。
③ 朱士端：《宜祿堂收藏金石記》卷2，《春雨樓叢書》，清同治中寶應朱氏刊，第3頁b。

實而錄。朱士端《宜祿堂收藏金石記》（六十卷本）所錄《大公呂望表》後跋曰：

士端按：家藏是碑下半截文字竝屬完好。①

其次，所據拓本不清，一些字未能辨出。
朱士端《宜祿堂收藏金石記》（六十卷本）曰：

士端按：家藏是碑下半截文字竝屬完好，故知下半截未曾亡也。《金石錄》云："文王見太公而計之。"細觀原碑右邊尚存"丩"字，左邊以紙殘缺椎搨未到，實不作計之。②

第三，頌詞部分闕十一字。
"遂作囗膺，寅亮天工"，闕"心"字而"膺寅"可辨。趙紹祖《金石續鈔》錄嘉慶十三年稍早拓本"心"字已闕，張德容《二銘艸堂金石聚》雙鉤摹寫碑文"心"字亦闕，清末諸本"心"字已泐盡。
"莫敢囗囗。報以（個）〔介〕福"，闕"不敬"字而"報以（個）〔介〕福"可辨，"報以"清源本已泐盡。
"嘉生蕃殖，囗囗遠迸"，闕"蚺賊"字而"遠迸"可辨，清源本已泐盡。
"聲烈弥洪。般谿之山"完整，"洪般谿之山"清源本已泐盡。
基於以上分析，頌詞所闕字一些應是與拓本不清有關。
如"上帝囗命，若時登庸"之"既"字，清末拓本尚可辨。
前文部分闕字部分出於拓本不清。既錄嘉慶四年刻跋，當是嘉慶四年以後拓本。
所以，《宜祿堂收藏金石記》所據拓本尚在頌詞未大損之前，時

---

① 朱士端：《宜祿堂收藏金石記》卷10，《石刻史料新編》第2輯第5冊，第3408頁上欄。
② 朱士端：《宜祿堂收藏金石記》卷10，《石刻史料新編》第2輯第5冊，第3408頁上欄。

代早於日本國清源本。

4. 道光拓本

嘉慶拓本碑石仍是較完整的兩塊。清末拓本頌詞部分殘損（14行至19行12字以下損去20厘米大小一三角形，殘損20餘字），不僅碑刻斷裂爲四，而且失去碑下半部左上側小塊（"□德"字大半，"心膂寅""谿之山""敬報以""賊遠迸"全部共計14字），碑上半部16行下端小塊（"洪般"共計2字）；頌詞與刻跋殘存部分的小塊（"弥""莫""生""隕"，碑下半部"介"字共計5字損毀）。由同治二年始好金石之學的楊守敬收集的咸豐同治間拓本、魯迅收藏的稍舊拓本（早於光緒民國初年拓本）作證，咸豐同治間已經是上述情景。那麼，二者之間的過渡階段一定處於道光時期，① 此時碑刻由磨損發展到斷裂。

道光拓本有中國國家圖書館藏清拓本、羅振玉舊藏清拓本、日本國清源實門氏所藏拓本、繆荃孫舊藏拓本等。

（1）中國國家圖書館藏清拓本

中國國家圖書館藏一清拓本（索書號：各地1720），觀其裂痕與相關字，正處於上部斷裂的過渡的最初階段。拓片顯示，碑上部沿"隕生莫洪心"有一細裂線，損及"心"字，碑下部"德玄通"清晰。可惜此拓片破碎粘貼，字多缺；又非精拓，字多不清晰。雖然如此，其形態較早，屬於由嘉慶過渡道光的拓片是可以明確的。

（2）羅振玉舊藏清拓本

羅振玉《雪堂所藏金石文字簿錄》曰：

《齊太公呂望表》明拓本

此《表》舊拓本，碑額"齊大公呂望表"六字，"齊"字皆失拓，予所藏兩明拓皆然，《金石萃編》亦但作"大公呂望

---

① 道光以後，《齊太公呂望表》碑石受損。一説嘉慶以後碑石受損，此説不確，本章已經證實，貫穿嘉慶始末的諸多拓片顯示碑仍爲完整的兩塊。

表",是其所據舊本,亦未拓"齊"字也。此碑明時橫斷爲二,後又於橫斷處裂爲二,今遂成四石。以此本校勘之,"有盜發冢"之"冢"字,此本但損末筆少許,今則將泐盡。"夢天帝服玄纁",此本"服"字完好,今本泐盡。"來爲汲令"之"令"字,此本筆筆明晰,今本漫没。"□德玄通"之"德"字,此本完好,今本但存少許。"遂作心膂,寅亮天工",今本"心"字全泐,"膂寅"二字存右少半,此本均完。"聲烈弥洪"之"洪"字,此本完好,今本泐盡。"般谿之山",今本"般"字全泐,"山"字泐太半,此本均完好。"報以介福","以介"二字之間,此本完好,今本橫裂,近人謂"介"字已泐,非也。近人又誤書"介"爲"分"。"蛼□遠迸"之"迸"字,此本完好,近拓將泐盡。"無隕兹令"之"隕",此本完好,今本"(亦)〔隕〕"字上有斜裂紋矣。此本前有莫子偲題籤。①

案:羅振玉比較明拓本、今拓本時,所依據的今拓本存在一些顯著特徵,既不同於嘉慶拓本,又不同於同治、光緒拓本。

①同於同治、光緒拓本者

"有盜發冢"之"冢"字,此本但損末筆少許,今則將泐盡。
"夢天帝服玄纁",此本"服"字完好,今本泐盡。
"來爲汲令"之"令"字,此本筆筆明晰,今本漫没。
"□德玄通"之"德"字,此本完好,今本但存少許。
"聲烈弥洪"之"洪"字,此本完好,今本泐盡。

②不同於同治、光緒拓本者

"遂作心膂,寅亮天工",今本"心"字全泐,"膂寅"二

---

① 羅振玉:《雪堂所藏金石文字簿録》,第58頁b—59頁b。

字存右少半。(同治、光緒拓本"膋寅"缺失)

"般豀之山",今本"般"字全泐,"山"字泐太半。(同治、光緒拓本"山"字缺失)

"報以介福","以介"二字之間,此本完好,今本橫裂,近人謂"介"字已泐,非也。近人又誤書"介"爲"分"。(同治、光緒拓本"介"字破損)

"蜉□遠迸"之"迸"字,此本完好,近拓將泐盡。(同治、光緒拓本"迸"字缺失)

"無隕茲令"之"隕",此本完好,今本"(亦)〔隕〕"字上有斜裂紋矣。(同治拓本"隕"字破損)

與中國國家圖書館藏清拓本(索書號:各地1720)比較,羅振玉藏清拓本的時代略晚,碑已經分爲四塊,但是一些文字卻殘存,不同於清末的情況。

(3)《中國書法全集》錄《齊太公呂望表》日本清源實門氏所藏拓本

《中國書法全集》第10卷《三國兩晉南北朝編 三國兩晉南北朝碑刻摩崖》卷一、第11卷《三國兩晉南北朝編 三國兩晉南北朝碑刻摩崖》卷二錄《齊太公呂望表》日本藏拓本,乃日本國清源實門氏所藏。[①]

日本國清源實門氏所藏拓本後雖然無嘉慶四年刻跋,而實乃嘉慶四年以後拓本。

方若《校碑隨筆》曰:

是碑明拓已中斷,然多三字,如第二行有"盜發冢"之"冢"字、第三行"文王夢天帝服□襄以立于令狐之津"之

---

① 劉正成主編:《中國書法全集》第10卷《三國兩晉南北朝編 三國兩晉南北朝碑刻摩崖》卷一,榮寶齋出版社2007年版,第85—97頁;《中國書法全集》第11卷《三國兩晉南北朝編 三國兩晉南北朝碑刻摩崖》卷二,第521—522頁。

"服"字、第九行"垂示無窮者矣"之"者"字未泐。既刻嘉慶四年跋後，當第十四行、十五行，至十九行無一上一下裂紋二道，較近拓尚勝。近拓則此二道裂紋損及"德寅弥山莫分生迸隕"九字。按嘉慶二跋，一刻在第二十行空半之上，一刻在第二十行之後一行。①

日本國清源實門氏所藏拓本之碑文沿"德、寅、山、莫、生"一線損毀嚴重，雖未拓嘉慶跋而實際已經損及其地，此本乃嘉慶四年以後拓本，且較晚。

又此碑文沿"爲、膏、升、雲、降、雨"一線有裂痕，明拓本無，而咸豐同治拓本又損甚，損毀"雨、爲"。

與羅振玉所藏清拓本比較，"豕"字皆將泐盡，"服""洪"皆泐盡，"德"字皆存少許，"來爲汲令"之"令"字皆漫没，"無隕茲令"之"隕"字上有斜裂紋。羅振玉所藏清拓本"膂""寅"尚存右少半，"般豀之山"之"山"泐太半，清源本則泐盡。"以介"二字之間，羅振玉所藏清拓本橫裂，"介"字未泐，而清源本則"以"字泐盡，"介"字已泐。羅振玉所藏清拓本"迸"字將泐盡，而清源本則已泐盡。因此，清源實門氏所藏拓本的時代略晚於羅振玉所藏清拓本，不同於咸豐同治拓本，其時代亦爲道光時期。

日本國清源實門氏所藏拓本可以作爲道光晚期拓本的代表，其特點是：

碑不僅已经斷裂爲四，並且又丟失部分。頌詞部分殘損，14 行至 19 行 12 字以下損去 20 厘米大小一三角形，殘損 20 餘字。

①已经失去碑下半部左上側小塊，失去"囗德"字大半（"德"字殘存右下小部分），"心膂寅""豀之山""敬報以""賊遠迸"全部，共計 14 字。

②已经失去碑上半部 16 行下端小塊，失去"洪般"全部，共計

---

① 方若原著，王壯弘增補：《增補校碑隨筆》，第 194 頁。

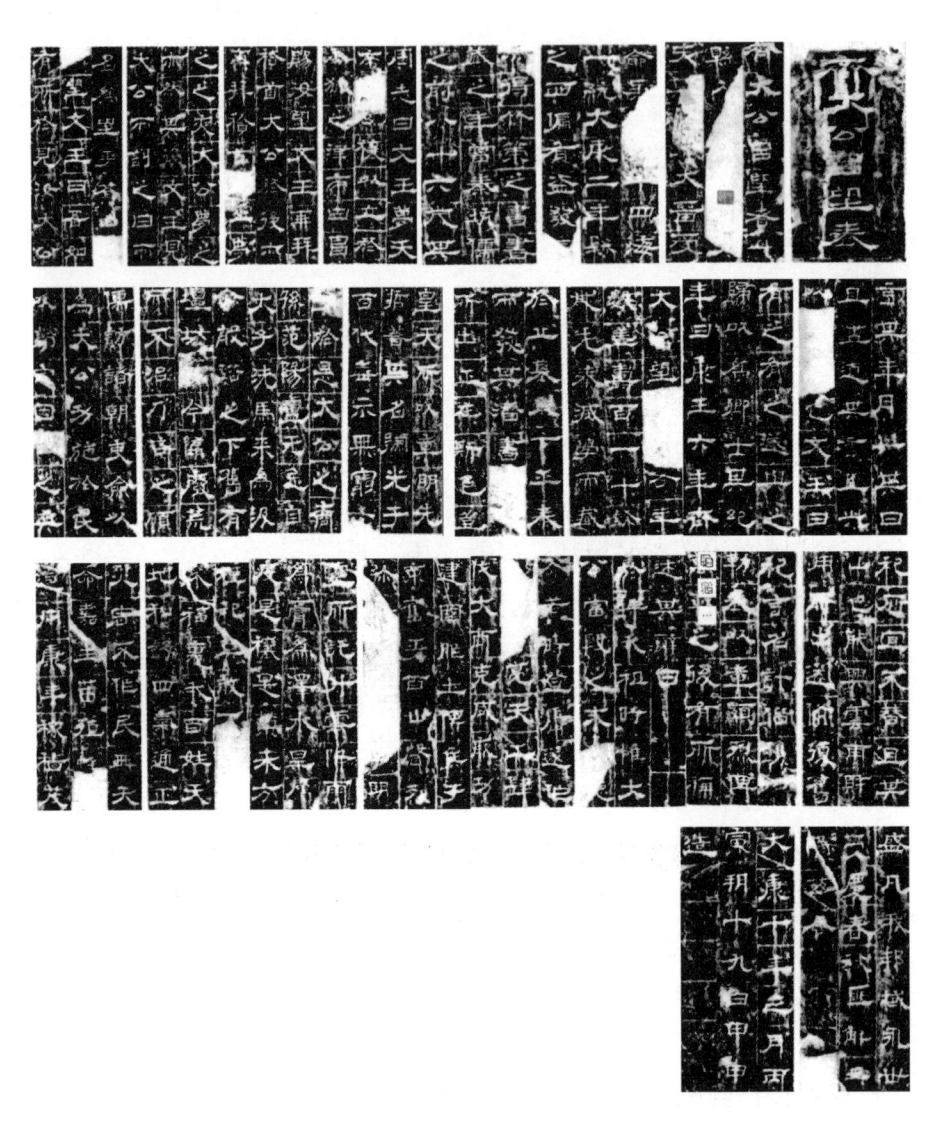

圖 3-16　日本國清源實門氏藏《齊太公呂望表》拓本

（據劉正成主編：《中國書法全集》第 10、第 11 卷）

2 字。

③頌詞與刻跋殘存部分的小塊，損毀"弥""莫""生""陨"，共計 4 字。

④損毀碑下半部"介"字，共計 1 字。

第三章 《齊太公呂望表》拓本摹寫本斷代

《齊大公呂望表》

齊大公呂望者，此縣人。□□□□，史（殘，僅存一撇）失其□。□大晉受命，吳□□□，四海一統。大康二年，縣之西偏，有盜發冢（殘），而（殘）得竹策之書。書藏之年，當秦坑儒之前八十六歲。其《周志》曰："文王夢天帝□玄（殘）襄，以立於令狐之津。帝曰：'昌，賜汝望。'文王再拜稽首，大公於後亦再拜稽首。□王夢之之夜，大公夢之亦然。其後文王見大公而訓之曰：'而名爲望乎？'答曰：'□□望。'文王曰：'吾如有所於見汝。'大公言其年月與其日，且盡道其言，臣此以□□也。文王曰：'有之，有之。'遂與之歸，以爲卿士。"其《紀年》曰："康王六年，齊大公望□。"□考年數，蓋壽百一十餘歲。"

先秦滅學而藏於丘墓，天下平泰而發其潛書。□□所出，正在斯邑。豈皇天所以章明先哲，著其名號，光于百代，垂示無窮者（殘）矣！於是大公之裔孫范陽盧无忌自大子洗馬來爲汲令。殷豁之下舊有壇場，□今墮廢荒而不治。乃咨之碩儒，訪諸朝吏，僉以爲大公功施於民，以勞定國，□之典祀，所宜不替。且其山也，能興雲雨，財用所出。遂脩復舊祀，言名計偕，□□勒表，以章顯烈，俾萬載之後有所稱述。

其辭曰：於鑠我祖，時惟大公。當殷之末，□德〔玄通，上帝有命，以錫周邦。公及文王，二夢惟同。上帝□此21字未提供拓片〕命，若時登庸。遂作心膂，寅亮天工。肆伐大商，克咸厥功。建國胙土，俾侯于東。奮乎百世，聲烈彌□。□□□□，明靈所託。升雲降雨，爲膏爲澤。水旱癘疫，是禳是榮。來方禋祀，莫敢不□。□□介福，惠我百姓。天地和舒，四氣通正。災害不作，民無夭命。嘉生蕃殖，蛑□遠迸。迄用康年，稼穡茂盛。凡我邦域，永世受慶。春秋匪解，無隕茲令。

大康十年三月丙寅朔十九日甲申造。

5. 咸豐同治拓本

同治二年，楊守敬始好金石之學，其所收藏拓本之時代當在咸豐至同治二年間。

方若《校碑隨筆》曰：

> 是碑明拓已中斷，然多三字，如第二行有"盜發冢"之"冢"字、第三行"文王夢天帝服□禳以立于令狐之津"之"服"字、第九行"垂示無窮者矣"之"者"字未泐。既刻嘉慶四年跋後，當第十四行、十五行，至十九行無一上一下裂紋二道，較近拓尚勝。近拓則此二道裂紋損及"德寅彌山莫分生逬隕"九字。按嘉慶二跋，一刻在第二十行空半之上，一刻在第二十行之後一行。①

咸豐同治拓本，延續了道光末拓本的特點，並且損毀程度更甚。
咸豐同治拓本，延續了道光末拓本的特點：
碑不僅已经斷裂爲四，並且又丟失部分。頌詞部分殘損，14 行至 19 行 12 字以下損去 20 厘米大小一三角形，殘損 20 餘字。

①已经失去碑下半部左上側小塊，失去"□德"字大半（"德"字殘存右下小部分），"心膺寅""豀之山""敬報以""賊遠進"全部，共計 14 字。

②已经失去碑上半部 16 行下端小塊，失去"洪般"全部，共計 2 字。

③頌詞與刻跋殘存部分的小塊，損毀"彌""莫""生""隕"，共計 4 字。

④損毀碑下半部"介"字，共計 1 字。

咸豐同治拓本較之道光末拓本，損毀程度更加嚴重：

---

① 方若：《校碑隨筆》，清宣統二年天津中東石印局手鈔石印本；方若原著，王壯弘增補：《增補校碑隨筆》，第 194 頁；方若原著，王壯弘增補：《增補校碑隨筆》（修訂本），第 127—128 頁。

碑上部，"生""隕""茲"3字，較之道光拓本損泐情況更爲嚴重，泐痕變寬，對字形造成較大破壞。

碑下部，"德"字殘存右下小部分，較之道光拓本保存得更少。"亮"左側已經微泐，"升雲降雨爲"5字較之道光拓本損泐情況更爲嚴重，泐痕變寬。"介"字，較之道光拓本僅保存右半。

有楊守敬收藏咸豐同治拓本、魯迅收藏《齊太公吕望表》稍舊拓本等。

（1）楊守敬收藏咸豐同治拓本、《楊守敬集》收錄拓片

楊守敬《三續寰宇訪碑録序》曰：

> 同治癸亥，余年二十有（三）〔五〕。入都，即好金石之學。時館於東草廠七條胡同，每日放館後，即徒步至琉璃廠物色拓本，歸來行人已斷，跟蹌於車跡馬蹄間，及到館則漏已三、四鼓矣。無間寒暑，旁人多非笑之。謂一時金石之癖，無有比者。其時當兵燹之後，都中拓本多不備，竹中無東魏《太公吕望碑》，南旋道出汲縣北關，未食即攜氈墨迴至北十里太公廟前，手打之，歸店而同夥者皆鼾睡矣。此事蘄州黄翔雲雲鵠曾記其集中，非虛語也。①

案：同治癸亥（二年，1863年），楊守敬始有金石之志。是年，守敬至汲縣太公廟拓東魏《太公吕望碑》，當已有晉盧无忌碑也。那麽，楊守敬此時所搜集《齊太公吕望表》拓本的時代不晚於同治二年。

同治六年，楊守敬《激素飛青閣評碑記》成。② 卷二對《太公吕望碑》《修太公廟碑》書法評價。《激素飛青閣評碑記·太公吕望

---

① 楊守敬：《三續寰宇訪碑録》，謝承仁主編：《楊守敬集》第8冊，湖北人民出版社1988年版，第621頁。

② 楊守敬：《激素飛青閣評碑記》，謝承仁主編：《楊守敬集》第8冊，第519—584頁。

碑》曰：

《太公呂望表》分書。分額。太康十年三月。

是碑雖變漢人體格，而一種古茂峭健之致，撲人眉宇，以之肩隨漢魏，良無愧也。

自此以後，北魏失之儉，北齊失之豐，隋以下蕩然矣。①

此據同治或時代稍早拓本評論。

案：同治以後，更無良拓，則楊守敬收藏《齊太公呂望表》拓本之時代當在咸豐至同治二年間（或稍早）。

鄰蘇園者，守敬藏書之所也。《鄰蘇園藏書目錄》錄楊守敬藏書，內中有《齊太公呂望表》。《鄰蘇園藏書目錄》曰：

《太公呂望表》（並碑陰二）（共四）（又由元字移來一張）

又曰：

《太公呂望表》（正本）（在前）。②

又曰：

（第五頁）《太公呂望表》（移入戾）
（第五十二頁）（來）晉《太公呂望表》。③

《寰宇貞石圖》光緒八年刻本、宣統元年重印本僅載拓片，收入

---

① 楊守敬：《激素飛青閣評碑記》卷2《太公呂望碑》，《楊守敬集》第8冊，第554頁。
② 湖北省博物館編：《鄰蘇園藏書目錄》，上海辭書出版社2009年版，第483頁。
③ 湖北省博物館編：《鄰蘇園藏書目錄》，第475、549頁。

《楊守敬集》，徐无聞補《叙録》。於《齊太公吕望表》，徐无聞《叙録》曰：

> 宣統本所印者皆同、光拓本，且印製不清，今據相同拓本重新攝影付印。①

案：徐无聞説誤。《寰宇貞石圖》光緒八年刻本録《齊太公吕望表》拓片的時代明顯較早，屬於嘉慶時期；而宣統元年重印本録《齊太公吕望表》拓片的時代明顯偏晚。

《楊守敬集·寰宇貞石圖》所録拓片，來源不清楚，出於徐无聞私藏、借拍或文物部門。②

與道光晚期的日本國清源實門氏所藏拓本比較，碑上部"生""莫隕兹"、碑下部"升雲降雨爲""建國"諸字，清源本泐痕較爲細小，而《楊守敬集·寰宇貞石圖》所録拓片泐痕寬大。"德"字，清源本約存字體的1/3，而《楊守敬集·寰宇貞石圖》所録拓片僅存右下角少許。"亮"字，清源本完好，而《楊守敬集·寰宇貞石圖》所録拓片左側已微泐。"介"字，較之道光拓本僅保存右半。通過裂痕與文字保存狀況等方面的比較，《楊守敬集·寰宇貞石圖》所録拓片的時代略晚於日本國清源實門氏所藏本。

（2）繆荃孫舊藏拓本

中國國家圖書館收藏的《齊太公吕望表》情況：

> 繆荃孫舊藏之整幅拓片，雖傳拓年代晚於上述兩種，係嘉慶、道光時所拓。但該本有罕見之碑陰，椎拓亦較精細，並有繆氏題跋兩款及"盱眙吴同遠公望父審定印記"鈐印一方，也

---

① 楊守敬撰，徐无聞整理：《寰宇貞石圖》卷2，《楊守敬集》第9册，第192—193頁。
② 謝承仁：《代前言》，楊守敬撰，徐无聞整理：《寰宇貞石圖》，《楊守敬集》第9册，第12頁。

270 齊太公呂望表研究

圖 3-17 《楊守敬集·寰宇貞石圖》録《齊太公呂望表》拓片

（據謝承仁主編：《楊守敬集》第 9 册，第 193 頁）

較爲珍貴。①

---

① 冀亞平、王巽文：《北京圖書館藏石刻叙録（十一）》，《文獻》第 18 輯（1983 年），第 239—240 頁；徐自强、吴夢麟：《古代石刻通論》，紫禁城出版社 2003 年版，第 47—48 頁。

案："上述兩種"指顧廣圻、瞿鏞、丁福保遞藏明拓本、何崑玉、梁啓超遞藏乾隆拓本。

2021年4月8日上午驗看，碑陽拓片屬於精拓，痕蹟清晰。碑額"齊大公呂望表"六字全有。碑上部已經裂爲兩塊，損及刻跋及碑文"隕生不洪"4字。碑下部陽面破毀，損及"升雲降雨爲建國"7字。

與道光晚期的日本國清源實門氏所藏拓本比較，碑上部"生""莫隕茲"、碑下部"升雲降雨爲"、"建國"諸字，清源本泐痕較爲細小，而繆荃孫舊藏拓片泐痕寬大。"德"字，清源本約存字體的1/3，而繆荃孫舊藏拓片僅存右下角少許。"亮"字，清源本完好，而繆荃孫舊藏拓片左側已微泐。

通過裂痕與文字保存狀況等方面的比較，繆荃孫舊藏拓片的時代略晚於日本國清源實門氏所藏本。

《齊大公呂望表》

齊大公呂望者，此縣人。□□□，史（殘，僅存一撇）失其□。□大晉受命，吳□□□，四海一統。大康二年，縣之西偏，有盜發□，□得竹策之書。書藏之年，當秦坑儒之前八十六歲。其《周志》曰："文王夢天帝□玄（僅殘右下一角）禳，以立於令狐之津。帝曰：'昌，賜汝望。'文王再拜稽首，大公於後亦再拜稽首。□王夢之之夜，大公夢之亦然。其後文王見大公而訓之曰：'而名爲望乎？'答曰：'□□望。'文王曰：'吾如有所於見汝。'大公言其年月與其日，且盡道其言，臣此以□□也。文王曰：'有之，有之。'遂與之歸，以爲卿士。"其《紀年》曰："康王六年，齊大公（損）望□。"□考年數，蓋壽百一十餘歲。"

先秦滅學而藏於丘墓，□下平泰而發其潛書。□□所出，正在斯邑。豈皇天所以章明先哲，著其名號，光于百代，垂示無窮者（殘）矣！於是大公之裔孫范陽盧无忌自大子洗馬來爲汲令（模糊）。般谿之下舊有壇場，□今墮廢荒而不治。乃咨之碩儒，訪諸朝吏，僉以爲大公功施於民，以勞定（損下部）國，□之典祀，所宜不替。且其山也，能興雲雨，財用所出。遂脩復舊祀，言名計偕，鑴（損金）□勒表（損左上），以章顯烈，俾萬載之後有所稱述。

其辭曰：於鑠我祖，時惟大公。當殷之末，□德玄通，上帝有命，以錫周邦。公及文王，二夢惟同。上帝□命，若時登庸。遂作□□，□亮天工。肆伐大商，克咸厥功。建國胙土，俾矦于東。奮乎百世，聲烈彌□。□□□□，明靈所託。升雲降雨，爲膏爲澤。水旱癘疫，是禳是榮。來方禋祀，□敢不□。□□（个）〔介〕福，惠我百姓。天地和舒，四氣通正。災害不作，民無夭命。嘉生蕃殖，蚌□遠迸。迄用康年，稼穡茂盛。凡我邦域，永世受慶。春秋匪解，無隕茲令。

大康十年三月丙寅朔十九日甲申造

（3）魯迅收藏《太公呂望表》稍舊拓本

魯迅日記記載：

1月13日，得二弟所寄《校碑隨筆》六本。

（一九一六年一月）二十二日　晴，大風。上午陳師曾與印泥可半合。午後往留黎廠買《響堂山刻經造象》拓本一分，共六十四枚，十六元。又晉立《太公呂望表》一枚，五角；東魏立《太公呂望表》並陰二枚，一元。①

又曰：

（十月）十日　晴。國慶日，休息。上午銘伯先生來。午後往留黎廠買《神州大觀》第十集一冊，一元五角。又晉《太公

---

① 魯迅：《魯迅全集（編年版）》第1卷（1898—1919），人民文學出版社2014年版，第442頁。

呂望表》並碑陰題名共二枚，《廉富造象》碑陰並側共三枚，合一元。①

案：1916年1月22日購買的晉立《太公呂望表》一枚五角，10月10日購買的"晉《太公呂望表》並碑陰題名共二枚，《廉富造象》碑陰並側共三枚，合一元"，以拓本價格而言，自非良拓。10月10日購買的有碑陰，後被利用。

丁巳日記曰：

（一九一七年五月）十九日　曇。……午後往留黎廠買稍舊拓《太公呂望表》一枚，三元。②

案：此無碑陰，其價3元，當是拓印較精者。"稍舊拓"者，所拓時代略早於前所買拓本所拓的年代。

《魯迅輯校石刻手稿》有《呂望表》，拓本存字爲大字，據穆子容《修太公呂望祠碑》補字爲小字，又有據他資料補之者。③

案：前文部分與清拓本比較無大差別，而頌詞部分缺失嚴重，具備清末拓本特徵。"亮"字保存較好，區別於清末民國初拓本。

6. 光緒宣統至民國初拓本

光緒宣統至民國初拓本，碑經多次拓後，文字模糊。"德"字磨滅。"亮"字已泐，僅存末筆。碑下半部"介"字損毀嚴重，乃至于磨滅。

有楊守敬《寰宇貞石圖》宣統元年刻本所錄拓本、顧燮光《河朔訪古新錄》《河朔碑記》所用清末至民國六年前拓本、魯迅藏拓

---

① 魯迅：《魯迅全集（編年版）》第1卷（1898—1919），第468頁。
② 魯迅：《魯迅全集（編年版）》第1卷（1898—1919），第519頁。
③ 李新宇、周海嬰主編：《魯迅大全集》23《學術編　魯迅輯校石刻手稿　碑銘中　吕望表》，長江文藝出版社2011年版，第28—34頁。

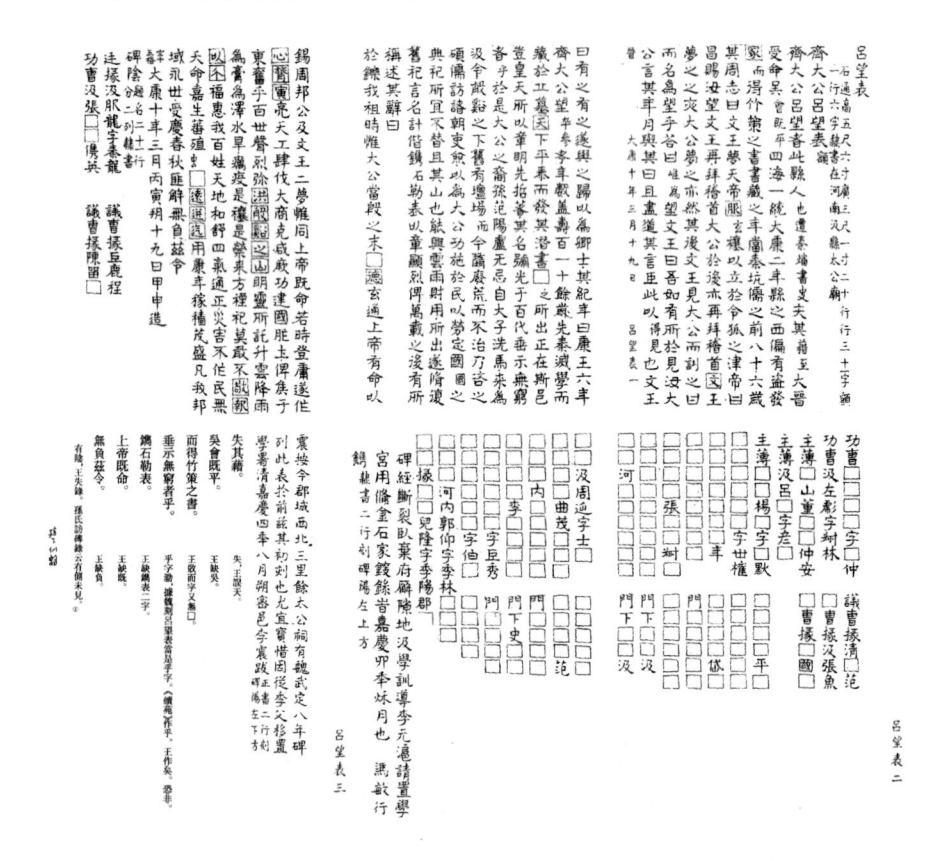

圖 3-18　《魯迅輯校石刻手稿》録《齊太公吕望表》摹寫本
（據李新宇、周海嬰主編：《魯迅大全集》23
《學術編　魯迅輯校石刻手稿　碑銘中　吕望表》，第 28—34 頁）

本、新鄉博物館藏清末拓本、京都大學人文科學研究所藏清末民國初拓本。

（1）楊守敬《寰宇貞石圖》宣統元年刻本所録拓本

宣統元年，《寰宇貞石圖》上海重印石印本。所録《齊太公吕望表》拓片，[①] 爲所見拓片中形態最晚者，實際是光緒拓本。

《寰宇貞石圖》宣統元年刻本所録拓片，"德"字已经磨滅，

---

① 楊守敬：《寰宇貞石圖》卷 2，清宣統元年石印本。

"亮"字已泐，殘存右半。碑下半部"介"字損毀嚴重，乃至於磨滅。不少字形模糊。拓片明顯具備較晚的特徵。

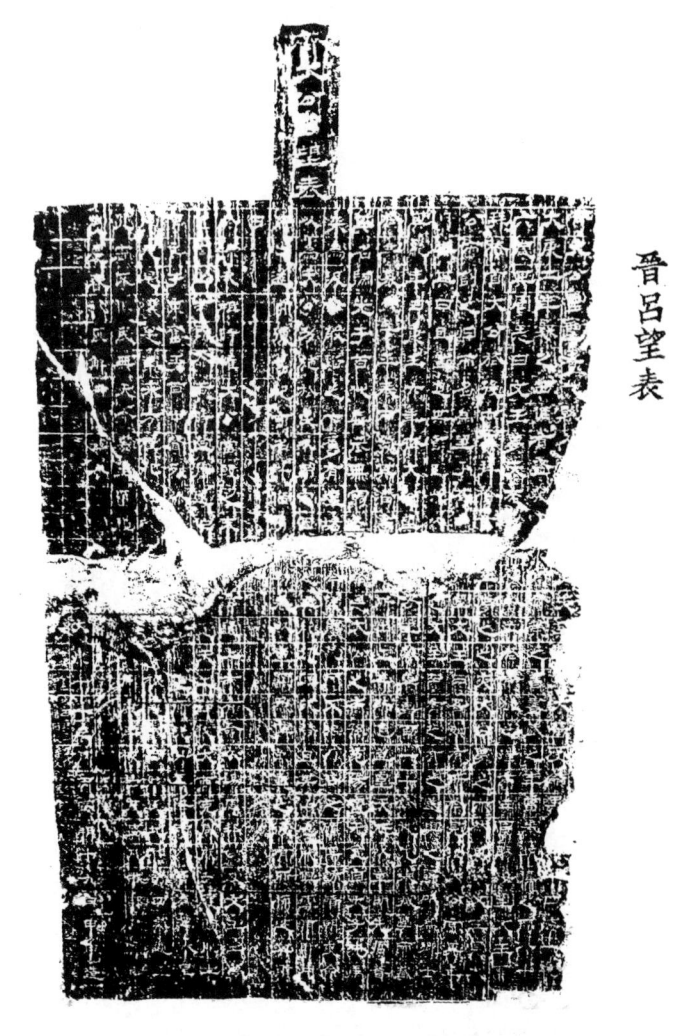

圖 3-19　楊守敬《寰宇貞石圖》清宣統元年刻本錄《齊太公吕望表》拓片

（2）顧燮光《河朔訪古新錄》《河朔碑記》所用清末至民國六年前拓本

民國三年至十年（1914—1921年），紹興范鼎卿任河南之河北道尹，遍訪境內古蹟，聘顧燮光專任之。民國十年，范鼎卿去職之時成《河朔古蹟志》八十卷。民國十八年（1929 年），顧燮光商定范鼎卿家屬節録原稿爲十四卷，更名《河朔訪古新録》。① 顧燮光《河南古物調查表證誤》《河朔訪古隨筆》《河朔金石目》《河朔訪古新録》《河朔古蹟圖識》等皆相關著作。《河朔訪古新録》曰：

> 城内西街縣圖書館舊爲文廟，建自何時失攷。有晉太康十年三月《齊太公吕望表》盧無忌立，是碑自晉以來凡四徙，初在太公泉側太公廟，萬曆十二年載置府署賓館。康熙四十六年以前在西門甕城太公廟見劉氏《金石續録》西壁間。至嘉慶四年由郡廨隙地移至縣學明倫堂。現爲講堂，碑陰、碑側均題名，現因用磚嵌砌不能氊椎。②

案：顧燮光《河朔訪古新録》記載《齊太公吕望表》碑在民國三年至十年之狀況。據"碑陰、碑側均題名，現因用磚嵌砌不能氊椎"，是民國六年圖書館後之實情，故其所記載碑陰情況，當依據民國六年以前之拓本。

馬子雲、施安昌《碑帖鑑定》曰：

> 然後裂二道在道光年，故嘉慶四年刻跋未裂。如十四行"德"字至十九行"隕"字等已損是在清末。此時"脊寅"二字下之"亮"字尚完好。近年顧鼎梅《河朔碑記》記之拓本"亮"字已泐，碑陰只拓上二列，拓側一小段，字漫漶不清。③

案：顧燮光《河朔碑記》記拓碑陰、碑側情形與《河朔訪古新

---

① 馬衡：《序》，《河朔訪古新録》，民國十九年上海天華印務館排印本，第 1 頁。
② 顧燮光：《河朔訪古新録》，第 1 頁 a、b。
③ 馬子雲、施安昌：《碑帖鑑定》，第 106—107 頁。

錄》所記正同，當是民國六年以前的拓本。是清末至民國初《齊太公呂望表》碑文實情。

(3) 魯迅藏拓本

魯迅日記記載：

> 1月13日，得二弟所寄《校碑隨筆》六本。
> （一九一六年一月）二十二日　晴，大風。上午陳師曾與印泥可半合。午後往留黎廠買《響堂山刻經造象》拓本一分，共六十四枚，十六元。又晉立《太公呂望表》一枚，五角；東魏立《太公呂望表》並陰二枚，一元。①

又曰：

> （十月）十日　晴。國慶日，休息。上午銘伯先生來。午後往留黎廠買《神州大觀》第十集一冊，一元五角。又晉《太公呂望表》並碑陰題名共二枚，《廉富造象》碑陰並側共三枚，合一元。②

案：1916年1月22日購買的晉立《太公呂望表》一枚五角，10月10日購買的"晉《太公呂望表》並碑陰題名共二枚，《廉富造象》碑陰並側共三枚，合一元"，以拓本價格而言，自非良拓。

《藏家魯迅》發表魯迅舊藏，《太公呂望表》拓本附以魯迅日記1月22日、10月10日記載。③ 案：此屬於清末民國初拓本，"德"字磨滅。"亮"字已泐，殘存右半。碑下半部"介"字損毀嚴重，趨於磨滅。

---

① 魯迅：《魯迅全集（編年版）》第1卷（1898—1919），人民文學出版社2014年版，第442頁。
② 魯迅：《魯迅全集（編年版）》第1卷（1898—1919），第468頁。
③ 王錫榮、喬麗華選編：《藏家魯迅》，上海文化出版社2009年版，第164頁。

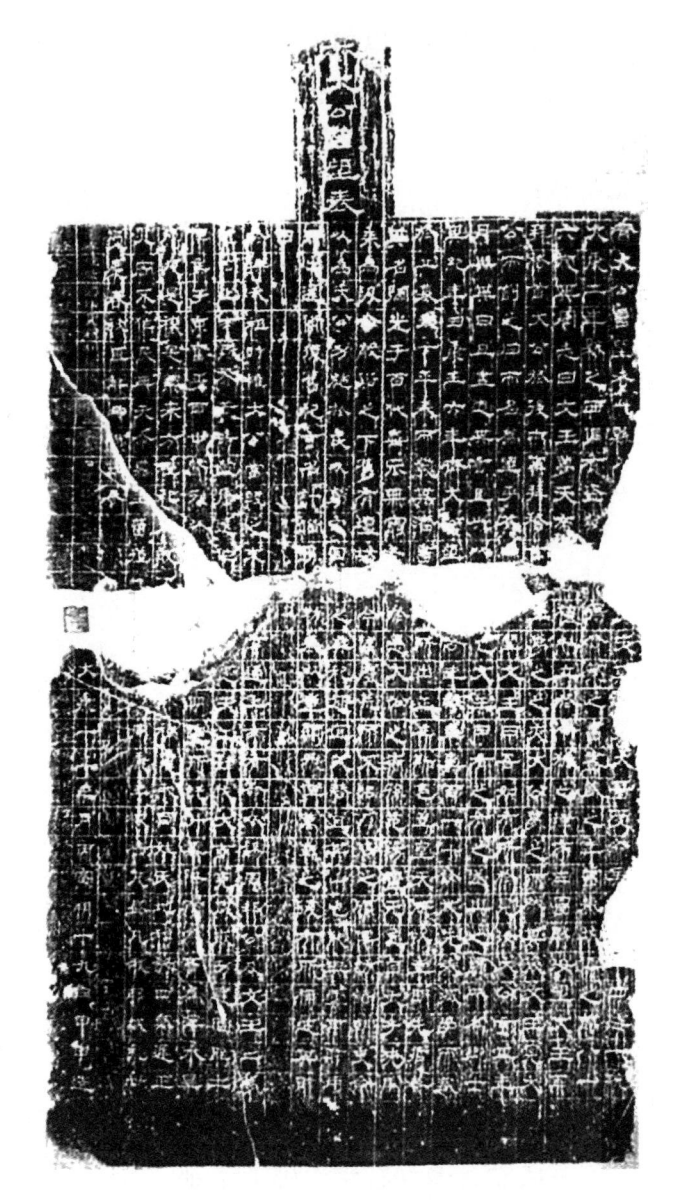

图 3–20　鲁迅藏《齐太公吕望表》拓片

（据王锡荣、乔丽华选编：《藏家鲁迅》，第 164 页）

（4）新乡博物馆藏清末拓本

安喜萍《卫辉历代碑刻》采用《齐太公吕望表》拓片，乃新乡

第三章 《齊太公呂望表》拓本摹寫本斷代　279

圖 3-21　新鄉博物館藏《齊太公呂望表》拓片
（據安喜萍:《衛輝歷代碑刻》，第 14 頁）

博物館藏清末拓本。① 細審此拓本，字蹟特徵晚於清源拓本，而與楊守敬收藏的咸豐同治間拓本近同而略晚。

---

① 安喜萍:《衛輝歷代碑刻》，第 14—16 頁。

①"德"字磨滅。
②"亮"字已泐，殘存右半。
③碑下半部"介"字損毀嚴重，乃至於磨滅。

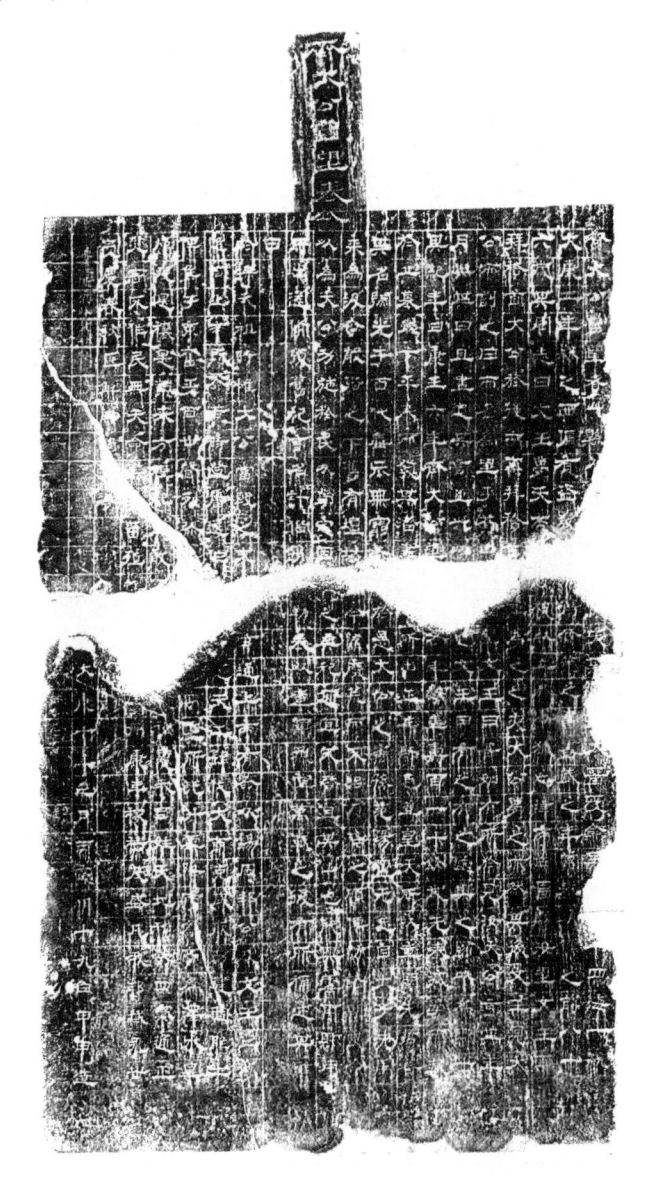

圖 3-22 京都大學人文科學研究所藏《齊太公呂望表》拓片

（5）京都大學人文科學研究所藏清末民國初拓本

京都大學人文科學研究所藏魏晉碑刻文字拓本中有《齊太公吕望表》拓本，來自中國的饋贈與購買，① 與新鄉博物館收藏清末拓本相近而略晚。碑上部，"莫""兹"損泐情況較之咸豐同治時期更爲嚴重，泐痕更寬，字將泐盡。碑下部，"德"字磨滅，"亮"字殘存右半，"介"字磨滅。此拓片具備清末民國初拓本中最晚形態。

---

① 京都大學人文科學研究所藏魏晉碑刻文字拓本，GIS0018X《西晉大公吕望表》；井波陵一：《人文科學研究所所藏石刻資料について》，《中國石刻文獻研究國際ワークショップ報告書》，京都大學人文科學研究所 2007 年版，第 53—70 頁。

第 四 章
《齊太公吕望表》碑文復原與校注

　　基於第二章、第三章的分析，《齊太公吕望表》拓本可以選擇的有：

　　1. 明拓本。中國國家圖書館藏顧千里、瞿鏞、丁福保遞藏本、上海圖書館藏羅振玉、李國松遞藏明拓本等。

　　2. 清乾隆初拓本、乾嘉拓本。

　　3. 嘉庆时期拓本。北京故宫博物院藏黄易、朱文鈞遞藏本、中國國家圖書館等藏何昆玉、梁啓超遞藏乾隆拓本、張德容《二銘艸堂金石聚》雙鉤摹寫本、楊守敬《寰宇貞石圖》光緒八年所錄拓本等。

　　4. 道光以後拓本。日本國清源實門氏藏拓本、繆荃孫舊藏拓本等。

　　部分内容可以参證穆子容《修太公吕望祠碑》、趙明誠《金石録·晉太公碑》、董逌《廣川書跋·太公碑》等。

　　《齊太公吕望表》碑文碑陽題額"齊太公吕望表"6字。

　　《齊太公吕望表》碑文碑陽正文以直行界限劃分爲20行，每行30字。實際第13行僅有"曰"1字，第19行有"慶春秋匪解無隕兹令"9字，第20行有"太康十年三月丙寅朔十九日甲申造"15字。故碑陽之文實有第1至12行、第14至18行（統計17行，每行30字）計510字，第13行計1字，第19行9字，第20行15字，總計535字。

第四章 《齊太公吕望表》碑文復原與校注

《齊太公吕望表》碑文依照内容可以分爲前文、頌詞兩個部分。二者被引用與保存情況不同。

第一節 《齊太公吕望表》碑文復原

一 《齊太公吕望表》碑文前文整理

《齊太公吕望表》碑文前文的著録情況較好，只是仍存在一些需要解決的問題。

《齊太公吕望表》碑文前文被穆子容《修太公吕望祠碑》引用，只是個别文字存在訛誤。

據中國國家圖書館藏顧千里、瞿鏞、丁福保遞藏明拓本，《齊太公吕望表》碑文前文爲：

齊大公吕望者，此縣人。□□□□，史失其□。□大晉受命，吴□□□，四海一統。大康二年，縣之西偏有盜發冢而得竹策之書。書藏之年，當秦坑儒之前八十六歲。其《周志》曰："文王夢天帝服玄襀，以立於令狐之津。帝曰：'昌，賜汝望。'文王再拜稽首，大公於後亦再拜稽首。□王夢之之夜，大公夢之亦然，其後文王見大公而訓之曰：'而名爲望乎？'答曰：'□□望。'文王曰：'吾如有所於見汝。'大公言其年月與其日，且盡道其言，'臣此以□□也。'文王曰：'有之，有之。'遂與之歸，以爲卿士。"其《紀年》曰："康王六年，齊大公望□。"□考年數，蓋壽百一十餘歲。

先秦滅學而藏於丘墓，天下平泰而發其潛書。書之所出，正在斯邑。豈皇天所以章明先哲，著其名號，光于百代，垂示無窮者□！於是大公之裔孫范陽盧无忌自大子洗馬來爲汲令。

般豀之下舊有壇場，而今墮廢荒而不治。乃咨之碩儒，訪諸朝吏，僉以爲大公功施於民，以勞定國，國之典祀，所宜不替。且其山也，能興雲雨，財用所出。遂脩復舊祀，言名計偕，鐫石勒表，以章顯烈，俾萬載之後，有所稱述。①

穆子容《修太公呂望祠碑》曰：

齊太公呂望者，此縣人也。遭秦燔書，史失其籍。至大晉受命，吳會既平，四海一統。太康二年，縣之西偏有盜發塚而得竹（築）〔策〕之書。書藏之年，當秦坑儒之前八十六歲。其《周志》曰："文王夢天帝服玄禳，以立於令狐之津。帝曰：'昌，賜汝望。'文王再拜稽首，太公於後亦再拜稽首。文王夢之之夜，太公夢之亦然，其後文王見太公而訓之曰：'而名爲望乎？'答曰：'唯爲望。'文王曰：'吾如有所於見汝。'太公言其年月与其日，且盡道其言，臣此以得見也。文王曰：'有之，有之。'遂與之歸，以爲卿士。"其《紀年》曰："康王六年，齊太公望卒。"參考年數，蓋壽百一十餘歲。

先秦滅學而藏於丘墓，天下平泰而發其潛（盡）〔書〕。（盡）〔書〕之所出，正在斯邑。豈皇天所以章明先哲，著其名號，光于百代，垂示無窮者矣！於是太公之裔孫范陽盧无忌，自太子洗馬來爲汲令。幡嶼之下舊有壇場，而今墮廢荒而不治。乃咨之碩儒，訪諸朝吏，僉以爲太公功施於民，以勞定國，國之典祀，所宜不替。且其山也，能興雲雨，財用所出。遂修復舊祀，言名計偕，鐫石勒表，以章顯烈，俾萬載之後有所稱述。②

---

① 盧无忌：《呂望表》，北京圖書館金石組編：《北京圖書館藏中國歷代石刻拓本彙編》第2冊，中州古籍出版社1989年版，第53頁。

② 穆子容：《修太公呂望祠碑》，北京圖書館金石組編：《北京圖書館藏中國歷代石刻拓本彙編》第6冊，第170頁。碑文拓片文字或漫滅，則直以盧无忌《齊太公呂望表》補之。

第四章 《齊太公呂望表》碑文復原與校注　285

圖 4–1　中國國家圖書館藏顧廣圻、瞿鏞、丁福保遞藏《齊太公呂望表》明拓本
（據北京圖書館金石組編：《北京圖書館藏中國歷代石刻拓本彙編》第 2 冊，第 53 頁）

趙明誠《金石錄·晉太公碑》曰：

　　右《晉太公碑》，其略云：太公望者，此縣人。大晉受命，四海一統。太康二年，縣之西偏有盜發冢而得竹策之書，書藏之年當秦坑儒之前八十六歲。……碑又云："其《周志》曰：'文王夢天帝服玄禳（禳字字書所無），以立於令狐之津。帝曰：

圖 4－2　中國國家圖書館藏梁啓超舊藏穆子容碑清拓本

（據北京圖書館金石組編：《北京圖書館藏中國歷代石刻拓本彙編》第 6 冊，第 170 頁）

昌，賜汝望。文王再拜稽首，太公於後亦再拜稽首。文王夢之之夜，太公夢之亦然，其後文王見太公而訓之曰：而名爲望乎？答曰：惟，爲望。文王曰：吾如有所見於汝。太公言其年月與其日，且盡道其言，臣此以得見也。文王曰：有之，有之。遂與之歸，以爲卿士。’” ……碑又云：“其《紀年》曰：‘康王六年，齊太公望卒。’參考年數，蓋壽一百一十餘歲。”①

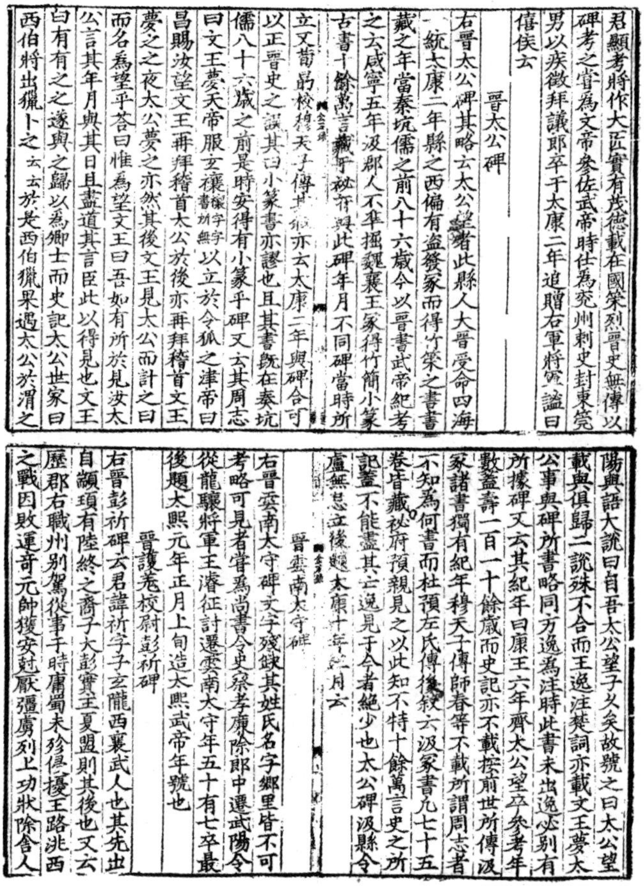
君顯考將作大匠實有茂德載在國策烈晉史無傳以
碑考之嘗為文帝參佐武帝時仕為兗州刺史封東莞
男以疾徵拜議郎卒于太康二年追贈右軍將軍謚曰
僖侯云
晉太公碑
右晉太公碑其略云太公望者此縣人大晉受命四海
一統太康二年縣之西偏有盜發冢而得竹策之書書
藏之年當秦坑儒之前八十六歲令以晉書武帝紀考
之云咸寧五年汲郡人不準掘魏襄王冢得竹簡小篆
古書十餘萬言藏于祕府與此碑年月不同碑當時所
立又荀勗校穆天子傳其敘亦云太康二年與碑合可
以正晉史之誤其曰小篆書亦謬也且其書既在秦坑
儒八十六歲之前是時安得有小篆乎碑又云其周志
曰文王夢天帝服玄禳（禳字書所無）以立於令狐之津帝曰
昌賜汝望文王再拜稽首太公於後亦再拜稽首文王
夢之之夜太公夢之亦然其後文王見太公而訊之曰
而名為望乎荅曰惟為望文王曰吾如有所於見汝太
公言其年月與其日且盡道其言臣此以得見也文王
曰有有之之遂與之歸以為卿士而史記太公世家曰
西伯將出獵卜之云云於是西伯獵果遇太公於渭之
陽與語大說曰自吾太公望子久矣故號之曰太公望
載與俱歸二說殊不合而王逸注楚詞亦載文王夢太
公事與碑所書略同方逸為注時此書未出逸必別有
所據碑又云其紀年曰康王六年齊太公望卒參考年
數蓋壽一百一十餘歲而史記亦不載按前世所傳汲
冢諸書獨有紀年穆天子傳師春等不載所謂周志者
不知為何書而杜預左氏傳後敘云汲冢書凡七十五
卷皆藏祕府預親見之以此知不特十餘萬言史之所
記蓋不能盡其亡逸見于今者絕少也太公碑汲縣令
盧無忌立後題太康十年三月云
晉雲南太守碑
右晉雲南太守碑文字殘缺其姓氏名字鄉里皆不可
考略可見者嘗為尚書令史察孝廉除郎中遷武陽令
從龍驤將軍王濬征討遷雲南太守年五十有七卒最
後題太熙元年正月上旬造太熙武帝年號也
晉護羌校尉彭祈碑
右晉彭祈碑云君諱祈字子玄隴西襄武人也其先出
自顓頊有陸終之裔子大彭實主夏盟則其後也又云
歷郡右職州別駕從事于時庸蜀未殄偽據王路洮西
之戰因敗運奇元帥獲安尅厭彊虜列上功狀除舍人

圖 4－3　趙明誠《金石録・晉太公碑》

（據中華再造善本工程編纂出版委員會編：《中華再造善本　宋金編》，影印宋淳熙龍舒郡齋刻本）

① 趙明誠：《金石録》卷 20《跋尾十・晉太公碑》，宋淳熙龍舒郡齋刻本；趙明誠撰，金文明校證：《金石録校證》卷 20《跋尾十・晉太公碑》，《中國史學基本典籍叢刊》，中華書局 2019 年版，第 385—386 頁。

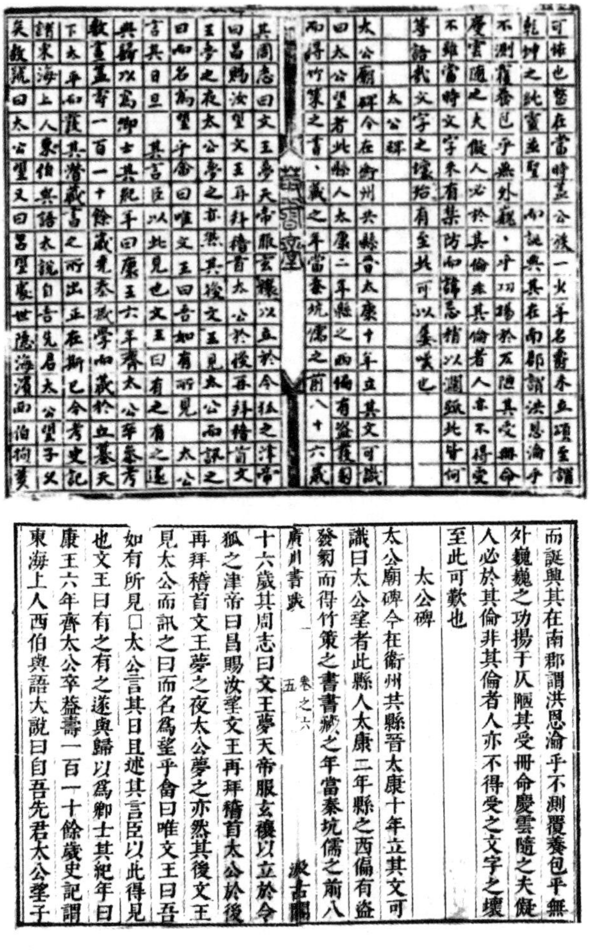

圖 4-4　董逌《廣川書跋·太公碑》

（據中華再造善本工程編纂出版委員會編：《中華再造善本　明代編》，影印中國國家圖書館藏明吳氏叢書堂鈔本；毛晉編：《津逮秘書》明崇禎毛氏汲古閣刻本）

董逌《廣川書跋·太公碑》曰：

《太公廟碑》今在衛州共縣，晉太康十年立，其文可識，曰：太公望者，此縣人。太康二年，縣之西偏有盜發冢而得竹策之書。書藏之年當秦坑儒之前八十六歲。其《周志》曰："文王夢天帝服玄纕以立於令狐之津。帝曰：'昌，賜汝望。'文王再拜稽首，太公於後再拜稽首。文王夢之夜，太公夢之亦然。其後文王見太公而訊之曰：'而名爲望乎？'會曰：'唯。'文王曰：'吾如有所見□。'太公言其日，且述其言，'臣以此得見也。'文王曰：'有之，有之。'遂與歸，以爲卿士。"其《紀年》曰："康王六年，齊太公卒。"蓋壽一百一十餘歲。①

穆子容《修太公呂望祠碑》所記文字存在的主要問題有：

首先，"此縣人也"之"也"與後"遭秦燔書"空間矛盾，不容"也"字。又《齊太公呂望表》碑文碑陽正文以直行界限劃分爲20行，每行30字。若作"此縣人也"，則此行有"齊太公呂望者，此縣人也。遭秦燔書，史失其籍。至大晉受命，吳會既平，四海一統"31字，不能容納於劃分的30字格，所以明顯錯誤。趙明誠《金石録・晉太公碑》曰：

> 右《晉太公碑》，其略云：太公望者，此縣人。大晉受命，四海一統。②

董逌《廣川書跋・太公碑》曰：

> 《太公廟碑》今在衛州共縣，晉太康十年立，其文可識，曰：太公望者，此縣人。太康二年，縣之西偏有盜發冢而得竹策之書。③

---

① 董逌：《廣川書跋》卷6《太公碑》，中華再造善本工程編纂出版委員會編：《中華再造善本　明代編》，國家圖書館出版社2013年據中國國家圖書館藏明吳氏叢書堂鈔本影印；董逌：《廣川書跋》卷6《太公碑》，毛晉編：《津逮秘書》，明崇禎毛氏汲古閣刻本，第4頁b—5頁a。
② 趙明誠：《金石録》卷20《跋尾十・晉太公碑》；趙明誠撰，金文明校證：《金石録校證》卷20《跋尾十・晉太公碑》，第385—386頁。
③ 董逌：《廣川書跋》卷6《太公碑》，第5頁b。

案：趙明誠《金石錄·晉太公碑》、董逌《廣川書跋·太公碑》記載"此縣人"之"人"後無"也"字。

其次，"竹築之書"當作"竹策之書"，如《齊太公呂望表》。

第三，"發其潛盡。盡之所出"之"盡"當作"書"，如《齊太公呂望表》。

於是，我們得到完整的《齊太公呂望表》前文：

齊大公呂望者，此縣人。遭秦燔書，史失其籍。至大晉受命，吳會既平，四海一統。大康二年，縣之西偏有盜發冢而得竹策之書。書藏之年，當秦坑儒之前八十六歲。其《周志》曰："文王夢天帝服玄襀以立於令狐之津。帝曰：'昌，賜汝望。'文王再拜稽首，太公於後亦再拜稽首。文王夢之之夜，大公夢之亦然，其後文王見大公而訊之曰：'而名爲望乎？'答曰：'唯，爲望。'文王曰：'吾如有所於見汝。'大公言其年月與其日，且盡道其言，臣此以得見也。文王曰：'有之，有之。'遂與之歸，以爲卿士。"其《紀年》曰："康王六年，齊大公望卒。"參考年數，蓋壽一百一十餘歲。先秦滅學而藏於丘墓，天下平泰而發其潛書。書之所出，正在斯邑。豈皇天所以章明先哲，著其名號，光于百代，垂示無窮者矣！於是太公之裔孫范陽盧无忌自大子洗馬來爲汲令。殷豀之下舊有壇場，而今墮廢荒而不治。乃咨之碩儒，訪諸朝吏，僉以爲大公功施於民，以勞定國，國之典祀，所宜不替。且其山也，能興雲雨，財用所出。遂脩復舊祀，言名計偕，鐫石勒表，以章顯烈，俾萬載之後有所稱述。

二 《齊太公呂望表》碑文頌詞整理

據中國國家圖書館藏沙千里舊藏明拓本，《齊太公呂望表》碑文頌詞爲：

其辭曰：於鑠我祖，時惟大公。當殷之末，□德玄通。上帝有命，以錫周邦。公及文王，二夢惟同。上帝既命，若時登庸。遂作心膂，寅亮天工。肆伐大商，克咸厥功。建國胙土，俾矦于東。奮乎百世，聲烈弥洪。般豯之山，明靈所託。升雲降雨，爲膏爲澤。水旱癘疫，是禳是榮。來方禋祀，莫敢不敬。報以介福，惠我百姓。天地和舒，四氣通正。災害不作，民無夭命。嘉生蕃殖，□□遠迸。迄用康年，稼穡茂盛。凡我邦域，永世受慶。春秋匪解，無隕茲令。①

案："□德玄通""□□遠迸"二處不清楚，而明清的一些學者對此有過研究。

目前《齊太公呂望表》碑文頌詞尚未發現被清代及其以前文獻完整引用者，頌詞有被成段引用者，有單字引用者，有數字分析者。

顧炎武《唐韻正》曰：

於鑠我祖，時惟太公。當殷之末，一德玄通。上帝有命，以錫周邦。公及文王，二夢惟同。上帝既命，若時登庸。遂作心膂，寅亮天工。肆伐大商，克咸厥功。建國胙土，俾矦於東。奮乎百世，聲烈弥洪。②

案：此乃《齊太公呂望表》頌詞，明拓本尚可見，嘉慶以後殘損。顧氏好遊歷，見聞廣博，可見資料尚多。顧氏所引頌詞，"一德玄通"之"一"乃今見明拓本不清楚者，可以據補。

翟雲升《隸篇》曰：

---

① 盧无忌：《呂望表》，北京圖書館金石組編：《北京圖書館藏中國歷代石刻拓本彙編》第2冊，第53頁。
② 顧炎武：《唐韻正上平聲》卷1，《音學五書》，華東師範大學古籍所整理，黃珅等主編：《顧炎武全集》第2冊，劉永翔校點，上海古籍出版社2011年版，第316頁。

晉《太公呂望表》蚌。①

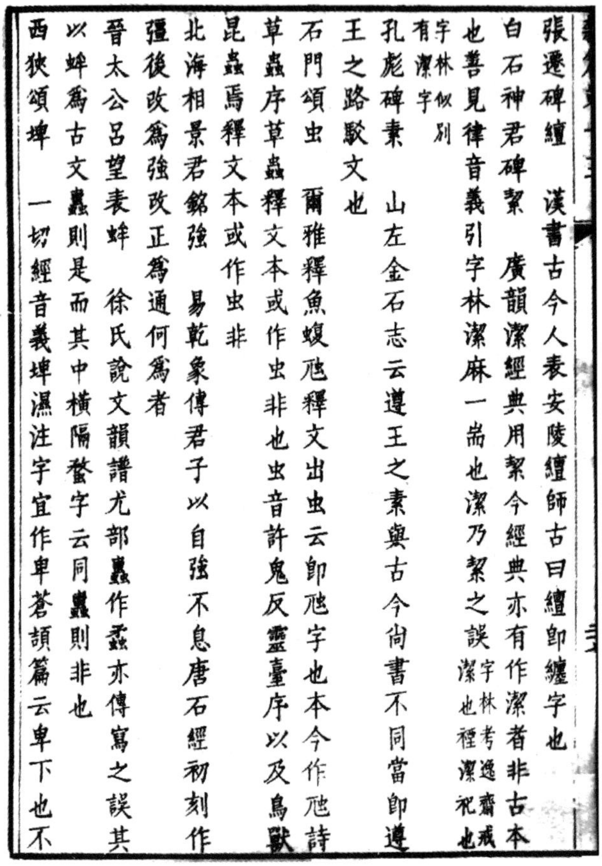

```
張遷碑纏漢書古今人表安陵纏師古曰纏即纏字也
白石神君碑絫廣韻絫經典用絫今經典亦有作絫者非古本
也善見律音義引字林潔麻一端也潔乃絫之誤潔字
有潔林似別
孔彪碑素山左金石志云遵王之素與古今尚書不同當即遵
王之路歇文也
石門頌虫爾雅釋魚蝮虺釋文出虫云即虺字也本今作虺
草蟲序草蟲釋文本或作虫非也虫音許鬼反靈臺序以及鳥獸
昆蟲焉釋文本或作虫非
北海相景君銘強易乾象傳君子以自強不息唐石經初刻作
彊後改為強改正為通何為者
晉太公呂望表蚌徐氏說文韻譜尤部蠹作蚤亦傳寫之誤其
以蚌為古文蠹則是而其中橫隔螯字云同蠹則非也
西狹頌埤一切經音義埤濕注字宜作卑蒼頡篇云車下也不
```

圖 4-5 翟雲升《隸篇》引《晉太公呂望表》"蚌"字
（據清道光十七年自刻本）

羅振玉《雪堂所藏金石文字簿錄》曰：

　　齊太公呂望表明拓本……"蚌□遠逊"之逊字，此本完好，
　近拓將泐盡。……又明拓本……"蚌□遠逊"，《萃編》失錄蚌

---

① 翟雲升：《隸篇》卷13，清道光十七年自刻本，第27頁b。

字，蛑下一字，尚見末筆，乃戈之下半，當是賊字。①

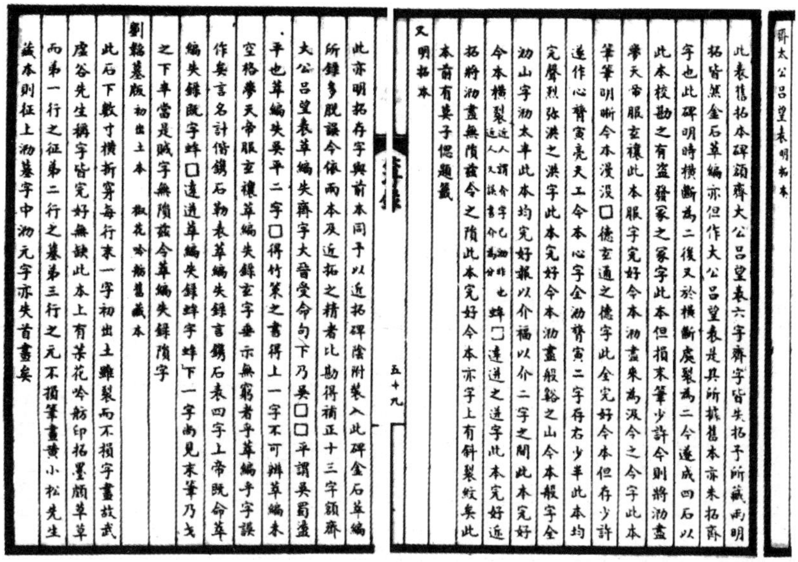

晉太公呂望表明拓本

此表舊拓本碑額齊大公呂望表六字齊字皆失拓予所藏兩明
拓皆無金石萃編亦但作大公呂望表是其所據舊本亦未拓額
字也此碑明時橫斷爲二後又於橫斷處裂爲二今遂成四石以
此本校勘之有盜發冢之冢字此本但損末筆少許今則將泐盡
夢天帝服玄襛此本服字完好今本泐盡來爲汲今之今字此本
筆筆明晰今本漫没□德玄通之德字此全完好今本但存少許
遂作心膂寅亮天工今本心字全泐膂寅二字存右少半此本均
完聲烈弥洪之洪字此本完好今本泐盡般谿之山今本般字全
泐山字泐太半此本均完好報以介福以介二字之間此本完好
今本橫裂（近人謂介字乙泐非也近人又誤書介爲分）蛑□遠迸之迸字此本完好近
拓將泐盡無隤蕤令之隤此本完好今本亦字上有斜裂紋矣此
本前有晏子偲題簽
又明拓本

五十九

此亦明拓存字與前本同予以近拓碑陰附裝入此碑金石萃編
所録多脱誤今依兩本及近拓之精者比勘得補正十三字額齊
大公呂望表萃編失齊字大晉受命句下乃吳□□平謂吳蜀盡
平也萃編失吳平二字□得竹策之書得上一字不可辨萃編未
空格夢天帝服玄襛萃編失録玄字垂示無窮者乎萃編乎字誤
作矣言名計偕鐫石勒表萃編失録言鐫石表四字上帝既命萃
編失録既字蛑□遠迸萃編失録蛑字蛑下一字尚見末筆乃戈
之下半當是賊字無隤蕤令萃編失録隤字
劉鶚墓版（初出土本　椒花吟舫舊藏本）
此石下數寸橫折穿每行末一字初出土雖裂而不損字畫故武
虛谷先生稱字皆完好無缺此本上有椒花吟舫印拓墨頗草草
而第一行之征第二行之墓第三行之元不損筆畫黄小松先生
藏本則征上泐墓字中泐元字亦失首畫矣

圖 4－6　羅振玉《雪堂所藏金石文字簿録》引《晉太公呂望表》“蛑賊”字

（據民國十三年東方學會刊本）

案：據翟雲升《隸篇》、羅振玉《雪堂類稿》，頌詞部分“□□遠迸”當作“蛑賊遠迸”。

於是，我們得到完整的《齊太公呂望表》頌詞：

其辭曰：於鑠我祖，時惟大公。當殷之末，一德玄通。上帝有命，以錫周邦。公及文王，二夢惟同。上帝既命，若時登庸。遂作心膂，寅亮天工。肆伐大商，克咸厥功。建國胙土，俾矦于東。奮乎百世，聲烈弥洪。般谿之山，明靈所託。升雲降雨，爲膏爲澤。水旱癘疫，是禳是禜。來方禋祀，莫敢不敬。報以介福，惠我百姓。天地和舒，四氣通正。災害不作，民無

① 羅振玉：《雪堂所藏金石文字簿録》，民國十三年東方學會石印本，第 59 頁 b—60 頁 b。

天命。嘉生蕃殖，蛴賊遠迸。迄用康年，稼穑茂盛。凡我邦域，永世受慶。春秋匪解，無隕茲令。

基於以上研究，我們可以得到復原的完整的《齊太公呂望表》。

| 齊大公呂望者此縣人遭秦燔書史失其籍 | 大康二年縣之西偏有盜發冢而得竹策之書藏之年當秦坑儒之前八十一 | 六歲其周志曰文王夢天帝服玄襄以立於令狐之津帝曰昌賜汝儒王之 | 拜稽首大公答曰唯文王夢之夜大公之夢亦然其後文王再 | 公而訓之曰大公望乎得見文王吾之如有所見於是大公之言其大 | 月與其日且盡道而名爲齊大公此以得參考文王曰吾大夢之有所 | 其紀年曰康王六年齊大公望卒於是文王在斋百一十餘歲遂歸與汝言其 | 於丘墓光于泰而垂示無窮者矣於是大公正乃邑豈皇天所以先滅學而著 | 其名號汲於百代無場而無書之所出年蓋孫陽無忌自秦明哲馬 | 來爲大公功懿之下舊有壇場而今隨是大荒而不治乃陽盧訪諸朝吏食 | 以屬汲令般之功施於民以勞定國之典祀所宜不替且苺載之後有所稱述其辭 | 所出遂悄復舊祀言名計借鐫石勒表以章顯烈偉萬載之後有所稱述其辭 | 日 | 於鎌我祖旣命若時當殷之末一德玄通上帝有命以錫周公及文王二夢土 | 惟同于東嘗乎百世登庸遂作心膂寅亮天工肆伐大商克邦厥功建國胙 | 俾庶是亂是栗來方禋祀弥歆洪般之以介福惠我百姓升雲降雨咸和我舒四氣澤通正 | 災疫不作民無天命嘉生蕃殖蛴賊遠迸用康年稼穑茂盛凡我邦域永世 | 受慶春秋匪解無負茲令太康十年三月丙寅朔十九日甲申造 |

圖 4–7 《齊太公呂望表》碑文復原

第二節　《齊太公呂望表》校注

《齊太公呂望表》，《續古文苑》無注，今人毛遠明《漢魏六朝碑刻校注》、安喜萍《衛輝歷代碑刻》都是利用殘碑作校作注，注釋較爲簡單，一些重要問題没有顯現與解決。①

我們利用前文對《齊太公呂望表》復原成果，對《齊太公呂望表》作詳細的校注。

《齊大公呂望表》

齊〔一〕大公呂望〔二〕者，此縣人〔三〕。遭秦燔書，史失其籍〔四〕。至大晉受命〔五〕，吴會既平，四海一統〔六〕。大康二年〔七〕，縣之西偏〔八〕有盗發冢〔九〕而得竹策〔一〇〕之書。書藏之年，當秦坑儒之前八十六歲〔一一〕。其《周志》〔一二〕曰："文王〔一三〕夢天帝〔一四〕服玄襪〔一五〕，以立於令狐之津〔一六〕。帝曰：'昌，賜汝望。'文王再拜稽首〔一七〕，大公於後亦再拜稽首。文王夢之之夜，大公夢之亦然，其後文王見大公而訊〔一八〕之曰：'而名爲望乎？'答曰：'唯爲望。'文王曰：'吾如有所於見汝。'大公言其年月與其日，且盡道其言，'臣此以得見也。'文王曰：'有之，有之。'遂與之歸，以爲卿士〔一九〕。"其《紀年》〔二〇〕曰："康王六年，齊大公望卒〔二一〕。"參考年數，盖壽百一十餘歲〔二二〕。

〔一〕太公呂望佐武王克商，受封於齊。《史記》卷三十二《齊太公世家》曰："武王已平商而王天下，封師尚父於齊營丘。"

〔二〕太公，本指周古公亶父。呂尚爲太公古公亶父所望，故稱

---

① 毛遠明：《漢魏六朝碑刻校注》（繁體版），綫裝書局 2008 年版，第 2 册，第 294—295 頁；安喜萍：《衛輝歷代碑刻》，中州古籍出版社 2013 年版，第 14—16 頁。

呂尚爲太公望也。《史記》卷三十二《齊太公世家》周文王曰："自吾先君太公曰'當有聖人適周，周以興'。子真是邪？吾太公望子久矣。""故號之曰'太公望'。"齊、申、呂、許，姜姓呂氏。《國語》卷二《周語中》曰："齊、許、申、呂由大姜。"《國語》卷三《周語下》曰："昔共工棄此道也，虞于湛樂，淫失其身，欲壅防百川，墮高堙庳，以害天下。皇天弗福，庶民弗助，禍亂並興，共工用滅。其在有虞，有崇伯鯀，播其淫心，稱遂共工之過，堯用殛之于羽山。其後伯禹念前之非度，釐改制量，象物天地，比類百則，儀之于民，而度之于群生。共之從孫四嶽佐之，高高下下，疏川導滯，鍾水豐物，封崇九山，決汨九川，陂鄣九澤，豐殖九藪，汨越九原，宅居九隩，合通四海。故天無伏陰，地無散陽，水無沈氣，火無災燀，神無閒行，民無淫心，時無逆數，物無害生。帥象禹之功，度之于軌儀，莫非嘉績，克厭帝心。皇天嘉之，祚以天下，賜姓曰'姒'、氏曰'有夏'，謂其能以嘉祉殷富生物也。祚四嶽國，命以侯伯，賜姓曰'姜'、氏曰'有呂'，謂其能爲禹股肱心膂，以養物豐民人也。"《史記》卷三十二《齊太公世家》曰："太公望呂尚者，東海上人。其先祖嘗爲四嶽，佐禹平水土甚有功。虞夏之際封於呂，或封於申，姓姜氏。夏商之時，申、呂或封枝庶子孫，或爲庶人，尚其後苗裔也。本姓姜氏，從其封姓，故曰呂尚。"

〔三〕碑文以呂望爲汲人，源自崔瑗碑。《水經》曰："（清水）又東過汲縣北。"《水經注》卷九《清水》曰："縣故汲郡治。晉太康中立。城西北有石夾水，飛湍濬急，世人亦謂之磻溪，言太公嘗釣于此也。城東門北側有太公廟，廟前有碑，碑云：'太公望者，河內汲人也。縣民故會稽太守杜宣白令崔瑗曰：太公本生于汲，舊居猶存。君與高、國同宗太公，載在經傳。今臨此國，宜正其位，以明尊祖之義。于是國老王喜、廷掾鄭篤、功曹邠勤等咸曰：宜之。遂立壇祀，爲之位主。'城北三十里有太公泉，泉上又有太公廟，廟側高林秀木，翹楚競茂。相傳云太公之故居也。晉太康中，范陽盧無忌爲汲令，立碑于其上。太公避紂之亂，屠隱市朝，遯釣魚水，何必渭濱，然後磻溪苟愜神心，曲渚則可。磻溪之名，斯無嫌矣。"東漢高誘注《呂氏春秋》和《淮南子》時，把姜太公注釋爲"河內汲人"。《呂氏春秋集釋》卷十四《孝行覽·首時》曰："太公望，東夷之士也。"高誘《注》曰："太公望河內人也。於周豐、鎬爲東，故曰'東夷之士。'"《呂氏春秋集釋》卷二《仲春紀·當染》曰："武王染於太公望、周公旦。"高誘《注》曰："太公望，河內汲人也。"《淮南鴻烈集解》卷十三《氾論訓》曰："太公之鼓刀兮，甯戚之商歌，其美有存焉者矣。"高誘《注》曰："太公，河內汲人，有屠、釣之困。"

〔四〕《史記》卷六《秦始皇本紀》曰："三十四年……丞相李斯曰：'……臣請史官非秦記皆燒之。非博士官所職，天下敢有藏詩、書、百家語者，悉詣守、尉雜燒之。有敢偶語詩書者弃市。以古非今者族。吏見知不舉者與同罪。令下三十日不燒，黥爲城旦。所不去者，醫藥卜筮種樹之書。若欲有學法令，以吏爲師。'制曰：'可。'"秦燒秦史以外的史書，秦史簡略不全，史官失去典籍。《漢書》卷二十八下《地理志下》秦地："昭王曾孫政并六國，稱皇帝，負力怙威，燔書阬儒，自任私智。"《漢書》卷三十《藝文志》曰："及秦燔書，而《易》爲筮卜之事，傳者不絕。"

〔五〕受命，受命於天也。夏商周宣揚受天命，晉亦如是稱。《晉書》卷六《明帝紀》太寧三年秋七月辛未："詔曰：'三恪二王，世代之所重；興滅繼絕，政道之所先。又宗室哲王有功勳于大晉受命之際者，佐命功臣，碩德名賢，三祖所與共維大業，咸開國胙土、誓同山河者，而並廢絕，禋祀不傳，甚用懷傷。主者其詳議諸應立後者以聞。'"

〔六〕《晉書》卷二《文帝紀》曰："掃平區域，信威吳會，遂戢干戈，靖我疆土。"吳，孫吳，會，會稽；吳會，孫吳也。魏、蜀、吳爭，魏禪於晉，晉滅蜀、吳，一統天下。《晉書》卷五十二《華譚傳》曰："武帝親策之曰：'今四海一統，萬里同風，天下有道，莫斯之盛……'"

〔七〕汲冢出書之年，文獻記載不一，有咸寧五年（279 年）、太康元年（280 年）、太康二年（281 年）等不同的記載。唐人房玄齡等《晉書》卷三《武帝紀》記載咸寧五年。《春秋左傳集解後序》太康元年三月平定孫吳，後汲郡出竹書。衛恒《四體書勢》（《晉書》卷三十六《衛恒傳》）、王隱《晉書·束皙傳》（《春秋左傳正義》卷六十《春秋左傳集解後序》孔穎達《正義》引）、房玄齡等《晉書》卷十六《律曆志上》、魏徵等《隋書》卷三十三《經籍志二》等並作太康元年。荀勖《穆天子傳序》、盧无忌《太公廟碑》、傅暢《晉諸公讚》（《初學記》卷十二《職官部下·祕書監》引）、王隱《晉書》（《北堂書鈔》卷五十七《設官部九·秘書監五十六》引）、房玄齡等《晉書》卷五十一《束皙傳》等記載太康二年汲縣盜掘古墓。《晉書》多訛誤，當以荀勖所記及碑刻爲正。在汲冢竹書出土前後，荀勖始終任中書監負責校理書籍，所以他記錄的太康二年是最權威的資料，並且這個記載不僅在傅暢《晉諸公讚》、王隱《晉書》、房玄齡等《晉書》可以找到同樣的記載，而且有晉代碑刻的支持。因此，我們説當以荀勖所記與碑刻爲正。所以，晉武帝太康二年（281 年），汲郡汲縣出汲冢竹書。案：碑文記載在三家歸晉之後，與杜預記同，《晉書》卷三《武帝紀》記載咸寧五年之訛誤是顯見的。

〔八〕偏，城之兩側。西偏，城外西側。結合衛輝市地形、考古資料解釋之。"縣之西偏"當指漢晉汲縣故城（今衛輝市汲城村）以西的地區，此處爲戰國漢代墓葬區，在鳳凰山墓地與山彪鎮墓地發現戰國墓葬。

〔九〕唐人房玄齡等《晉書》卷三《武帝紀》曰："（咸寧）五年……冬，十月戊寅，匈奴餘渠都督獨雍等帥部落歸化。汲郡人不準掘魏襄王冢，得竹簡小篆古書十餘萬言，藏于祕府。十一月，大舉伐吳。"房玄齡等《晉書》卷五十一《束皙傳》曰："初，太康二年，汲郡人不準盜發魏襄王墓，或言安釐王冢，得竹書數十車。……武帝以其書付祕書校綴次第，尋考指歸，而以今文寫之。"

〔一〇〕杜預《春秋左傳序》曰："《周禮》有史官，掌邦國四方之事，達四方之志，諸侯亦各有國史。大事書之於策，小事簡牘而已。"孔穎達《正義》曰："既言尊卑，皆有史官，又論所記簡策之異。《釋器》云'簡謂之畢'，郭璞云：'今簡札也。'許慎《說文》曰：'簡，牒也。牘，書版也。'蔡邕《獨斷》曰：'策者，簡也。其制，長二尺，短者半之。其次一長一短，兩編下附。'鄭玄注《中庸》亦云：'策，簡也。'由此言之，則簡、札、牒、畢，同物而異名。單執一札謂之爲簡，連編諸簡乃名爲策，故於文'策'或作'册'，象其編簡之形。以其編簡爲策，故言策者簡也。鄭玄注《論語》序以《鉤命決》云：'《春秋》二尺四寸書之，《孝經》一尺二寸書之'，故知六經之策皆稱長二尺四寸。蔡邕言二尺者，謂漢世天子策書所用，故與六經異也。簡之所容，一行字耳。牘乃方版，版廣於簡，可以並容數行。凡爲書，字有多有少，一行可盡者，書之於簡；數行乃盡者，書之於方；方所不容者，乃書於策。《聘禮記》曰：'若有故則加書將命，百名以上書於策，不及百名書於方。'鄭玄云：'名，書文也，今謂之字。策，簡也。方，版也。'是其字少則書簡，字多則書策。此言大事小事，乃謂事有大小，非言字有多少也。大事者，謂君舉告廟及鄰國赴告，經之所書皆是也。小事者，謂物不爲災及言語文辭，傳之所載皆是也。大事後雖在策，其初亦記於簡。何則？弒君大事，南史欲書崔杼，執簡而往，董狐既書趙盾，以示於朝，是執簡而示之，非舉策以示之，明大事皆先書於簡，後乃定之於策也。其有小事，文辭或多，如呂相絕秦、聲子說楚，字過數百，非一牘一簡所能容者，則於衆簡牘以次存錄也。杜所以知其然者，以隱十一年傳例云：'滅不告敗，勝不告克，不書于策。'明是大事來告，載之策書也。策書不載，丘明得之，明是小事傳聞，記於簡牘也。以此知仲尼脩經皆約策書成文。丘明作傳皆博采簡牘衆記。故隱十一年注云：'承其告辭，史乃書之于策。若所傳聞行言非將君命，則記在簡牘而已，不得記於典策。此蓋周禮之舊制'也。又莊二十六年經皆無傳，傳不解經，注云：'此年經、傳各自言其事者。或策書雖存，而簡牘散落，不究其本末，故傳不復申解。'是言經據策書，傳馮簡牘，經之所言其事大，傳之所言其事小，故知小事在簡，大事在策也。"（孔穎達：《春秋左傳正義》卷一《春秋左傳序》）案：《穆天子傳》簡長合古尺度"二尺四寸"，《竹書紀年》乃重要的魏史，當簡長合古尺度"二尺四寸"。

〔一一〕秦坑儒在始皇三十四年（前213年），上溯八十六歲，在前299年（魏惠王子魏襄王廿年）。《紀年》簡文止於"今王（魏惠王子）廿年"，碑文據以爲下葬之年。荀勖《穆天子傳序》曰："古文《穆天子傳》者，太康二年，汲縣民不準盗發古冢所得書也。……汲者，戰國時魏地也。案所得《紀年》，蓋魏惠成王子今王之冢也。於《世本》，蓋襄王也。案《史記·六國年表》，自今王二十一年至秦始皇三十四年燔書之歲八十六年，及至太康二年初得此書凡五百七十九年。"

〔一二〕清雍正時，孫之騄《考定竹書》卷七引此而不明所屬。嘉慶時，陳逢衡《竹書紀年集證》卷五十："衡案：此一百零三字見孫之騄本，得呂尚以爲師下註引竹書《周志》云云。又《通雅》引《周志》（元）〔玄〕纁作（元）〔玄〕穠，説見前《集説》。嗚呼！此真《璅語》之文矣。方以智曰：'汲冢、楚冢今不能分，故有《璅語》亂《竹書》之疑。'斯言洵讀《紀年》者之龜鑑哉！"洪頤煊《經典集林》卷九《汲冢瑣語》載《周志》文王、太公夢事，洪氏已識別此《周志》屬《汲冢瑣語》，惜無詳證。馮雲鵬、馮雲鵷《金石索》石索五："其引用《周志》中文王夢天帝一節，不見於《逸周書》，每疑之，不知此不似《周書》之文，乃《瑣語》中之文也。汲冢所得有《瑣語》十一篇，言諸國卜夢妖怪相書，則此夢必在其内也。考《晉書·束皙傳》云：'太康二年，汲郡人不準盗發魏襄王墓，或言安釐王冢，得竹書數十車。其《紀年》十三篇，記夏以來至周幽王〔爲犬戎所滅，以事接之，三家分〕，接述魏事至安釐王之二十年。又《易經》二篇，《易繇陰陽卦》二篇，《卦下易經》一篇，《公孫段》二篇，《國語》三篇，《名》三篇，《師春》

一篇,《瑣語》十一篇,諸國卜夢妖怪相書也。又《梁邱藏》一篇,言丘藏金玉事。《繳書》(一)〔二〕篇,論弋射法。《生封》一篇,《大曆》二篇,《穆天子傳》五篇,又《雜書》十九篇,《周食田法》、《周書》、《論楚事》、《周穆王美人盛姬〔死〕事》。大凡七十五篇,漆書皆科斗字,七篇簡書折壞。'云云。其書雖七十五篇,其傳于今者祇《竹書紀年》、《穆天子傳》及《美人盛姬〔死〕事》,其《逸周書》則前已引用之,非得此碑,安知《璅語》軼事哉!"楊守敬《壬癸金石跋·晉太公呂望表跋》略論《周志》屬《瑣語》:"此《碑》引汲冢書有'其《周志》'云云,語殊怪誕。今不見《逸周書》中,尤其明證。然《束晳傳》亦無《周志》之目,惟有'《瑣語》十一篇,〔諸〕國卜夢妖怪相書也'。此《周志》言太公遇文王,皆以夢合,似《周志》當即《瑣語》之一篇。"案:志,春秋也。《史通》卷十二《外篇·古今正史》曰:"又當春秋之世,諸侯國自有史。故孔子求衆家史記,而得百二十國書。如楚之《書》,鄭之《志》,魯之《春秋》,魏之《紀年》。"鄭春秋曰鄭《志》。《周志》者,《周春秋》也。或以爲《周志》即《周書》(《逸周書》),誤。《周禮注疏》卷二十六《春官·小史》曰:"小史掌邦國之志,奠繫世,辨昭穆。若有事,則詔王之忌諱。"鄭康成《注》曰:"鄭司農云:'志謂記也。《春秋傳》所謂《周志》,《國語》所謂《鄭書》之屬是也。史官主書,故韓宣子聘于魯觀書。大史氏繫世謂帝繫,《世本》之屬是也。小史主定之,瞽矇諷誦之。先王死日爲忌,名爲諱,故書奠爲帝。'杜子春云:'帝當爲奠。奠讀爲定。書帝亦或爲奠。'玄謂:'王有事祈祭於其廟。'"

〔一三〕周文王姬昌,古公亶父之孫、王季之子、周武王之父也。《楚辭章句》卷一《離騷經章句》王逸《章句》曰:"或言:周文王夢天帝立令狐之津,太公立其後。帝曰:'昌,賜汝名師。'文王再拜,太公亦再拜。太公夢亦如此。文王出田,見識所夢,載與俱歸,以爲太師也。"

〔一四〕天帝,上帝也。

〔一五〕玄襓，玄裳也。《金石録》卷二十《跋尾十·晉太公碑》曰："襓字，字書所無。"《廣川書跋》卷六《太公碑》曰："其言服玄襓，而《説文》無此字，惟曰《漢令》解衣耕謂之襄，而衛宏《字説》與郭昭卿《字指》則有之，知許慎所遺古文衆矣。昭卿因宏以有記，非得是碑，豈知宏之爲有据哉？"

〔一六〕津，渡口也。令狐之津，令狐之地的渡口。令狐即猗氏。《左傳》文公七年："戊子，（晉）敗秦于令狐，至于刳首。己丑，先蔑奔秦，士會從之。"杜預《注》曰："從刳首去也。令狐在河東，當與刳首相接。"戰國稱命瓜。《漢書》卷二十八上《地理志上》河東郡有猗氏縣。《水經注》卷六《涑水》曰："涑水又西，逕猗氏縣故城北。《春秋》文公七年，晉敗秦于令狐，至于刳首，先蔑奔秦，士會從之。闞駰曰：令狐即猗氏也。"《史記》卷五《秦本紀》曰："康公元年。往歲繆公之卒，晉襄公亦卒；襄公之弟名雍，秦出也，在秦。晉趙盾欲立之，使隨會來迎雍，秦以兵送至令狐。"《正義》："令音零。《括地志》云：'令狐故城在蒲州猗氏縣（界）〔西〕十五里也。'"《太平寰宇記》卷四十六《河東道七·蒲州·猗氏縣》曰："令狐城，《左傳》曰：'晉文公從秦返國，濟河，圍令狐。'即此城，在縣西十五里。"令狐在今山西省臨猗縣西十三里嵋陽鎮令狐村。

〔一七〕《尚書正義》卷三《舜典》："禹拜稽首。"孔《傳》："稽首，首至地。"

〔一八〕《説文解字注》卷三上言部訆字："訆，大嘑也。从言丩聲。《春秋傳》曰：或訆于宋大廟。"《左傳》襄公三十年："或叫于宋大廟。"杜預《注》曰："叫，呼也。"

〔一九〕《左傳》隱公三年："鄭武公、莊公爲平王卿士。"杜預《注》曰："卿士，王卿之執政者。"

〔二〇〕汲冢出書，《紀年》其一也。載於竹上，故益稱爲《竹書紀年》。

〔二一〕《竹書紀年》載齊太公卒於周康王六年，王應麟《困學紀聞》、顧炎武《金石文字記》、葉奕苞《金石録補》、朱彝尊《曝書亭集》、淩揚藻《蠡勺編》並以爲非。盧文弨《北魏汲縣齊太公廟碑跋》以爲碑文是，鄭業斆《獨笑齋金石攷略》卷四《修太公廟碑》又質疑盧文弨説，以爲竹書、碑文不可信。姜亮夫《殷周三巨臣考》曰："《竹書》載康王六年，齊太公薨。按此説亦至不可信。紂三十一年，文王得吕尚，以爲師（詳後），至是凡六十六年，若得望年已七十以上，則此時當得年百四十至百六十歲，恐無此理。則疑康王六年或當是成王六年之誤。"（王仲犖：《歷史論叢》第2輯，齊魯書社1981年版，第113頁）

〔二二〕《史記》卷三十二《齊太公世家》曰："蓋太公之卒百有餘年。"碑文據此。

先秦滅學〔一〕而藏於丘墓，天下平泰而發其潛書〔二〕。書之所出，正在斯邑〔三〕。豈皇天所以章明先哲，著其名號，光于百代，垂示無窮者矣！於是大公之裔孫范陽〔四〕盧无忌自大子洗馬〔五〕來爲汲令〔六〕。殷谿〔七〕之下舊有壇場〔八〕，而今墮廢荒而不治。乃咨之碩儒，訪諸朝吏，僉〔九〕以爲大公功施於民，以勞定國，國之典祀〔一〇〕，所宜不替〔一一〕。且其山也，能興雲雨，財用所出。遂脩復舊祀，言名計偕〔一二〕，鐫石勒表〔一三〕，以章顯烈，俾萬載之後有所稱述〔一四〕。

〔一〕《漢書》卷二十二《禮樂志》曰："遭秦滅學，遂以亂亡。"
〔二〕潛書，潛藏之書。
〔三〕斯，這。斯邑即此邑。
〔四〕范陽，郡名，大致區域在今河北省保定市以北至北京市以南間。《晉書》卷十四《地理志》幽州："范陽國漢置涿郡。魏文更名范陽郡。武帝置國，封宣帝弟子綏爲王。統縣八，户一萬一千。涿、良鄉、方城、長鄉、逎、故安、范陽、容城侯相。"樂史《太平寰宇記》卷七十《河北道十九·涿州》曰："後漢爲涿郡。魏初因之，至黃初七年，文帝改爲范陽郡，取漢涿縣在范水之陽以爲名，以此地追封武帝子矩爲王。晉武帝泰始元年，又改爲范陽國，封宣帝弟馗子綏爲范陽王。"秦漢魏晉時期，范陽盧氏居於涿縣（今河北省涿州市），盧无忌出此。

〔五〕太子洗馬，太子屬官。《漢書》卷十九上《百官公卿表上》曰："太子太傅、少傅，古官。屬官有太子門大夫、庶子、先馬、舍人。"顔師古《注》曰："張晏曰：'先馬，員十六人，秩比謁者。'如淳曰：'前驅也。《國語》曰：句踐親爲夫差先馬。先或作洗也。'"

〔六〕汲令，汲縣縣令。

〔七〕般谿，即磻溪。穆子容《修太公吕望祠碑》作"蟠嵠"，而王惲《秋澗集·七言絶句·六度寺》作"殷溪"，當因碑文模糊而誤。《韓詩外傳》卷八："太公望少爲人壻，老而見去，屠牛朝歌，賃於棘津，釣於磻溪，文王舉而用之，封於齊。"《水經》曰："（清水）又東過汲縣北。"《水經注》卷九《清水》曰："縣故汲郡治。晉太康中立。城西北有石夾水，飛湍濬急，人亦謂之磻溪，言太公嘗釣于此也。城東門北側有太公廟，廟前有碑，碑云：'太公望者，河内汲人也。縣民故會稽太守杜宣白令崔瑗曰：太公本生于汲，舊居猶存。君與高、國同宗太公，載在經傳。今臨此國，宜正其位，以明尊祖之義。于是國老王喜、廷掾鄭篤、功曹邡勤等咸曰：宜之。遂立壇祀，爲之位主。'城北三十里有太公泉，泉上又有太公廟，廟側高林秀木，翹楚競茂。相傳云太公之故居也。晉太康中，范陽盧无忌爲汲令，立碑于其上。太公避紂之亂，屠隱市朝，遯釣魚水，何必渭濱，然後磻溪苟愜神心，曲渚則可。磻溪之名，斯無嫌矣。"

〔八〕壇場，祭祀的道場。《説文解字注》卷十三下土部壇字："壇，祭壇場也。从土，亶聲。"《漢書》卷一上《高帝紀上》曰："於是漢王齊戒設壇場，拜信爲大將軍，問以計策。"顔師古《注》曰："築土而高曰壇，除地爲場。"

《水經注》卷九《淇水》曰："城東門北側有太公廟，廟前有碑，碑云：'太公望者，河內汲人也。縣民故會稽太守杜宣白令崔瑗曰：太公本生于汲，舊居猶存。君與高、國同宗太公，載在經傳。今臨此國，宜正其位，以明尊祖之義。于是國老王喜、廷掾鄭篤、功曹邠勤等咸曰：宜之。遂立壇祀，爲之位主。'"盧无忌碑"舊有壇場"即東漢所設壇祀。

〔九〕典祀，祭祀之法則也。《國語》卷四《魯語上》曰："凡禘、郊、祖、宗、報，此五者國之典祀也。"韋昭《注》曰："典，法也。"

〔一〇〕僉，皆也。《說文解字注》卷五下亼部僉字："僉，皆也。从亼，从吅，从从。《虞書》曰：僉曰：伯夷。"

〔一一〕不替，不廢也。《說文解字注》卷十下竝部替字："替，廢也，一偏下也。从竝，白聲。"

〔一二〕《周禮注疏》卷三十《夏官司馬·司勳》曰："凡有功者，銘書於王之大常，祭於大烝司勳詔之。"鄭康成《注》曰："銘之，言名也。"《史記》卷一百二十一《儒林列傳》曰："二千石謹察可者，當與計偕。"《索隱》："計，計吏也。偕，俱也。謂令與計吏俱詣太常也。"

〔一三〕"鐫"同"鑴"字。《說文解字注》卷十四上金部鑴字："鑴，破木鑴也。从金，雋聲。一曰琢石也。讀若瀸。"《禮記正義》卷十七《月令》孟冬之月："物勒工名，以考其誠。"鄭康成《注》曰："勒，刻也。刻工姓名於其器，以察其信。"

〔一四〕《史記》卷三十六《陳杞世家》曰："杞小微，其事不足稱述。"稱述，猶言稱道也。

其辭曰：於鑠[一]我祖，時惟大公。當殷之末，一德玄通[二]。上帝有命，以錫周邦[三]。公及文王，二夢惟同[四]。上帝既命，若時登庸[五]。遂作心膂，寅亮天工[六]。肆伐大商，克咸厥功[七]。建國胙土，俾矦于東[八]。奮乎百世[九]，聲烈彌洪。般豀之山，明靈所託。升雲降雨，爲膏爲澤。水旱癘疫，是禳是榮[一〇]。來方禋祀[一一]，莫敢不敬。報以介福[一二]，惠我百姓。天地和舒，四氣通正。災害不作，民無夭命。嘉生蕃殖[一三]，蜚賊遠迸[一四]。迄用康年，稼穡茂盛。凡我邦域，永世受慶[一五]。春秋匪解[一六]，無隳茲令[一七]。

太康十年三月丙寅朔十九日甲申造

〔一〕於鑠，美。《毛詩正義》卷十九《周頌·酌》曰："於鑠王師，遵養時晦。"毛《傳》曰："鑠，美。"鄭康成《箋》曰："純大熙興介助也。於美乎文王之用師，率殷之叛國以事紂。"

〔二〕漢《從事武梁碑》作"懿德玄通"（《隸釋》卷六）。"一德"當源自《尚書·伊訓》"咸有一德"。

〔三〕錫，賜也。《春秋》成公八年："秋七月，天子使召伯來賜公命。"《經典釋文》作"錫"，《公羊傳》《穀梁傳》作"錫"。

〔四〕二夢惟同，文王、太公呂望同夢也。

〔五〕《尚書正義》卷二《堯典》："帝（堯）曰：疇咨若時登庸？"孔《傳》："庸，用也。"

〔六〕《國語》卷三《周語下》曰："祚四嶽國，命以侯伯，賜姓曰'姜'、氏曰'有呂'，謂其能為禹股肱心膂，以養物豐民人也。"《尚書正義》卷十八《周官》曰："少師、少傅、少保曰三孤。貳公弘化，寅亮天地，弼予一人。"《後漢書》卷二十三《竇憲傳》唐章懷太子賢《注》曰："寅，敬。亮，信也。《尚書》曰：二公弘化，寅亮天地。"

〔七〕《毛詩正義》卷十六《文王之什·大明》曰："維師尚父，時維鷹揚。涼彼武王，肆伐大商。"毛《傳》："肆，疾也。"克，能也。咸，都也。厥，其也。

〔八〕《左傳》隱公八年："天子建德，因生以賜姓，胙之土而命之氏。"杜預《注》曰："報之以土而命氏。"俾，使也。《尚書正義》卷二《堯典》曰："有能俾乂。"孔《傳》："俾，使。乂，治也。"《史記》卷一《五帝本紀》作"有能使治。"

〔九〕"丗"即"世"字。《說文解字注》卷三上十部世字："丗，三十年爲一世。从卅而曳長之。亦取其聲。"

〔一〇〕《說文解字注》卷一上示部禳字："磔禳祀，除厲殃也。古者燧人禜子所造。从示，襄聲。"《左傳》昭公二十六年："齊有彗星，齊侯使禳之。"杜預《注》曰："祭以禳除之。"《左傳》昭公元年："山川之神，則水旱癘疫之災，於是乎禜之。日月星辰之神，則雪霜風雨之不時，於是乎禜之。"杜預《注》曰："有水旱之災則禜祭山川之神，若臺駘者。《周禮》：四曰禜祭，爲營攢，用幣，以祈福祥。"

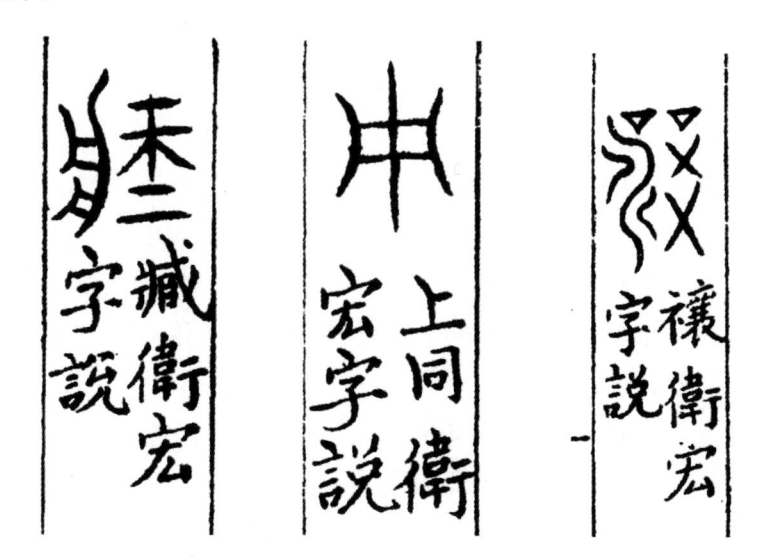

圖4-8 郭忠恕《汗簡》錄衛宏《字說》

（據《四部叢刊續編》影印馮已手鈔本）

〔一一〕《毛詩正義》卷十四《小雅·大田》曰："來方禋祀，以其騂黑，與其黍稷，以享以祀，以介景福。"鄭康成《箋》曰："云成王之來，則又禋祀四方之神，祈報焉。"

〔一二〕《毛詩正義》卷十四《小雅·甫田》曰："報以介福，萬壽無疆。"鄭康成《箋》曰："報者爲之求福，助於八蜡之神。"

〔一三〕《史記》卷二十六《曆書》曰："民神異業，敬而不瀆，故神降之嘉生。"《集解》："應劭曰：'嘉穀也。'"《索隱》："應劭云：'嘉穀也。'"《漢書》卷九十九下《王莽傳下》顏師古《注》曰："蕃，滋也。殖，生也。"

〔一四〕《毛詩正義》卷十八《大雅·蕩之什·桑柔》曰："天降喪亂，滅我立王。降此蟊賊，稼穡卒痒。"陸德明《經典釋文》卷七："蟊賊，本又作蝥，音牟。"鄭康成《箋》曰："蟲食苗根曰蟊，食節曰賊。"《封丘令王元賓碑》（《隸續》卷十九）："蟊賊遠屏"。《竹邑侯相張壽碑》（《隸釋》卷七）："蟊賊不起，厲疾不行。"《左傳》昭公三十二年，周敬王曰："昔成王合諸侯城成周，以爲東都，崇文德焉。今我欲徼福假靈于成王，脩成周之城，俾成人無勤，諸侯用寧，蟊賊遠屏，晉之力也。"杜預《注》曰："蟊賊，喻災害。"

〔一五〕《毛詩正義》卷十三《小雅·楚茨》曰："孝孫有慶，報以介福，萬壽無疆。"鄭康成《箋》曰："慶，賜也。"

〔一六〕春秋匪解，四時不懈怠。《毛詩正義》卷二十《魯頌·閟宮》曰："春秋匪解，享祀不忒。"鄭康成《箋》曰："春秋猶言四時也。"匪，非也。

〔一七〕無隕茲令，不墜此命。《毛詩正義》卷十二《小雅·小弁》曰："心之憂矣，涕既隕之。"毛《傳》："隕，隊也。"令，命也。

第 五 章
《齊太公呂望表》重要史實考證

《齊太公呂望表》碑文簡短，但是記載了一些重要事實，依次爲齊太公呂望的籍貫、汲冢書出土之年、汲冢的地望、《周志》的性質、齊太公呂望的年紀。或爲唯一的記載（汲冢的地望），或與權威意見相合（汲冢書出土之年），或爲承前啓後的記載（齊太公呂望的籍貫），或撲朔迷離（《周志》的性質、齊太公呂望的年紀）。目前，齊太公呂望的籍貫、汲冢的地望、齊太公呂望的年紀等問題仍然是疑難問題，《周志》的性質、汲冢書出土之年等問題仍有不同觀點。於是，就學術界的關注與學術價值而言，汲冢的地望、齊太公呂望的籍貫已經成爲重大的學術課題。

我們按照時代次序，探討這些疑難問題。

第一節　汲冢竹書出土之年

關於汲冢書出土的年代，文獻記載不一，主要有三種觀點。
1. 咸寧五年
唐人房玄齡等《晉書·武帝紀》曰：

> （咸寧）五年……冬，十月戊寅，匈奴餘渠都督獨雍等帥部

落歸化。汲郡人不準掘魏襄王冢,得竹簡小篆古書十餘萬言,藏于祕府。十一月,大舉伐吳。①

2. 太康元年

杜預《春秋左傳集解後序》曰:

大康元年三月,吳寇始平,余自江陵還襄陽,解甲休兵,乃申抒舊意,脩成《春秋釋例》及《經傳集解》。始訖,會汲郡汲縣有發其界內舊冢者,大得古書,皆簡編科斗文字。②

房玄齡等《晉書·衛恒傳》曰:

太康元年,汲縣人盜發魏襄王冢,得策書十餘萬言。③

《春秋左傳集解後序》孔穎達《正義》曰:

王隱《晉書·武帝紀》:大康元年,諸軍伐吳,三月至江陵縣,而孫皓面縛詣王濬降。杜預先爲荆州刺史,鎮襄陽,督諸軍伐吳,將兵向江陵,因東下伐吳。吳平,又自江陵還襄陽。《束晳傳》云:大康元年,汲郡民盜發魏安釐王塚,得竹書漆字科斗之文。④

虞世南《北堂書鈔》曰:

---

① 《晉書》卷3《武帝紀》,中華書局1974年點校本,第70頁。
② 孔穎達:《春秋左傳正義》卷60《後序》,阮元校刻:《十三經注疏》,中華書局1980年影印、校補世界書局本,下冊,第2187頁中、下欄。
③ 《晉書》卷36《衛恒傳》,第1061—1062頁。
④ 孔穎達:《春秋左傳正義》卷60《後序》,《十三經注疏》,下冊,第2188頁上欄。

王隱《晉書》云：初，太康元年，汲縣民盜發魏（王釐）〔安釐王〕冢，得竹書漆字。①

房玄齡等《晉書·律曆志》曰：

武帝太康元年，汲郡盜發六國時魏襄王冢，亦得玉律。則古者又以玉爲管矣。以玉者，取其體含廉潤也。②

魏徵等《隋書·經籍志》曰：

至晉太康元年，汲郡人發魏襄王冢，得古竹簡書，字皆科斗。③

3. 太康二年
荀勖《穆天子傳序》曰：

古文《穆天子傳》者，太康二年，汲縣民不準盜發古冢所得書也。④

盧无忌《齊大公呂望表》曰：

大康二年，縣之西偏有盜發冢而得竹策之書。……太康十年三月丙寅朔十九日甲申造。⑤

---

① 虞世南撰，孔廣陶校注：《北堂書鈔》卷 101《藝文部七·採求遺逸二十六》"汲縣得（尚）〔竹〕書"條，清光緒十四年南海孔氏三十有三萬卷據孫忠潛侯祠堂舊校影宋原本校注重刊，第 4 頁 a。
② 《晉書》卷 16《律曆志上》，第 475 頁。
③ 《隋書》卷 33《經籍志二》，中華書局 1973 年點校本，第 959 頁。
④ 荀勖：《穆天子傳序》，《穆天子傳》，張元濟等編：《四部叢刊》，商務印書館民國十八年影印上海涵芬樓藏明天一閣刊本，第 1 頁 a。
⑤ 盧无忌：《呂望表》，北京圖書館金石組編：《北京圖書館藏中國歷代石刻拓本彙編》第 2 冊，中州古籍出版社 1989 年版，第 53 頁。

《初學記》曰：

　　傅暢《晉諸公讚》曰："荀勖領祕書監。太康二年，汲郡冢中得竹書。勖（手）〔躬〕自撰次注寫，以爲中經，〔以較〕經傳闕文，多所證明。"①

《北堂書鈔》曰：

　　王隱《晉書》云："荀勖領秘書監。太康二年，汲郡冢中得竹書。勖（手）〔躬〕自撰次，吏部注寫，以爲中經，〔以較〕經傳闕文，多所證明。"②

《太平御覽》曰：

　　王隱《晉書》曰："荀勖領祕書監，始書師鍾、（朗）〔胡〕法。太康二年，得汲郡冢中古文竹書，勖自撰次注寫，以爲中經，別在秘書，以較經傳闕文，多所證明。"③

房玄齡等《晉書·束晳傳》曰：

　　初，太康二年，汲郡人不準盜發魏襄王墓，或言安釐王冢，得竹書數十車。……武帝以其書付祕書校綴次第，尋考指歸，而以今文寫之。④

---

① 徐堅等：《初學記》卷12《職官部下·祕書監》，中華書局2004年第2版，上冊，第295頁。
② 虞世南撰，孔廣陶校注：《北堂書鈔》卷57《設官部九·秘書監五十六》，第8頁a、b。
③ 李昉等：《太平御覽》卷749《工藝部六·書下·古文》第4冊，中華書局1960年縮印上海涵芬樓影宋本，第3322頁。
④ 《晉書》卷51《束晳傳》，第1432—1433頁。

關於汲冢書出土之年，學者意見不一。肯定盧无忌《齊太公呂望表》的有董逌《廣川書跋》等，相容不同觀點者有錢大昕《潛研堂金石文跋尾》，否定盧无忌《齊太公呂望表》說者有武億《金石三跋》。①

關於汲冢的發現年代，太康元年、太康二年說都有大量的記載。杜預的記載只能證實汲冢發掘在太康元年之後，所有的證據顯示房玄齡等《晉書·武帝紀》的"咸寧五年"屬於孤證。唐人所修《晉書》訛誤很多，所以，學者不足以持此疑問而懷疑或否定目擊人荀勖、杜預的記載。在汲冢竹書出土前後，荀勖始終任中書監負責校理書籍，所以荀勖《穆天子傳序》記錄的太康二年是最權威的資料，並且這個記載不僅在傅暢《晉諸公讚》、王隱《晉書》、房玄齡等《晉書》可以找到同樣的記載，而且有晉代碑刻盧无忌《齊太公呂望表》的支持。因此，我們説當以荀勖《穆天子傳序》與盧无忌《齊太公呂望表》所記爲正。所以，晉武帝太康二年（281年），汲郡汲縣出汲冢竹書。

第二節 汲冢的地望

目前，學者對於汲冢的地望意見不一，主要有六種觀點。

1. 晉汲縣西偏說

盧无忌《齊大公呂望表》曰：

　　大康二年，縣之西偏有盜發冢而得竹策之書。②

---

① 見本書"第二章《齊太公呂望表》學術史與本書的研究方法"。
② 盧无忌：《呂望表》，北京圖書館金石組編：《北京圖書館藏中國歷代石刻拓本彙編》第2册，第53頁。

2. 汲城故城附近說

王惲《秋澗集·汲冢懷古》曰：

> 丁亥歲三月十八日，觀稼西疇，遂至伍城，抵安釐王陵下。歸作是詩者，蓋自江左平後，《竹書》多傳於世，余憂好奇攻異者讀之，恐有致遠泪泥之弊，故不得不辯云。①

案："觀稼西疇，遂至伍城，抵安釐王陵下"者，汲冢在當時的汲縣西今汲城村一帶，王惲稱汲故城爲伍城。

3. 汲城村東娘娘廟村"娘娘冢"說

魏青鋋《（民國）汲縣今志》曰：

> （汲冢）遺址在今汲城村東門外里許，娘娘廟村荒土一（坏）〔抔〕，高廣數丈，俗呼爲"娘娘冢"。②

《中國文物地圖集·河南分冊》《衛輝市志》記載汲冢在孫杏村鄉娘娘廟前街村。③娘娘廟前街村南，從東到西並列7座土冢，第3號圓形墓冢即汲冢。"文革"中破壞其他6座冢的一冢，出土陶罐、倉、盒、銅劍、博山爐等。孫俊卿《汲冢簡介》曰：

> 汲冢共有七個，一個大的占地約七畝，六個小的各占地半

---

① 王惲：《秋澗先生大全集》卷4《五言古詩·汲冢懷古》，張元濟等編：《四部叢刊》，商務印書館民國十八年影印江南圖書館藏明弘治刊本，第4頁a、b；王惲：《王惲全集彙校》卷4《五言古詩·汲冢懷古》，楊亮、鍾彥飛點校，《中國古典文學基本叢書》，中華書局2013年版，第1冊，第120頁。

② 魏青鋋：《汲縣今志》第19章《名勝及古蹟》，民國二十四年鈔本，第95頁a；魏青鋋：《汲縣今志》第19章《名勝及古蹟》，民國二十四年漢文正楷印書局排印本，第89頁。

③ 國家文物局主編：《中國文物地圖集·河南分冊》，中國地圖出版社1991年版，第256頁；衛輝市地方史志編纂委員會編：《衛輝市志》，生活·讀書·新知三聯書店1993年版，第553、557頁。

至四畝不等，這些文化古蹟，歷盡滄桑，現在只能看到挖掘的痕蹟和戰國時期繩紋磚的殘蹟。在娘娘廟前街村群衆家發現有出土的陶器，特别是燒制的房舍、豬圈，造型優美，小豬崽栩栩如生，反映了我國戰國時期養豬業已很發達。①

依據描述，繩紋磚與模型明器"房舍、豬圈"等當屬於漢代遺物，故爲漢墓，非汲冢。娘娘廟前街村的7座墓葬當爲同族家族墓葬，破壞的一座墓證明屬於漢代墓，故時代亦不合。所以，娘娘廟前街村一帶的汲冢屬於訛傳。

4. 輝縣占城鄉大梁冢説

輝縣市占城鄉大梁冢民國時期屬獲嘉縣。《（民國）獲嘉縣志》曰：

> 魏襄王冢　在縣北三十二里，俗名大梁冢，即古之汲冢，或謂爲魏安釐王冢。高二丈餘，大數十畝。晉太康二年，爲盜不準所發，得竹書數十車，命荀勖撰次之，以爲中經，列在秘書。②

《輝縣市志·文物篇》曰：

> 魏襄王冢位於占城鄉大梁冢村北，因戰國時魏都大梁（開封），俗稱大梁冢。《獲嘉縣志》（民國23年版）載：古之汲冢也（晉屬汲郡），或謂魏安釐王梁，高二丈餘，大數十畝。晉太康二年（281年），爲汲郡人不準盜發，得竹書數十車。後人多次整理爲不同版本的《竹書紀年》。③

---

① 孫俊卿：《汲冢簡介》，政協河南省衛輝市委員會文史資料委員會編：《衛輝文史資料》第2輯，1989年版，第21頁。

② 鄒古愚修，鄒鵠纂：《（民國）獲嘉縣志》卷4《冢墓》，中國國家圖書館藏稿本，第33頁b—34頁a。

③ 輝縣市史志編纂委員會編：《輝縣市志》第31篇《文物》第3章《古墓葬》，中州古籍出版社1992年版，第739—740頁。

新鄉史志專家王振中對占城鄉大梁冢說持否定態度：

> 冢上還有一座天仙廟和幾通石碑。但是，無論是資格最老的明萬曆二十六年的"大糧冢重修天仙廟碑記"，還是時間稍後的清順治五年的"金妝天仙關帝廣生碑記"，都明明白白地說該村原名爲大糧冢，不曾提及與魏王墓有何瓜葛。
> "由此看來，《獲嘉縣志》和《輝縣市志》的撰寫者是以訛傳訛，實屬不該；而由於諧音關係，大糧冢村逐漸演繹改成了大梁冢村，從民俗學的角度看，倒是一種正常現象，無須深究。"①

關於占城鄉大梁冢，新鄉市文物考古研究所勘探，確認屬於明代遺存。

5. 汲城村西南說

今汲城三村西南（亦位於漢晉汲故城西南）發現的一塊古墓門扇和石梁，另外，還有一處尚未開發的墓冢，學者懷疑是汲冢。②

汲城歷史文化研究保護協會會長陳鳳鳴和秘書長王德學介紹：

> 這處尚未開發的墓冢，當地人稱它叫"冢子"，墓冢很大，上面還種了些莊稼。在上世紀60年代，村裏平整土地基本上把它挖平了，再向下挖卻發現一塊石門扇（長142厘米，寬62厘米，高15厘米），就不敢再往下挖，一直到現在。③

此青灰色的石門扇上雕刻的鋪首銜環與青灰色的繩紋磚證明屬於漢代遺物，所以該墓屬於漢墓。

---

① 李紅軍：《"歷史從此找到了依據"——汲冢書系列之四 汲冢書的"墓主人"有懸念》，《大河報》2008年8月22日第A20版。
② 李青春：《"汲冢書遺址"有新發現》，《平原晚報》2009年8月15日第A6版。
③ 李青春：《"汲冢書遺址"有新發現》，《平原晚報》2009年8月15日第A6版。

6. 衛輝府城西二十里說

《（萬曆）衛輝府志·祠祀志·丘墓》曰：

> 魏襄王墓，在府城西二十里，即汲塚。①

《（順治）衛輝府志·地里志·古蹟》曰：

> 汲城。在府城西南二十五里。②

又曰：

> 汲塚。在縣西二十里。魏安釐王所葬。③

《（乾隆）汲縣志·輿地志·古蹟》曰：

> 汲城在城西南二十五里。《秦紀》莊襄三年，蒙驁攻魏汲，拔之。又始皇七年，驁還兵攻汲是也。漢爲汲縣治。後漢崔瑗築汲城，即此。今遺址尚存。④

《（乾隆）汲縣志·冢墓》曰：

---

① 侯大節修：《（萬曆）衛輝府志》卷5《祠祀志·丘墓》，中國科學院圖書館選編：《稀見中國地方志彙刊》第34册，中國書店出版社1992年影印明萬曆刻增修補刻本，第642頁下欄；侯大節纂修：《（萬曆）衛輝府志》卷1《祠祭祀·丘墓》，衛輝市地方史志辦公室點校，中州古籍出版社2010年版，第38頁。
② 程啓朱修，蘇文樞纂：《（順治）衛輝府志》卷1《地里志·古蹟》，清順治十六年刻本，第23頁b。
③ 程啓朱修，蘇文樞纂：《（順治）衛輝府志》卷1《地里志·古蹟》，第25頁b。
④ 徐汝瓚修，杜昆纂：《（乾隆）汲縣志》卷2《輿地志下·古蹟》，清乾隆二十年刻本，第17頁b。

魏安釐王墓。在城西二十里，即汲塚。○按《晉·束晳傳》，魏襄王墓，或曰安釐王墓，而《紀年》述事至安釐二十年。《史記·魏世家》襄王卒，子哀王立。在位二十二年卒，子昭王立。在位十九年卒，子安釐王立。是安釐王二十年去襄王卒時已六十餘載，安得再啓墓而藏書，且秋澗《懷古》詩但云安釐，必有考據。依《通志》作安釐王墓爲是。①

"在城西二十里"，當在山彪一帶。《（乾隆）汲縣志·輿地志·里社》曰：

婁兆、陸莊店、山彪、白馬莊、前楊村、後楊村、康家莊俱去城二十里。②

婁兆、山彪在正西。
《（乾隆）大清一統志》曰：

魏襄王墓。在汲縣西二十里。《晉書·束晳傳》太康二年，汲郡人不準盜發魏襄王墓，或言安釐王冢，得竹簡數十車，皆簡編科斗文字，世號汲冢周書。③

《（乾隆）汲縣志》記載，後漢崔瑗所築汲城在縣西南二十五里，汲冢在明清汲城縣城西二十里，汲冢在漢晉汲城之西北。如此，《（乾隆）大清一統志》《（乾隆）汲縣志》等記載的汲冢位置，與盧无忌《齊太公吕望表》合。

據《衛輝市志》記載，山彪鎮戰國墓地在城西10公里唐莊鄉山彪村

---

① 徐汝瓚修，杜昆纂：《（乾隆）汲縣志》卷4《建制志下·冢墓》，第18頁a。
② 徐汝瓚修，杜昆纂：《（乾隆）汲縣志》卷2《輿地志下·里社》，第12頁a—13頁b。
③ 和珅等：《（乾隆）大清一統志》卷158《衛輝府·陵墓》，《景印文淵閣四庫全書》，第477册，臺灣商務印書館1986年版，影印臺北故宫博物院藏本，第196頁。

西，①與汲冢在明清汲城縣城西二十里正合。汲城村所處的汲城故城西北五里，即唐莊鄉山彪鎮西之山彪鎮墓地。1935年，村民李奠探得一大墓，7月，中央研究院歷史語言研究所考古組、河南古蹟研究會、河南博物館聯合發掘，獲大墓一座（戰國魏國大夫墓）、小墓七座，郭寶鈞先生編著《山彪鎮與琉璃閣》。山彪鎮戰國墓地與汲冢位置相合，汲冢發現於此區域可信。新鄉市文物考古研究所近年來對此調查，新鑽探出高級貴族墓，②證實此處爲重要的戰國貴族墓區。山彪鎮戰國墓地爲目前所發現的汲故城以西最重要的戰國貴族墓地。③

總之，《齊太公呂望表》記載的晉汲縣西偏説屬於原始記錄，而其餘説屬於後世傳説，汲冢的地望應本於"縣之西偏"這個原始記錄加以探索。分析衛輝市戰國墓葬的分布，與漢晉汲城故城西北臨近的山彪鎮墓地最值得重視，它當是今後研究汲冢地望的重點。

第三節　齊太公呂望的籍貫

關於呂望的籍貫，先秦秦漢文獻記載主要有三種觀點。

1. 河内汲人説

《呂氏春秋·孝行覽·首時》曰：

太公望，東夷之士也。

東漢人高誘《注》曰：

---

① 衛輝市地方史志編纂委員會編：《衛輝市志》，生活·讀書·新知三聯書店1993年版，第548頁。

② 新鄉市文物考古所調查資料。

③ 新鄉市文物考古研究所編：《新鄉鳳凰山墓地（2003—2004年度發掘報告）》，内蒙古人民出版社2008年版，第2頁。

太公望，河內人也。於周豐、鎬爲東，故曰"東夷之士"。①

《呂氏春秋·仲春紀·當染》曰：

武王染於太公望、周公旦。

高誘《注》曰：

太公望，河內汲人也。②

《淮南鴻烈解·氾論訓》曰：

太公之鼓刀，甯戚之商歌，其美有存焉者矣。

高誘《注》曰：

太公，河內汲人，有屠、釣之困。③

《水經》曰：

（清水）又東過汲縣北。

《水經注·清水》曰：

---

① 許維遹：《呂氏春秋集釋》卷14《孝行覽·首時》，梁運華整理，《新編諸子集成》，中華書局2009年版，第322頁。
② 許維遹：《呂氏春秋集釋》卷2《仲春紀·當染》，第48頁。
③ 劉文典：《淮南鴻烈集解》卷13《氾論訓》，馮逸、喬華點校，《新編諸子集成》，中華書局2013年第2版，第541頁。

縣故汲郡治。晉太康中立。城西北有石夾水，飛湍濬急，世人亦謂之磻溪，言太公嘗釣于此也。城東門北側有太公廟，廟前有碑，碑云："太公望者，河内汲人也。縣民故會稽太守杜宣白令崔瑗曰：'太公本生于汲，舊居猶存。君與高、國同宗太公，載在經傳。今臨此國，宜正其位，以明尊祖之義。'于是國老王喜、廷掾鄭篤、功曹邠勤等咸曰：'宜之。'遂立壇祀，爲之位主。"城北三十里有太公泉，泉上又有太公廟，廟側高林秀木，翹楚競茂。相傳云太公之故居也。晉太康中，范陽盧無忌爲汲令，立碑于其上。太公避紂之亂，屠隱市朝，遯釣魚水，何必渭濱，然後磻溪，苟愜神心，曲渚則可。磻溪之名，斯無嫌矣。①

宋人羅泌《路史·發揮》曰：

太公望，河内汲人也。②

武億《金石三跋》一跋：

《水經注》："汲縣城北三十里有太公泉，泉上有太公廟。晉太康中，范陽盧无忌爲汲令，立碑于其上。"即此也。然今未審碑何時移置西門。又碑云："太公，此縣人"，攷之《四書釋地》，以《後漢》瑯琊國海曲縣劉昭引《博物記》注云："太公吕望所出，今有東吕鄉。又釣于棘津，其浦今存。則當日太公辟紂居東海之濱，即是其家。漢崔瑗、晉盧无忌立《齊太公碑》以爲汲縣人者誤。"余謂不然。《水經注》言縣民故會稽太守任

---

① 酈道元注，楊守敬、熊會貞疏：《水經注疏》卷9《清水》，段熙仲點校，陳橋驛復校，江蘇古籍出版社1989年版，上册，第812—814頁。
② 羅泌：《路史·發揮二·太公舟人説》，據明喬可傳刻本校刊，中華書局輯：《四部備要》第44册，中華書局1989年影印中華書局民國二十五年版，第247頁上欄。

宣白令崔瑗曰："太公生于汲，舊居猶存。"任宣所徵，去古未遠，當得其實。而太公既生居是土，迫近朝歌之墟，不堪其困，然後辟居于東，則汲固其邑里，海曲乃流寓耳。①

王昶《金石萃編》曰：

案去汲縣治西北二十五里，崇岡巉崿，林木叢茂，有泉潗然，其下距泉復二里許，相傳齊太公呂望墓在此，故名其泉爲太公泉，土人即其地建廟以祀焉。考裴駰引《皇覽》云：太公墓在臨淄城南十里。鄭（元）〔玄〕注《檀弓》則云：太公望受封于齊，留爲太師，五世之後歸葬于齊。酈氏《水經注》亦云："太公，河內汲人。"正與碑合。公墓在汲，良可信也。盧氏本出太公之後，《通志·氏族略》云："齊文公之子高，高之孫傒食采於盧，因邑爲氏。"唐京兆曹盧若虛錄太公後四十八姓刻石於太公廟，禮部員外郎崔宗之爲製銘，盧氏與焉。《通志》又云：秦有博士盧敖，子孫家於涿水之上，遂爲范陽涿人，无忌其即盧敖之後歟？②

錢儀吉《衎石齋記事續稿·跋太公呂望表》曰：

此《表》太康十年立，時代相接，舊聞相承，太公之爲汲人也信。《太史公書》本之《孟子》，《孟子》但言辟紂而居東海，未嘗謂爲東海之人也。予則正以辟紂之文而益信其爲汲人。蓋汲近朝歌，太公不欲爲紂用，故辟而東走耳。③

---

① 武億：《金石三跋》一跋卷3《晉盧无忌建太公表》，武穆淳輯：《授堂遺書》，清道光二十三年偃師武氏刻本，第6頁b—7頁a。
② 王昶：《金石萃編》卷25，清嘉慶十年刻、同治錢寶傳等補修本，第11頁a—12頁a。
③ 錢儀吉：《衎石齋記事續稿》卷6《跋太公呂望表》，清道光刻本，第15頁a、b。

楊守敬《壬癸金石跋·晉太公吕望表跋》曰：

　　《孟子》明云："太公避紂，居東海之濱。"汲縣逼近朝歌，故避之東海。若本爲東海人，何庸避之？是謂海曲爲太公所避之地則可，謂爲所出之地則不可。①

作爲卓越的地理學家，楊守敬的觀點無疑甚爲重要。今人贊成此説甚多。衛輝市人士持此説，論證頗多。②
2. 東海上人説
《孟子·離婁章句上》孟子曰：

　　太公辟紂，居東海之濱，聞文王作興，曰："盍歸乎來！吾聞西伯善養老者。"③

《史記·齊世家》曰：

　　太公望吕尚者，東海上人。④

案：《齊世家》據《孟子》，然作"東海上人"不確。

---

① 楊守敬：《晉太公吕望表跋》，《壬癸金石跋》，謝承仁主編：《楊守敬集》第8册，湖北人民出版社1988年版，第1009頁。
② 孫俊卿：《姜太公的籍貫在衛輝》，政協河南省衛輝市委員會學習文史委員會編：《衛輝文史資料》第3輯，1991年版，第96—103頁；梁振亞：《亦談姜太公的籍貫》，政協河南省衛輝市委員會學習文史委員會編：《衛輝文史資料》第4輯，1993年版，第93—103頁；李志清：《姜太公廟》，中國人民政治協商會議衛輝市委員會學習文史委員會編：《衛輝文史資料》第6輯，2000年版，第25—31頁；李志清：《今昔姜太公祠》，中國人民政治協商會議衛輝市委員會學習文史委員會編：《衛輝文史資料》第8輯，2005年版，第128—133頁；杜彤華：《有力證明太公汲人的兩通碑刻——〈齊太公吕望表〉和〈重修太公祠碑〉》，杜彤華主編：《牧野文化論文集》下册《石刻文物卷》，内蒙古人民出版社2005年版，第26—32頁，等等。
③ 孫奭：《孟子注疏》卷7下《離婁章句上》，阮元校刻：《十三經注疏》，中華書局1980年影印、校補世界書局本，下册，第2721頁下欄。
④ 《史記》卷32《齊太公世家》，中華書局2014年點校本二十四史修訂本，第1789頁。

司馬彪《續漢書·郡國志》琅邪國海曲縣劉昭補《注》曰：

《博物記》："太公呂望所出，今有東呂鄉。又釣於棘津，其浦今存。"①

李吉甫《元和郡縣志》曰：

漢海曲縣，在縣東一百六十里，屬琅琊郡。有鹽官。地有東呂鄉，東呂里，太公望所出也。②

羅泌《路史·國名紀甲》曰：

呂甫。侯爵。伯夷之封。杜預謂在南陽宛西。南陽今隸鄧。宛，後周併入南陽。而太公乃出東呂。呂，莒也。《博物志》："曲海城有東呂鄉，東呂里，太公望所出也。"《寰宇記》密之莒縣東百六十漢曲海城。③

閻若璩《四書釋地續·北海東海》曰：

《齊世家》："太公望呂尚者，東海上人。"註未悉。《後漢》琅邪國海曲縣劉昭引《博物記》注云："太公呂望所出，今有東呂鄉。又釣于棘津，其浦今存。"又於清河國廣川縣棘津城辯其當在琅邪海曲此城殊非。余謂海曲故城，《通典》稱在莒縣東，則當日太公辟紂居東海之濱即是其家。漢崔瑗、晉盧無忌

---

① 《續漢書·郡國志三》，《後漢書》，中華書局1965年點校本，第3459—3460頁。
② 李吉甫：《元和郡縣圖志》卷11《河南道七·密州·莒縣》，賀次君點校，《中國古代地理總志叢刊》，中華書局1983年版，第300頁。
③ 羅泌：《路史·國名紀甲·黃帝後姜姓國》，中華書局輯：《四部備要》第44冊，第318頁下欄。

立《齊太公碑》以爲汲縣人者誤。①

《（雍正）山東通志·建置志·日照縣》曰：

　　古東吕鄉。《元和志》云：東吕鄉，太公望所出也。周爲淮夷地，後入於魯，秦爲琅邪郡地，漢爲海曲縣。置鹽官於此。屬東海郡。東漢屬琅邪國。晉廢海曲縣，以其地入莒縣，屬城陽郡。南宋、北魏屬東莞郡。隋屬琅邪郡。唐屬密州。宋元祐二年，置日照鎮，屬密州。金置日照縣，屬莒州。元因之，隨州隸益都路。明屬青州府，皇清因之。雍正八年屬莒州，直隸州。十二年，隨州改屬沂州府，編户八十三里。②

《（乾隆）大清一統志·沂州府·古蹟》曰：

　　東吕鄉。在日照縣東。《後漢書·郡國志》西海注："《博物記》：太公吕望所出，今有東吕鄉。又釣於棘津，其浦今存。"舊志："有晏公臺，在縣東北二十里，去海里許，舊址尚存。臺旁溪水清漣，即太公釣處。"按劉向《説苑》："吕尚聞西伯養老，西歸于周，釣渭上。"渭水在《禹貢》雍州之域，今陝西西安府渭南縣即其地，至日照乃齊封邑賜履之後，不得復有垂釣事。原志謂"釣于棘津，其浦尚存"，今棘津無考。又謂晏公臺旁即太公釣處，其説悉屬附會。以舊志相，仍故存之。③

---

① 閻若璩：《四書釋地續·北海東海》，《皇清經解》卷21，清咸豐庚申（十年）廣東學海堂補刊本，第12頁b。

② 岳濬等修，杜詔等纂：《（雍正）山東通志》卷3《建置志·日照縣》，《景印文淵閣四庫全書》第539册，影印臺北故宫博物院藏本，第193頁上欄。

③ 和珅等：《（乾隆）大清一統志》卷140《沂州府·古蹟》，《景印文淵閣四庫全書》第476册，第774頁。

案：東呂鄉商周屬莒國，後滅於魯國，與齊國無涉。故所附會太公望事蹟，皆無證也。

3. 不明

《戰國策·秦策五》曰：

姚賈曰："太公望，齊之逐夫，朝歌之廢屠，子良之逐臣，棘津之讎不庸。"

宋人鮑彪《注》曰：

婦逐之也，不經見。朝歌，屬河內，賈肉不售，故曰"廢"。《後·志》琅邪西海太公所出，又釣於棘津，今存。讎、售同，蓋嘗求售與人爲庸，不見用也。①

屈原《離騷》曰：

呂望之鼓刀兮，遭周文而得舉。②

屈原《天問》曰：

師望在肆，昌何識？鼓刀揚聲，后何喜？③

屈原《九章·惜往日》曰：

---

① 鮑彪校注，吳師道重校：《戰國策》卷3《秦策五》，張元濟等編：《四部叢刊》，上海商務印書館民國十八年影印景江南圖書館藏元至正刊本，第83頁a、b。
② 洪興祖：《楚辭補注·離騷》，白化文等據汲古閣本等點校，《中國古典文學基本叢書》，中華書局2002年版修訂本，第38頁。
③ 洪興祖：《楚辭補注·天問》，第114頁。

> 吕望屠於朝歌兮，甯戚歌而飯牛。①

案：呂望在朝歌市場做屠户。
《韓詩外傳》曰：

> 太公望少爲人壻，老而見去，屠牛朝歌，賃於棘津，釣於磻溪，文王舉而用之，封於齊。②

案：呂望奔走各地，出處不明。

第四節　齊太公呂望的年紀

盧无忌《齊太公呂望表》曰：

> 其《紀年》曰："康王六年，齊大公望卒。"參考年數，蓋壽百一十餘歲。③

《史記·齊太公世家》曰：

> 蓋太公之卒百有餘年。④

盧无忌《齊太公呂望表》碑文據此。
但是，王應麟《困學紀聞》、顧炎武《金石文字記》、葉奕苞《金石録補》、朱彝尊《曝書亭集》、凌揚藻《蠡勺編》並以爲非。

---

① 洪興祖：《楚辭補注·九章·惜往日》，第151頁。
② 許維遹：《韓詩外傳集釋》卷8第24章，中華書局1980年版，第296頁。
③ 盧无忌：《呂望表》，《北京圖書館藏中國歷代石刻拓本彙編》第2册，第53頁。
④ 《史記》卷32《齊太公世家》，第1794頁。

王應麟《困學紀聞》曰：

  《金石錄》："汲縣《太公碑》云：晉太康二年，得竹策之書。其《紀年》曰：'康王六年，齊太公望卒。'參考年數，蓋壽一百一十餘歲。"今按《書·顧命》云"齊侯呂伋"，則成王之末，伋已嗣太公爲齊侯矣。①

顧炎武《金石文字記》曰：

  《表》云："其《紀年》曰：康王六年，齊太公望卒。蓋壽百一十餘歲。"宋王應麟《困學紀聞》謂："《尚書·顧命》稱齊侯呂伋，則成王之末伋已嗣太公爲齊侯。"以太公爲康王時卒者，非矣。開寶中詔修先代帝王祠廟而以鬻熊配文王，召公配武王，周公、唐叔配成王，太公、畢公配康王，蓋因此碑而誤。②

葉奕苞《金石錄補·晉太公碑》曰：

  《尚書·顧命》有"齊侯呂伋"，使太公望在，安得不叙于召公之前而稱伋乎？
  《紀年》所謂康王六年卒者謬。③

朱彝尊《晉汲縣齊太公二碑跋》論太公年紀：

---

  ① 王應麟著，翁元圻輯注：《困學紀聞注》卷8《孟子》，孫通海點校，中華書局2016年版，第4册，第1148頁。
  ② 顧炎武：《金石文字記》卷2，華東師範大學古籍所整理，黃珅等主編：《顧炎武全集》第5册，徐德明校點，上海古籍出版社2011年版，第253—254頁。
  ③ 葉奕苞：《金石錄補》續跋卷5，《續修四庫全書》第901册，上海古籍出版社2002年版影印清道光二十四年別下齋刻本，第300頁下欄。

按李白詩云："朝歌屠叟辭棘津，八十西來釣渭濱。"而韓嬰《詩外傳》稱文王舉太公時，公年七十二，與李詩不合。无忌《表》曰："康王六年，齊太公望卒。"按《尚書·顧命》有"齊侯呂伋"文，則伋已嗣公爲侯，非卒于康王時也。然則金石之文亦有不足信者。①

凌揚藻《蠡勺編·太公年壽》曰：

汲縣西門太公廟有《太公呂望表》，晉太康十年立石。其《紀年》謂："康王六年，齊太公望卒。"蓋壽百一十餘歲。案《說苑》："呂望年七十，釣於渭渚。他書多言八十。西伯載與俱歸，立爲師。"其歲月雖不可考，然紂十一祀丁巳，囚西伯於羑里，《史記》言散宜生、閎夭招呂尚，三人獻美女、奇物於紂，贖西伯。至紂二十四祀丙寅，西伯薨。明年，子發嗣。又十三年己卯，乃伐紂。至十九年乙酉，崩。丙戌成王立，在位三十七年，壬戌崩。癸亥，康王立。《表》言六年太公卒，是歲在戊辰。合計之，當百有五十餘歲。《困學紀聞》謂："《尚書·顧命》稱'齊侯呂伋'，則成王之末伋已嗣太公爲齊侯。"以太公爲康王時卒者，非也。然則太公當不下百二三十歲人矣。②

盧文弨《北魏汲縣齊太公廟碑跋》贊成碑文，其文曰：

朱竹垞引李白詩"朝歌屠叟辭棘津，八十西來釣渭濱"，而《韓詩外傳》稱文王舉太公時公年七十二，兩者不合。无忌

---

① 朱彝尊：《曝書亭集》卷48《晉汲縣齊太公二碑跋》，清康熙朱稻孫五十三年刻本，第3頁a；朱彝尊：《金石文字跋尾》卷3《晉汲縣齊太公二碑跋》，黃任恒重輯：《翠琅玕館叢書》，民國五年刻本，第3頁b—4頁a。

② 凌揚藻：《蠡勺編》卷7《太公年壽》，伍崇曜輯：《嶺南叢書》六集，清同治二年南海伍氏粵雅堂歡娛室刻本，第36頁a、b。

《表》曰："康王六年，齊太公望卒。"按《尚書·顧命》有"齊侯呂伋"文，則伋已嗣公爲侯，非卒於康王時也。竹垞之言云爾。余案：无忌明據《竹書紀年》之文，非得之流傳也。周公封魯，太公封齊，皆其子之國，而身留京師，故有三年報政之語。周公在而有魯公伯禽，寧太公在而不可有齊侯伋乎？竹垞譏之，非是。特太公遇文王之年，諸家所紀七十爲多，但不知定當文王何年。計武王即位元年至康王六年已六十二年，公遇文王縱晚，亦須在前數年，即以《外傳》所說計之公之壽已百三十有餘矣。而无忌之《表》云"蓋壽百一十餘歲"，然則公之遇文王疑不過在五十時，公之女爲武王后，以此參證，不應乃在耋齒。孟子言太公聞文王善養老，來歸。若五十内外，不宜即言老。然人情每預爲晚歲之計者亦多矣，豈必當年即已需養乎？況太公非沾沾僅爲一身計者，其慕文王仁政之美，亦必不專在一節。故愚以爲孟子所言，正不可膠執以爲七十之確証。①

鄭業敩《獨笑齋金石玫略·修太公廟碑》質疑盧文弨説：

碑前録盧无忌《表》云："康王六年，齊太公望卒。"王深寧、朱錫鬯引《尚書·顧命》有"齊侯呂伋"文，言伋已嗣爲齊侯，非卒於康王時。而盧抱經題跋則云："周公封魯，太公封齊，皆其子之國，而身留京師，故有三年報政之語。周公在，而有魯公伯禽，寧太公在，而不可有齊侯呂伋乎？"其説甚辨。但成王大漸屬嗣王於羣侯，其時召公、芮伯、彤伯、畢公、衛侯、毛公皆在，豈有元老如太公身居京師而獨不與者？揆之情事，殆不其然。總之竹書不可據，是碑既誤信之，後人又必從

---

① 盧文弨：《抱經堂文集》卷15《跋八·北魏汲縣齊太公廟碑跋》，彭喜雙校點，陳東輝主編：《盧文弨全集》，浙江人民出版社2017年版，第280—281頁；盧文弨：《北魏汲縣齊太公廟碑跋》，《抱經堂文集》卷15《跋八》，王文錦點校，中華書局1990年版，第206—207頁。

而爲之説，終未見其能通也。①

案：鄭業斆《獨笑齋金石攷略·修太公廟碑》考太公卒年，以爲竹書、碑文不可信。

姜亮夫《殷周三巨臣考》曰：

《竹書》載康王六年，齊太公薨。按此説亦至不可信。紂三十一年，文王得吕尚，以爲師（詳後），至是凡六十六年，若得望年已七十以上，則此時當得年百四十至百六十歲，恐無此理。則疑康王六年或當是成王六年之誤。②

案：學者意見不一。須聯繫周文王、武王年紀考察。

第五節 《周志》的性質

學者對於《周志》的性質意見不一，主要有六種觀點。

1. 古史《周志》

王應麟《玉海·藝文·古史·周志》曰：

《金石録》："《晉太公碑》曰：太康二年，得竹策書，書藏之年當秦坑儒之前八十六歲。其《周志》曰：'文王夢天帝曰：昌，賜汝望。'"③

---

① 鄭業斆：《獨笑齋金石攷略》卷4，《續修四庫全書》第901册，上海古籍出版社2002年影印中國科學院圖書館藏清光緒十三年刻本，第409頁上、下欄。
② 姜亮夫：《殷周三巨臣考》，王仲犖主編：《歷史論叢》第2輯，齊魯書社1981年版，第113頁。
③ 王應麟：《玉海》卷46《藝文·古史·周志》，江蘇古籍出版社、上海書店1987年影印光緒九年浙江書局刊本，第2册，第854頁下欄。

郭孔延《史通評釋·内篇·採撰》曰：

> 夫邱明授經立傳，廣包諸國。蓋當時有周《志》、晉《乘》、鄭《書》、楚《杌》等篇，遂乃聚而編之混成一録。……評曰：採撰當博蹐駁，當擇是此篇大旨，故自丘明、孟堅而下，子玄都無取焉。《左》文二晉狼瞫曰："《周志》有之：'勇則害上，不登於明堂。'"《注》："《周書》也。"《疏》："周之志記。"《金石録》："《晉太公碑》曰：太康二年，得竹策書，書藏之年當秦坑儒之前八十六歲。其《周志》曰：文王夢天帝曰：昌，賜汝望。"①

案：郭孔延《史通評釋》將《左傳》引《周志》、《金石録》引《周志》並列，以爲同也。

嚴可均《全上古三代秦漢三國六朝文》曰：

> 《周志》
>
> 勇則害上，不登於明堂。（《左傳》文二年引《周志》有之，注："《周志》，《周書》也。"案：見《周書·大匡解》。）
>
> 文王夢天帝服玄穰以立於令狐之津。帝曰："昌，賜汝望。"文王再拜稽首，太公於後亦再拜稽首。文王夢之夜，太公夢之亦然。其後文王見太公而訊之曰："而名爲望乎？"荅曰："唯，爲望。"文王曰："吾如有所見於汝。"太公言其年月與其日，且盡道其言："臣此以得見也。"文王曰："有之，有之。"遂與之歸，以爲卿士。晉太康十年，汲縣《齊太公廟碑》引《周志》。
>
> **《汲冢瑣語》** 謹案：《晉書·束晳傳》："初太康二年，汲郡人不準盜發魏襄王墓，或言安釐王冢，得竹書數十車，其《瑣語》十一篇，諸國卜夢妖怪相

---

① 劉知幾撰，郭孔延評釋：《史通評釋》卷5《内篇·採撰》，明萬曆三十二年郭孔陵刻本，第3頁b—4頁a。

書也。"《隋志》:《古文瑣語》四卷,《汲冢書》。《舊新唐志》同,宋以後不著錄。今輯群書引見,省併復重,得二十五事,彙爲一篇,至《穆天子傳》,《竹書紀年》,俱汲塚古文,見存不錄。①

案:嚴可均輯《全上古三代秦漢三國六朝文》將盧无忌碑所引《周志》與《左傳》所引《周志》並列,仍是重復王應麟之認識,不明此《周志》乃屬《瑣語》也。

2. 汲冢遺逸

陳霆《兩山墨談》以爲《周志》乃汲書所逸之舛編:

> 碑之云云,謂本之《周志》。《周志》今不可見,意汲書所逸之舛編也,豈足多信?②

萬斯同《群書疑辨·書晉書束皙傳後》以爲《周志》乃汲冢未焚者而遺逸者:

> 乃至《太公碑》所載遇文王事,實據汲塚《周志》,而《束皙傳》備列諸書,獨無所謂《周志》者,則知當時焚毀者固多,其未焚而遺逸者當亦不少也。③

案:陳霆《兩山墨談》、萬斯同《群書疑辨·書晉書束皙傳後》以爲《周志》乃汲書遺逸,並無實質依據,只是不明之下的無奈推測。

3. 不明

孫之騄《考定竹書》引"竹書《周志》",不明所屬。④ 俞正燮

---

① 嚴可均輯:《全上古三代文》卷15《古逸》,《全上古三代秦漢三國六朝文》,清光緒二十年廣雅書局王敏藻校刻本,第8頁a、b。
② 陳霆:《兩山墨談》卷4,明嘉靖十八年李檠刻本,第11頁a、b。
③ 萬斯同:《群書疑辨》卷9《書晉書束皙傳後》,清嘉慶二十一年刻本,第7頁b。
④ 孫之騄:《考定竹書》卷7,清雍正間刻本,第20頁b。

《癸巳存稿》不知碑引《周志》是何篇。① 孫星衍《三國六朝金石記》論《周志》之性質（王昶《金石萃編·齊太公呂望表》引），以爲《逸周書》不出於汲冢：

> 案此碑稱：太康二年，盜發冢出《周志》。即所謂汲冢周書也。其詞有"文王夢天帝"云云。今不在《逸周書》中，可證知後人以《逸周書》爲汲冢所出之謬矣。②

案：孫星衍說與《周志》出於《汲冢書》明顯矛盾，不足爲據。魯迅《中國小說史略·神話與傳說》曰：

> 漢應劭說，《周書》爲虞初小說所本，而今本《逸周書》中惟《克殷》、《世俘》、《王會》、《太子晉》四篇，記述頗多誇飾，類於傳說，餘文不然。至汲冢所出周時竹書中，本有《瑣語》十一篇，爲諸國卜夢妖怪相書，今佚，《太平御覽》間引其文；又汲縣有晉立《呂望表》，亦引《周志》，皆記夢驗，甚似小說，或《虞初》所本者爲此等，然別無顯證，亦難以定之。③

案：魯迅亦不明《周志》的性質。

4. 汲冢《瑣語》

陳逢衡《竹書紀年集證》曰：

> 文王夢天帝服（元）〔玄〕纕以立於令狐之津，帝曰："昌，賜汝望。"文王再拜稽首。文王夢之之夜，太公夢之亦然。

---

① 俞正燮：《癸巳存稿》，安徽古籍叢書編審委員會編纂：《俞正燮全集》第2冊，黃山書社2005年版，第389—390頁。
② 王昶：《金石萃編》卷25《齊太公呂望表》，第11頁a。
③ 魯迅：《魯迅全集（編年版）》第2卷（1920—1924）《中國小說史略》，人民文學出版社2014年版，第380頁。

其後文王見太公而訊之曰："而名爲望乎？"答曰："唯。"文王曰："吾如有所見於汝。"太公言其年月與其日，且盡道其言。"臣以此得見也。"文王曰："有之，有之。"遂與之歸，以爲卿士。

衡案：此一百零三字見孫之騄本，得呂尚以爲師下註引竹書《周志》云云。又《通雅》引《周志》（元）〔玄〕纁作（元）〔玄〕穰，説見前《集説》。嗚乎！此真《璅語》之文矣。方以智曰："汲冢、楚冢今不能分，故有《璅語》亂《竹書》之疑。"斯言洵讀《紀年》者之龜鑑哉！①

洪頤煊《經典集林·汲冢瑣語》曰：

文王夢天帝服玄纕以立於令狐之津。帝曰："昌，賜汝望。"文王再拜稽首，太公於後亦再拜稽首。文王夢之夜，太公夢之亦然。其後文王見太公而訊之曰："而名爲望乎？"答曰："唯，爲望。"文王曰："吾如有所於見汝。"太公言其年月與其日，且盡道其言。"臣此以得見也。"文王曰："有之，有之。"遂與之歸，以爲卿士。晉太康十年汲縣《齊太公廟碑》引《周志》。②

楊守敬《壬癸金石跋·晉太公呂望表跋》略論《周志》屬《瑣語》：

此《碑》引汲冢書有"其《周志》"云云，語殊怪誕。今不見《逸周書》中，尤其明證。然《束晳傳》亦無《周志》之目，惟有"《瑣語》十一篇，〔諸〕國卜夢妖怪相書也"。此

---

① 陳逢衡：《竹書紀年集證》卷50，嘉慶十八年裛露軒刊本，第39頁a、b。
② 洪頤煊：《經典集林》卷9，《洪頤煊集》第5冊，胡正武點校，《台州文獻叢書》，上海古籍出版社2018年版，第2349頁。

《周志》言太公遇文王，皆以夢合，似《周志》當即《瑣語》之一篇。①

5.《六韜》或《周考》《周說》《周書》
王重民《周書考》曰：

現在我要把《呂望表》和原本《六韜》所引的《周志》，和《漢志》小說家的《周考》《周說》《周書》，雖不敢斷定他們一定是一部書，但把他們歸併成一類或同書異名，或前後相因，大概是比較近情理的。②

案：王重民的解釋只是文獻性質的解釋，而非《周志》所屬《汲冢書》的解釋。

6.《周書》（《逸周書》）
孫詒讓《籀庼述林·周書斠補序》曰：

《周書》七十一篇，《七略》始箸錄。自《左傳》以逮墨、商、韓、呂諸子，咸有誦述。雖雜以陰符，間傷詭駮，然古事古義多足資攷證，信先秦雅記壁經之枝別也。《隋》、《唐志》繫之汲冢，致爲疏舛。《晉書》記荀勖、束晳所校汲冢古文篇目，雖有《周書》，與此實不相涉。今汲縣晉石刻《太公呂望表》引竹書《周志》"文王夢天帝服玄襀以立於令狐之津"云云。迺眞汲冢所得《周書》，以七十一篇書校之，文例殊異，斯其符譣矣。③

---

① 楊守敬：《晉太公呂望表跋》，《壬癸金石跋》，謝承仁主編：《楊守敬集》第8册，第1009—1010頁。
② 王重民：《周書考》，原載天津《大公報》副刊《文史週刊》第33期（1947年7月11日），收入氏著《冷廬文藪》，上海古籍出版社1992年版，第44頁。
③ 孫詒讓：《籀庼述林》卷5，許嘉璐主編：《孫詒讓全集》，中華書局2010年版，第153頁。

陳夢家《六國紀年》曰：

　　言楚、晉事的《國語》從不見引，而汲冢的《周書》據見引的四條而觀，皆與楚事無涉。《呂大公望表》引《周志》"文王夢天帝"一條，《文選·思玄賦》注引《古文周書》"周穆王姜后晝寢而孕"一條（亦見引于《繹史》卷二六），《文選·赭白馬賦》注引《古文周書》"穆王田"一條，宋劉賡《稽瑞》引《汲冢周書》"伯杼子往于東海，至于三壽，得一狐九尾"一條。最後一條《山海經·海外東經》郭璞注引作《汲郡竹書》而《路史·後紀十四》注及《通鑑前編舉要》引以爲《紀年》。《文選·思玄賦》注及《繹史》卷二六所引一條，明梅鼎祚《文紀》引作《汲冢師春》。杜預《後序》引《紀年》"伊尹即位七年……而中分之"，胡三省《通鑑注》以爲《師春》。①

蔣善國《尚書綜述》曰：

　　　　三、汲冢周書或周書一名周志
　　《汲冢竹書》裏面的《周書》又叫作《周志》。晉《太公望廟表》引出土竹書的《周志》説：
　　　　齊太公呂望者，此縣人也。……太康二年，縣之西偏，有盜發冢，而得竹策之書，書藏之年，當秦坑儒之前八十六歲。其《周志》曰："文王夢天帝，服玄襀，以立於令狐之津。帝曰：昌！賜汝望。文王再拜稽首，太公於後，亦再拜稽首。文王夢之夜，太公夢之亦然，其後文王見太公而計之曰：而名爲望乎？荅曰：唯！爲望。文王曰：吾如有所見汝。太公言其年月與其日，且盡道其言，臣此以

---

① 陳夢家：《六國紀年表叙》，《六國紀年》，《西周年代考·六國紀年》，中華書局 2005 年版，第 72 頁。

得見也。文王曰：有之，有之。遂與之歸，以爲卿士。"

這個廟表是太康十年三月汲縣縣令盧無忌所立，上離太康二年竹書出土只幾年的光景，所引《周志》就是汲冢出土的，不過《束晳傳》裏面並沒有這部書的名稱，只在雜書十九篇裏面有"《周書》"這個名稱。清孫詒讓在《周書斠補自序》裏面說："今汲縣晉石刻《太公呂望表》引竹書《周志》'文王夢天帝服玄禳以立於令狐之津'云云，乃真汲冢所得《周書》。"所説的十分正確。同時也有人把《漢志》所著錄的七十一篇《周書》也叫作《周志》。《左氏》文公二年《傳》説："《周志》有之：'勇則害上，不登於明堂。'"晉杜預注説："《周志》，《周書》也。"今《逸周書·大匡解》有這兩句，只是"則"字作"如"，"不"字上有"則"字，略有差異罷了。故不論汲冢所出的《周書》或《漢志》所著錄的七十一篇《周書》，都有人叫作《周志》。《太公望廟表》所引《周志》，不見今《逸周書》，可能是在《程寤》以下八篇亡書裏面。這八篇前後都記文王事，《太公望廟表》所引這篇《周志》，正是記文王遇太公事。①

案：《周志》明顯不屬於《周書》，文字風格亦不類，此説不可取。

陳逢衡、洪頤煊、楊守敬的論據尚未充分。

筆者案：志，春秋也。《周志》即《汲冢瑣語》的《周春秋》。《汲冢瑣語》有《夏殷春秋》《晉春秋》。劉知幾《史通·内篇·六家》曰：

《春秋》家者，其先出於三代。案《汲冢瑣語》記太丁時事，目爲《夏殷春秋》。……《瑣語》又有《晉春秋》，記獻公

---

① 蔣善國：《尚書綜述》，上海古籍出版社1988年版，第437頁。

十七年事。①

又《史通·外篇·古今正史》曰：

> 又當春秋之世，諸侯國自有史。故孔子求衆家史記，而得百二十國書。如楚之《檮》，鄭之《志》，魯之《春秋》，魏之《紀年》。②

鄭春秋曰鄭《志》。《周志》者，《周春秋》也。或以爲《周志》即《周書》（《逸周書》），誤。

---

① 劉知幾著，浦起龍通釋，王煦華整理：《史通通釋》卷1《内篇·六家》，上海古籍出版社2009年版，第6—7頁。
② 劉知幾著，浦起龍通釋，王煦華整理：《史通通釋》卷12《外篇·古今正史》，第312頁。

第 六 章

結語

　　《齊太公呂望表》，晉武帝太康十年（289年）汲縣縣令盧无忌所製作，以頌揚其祖呂望功德。碑文記載了太康二年（281年）汲冢書的出土年代、地望及部分書的內容、呂望的籍貫、呂望的年紀等，可以證史補史，故有很高的學術價值。碑文字體爲書家頌揚，又有書法史上的崇高地位。

　　通過對《齊太公呂望表》的製作與保存、學術史、拓本摹寫本斷代、碑文復原與校注、重要史實考證等方面的研究，探討了《齊太公呂望表》的諸問題。

　　一　關於《齊太公呂望表》的製作與保存

　　東漢之時，汲令崔瑗已立太公碑，並設置祭祀的壇場。逢東漢末、三國之亂，壇場廢棄。晉武帝太康十年，汲縣縣令盧无忌自認爲呂望之後，爲褒揚呂望的功德，盧无忌立《齊太公呂望表》，碑末有"太康十年三月丙寅朔十九日甲申造"15字。

　　1. 碑制。關於碑額、碑身尺寸，《北京圖書館藏中國歷代石刻拓本彙編》記錄拓本碑身高128厘米，寬74厘米，隸書20行，行30字，字徑3厘米。碑額高19厘米，寬10厘米，隸書1行6字，字徑4厘米。

　　2. 碑文。碑文見於碑額、碑陽、碑陰、碑側。（1）碑額之文。

八分書。6字，"齊太公吕望表"。（2）碑陽之文。八分書。以直行界限劃分爲20行，每行30字。實際第13行僅有"曰"1字，第19行有"慶春秋匪解無隕茲令"9字，第20行有"太康十年三月丙寅朔十九日甲申造"15字。故碑陽第1至12行、第14至18行（統計17行，每行30字）510字，第13行1字，第19行9字，第20行15字，總計535字。（3）碑陰之文。隸書。4列。有廷掾、功曹、主薄、門下史、鄉嗇夫、將軍、處士等。（4）碑側之文。"諸□□""□□□□飭表上"，似是刻碑完畢之詞。

東魏武定八年（550年），汲郡太守穆子容立《修太公吕望祠碑》。《修太公吕望祠碑》乃盧无忌《齊太公吕望表》續作，故其録盧无忌《齊太公吕望表》前文，而後表彰吕氏。

《齊太公吕望表》碑立於西晉初，歷隋、唐、宋、元，直至明代，一直在河南汲縣太公廟。元人王惲《秋澗集》卷二十四《七言絶句·六度寺》記殷谿之山、吕留村、太公泉、太公廟、汲冢書、盧无忌碑之狀況。太康中所立太公碑，在壇下，證實當時所立在祭祀吕望之所，其蹟宋元時尚存。"斷碑明指是殷溪"一語，則宋元之際盧无忌碑已經斷爲兩截。至明萬曆十二年（1584年），移置府署。明清之交，世局變幻，區區一碑，不得暇顧。故學者或言其亡失，實仍在府治賓館。清乾隆五十一年（1786年），黄易於河南衛輝府署獲碑上段，並將上截碑的拓本贈送畢沅、錢大昕、武億等學者。乾隆五十六年（1791年），黄易又得碑下段。嘉慶四年（1799年），汲縣訓導李元滬請將碑置之縣學（孔廟學宫），並在碑石左下方刻跋兩行。同年秋月，李震又刻跋於碑石左上。嘉慶四年以後（一説道光年間），碑石又一次受損，碑石上部題跋處已斷裂，14行至19行12字以下損去20厘米大小一三角形，殘損20餘字。清末，汲縣人李敏修聯合附近數縣創辦經正書舍。民國初，購買文廟爲圖書館，存放碑刻古籍。民國時碑存城内圖書館。民國十九年（1930年）顧燮光《河朔金石目》卷一、民國二十四年（1935年）馬元材（馬非百）《視察日記》等記載在城内縣前街圖書館。河南省文物局編

《河南文物名勝史蹟》、《衛輝市志》（1993年版）、《衛輝市志（1989—2000）》、安喜萍《衛輝歷代碑刻》並言今下落不明。《新鄉歷代名勝詩選》（《新鄉文史資料》第6輯）薛瑄《衛河詠古》今人注則言已毀。故此碑待訪。

二　關於《齊太公吕望表》拓本摹寫本斷代

自清末以來，學者致力於區别《齊太公吕望表》的拓本斷代。方若《校碑隨筆》乃先行者（宣統刊本），繼而有羅振玉《雪堂所藏金石文字簿録》（民國十三年刊本）等，以羅振玉比較明拓、近拓最爲詳瞻。中華人民共和國成立以後，王壯弘《增補校碑隨筆》對方若《校碑隨筆》作了增補，主要是增補了羅振玉《雪堂所藏金石文字簿録》的觀點。張彦生《善本碑帖録》結合明拓、黄小松拓、近拓（清末民初的拓本）稍作總結。馬子雲、施安昌《碑帖鑑定》對方若《校碑隨筆》的觀點作了訂正。仲威《中國碑拓鑑别圖典》《魏晉碑刻善拓過眼之六》提出新的見解，區分爲明拓本、乾嘉拓本、嘉慶拓本、道光拓本、清末拓本。他的觀點實際主張都是清拓本，否定明拓本，忽視民國拓本的存在。所以，他的觀點與事實不符。國家圖書館等藏顧千里舊藏即爲明拓本，與故宫收藏的黄小松拓本明顯不同。我們認爲清末民初學者關於明拓本、近拓本的區别是基於事實的總結，是真實可信的。目前所見資料比較豐富，可以在他們研究的基礎上進一步深入研究，區分得更細緻一些。當然，前提是符合實際。

欲探究《齊太公吕望表》拓本斷代，須追究碑刻斷裂之經過，以及文字磨泐之歷程。前賢與時賢就此做過研究，只是僅能把握大致，尚未細緻到明確全過程。今則遍尋相關文獻之記録與拓本摹本詳加考訂碑刻斷裂之經過、文字磨泐之歷程。

《齊太公吕望表》碑文字磨泐之歷程。宋元之際，《齊太公吕望表》碑已經斷裂爲二。明末，《齊太公吕望表》前文文字有缺失，較爲完整。清乾隆末年，黄小松重新發現碑刻，後所拓乾隆末嘉慶初拓本文字較之明末拓本已有磨損。清嘉慶四年秋刻跋以後至嘉慶十年間，王昶所獲拓本文字已有不清楚者。嘉慶十三年（1808 年）三月，趙紹祖所獲稍前所拓碑文文字已有磨損者。文字之磨損在碑斷裂爲二處最爲嚴重，不斷受到侵損，乃至多爲消亡。清代金石學大興，亦是一些文物遭受損壞之時，碑刻首當其衝。究其原因：一是當時人們文物保護意識不強，炫耀與佔有欲很強。二是缺乏相關機制與組織保護文物。三是附庸風雅之士大有人在。四是一些商人以此牟利。所以，《齊太公呂望表》遭受侵害是必然的。

統計存在顯著磨蝕歷程的主要有 32 字。

根據拓本及文獻記載，分析《呂望表》拓本之時代，存在明拓本、清民國初拓本，清民國初拓本又可以分爲若干階段：乾隆五十一年至五十六年拓本、乾隆五十六年至嘉慶四年拓本、嘉慶四年秋八月以後有刻跋拓本、道光拓本、咸豐同治拓本、光緒宣統民國初拓本。

1. 明拓本

有范欽藏《太公呂望表》拓本，顧炎武《唐韻正》所據明拓本，中國國家圖書館藏顧千里、瞿鏞、丁福保遞藏《齊太公呂望表》明拓本，孫星衍《續古文苑》所據拓本，方若《校碑隨筆》所記明拓本，上海圖書館藏羅振玉、李國松遞藏明拓本及中國國家博物館藏本、故宮博物院藏本、陳文伯藏本、劉惠之藏本、況周頤藏本。碑文大體保存較好。碑前文個別文字缺失，可以以穆子容碑補。第 2 行"有盜發冢"，"冢"字較完好，僅損末筆少許。第 3 行"天帝服"，"服"字完好。第 9 行"無窮者"，"者"字完好。碑頌詞部分較完好，個別字磨滅不甚清楚。第 14 行"□德玄通"，"□"字已經闕失，從格內上下情況分析，"一"字可信。第 18 行"蜉□遠迸"，"□"尚見末筆，乃戈之下半。

2. 清民國初拓本

（1）乾隆五十一年至五十六年拓本。乾隆五十一年，黄易發現碑上半部，拓以贈送錢大昕、武億等學者。

（2）乾隆五十六年至嘉慶四年拓本。乾隆五十六年，黃易發現碑下半部，始合二爲一。北京故宮博物院藏黃易拓本、中國國家圖書館等藏何昆玉、梁啓超遞藏乾隆拓本。第2行"冢"字殘存上兩筆，而明拓本完好。第3行"天帝服"之"服"字完好，第9行"垂示無窮者"之"者"字殘存上部，而明拓本完好。第10行"來爲汲令"之"令"泐下半，而明拓本完好。

（3）嘉慶四年秋八月以後有刻跋拓本。嘉慶四年秋八月，由府署移置孔廟，李元滬、李震加刻跋文。有王昶《金石萃編》所據拓本、嚴可均輯《全上古三代秦漢三國六朝文》所據拓本、趙紹祖《金石續鈔》所據拓本、馮雲鵬《金石索》所據拓本、陸增祥《八瓊室金石補正》所據拓本、張德容《二銘艸堂金石聚》所據拓本、朱士端《宜祿堂金石記》所據拓本。嘉慶四年秋八月以後有刻跋拓本顯示碑石仍是較完整的兩塊。

（4）道光拓本。有中國國家圖書館藏清拓本（索書號：各地1720）、羅振玉舊藏清拓本、日本國清源實門氏所藏拓本。碑刻由磨損發展到斷裂。

中國國家圖書館藏清拓本（索書號：各地1720）處於上部斷裂的過渡的最初階段，碑上部沿"隕生莫洪心"有一細裂線，損及"心"字，碑下部"德玄通"清晰。

羅振玉舊藏清拓本"冢"字皆將泐盡，"服""洪"皆泐盡，"德"字皆存少許，"來爲汲令"之"令"字皆漫沒，"無隕茲令"之"隕"字上有斜裂紋。"臍""寅"尚存右少半，"般谿之山"之"山"泐太半。"以介"二字之間橫裂，"介"字未泐。"迸"字將泐盡。

日本國清源實門氏所藏拓本較之羅振玉舊藏清拓本，"臍"、"寅"、"般谿之山"之"山"、"以介"之"以"、"迸"字泐盡。"介"字已泐。

日本國清源實門氏所藏拓本可以作爲道光晚期拓本的代表，其特點是：

碑不僅已經斷裂爲四，並且又丟失部分。頌詞部分殘損，14 行至 19 行 12 字以下損去 20 厘米大小一三角形，殘損 20 餘字。

①已经失去碑下半部左上側小塊，失去"囗德"字大半（"德"字殘存右下小部分），"心膌寅""谿之山""敬報以""賊遠进"全部，共計 14 字。

②已经失去碑上半部 16 行下端小塊，失去"洪般"全部，共計 2 字。

③頌詞與刻跋殘存部分的小塊，損毀"弥""莫""生""隕"，共計 4 字。

④損毀碑下半部"介"字，共計 1 字。

（5）咸豐同治拓本。有楊守敬收藏咸豐同治拓本、繆荃孫舊藏拓本、魯迅收藏《太公呂望表》稍舊拓本等。咸豐同治拓本延續了道光晚期拓本的特點，較之道光晚期拓本損毀程度更加嚴重。與道光晚期的日本國清源實門氏所藏拓本比較，碑上部"生" "莫隕茲"、碑下部"升雲降雨爲""建國"諸字，清源本泐痕較爲細小，而咸豐同治拓本泐痕寬大。"德"字，清源本約存字體的 1/3，而咸豐同治拓本僅存右下角少許。"亮"字，清源本完好，而咸豐同治拓本左側已微泐。"介"字，較之道光拓本僅保存右半。

（6）光緒宣統民國初拓本。有楊守敬《寰宇貞石圖》宣統元年刻本所錄拓本、顧燮光《河朔訪古新錄》《河朔碑記》所用清末至民國六年前拓本、魯迅藏拓本、新鄉博物館藏清末拓本、京都大學人文科學研究所藏清末民國初拓本。碑經多次拓後，文字模糊。"德"字磨滅。"亮"字已泐，殘存右半。碑下半部"介"字損毀嚴重，乃至于磨滅。

三　關於《齊太公呂望表》碑文復原與校注

《齊太公呂望表》碑文可以選擇的有明拓本、清乾隆初拓本、乾嘉拓本、日本國清源實門氏藏拓本，部分可以參照的有穆子容《修太公呂望祠碑》、趙明誠《金石錄·晉太公碑》、董逌《廣川書跋·

太公碑》等。穆子容《修太公吕望祠碑》所記文字存在的主要問題有：首先，"此縣人也"之"也"與後"遭秦燔書"空間矛盾，不容"也"字。趙明誠《金石録·晉太公碑》、董逌《廣川書跋·太公碑》記載"此縣人"之"人"後無"也"字。其次，"竹築之書"當作"竹策之書"，如《齊太公吕望表》。第三，"發其潛盡。盡之所出"之"盡"當作"書"，如《齊太公吕望表》。於是，我們得到完整的《齊太公吕望表》前文。頌詞"□德玄通""□□遠迸"二處不清楚，而明清的一些學者對此有過研究。顧炎武《唐韻正》引作"一德玄通"，據翟雲升《隸篇》、羅振玉《雪堂類稿》"□□遠迸"當作"蜉賊遠迸"。於是，我們得到完整的《齊太公吕望表》頌詞。

《齊太公吕望表》，《續古文苑》無注，京都大學人文科學研究所三國時代的出土文字資料班《魏晉石刻資料選注》一四《齊大公吕望表》、毛遠明《漢魏六朝碑刻校注》、安喜萍《衛輝歷代碑刻》都是利用殘碑作校注，注釋簡單，一些重要問題没有顯現與解决。我們利用前文對《齊太公吕望表》復原成果，對《齊太公吕望表》作詳細的校注。

四 關於《齊太公吕望表》重要史實考證

1. 汲冢竹書出土之年。學者意見不一。今考以荀勖《穆天子傳序》、盧无忌《齊太公吕望表》等記載，太康二年（281年）最爲可信。

2. 汲冢的地望。學者意見不一。《齊太公吕望表》記載的晉汲縣西偏説屬於原始記録，而其餘説屬於後世傳説。

3. 齊太公望的籍貫。《吕氏春秋·孝行覽·首時》《吕氏春秋·仲春紀·當染》及《淮南鴻烈解·氾論訓》高誘《注》記載太公望爲汲縣人，與崔瑗碑、盧无忌《齊太公吕望表》的記載一致。《孟子·離婁章句上》"太公辟紂，居東海之濱"，《史記·齊世家》則作"太公望吕尚者，東海上人"。《史記·齊世家》據《孟子》，然作"東海上人"不確。司馬彪《續漢書·郡國志》琅邪國海曲縣劉昭補《注》:"《博物記》:'太公吕望所出,今有東吕鄉。又釣於棘津,其浦今存。'"東吕鄉商周屬莒國,後滅於魯,與齊無涉。故所附會太公望事蹟,皆無證。

4. 齊太公吕望的年紀。盧无忌《齊太公吕望表》曰:"其《紀年》曰:'康王六年,齊太公望卒。'參考年數蓋壽百一十餘歲。"但是,王應麟《困學紀聞》、顧炎武《金石文字記》、葉奕苞《金石録補》、朱彝尊《曝書亭集》、凌揚藻《蠡勺編》並以爲非。盧文弨《北魏汲縣齊太公廟碑跋》以爲碑文是,而鄭業斅《獨笑齋金石攷略》又質疑盧文弨説。姜亮夫《殷周三巨臣考》疑"康王六年"乃"成王六年"之誤。

5. 《周志》的性質。學者意見不一。或以爲《周志》即《周書》(《逸周書》),誤。陳逢衡《竹書紀年集證》、洪頤煊《經典集林》卷九《汲冢瑣語》、楊守敬《壬癸金石跋·晉太公吕望表跋》認爲《周志》屬《汲冢瑣語》。筆者案:志,春秋也。《周志》即汲冢《瑣語》的《周春秋》,劉知幾《史通·六家》記載汲冢《瑣語》有《夏殷春秋》《晉春秋》。

附　錄　一
古文獻徵引目[①]

《尚書正義》，二十卷，（漢）孔安國傳，（唐）孔穎達疏，（唐）陸德明釋文，（清）阮元校刻宋版《十三經注疏》，中華書局 1980 年影印、校補世界書局本。

《毛詩正義》，七十卷，（漢）毛亨傳、鄭玄箋，（唐）孔穎達疏，（清）阮元校刻宋版《十三經注疏》，中華書局 1980 年影印、校補世界書局本。

《詩外傳》，十卷，（漢）韓嬰撰，（民國）張元濟等編《四部叢刊》，上海商務印書館民國十八年影印上海涵芬樓藏明沈氏野竹齋刊本。

《韓詩外傳集釋》，十卷，（漢）韓嬰撰，許維遹校釋，中華書局 1980 年版。

《韓詩外傳箋疏》，十卷，佚文一卷，（漢）韓嬰撰，屈守元箋疏，巴蜀書社 1996 年版。

《周禮注疏》，四十二卷，（漢）鄭玄注，（唐）賈公彥疏，（清）阮元校刻宋版《十三經注疏》，中華書局 1980 年影印、校補世界書局本。

《禮記正義》，六十三卷，（漢）鄭玄注，（唐）孔穎達疏，（清）阮

[①] 以《四庫全書》分類法排列。

元校刻宋版《十三經注疏》，中華書局 1980 年影印、校補世界書局本。

《禮記集解》，六十一卷，（清）孫希旦撰，沈嘯寰、王星賢據清咸豐庚申里安孫氏盤古堂本點校，中華書局輯《十三經清人注疏》，中華書局 1989 年版。

《春秋經傳集解》，三十卷，坿春秋二十國年表一卷，（晉）杜預撰，（唐）陸德明音義，闕名撰附錄，（民國）張元濟等編《四部叢刊》，上海商務印書館民國十八年影印玉田蔣氏藏宋刊巾箱本。

《春秋左傳正義》，三十六卷，（唐）孔穎達撰，宋慶元六年紹興府刻宋元遞修本。

《春秋正義》，三十六卷，（唐）孔穎達等奉敕撰，（民國）張元濟等編《四部叢刊續編》，上海商務印書館民國二十三年影印海鹽張氏涉園藏日本覆印景鈔正宗寺本。

《春秋左傳正義》，六十卷，（晉）杜預注，（唐）孔穎達疏，（清）阮元校刻宋版《十三經注疏》，中華書局 1980 年影印、校補世界書局本。

《爾雅注疏》，十卷，（晉）郭璞注，（宋）邢昺疏，（清）阮元校刻宋版《十三經注疏》，中華書局 1980 年影印、校補世界書局本。

《孟子注疏》，十四卷，（漢）趙岐注，（宋）孫奭疏，（清）阮元校刻宋版《十三經注疏》，中華書局 1980 年影印、校補世界書局本。

《孟子正義》，三十卷，（清）焦循注，沈文倬據清咸豐十年補刻本等點校，中華書局輯《十三經清人注疏》，中華書局 1987 年版。

《經典釋文》，三十卷，（唐）陸德明撰，宋刻宋元遞修本。

《經典釋文》，三十卷，（唐）陸德明撰，黃焯斷句，（清）成德性德輯《通志堂經解》，中華書局 1983 年影印本。

《經典釋文》，三十卷，（唐）陸德明撰，（清）盧文弨編《抱經堂叢書》，清乾隆四十九年至嘉慶元年據宋鈔本校勘重刻本。

《經典釋文彙校》，三十卷，黃焯撰，中華書局 1983 年版。

《經典釋文彙校》，三十卷，（唐）陸德明撰，黃焯彙校，黃延祖重輯，中華書局2006年版。

《汗簡》，三卷，目錄叙略一卷，（後周）郭忠恕撰，（民國）張元濟等編《四部叢刊續編》，上海商務印書館民國二十三年影印常熟瞿氏鐵琴銅劍樓藏馮己手鈔本。

《説文解字》，十五卷，（漢）許慎撰，（宋）徐鉉等奉敕校定，（民國）張元濟等編《四部叢刊》，上海商務印書館民國十八年影印日本岩崎氏静嘉堂藏北宋刊本。

《説文解字注》，三十卷，（漢）許慎撰，（清）段玉裁注，清嘉慶二十年經韻樓原刻本。

《説文解字注》，三十卷，（漢）許慎撰，（清）段玉裁注，中華書局2013年影印經韻樓刻本。

《唐韻正》，十八卷，《音學五書》，（明）顧炎武撰，清康熙間張弨刊本。

《唐韻正》，十八卷，（明）顧炎武撰，《音學五書》，華東師範大學古籍所整理、黄珅等主編《顧炎武全集》第2—3册，劉永翔校點，上海古籍出版社2011年版。

《四書釋地》，一卷，續一卷，又續一卷，三續一卷，（清）閻若璩撰，（清）阮元輯《皇清經解》，清咸豐庚申（十年）廣東學海堂補刊本。

《吕望表》，一張，（晉）盧无忌刻，明拓本，中國國家圖書館藏顧廣圻、瞿鏞、丁福保遞藏本，北京圖書館金石組編《北京圖書館藏中國歷代石刻拓本彙編》第2册，中州古籍出版社1989年版，第53頁。

《吕望表》，一册，（晉）盧无忌刻，明拓本，上海圖書館藏毛鳳枝、羅雪堂、李國松（木公）、吴門劉氏遞藏本。

《吕望表》，一册，（晉）盧无忌刻，珂羅版印羅振玉舊藏明拓本，愛儷園編《慈淑樓叢帖》，民國十四年（中元乙丑陽月）上海愛儷園印行。

《吕望表》，（晉）盧无忌刻，明拓本，中國國家博物館藏。

《吕望表》，（晉）盧无忌刻，明拓本，北京故宮博物院藏。

《吕望表》，一册，（晉）盧无忌刻，明拓本，陳文伯藏。

《吕望表》，（晉）盧无忌刻，明拓本，上海劉惠之藏。

《吕望表》，（晉）盧无忌刻，明拓本，（清）況周頤藏。

《吕望表》，一册，（晉）盧无忌刻，清拓本，（清）黄小松拓藏，朱鈞文舊藏，北京故宮博物院藏。文物號：45360。

《吕望表》，一册，（晉）盧无忌刻，清拓本，北京故宮博物院藏。文物號：169322。

《吕望表》，一册，（晉）盧无忌刻，清拓本，北京故宮博物院藏。文物號：169323。

《吕望表》，一册，（晉）盧无忌刻，近拓本，北京故宮博物院藏。文物號：174138。

《吕望表》，一張，（晉）盧无忌刻，清拓本，中國國家圖書館藏何昆玉、梁啓超遞藏本。

《吕望表》，一張，（晉）盧无忌刻，清拓本，中國國家圖書館藏。索書號：各地1720。

《吕望表》，二張，（晉）盧无忌刻，清拓本，中國國家圖書館藏繆荃孫舊藏本。

《吕望表》，一張，（晉）盧无忌刻，清拓本，中國國家圖書館藏。索書號：各地750。

《吕望表》，一册，（晉）盧无忌刻，清拓本，[日本國]清源實門氏藏，劉正成主編《中國書法全集》第10卷《三國兩晉南北朝編 三國兩晉南北朝碑刻摩崖》卷一，榮寶齋出版社2007年版，第85—97頁；劉正成主編《中國書法全集》第11卷《三國兩晉南北朝編 三國兩晉南北朝碑刻摩崖》卷二，第521—522頁。

《吕望表》，三張，（晉）盧无忌刻，清拓本，湖北省博物館藏楊守敬舊藏本。

《吕望表》，一張，（晉）盧无忌刻，清拓本，河南省新鄉市博物館藏。

《呂望表》，一張，（晉）盧无忌刻，清拓本，京都大學人文科學研究所藏。

《呂望表》，二張，（晉）盧无忌刻，清拓本，魯迅舊藏。

《太公呂望表》，二張，（東魏）穆子榮刻，清拓本，北京圖書館金石組編《北京圖書館藏中國歷代石刻拓本彙編》第6册，中州古籍出版社1989年版，第170—171頁。

《史記》，一百三十卷，（漢）司馬遷撰，（宋）裴駰集解，（唐）司馬貞索隱，（唐）張守節正義，（民國）張元濟編《百衲本二十四史》，上海商務印書館民國二十五年影印宋黃善夫本。

《史記》，一百三十卷，（漢）司馬遷撰，（宋）裴駰集解，（唐）司馬貞索隱，（唐）張守節正義，元至元二十五年彭寅翁崇道精舍刻本。

《史記》，一百三十卷，（漢）司馬遷撰，（宋）裴駰集解，（唐）司馬貞索隱，（唐）張守節正義，中華書局2014年點校本二十四史修訂本。

《史記會注考證附校補》，一百三十卷，（漢）司馬遷撰，［日本國］瀧川資言考證，［日本國］水澤利忠校補，上海古籍出版社1986年版。

《漢書》，一百卷，（漢）班固撰，（唐）顔師古注，（民國）張元濟編《百衲二十四史》，上海商務印書館民國二十五年影印宋景祐本。

《漢書》，一百卷，（漢）班固撰，（唐）顔師古注，中華書局1962年點校本。

《漢書補注》，一百卷，卷首一卷，（漢）班固撰，（唐）顔師古注，（清）王先謙補注，中華書局1983年影印清光緒二十六年虛受堂刊本。

《後漢書》，九十卷，（宋）范曄撰，（唐）李賢等注，（民國）張元濟編《百衲本二十四史》，上海商務印書館民國二十五年影印南宋紹興監本。

《後漢書》，九十卷，（宋）范曄撰，（唐）李賢等注，中華書局1965

年點校本。

《後漢書集解》，九十卷，續志集解三十卷，首一卷，（南朝宋）范曄撰，（唐）李賢注，（晉）司馬彪撰續志，（梁）劉昭注續志，（清）王先謙集解，中華書局1984年影印民國十二年虛受堂本。

《晉書》，十一卷，（晉）王隱撰，（清）湯球輯，廣雅書局輯《史學叢書》，清光緒間廣雅書局刻本。

《九家舊晉書輯本》，四十三卷，（清）湯球輯，商務印書館輯《叢書集成初編》，中華書局1985年新1版。

《九家舊晉書輯本》，（清）湯球輯，楊朝明校補，中州古籍出版社1991年版。

《晉書》，一百三十卷，（唐）房玄齡等撰，中華書局1974年點校本。

《晉書斠注》，一百三十卷，（唐）房玄齡等撰，（清）吳士鑑、劉承幹注，民國十七年吳興劉氏嘉業堂本。又中華書局2008年影印民國十七年吳興劉氏嘉業堂本。

《魏書》，一百十四卷，（北齊）魏收撰，中華書局2017年點校本二十四史修訂本。

《北史》，一百卷，（唐）李延壽撰，中華書局1974年點校本。

《隋書》，八十五卷，（唐）魏徵、令狐德棻撰，中華書局1973年點校本。

《宋史》，四百九十六卷，（元）脫脫等撰，中華書局1985年點校本。

《元史》，二百一十卷，（明）宋濂等撰，中華書局1976年點校本。

《明史》，三百三十六卷，（清）張廷玉等撰，中華書局1974年點校本。

《清史稿》，五百二十九卷，（民國）趙爾巽、柯劭忞等，中華書局1977年點校本。

《考定竹書》，十三卷，（清）孫之騄撰，（清）孫之騄輯《晴川八識》，清雍正間刻本。

《竹書紀年集證》，五十卷，首一卷，（清）陳逢衡撰，清嘉慶十八年刻本。

《逸周書》，十卷，附錄一卷，補遺一卷，（晉）孔晁注，（民國）張元濟等編《四部叢刊》，上海商務印書館民國十八年影印嘉靖癸卯刊本。

《逸周書》，十卷，附錄一卷，補遺一卷，（晉）孔晁注，（清）盧文弨校，（清）盧文弨輯《抱經堂叢書》，清乾隆五十一年刻本。

《逸周書集訓校釋》，十卷，《周書逸文》一卷，（清）朱右曾撰，清光緒三年湖北崇文書局刻本。

《逸周書彙校集注》（修訂本），十卷，黃懷信、張懋鎔、田旭東撰，黃懷信修訂，李學勤審定，上海古籍出版社2007年版。

《通志》，二百卷，（宋）鄭樵撰，清乾隆十二年武英殿刻本。

《通志》，二百卷，（宋）鄭樵撰，（民國）王雲五《萬有文庫》第二集，上海商務印書館民國二十四年版。

《通志二十略》，（宋）鄭樵撰，王樹民點校，中華書局1995年版。

《路史》，四十七卷，（宋）羅泌撰，（宋）羅苹注，（明）喬可傳校，明萬曆三十九年喬可傳刻本。

《路史》，四十七卷，（宋）羅泌撰，（宋）羅苹注，（明）喬可傳校，據明喬可傳刻本校刊，中華書局輯《四部備要》，中華書局、中國書店1989年影印中華書局民國二十五年版。

《宋史翼》，四十卷，（清）陸心源輯，（清）陸心源輯《潛園總集》，清光緒三十二年刻本。

《國語》，二十一卷，（周）左丘明撰，（吳）韋昭注，附劄記一卷，（清）黃丕烈撰，（清）黃丕烈輯《士禮居叢書》，嘉慶五年吳縣黃氏士禮居影印宋天聖明道本。

《國語》，二十一卷，（周）左丘明撰，（吳）韋昭注，中華書局輯《四部備要》，中華書局民國二十五年校刊士禮居黃氏重刊本。

《國語》，二十一卷，（周）左丘明撰，（吳）韋昭注，上海師範大學古籍整理研究所據《四部備要》排印士禮居翻刻明道本等點校，上海古籍出版社1998年版。

《國語正義》，二十一卷，（吳）韋昭注，（清）董增齡正義，清光緒六年會稽章氏式訓堂刻本。

《戰國策》，三十三卷，（漢）劉向撰，附劄記三卷，（清）黃丕烈撰，（清）黃丕烈輯《士禮居叢書》，嘉慶八年吳縣黃氏士禮居影印宋剡川姚氏本。

《戰國策》，十卷，（宋）鮑彪校注，（元）吳師道重校，（民國）張元濟等編《四部叢刊》，上海商務印書館民國十八年影印江南圖書館藏元至正刊本。

《戰國策》，三十三卷，（漢）劉向集錄，據姚宏續注本等點校，上海古籍出版社1978年版。

《資德大夫兵部尚書郭公青螺年譜》，一卷，（明）郭孔延撰，北京圖書館編《北京圖書館藏珍本年譜叢刊》第52冊，書目文獻出版社1999年影印民國朱絲欄鈔本。

《清史列傳》，八十卷，不著撰人，王鐘翰點校，中華書局1987年版。

《清儒學案》，二百八卷，（民國）徐世昌等撰，沈芝盈、梁運華點校，中華書局2008年版。

《碑傳集》，一百六十卷，卷首二卷，卷末二卷，（清）錢儀吉纂，清光緒十九年江蘇書局刻本。

《續碑傳集》，八十六卷，卷首二卷，（清）繆荃孫纂錄，清宣統二年江楚編譯書局刻本。

《續碑傳集》，八十六卷，卷首二卷，（清）繆荃孫纂錄，周駿富輯《清代傳記叢刊·總錄類》，臺北明文書局1985年影印清宣統二年江楚編譯書局刻本。

《碑傳集補》，六十卷，卷首二卷，卷末一卷，（民國）閔爾昌纂錄，民國二十一年燕京大學國學研究所鉛印本。

《中國第一歷史檔案館藏 清代官員履歷檔案全編》，秦國經主編，唐益年、葉秀雲副主編，華東師範大學出版社1997年影印本。

《竹汀居士年譜》（《錢辛楣先生年譜》），一卷，（清）錢大昕撰，陳文和主編《嘉定錢大昕全集》（增訂本）第1冊，陳文和點校，江蘇古籍出版社2016年版。

《山東兗州府運河同知錢唐黃君墓誌銘》，一卷，（清）潘庭筠撰，（清）魏謙升鈔録，浙江省博物館藏，收入中國古代書畫鑒定組編《中國古代書畫圖目》，文物出版社1994年版，第11册，第131頁。

《山東兗州府運河同知錢唐黃君墓誌銘》，一卷，（清）潘庭筠撰，（清）魏謙升鈔録，《嵩洛訪碑日記（外五種）》，（清）黃易撰，況正兵等點校，浙江人民美術出版社2018年版，第127—129頁。

《鄰蘇老人年譜》，一卷，（清）楊守敬、熊會貞撰，郗志群整理，謝承仁主編《楊守敬集》第1册，湖北人民出版社1988年版。

《藝風老人年譜》，一卷，（清）繆荃孫撰，張廷銀、朱玉麒主編《繆荃孫全集　雜著》，鳳凰出版社2014年版。

《疇隱居士自訂年譜》，一卷，（民國）丁福保撰，中國國家圖書館藏上海醫學書局民國二十四年鉛印本。

《永豐鄉人行年録（羅振玉年譜）》，甘儒（羅繼祖）輯述，羅繼祖主編《羅振玉學術論著集》第12集，上海古籍出版社2010年版，第339—483頁。

《元和郡縣圖志》，四十卷，（唐）李吉甫撰，賀次君據光緒六年金陵書局刊本點校，中華書局輯《中國古代地理總志叢刊》，中華書局1983年版。

《宋本太平寰宇記》，二百卷，目録二卷，（宋）樂史撰，中華書局2000年影印日本國宮内廳書陵部藏宋本。

《太平寰宇記》，二百卷，目録二卷，（宋）樂史撰，（清）傅增湘校並跋，清光緒八年金陵書局校刻崇仁樂氏祠堂本。

《太平寰宇記》，二百卷，（宋）樂史撰，王文楚據金陵書局本等點校，中華書局輯《中國古代地理總志叢刊》，中華書局2007年版。

《肇域志》，（明）顧炎武撰，華東師範大學古籍所整理，黃珅等主編《顧炎武全集》第6—10册，譚其驤等校點，上海古籍出社 2011 年版。

《大明一統志》，九十卷，（明）李賢等奉敕撰，明天順五年御制序刊本。

《（康熙）大清一統志》，三百五十六卷，（清）蔣廷錫等修，（清）王安國等纂，清乾隆九年內府刻本。

《（康熙）大清一統志》，三百五十六卷，（清）蔣廷錫等修，（清）王安國等纂，清道光二十九年薛子瑜活字印本。

《（乾隆）大清一統志》，五百卷，（清）乾隆二十九年奉敕撰，清乾隆五十五年內府刻本。

《嘉慶重修一統志》，五百六十卷，坿索引，（清）穆彰阿等修，（清）李佐賢等纂，嘉慶二十五年敕撰，闕名撰索引，（民國）張元濟等輯《四部叢刊續編》，上海商務印書館民國二十三年影印清史館藏清道光二十二年進呈鈔本。又收入中華書局輯《中國古代地理總志叢刊》，中華書局 1986 年影印本。

《南山谷口考校注》，一卷，（清）毛鳳枝撰，李之勤校注，《長安史蹟叢刊》，三秦出版社 2006 年版。

《讀史方輿紀要》，一百三十卷，附輿圖要覽，四卷，（清）顧祖禹撰，賀次君、施和金點校，中華書局輯《中國古代地理總志叢刊》，中華書局 2005 年版。

《（康熙）宛平縣志》，六卷，（清）王養濂修，（清）李開泰等纂，清康熙二十三年刻本。

《（光緒）鄞縣志》，七十五卷，（清）戴枚修，（清）董沛等纂，清光緒三年刻本。

《（雍正）河南通志》，八十卷，（清）田文鏡等修，（清）孫灝等纂，清雍正刻本。

《（雍正）河南通志》，八十卷，（清）田文鏡等修，（清）孫灝等纂，《景印文淵閣四庫全書》第 535—538 冊，臺灣商務印書館 1986 年影印臺北故宮博物院藏本。

《（萬曆）衛輝府志》，十六卷，（明）侯大節纂修，中國科學院圖書館選編《稀見中國地方志彙刊》第 34 冊，中國書店出版社 1992 年影印明萬曆三十一年刻增修補刻本。

《（萬曆）衛輝府志》，十六卷，（明）侯大節纂修，衛輝市地方史志辦公室點校，中州古籍出版社 2010 年版。

《（順治）衛輝府志》，十九卷，（清）程啟朱等修，（清）蘇文樞等纂，清順治十六年刻本。

《（乾隆）衛輝府志》，五十三卷，卷首一卷，卷末一卷，（清）畢沅、劉鐘之修，（清）德昌纂，清乾隆五十三年刻本。

《（康熙）汲縣志》，十二卷，（清）吳幹將修，（清）李忠節纂，清康熙刻本。

《（乾隆）汲縣志》，十四卷，卷首一卷，卷末一卷，（清）徐汝瓚修，（清）杜昆纂，清乾隆二十年刻本。

《汲縣今志》，二十章，（民國）魏青鋐纂，民國二十四年，中國國家圖書館藏鈔本。

《汲縣今志》，一冊，（民國）魏青鋐纂，民國二十四年漢文正楷印書局排印本。

《獲嘉縣志》，十七卷，卷首一卷，（民國）鄒古愚修，（民國）鄒鵠纂，中國國家圖書館藏稿本。

《獲嘉縣志》，十七卷，卷首一卷，（民國）鄒古愚修，（民國）鄒鵠纂，民國二十三年鉛印本。

《（乾隆）確山縣志》，四卷，（清）周之瑚修，（清）嚴克崢纂，清乾隆十一年刻本。

《（雍正）山東通志》，三十六卷，首一卷，（清）岳濬等修，（清）杜詔等纂，清雍正七年修、乾隆丙辰（元年）刻本。

《（雍正）山東通志》，三十六卷，首一卷，（清）岳濬等修，（清）杜詔等纂，《景印文淵閣四庫全書》第 539—541 冊，臺灣商務印書館 1986 年影印臺北故宮博物院藏本。

《（宣統）山東通志》，二百卷，卷首九卷，附錄一卷，補遺一卷，（清）楊士驤等修，（清）孫葆田等纂，清宣統三年修、民國四年至七年山東通志刊印局鉛印本。

《衢縣志》，三十卷，卷首一卷，（民國）鄭永禧纂輯，民國二十六年鉛印本。收入衢州歷史文獻集成委員會編《衢州歷史文獻集成·方志專輯》第3册，中華書局2009年版。

《歷代山陵考》，一卷，（明）王在晉撰，明末毛氏汲古閣鈔本。

《歷代山陵考》，二卷，（明）王在晉撰，中國國家圖書館藏明刻本。

《水經注》，十五卷，（漢）桑欽撰，（北魏）酈道元注，《永樂大典》一萬一千一百二十七卷至一萬一千一百四十一卷，（民國）張元濟等編《續古逸叢書》43，上海商務印書館1922年至1957年影印上海涵芬樓藏本。

《水經注疏》，四十卷，（北魏）酈道元撰，（清）楊守敬、熊會貞疏，段熙仲據科學出版社《影印〈水經注疏〉》等點校，陳橋驛據臺北中華書局《楊熊合撰〈水經注疏〉》本復校，江蘇古籍出版社1989年版。

《水經注校證》，四十卷，（北魏）酈道元撰，陳橋驛校證，中華書局2007年版。

《天一閣書目》，四卷，附《天一閣碑目》一卷，（明）范欽藏，（清）范邦甸、（清）范懋敏撰，清嘉慶十三年揚州阮氏元文選樓刻本。

《天一閣書目》，四卷，附《天一閣碑目》一卷，（明）范欽藏，（清）范邦甸、（清）范懋敏撰，江曦、李婧點校，《中國歷代書目題跋叢書》，上海古籍出版社2010年版。

《四明天一閣藏書目錄》，一卷，（清）佚名編，（清）羅振玉輯《玉簡齋叢書》第二集，清宣統二年上虞羅振玉刻本。

《范氏天一閣碑目》，一卷，（清）錢大昕輯，鈔本。

《天一閣碑目》，一卷，（清）錢大昕輯，陳文和主編《嘉定錢大昕全集》（增訂本）第4册，陳文和點校，江蘇古籍出版社2016年版。

《鐵琴銅劍樓藏書目錄》，二十四卷，（清）瞿鏞撰，咸豐常熟瞿氏罟里家塾刻本。

《鐵琴銅劍樓藏書目錄》，二十四卷，（清）瞿鏞撰，瞿果行標點，瞿鳳起覆校，上海古籍出版社2000年版。

《四庫全書總目》，二百卷，（清）永瑢等撰，中華書局1965年影印清浙江杭州刻本。

《鄰蘇園藏書目錄》，一卷，（清）楊守敬藏，湖北省博物館編，上海辭書出版社2009年版。

《金石錄》，三十卷，（宋）趙明誠撰，宋淳熙龍舒郡齋刻本。

《金石錄》，三十卷，（宋）趙明誠撰，中華再造善本工程編纂出版委員會編《中華再造善本宋金編》，北京圖書館出版社2005年影印宋淳熙龍舒郡齋刻本。

《金石錄校證》，三十卷，（宋）趙明誠撰，金文明校證，中華書局輯《中國史學基本典籍叢刊》，中華書局2019年版。

《金石友》，一千卷，（宋）謝堂撰，已佚（見《兩浙著述考》第1214頁）。

《寶刻叢編》，二十卷，（宋）陳思撰，（清）陸心源輯《十萬卷樓叢書》，清光緒十四年刻本。

《碑藪》，一卷，（明）陳鑑編集，明鈔本。

《金薤琳琅》，二十卷，（明）都穆編，明刻本。

《天下金石志》，十五卷，附錄一卷，（明）于奕正編，（清）孫國敉校補，（清）翁方綱校並跋，中國國家圖書館藏明崇禎刻本。

《天下金石志》，十五卷，附錄一卷，（明）于奕正編，明崇禎刻本。

《古今石刻碑帖目》，二卷，（明）孫克弘撰，明萬曆刻本。

《寒山堂金石林時地考》，一卷，部目一卷，（明）趙均撰，清鈔本。

《寒山堂金石林時地考》，二卷，（明）趙均撰，（清）伍崇曜輯《粵雅堂叢書》三編，清道光光緒間刻本。

《金石備攷》，十六卷，（明）來濬撰，四庫全書存目叢書編纂委員會編《四庫存目叢書·史部》第278冊，齊魯書社1996年影印陝西省博物館藏清鈔本。

《金石文字記》，六卷，（明）顧炎武撰，《亭林遺書十種》，清康熙刻本。

《金石文字記》，六卷，（明）顧炎武撰，華東師範大學古籍所整理，黃珅等主編《顧炎武全集》第5冊，徐德明校點，上海古籍出版社2011年版。

《水經注所載碑目》，一卷，（明）楊慎撰，四庫全書存目叢書編纂委員會編《四庫存目叢書·史部》第278冊，齊魯書社1996年影印上海圖書館藏明嘉靖十六年朱方刻本。

《新增格古要論》，十三卷，（明）曹昭撰，（明）王佐增，《中國藝術文獻叢刊》，浙江人民美術出版社2011年版。

《金石續錄》，四卷，（清）劉青藜撰，清康熙四十九年傳經堂刻本。

《金石文字跋尾》，六卷，（清）朱彝尊撰，（民國）黃任恒重輯《翠琅玕館叢書》，民國五年刻本。

《中州金石記》，五卷，（清）畢沅撰，（清）畢沅輯《經訓堂叢書》，清乾隆刻本。

《觀妙齋藏金石文考略》，十六卷，（清）李光暎撰，清雍正刻本。

《潛研堂金石文跋尾》，六卷，續七卷，又續六卷，三續六卷，（清）錢大昕撰，清嘉慶十年刻本。

《潛研堂金石文跋尾》，二十卷，（清）錢大昕撰，陳文和主編《嘉定錢大昕全集》（增訂本）第6冊，祝竹點校，江蘇古籍出版社2016年版。

《潛研堂金石文字目錄》，八卷，（清）錢大昕撰，陳文和主編《嘉定錢大昕全集》（增訂本）第6冊，祝竹點校，江蘇古籍出版社2016年版。

《金石三跋》，十卷，《授堂金石文字續跋》，十四卷，（清）武億撰，（清）武穆淳輯《授堂遺書》，清道光二十三年偃師武氏刻本。

《授堂金石跋》，（清）武億撰，高敏、袁祖亮校點，中州古籍出版社1993年版。

《寰宇訪碑錄》，十二卷，（清）孫星衍，（清）邢澍撰，（清）孫星衍輯《平津館叢書》第2集，清嘉慶壬戌（七年）平津館刻本。

《平津讀碑記》，八卷，《續記》，一卷，《再續》，一卷，《三續》，二卷，（清）洪頤煊撰，《續修四庫全書》編纂委員會編《續修四庫全書》第905冊，上海古籍出版社2002年影印浙江省圖書館藏清嘉慶二十一年刻本。

《金石萃編》，一百六十卷，（清）王昶撰，清嘉慶十年經訓堂刊本。

《金石萃編》，一百六十卷，（清）王昶撰，清嘉慶十年刻、同治錢寶傳等補修本。

《金石萃編》，一百六十卷，（清）王昶撰，《續修四庫全書》編纂委員會編《續修四庫全書》第886—891冊，上海古籍出版社2002年影印清嘉慶十年刻、同治錢寶傳等補修本。

《金石文鈔》，八卷，《續鈔》二卷，（清）趙紹祖輯，清嘉慶七年涇縣趙紹祖古墨齋刻本。

《金石文鈔》，八卷，《續鈔》二卷，（清）趙紹祖輯，新文豐出版公司編輯部輯《石刻史料新編》第2輯第7冊，臺北新文豐出版公司1979年影印清嘉慶七年涇縣趙紹祖古墨齋刻本。

《金石續鈔》，二卷，（清）趙紹祖撰，清咸豐十年趙書升重刊本。

《古墨齋金石跋》，卷，（清）趙紹祖撰，《趙紹祖金石學三種》，牛繼清、趙敏校點，《安徽古籍叢書》，黃山書社2011年版。

《秦漢魏六朝輿地碑刻攷》（《小蓬萊賸稿》），一卷，（清）黃易撰，《漱六編》，清道光二十年仁和王氏刻本。

《中州金石目》，四卷，（清）姚晏撰，（清）姚覲元輯《咫進齋叢書》第二輯，清光緒九年歸安姚覲元刻本。

《中州金石目錄》，八卷，（清）楊鐸撰，（清）徐乃昌輯《鄦齋叢書》，清光緒二十六年南陵徐乃昌刻本。

《平津館金石萃編》，二十卷，補編，不分卷，（清）嚴可均輯，《續修四庫全書》編纂委員會編《續修四庫全書》第893冊，上海古籍出版社2002年影印上海圖書館藏民國間吳興劉氏嘉業堂鈔本。

《平津館金石萃編》，二十卷，（清）闕名撰，清嘉業堂鈔本。

《小蓬萊閣金石目》，不分卷（一冊），（清）黃易撰，（清）丁丙跋，中國國家圖書館藏稿本。

《小蓬萊閣金石目》，不分卷（一冊），（清）黃易撰，中國國家圖書館藏清鈔本。

《小蓬萊閣金石目》，不分卷（九冊），（清）黃易撰，中國國家圖書館藏民國十八年貴池劉公魯畏齋鈔本。

《金石索》，十二卷，首一卷，（清）馮雲鵬、（清）馮雲鵷輯，清道光滋陽縣署刻後印本。

《金石索》，十二卷，首一卷，（清）馮雲鵬、（清）馮雲鵷輯，《海內古籍孤本稀見本選刊》，書目文獻出版社1996年影印清道光滋陽縣署刻本。

《隸篇》，十五卷，續十五卷，再續十五卷，（清）翟雲升撰，清道光十七年自刻本。

《攈古錄》，二十卷，（清）吳式芬撰，海豐吳氏刊北京文祿堂印本。

《攈古錄》，二十卷，（清）吳式芬撰，《續修四庫全書》編纂委員會編《續修四庫全書》第895冊，上海古籍出版社2002年影印清末刻本。

《八瓊室金石補正》，一百三十卷，目錄三卷，《八瓊室金石劄記》，四卷，《八瓊室金石袪僞》，一卷，《八瓊室元金石偶存》，一卷，（清）陸增祥撰，民國十四年劉氏希古樓刻本。

《金石錄補》，二十七卷，《續跋》，七卷，（清）葉奕苞撰，《續修四庫全書》編纂委員會編《續修四庫全書》第901冊，上海古籍出版社2002年影印清道光二十四年別下齋刻本。

《宜祿堂收藏金石記》，六十卷（存五十九卷），（清）朱士端撰，新文豐出版公司編輯部輯《石刻史料新編》第2輯第5冊，臺北新文豐出版社1979年影印鈔本。

《宜祿堂收藏金石記》，六卷，補編一卷，（清）朱士端撰，（清）朱士端輯《春雨樓叢書》，清同治中寶應朱氏刊。

《二銘艸堂金石聚》，十六卷，（清）張德容撰，清同治十一年衢州張德容二銘艸堂刻本。

《二銘艸堂金石聚》，十六卷，（清）張德容撰，新文豐出版公司編輯部輯《石刻史料新編》第2輯第3冊，臺北新文豐出版公司1979年影印清同治十一年張氏刊本。

《獨笑齋金石攷略》，四卷，首一卷，（清）鄭業斆撰，《續修四庫全書》編纂委員會編《續修四庫全書》第901冊，上海古籍出版社2002年影印中國科學院圖書館藏清光緒十三年刻本。

《關中金石文字逸存考》，十二卷，附《石刻書法源流攷》一卷，（清）毛鳳枝撰，清光緒二十七年會稽顧氏江西萍鄉縣署刊本。

《金石分地編目》，三十二卷（闕第十七卷），（清）繆荃孫撰，北京大學圖書館藏稿本。

《金石分地編目》，三十二卷（闕第十七卷），（清）繆荃孫撰，張廷銀、朱玉麒主編《繆荃孫全集　金石4》，鳳凰出版社2014年版。

《藝風堂金石文字目》，十八卷，（清）繆荃孫撰，上海圖書館藏稿本。

《藝風堂金石文字目》，十八卷，（清）繆荃孫撰，光緒三十二年藝風堂匯刻本。

《藝風堂金石文字目》，十八卷，（清）繆荃孫撰，張廷銀、朱玉麒主編《繆荃孫全集　金石1》，鳳凰出版社2014年版。

《竹崦盦金石目錄》，一卷，（清）趙魏撰，新文豐出版公司編輯部輯《石刻史料新編》第2輯第20冊，臺北新文豐出版社1979年影印國立中央圖書館藏東武劉氏校鈔本。

《壬癸金石跋》，一卷，《己庚金石跋》，一卷，《丁戊金石跋》，一卷，（清）楊守敬撰，清光緒三十三年宜都楊氏鄰蘇園刊本。

《壬癸金石跋》，一卷，（清）楊守敬撰，謝承仁主編《楊守敬集》第8冊，湖北人民出版社1988年版。

《寰宇貞石圖》，五卷，（清）楊守敬撰，清光緒八年刻本。

《寰宇貞石圖》，六卷，（清）楊守敬撰，清宣統元年石印本。

《寰宇貞石圖》，六卷，（清）楊守敬撰，徐无聞整理，謝承仁主編《楊守敬集》第9冊，湖北人民出版社1988年版。

《增訂寰宇貞石圖》，四卷，［日本國］河井荃廬監修，［日本國］藤原楚水纂輯，昭和十五年（1940）日本興文社印本。

《校碑隨筆》，六卷，（清）方若撰，清宣統二年天津中東石印局手鈔石印本。

《校碑隨筆》，六卷，（清）方若撰，（民國）吳隱輯《邂盦金石叢書》，民國十年西泠印社聚珍版本。

《增補校碑隨筆》，六卷，（清）方若撰，王壯弘增補，上海書畫出版社 1981 年版。

《增補校碑隨筆》（修訂本），六卷，（清）方若原著，王壯弘增補，上海書店出版社 2008 年版。

《魏晉石存目》，一卷，（清）尹彭壽撰，（清）羅振玉校補，（清）羅振玉輯《雪堂叢刻》，民國四年鉛印本。

《雪堂所藏金石文字簿錄》，一卷，（清）羅振玉撰，民國十三年東方學會石印本。

《石交錄》，四卷，（清）羅振玉撰，《貞松老人遺稿》甲集，民國三十年上虞羅氏鉛印本。

《河南古物調查表證誤》，一卷，（民國）顧燮光撰，内務部主編《民國京魯晉豫古器物調查名錄》，北京圖書館 2004 年影印民國刊本。

《河朔訪古隨筆》，二卷，（民國）顧燮光撰，民國十五年中南印刷公司印本。

《河朔金石目》，十卷，《待訪目》，一卷，（民國）顧燮光撰，民國十九年上海天華印務館排印本。

《河朔訪古新錄》，十四卷，（民國）顧燮光撰，《序》，一卷，馬衡撰，民國十九年上海天華印務館排印本。

《河朔古蹟圖識》，二卷，（民國）范鼎卿題識，（民國）顧燮光攝景，民國三十二年合衆圖書館刊。

《集古求真》，十三卷，卷首一卷，卷末一卷，（清）歐陽輔撰，民國十二年開智書局石印本。

《集古求真補正》，一卷，（清）歐陽輔撰，民國十二年開智書局石印本。

《中州金石攷》，八卷，（清）黃叔璥撰，四庫全書存目叢書編纂委員會編《四庫存目叢書·史部》第 278 冊，齊魯書社 1996 年影印清乾隆六年刻本。

《中州金石攷》，八卷，（清）黃叔璥撰，《續修四庫全書》編纂委員會編《續修四庫全書》第 912 冊，上海古籍出版社 2002 年影印湖北省圖書館藏清乾隆刻本。

《癸巳存稿》，十五卷，（清）俞正燮撰，（清）楊尚文輯《連筠簃叢書》，清道光二十八年靈石楊氏刻本。

《癸巳存稿》，十五卷，（清）俞正燮撰，安徽古籍叢書編審委員會編纂《俞正燮全集》第 2 冊，黃山書社 2005 年版。

《衍石齋記事續稿》，十卷，（清）錢儀吉撰，清道光刻本。

《語石》，十卷，（清）葉昌熾撰，清宣統元年長洲葉氏刊本。

《語石　語石異同評》，十卷，（清）葉昌熾撰，考古學專刊丙種第四號，中華書局 1994 年版。

《漢晉石刻略錄》，一冊，（民國）柯昌泗撰，中國國家圖書館藏稿本。

《漢晉石刻略錄》，一冊，（民國）柯昌泗撰，鈔本，中國國家圖書館藏。

《漢晉石刻略錄》，（民國）柯昌泗撰，盧芳玉整理，《中國典籍與文化論叢》2015 年，第 237—290 頁。

《史通》，二十卷，坿劄記一卷，坿劄記補一卷，（唐）劉知幾撰，（民國）孫毓修編劄記，（民國）姜殿揚編劄記補，（民國）張元濟等編《四部叢刊》，上海商務印書館民國十八年影印上海涵芬樓藏明張鼎思刊本。

《史通評釋》，二十卷，（唐）劉知幾撰，（明）郭孔延評釋，明萬曆三十二年郭孔陵刻本。

《史通通釋》，二十卷，附補釋一卷，補一卷，增釋一卷，（唐）劉知幾撰，（清）浦起龍釋，（民國）陳漢章補釋，楊照明補，彭仲鐸增釋，王煦華整理，上海古籍出版社2009年版。

《廿二史考異》，一百卷，（清）錢大昕撰，陳文和主編《嘉定錢大昕全集》第2—3册，孫開萍等點校，江蘇古籍出版社2016年版。

《説苑》，二十卷，（漢）劉向撰，（民國）張元濟等輯《四部叢刊初編》，上海商務印書館民國八年上海涵芬樓影印平湖葛氏傳樸堂藏明鈔本。

《説苑校證》，二十卷，（漢）劉向撰，向宗魯校證，中華書局輯《中國古典文學基本叢書》，中華書局1987年版。

《六韜》，六卷，（周）吕望撰，（民國）張元濟等編《四部叢刊》，上海商務印書館民國十八年影印常熟瞿氏鐵琴銅劍樓藏景宋刊本。

《廣川書跋》，十卷，（宋）董逌撰，（明）毛晉編《津逮秘書》，明崇禎毛氏汲古閣刻本。

《廣川書跋》，十卷，（宋）董逌撰，中華再造善本工程編纂出版委員會編《中華再造善本　明代編》，國家圖書館出版社2013年影印中國國家圖書館藏明吳氏叢書堂鈔本。

《廣川書跋》，十卷，（宋）董逌撰，浙江人民美術出版社2016年版。

《御定佩文齋書畫譜》，一百卷，總目一卷，纂輯書籍一卷，（清）孫岳頒等奉敕撰，《景印文淵閣四庫全書》第819—823册，臺灣商務印書館1986年影印臺北故宫博物院藏本。

《六藝之一録》，四百六卷，續編十四卷，（清）倪濤撰，中央圖書館籌備處輯《四庫全書珍本初集》，上海商務印書館民國二十三年至二十四年影印文溯閣《四庫全書》本。

《藝舟雙楫》，六卷，（清）包世臣撰，李星點校，吳孟復主編《包世臣全集》，《安徽古籍叢書》，黄山書社1993年版。

《藝概箋注》，六卷，（清）劉熙載撰，王氣中箋注，貴州人民出版社1980年版。

《藝概注稿》，六卷，（清）劉熙載撰，袁津琥校注，中華書局輯《中國文學研究典籍叢刊》，中華書局2009年版。

《藝概》，六卷，（清）劉熙載撰，《劉熙載文集》，江蘇古籍出版社

2000年版。

《呂氏春秋》，二十六卷，（周）呂不韋撰，（漢）高誘訓解，（明）宋邦乂等校，（民國）張元濟等編《四部叢刊》，上海商務印書館民國十八年影印涵芬樓藏明宋邦乂等刊本。

《呂氏春秋集釋》，二十六卷，（周）呂不韋撰，（漢）高誘注，許維遹集釋，梁運華整理，《新編諸子集成》，中華書局2009年版。

《淮南鴻烈解》，二十一卷，（漢）劉安撰，（漢）高誘注，張元濟等編《四部叢刊》，上海商務印書館民國十八年影印劉泖生景寫北宋本。

《淮南鴻烈集解》，二十一卷，（民國）劉文典撰，馮逸、喬華點校，中華書局輯《新編諸子集成》，中華書局2013年第2版。

《困學紀聞》，二十卷，（宋）王應麟撰，（民國）張元濟等編《四部叢刊》，上海商務印書館民國十八年影印江安傅氏雙鑑樓藏元刊本。

《困學紀聞注》，二十卷，（宋）王應麟撰，（清）翁元圻輯注，孫通海點校，中華書局2016年版。

《丹鉛餘錄》，十三卷，（明）楊慎撰，《景印文淵閣四庫全書》第855冊，臺灣商務印書館1986年影印臺北故宫博物院藏本。

《丹鉛總錄》，二十七卷，（明）楊慎撰，明嘉靖三十三年梁佐刻本。

《丹鉛總錄校證》，二十七卷，（明）楊慎撰，豐家驊校證，中華書局輯《學術筆記叢刊》，中華書局2019年版。

《兩山墨談》，十八卷，（明）陳霆撰，明嘉靖十八年李檗刻本。

《正楊》，四卷，（明）陳耀文撰，《景印文淵閣四庫全書》第856冊，臺灣商務印書館1986年影印臺北故宫博物院藏本。

《通雅》，五十二卷，首三卷，（明）方以智撰，《方以智全書》，上海古籍出版社1988年版。

《通雅》，五十二卷，首三卷，（明）方以智撰，黃德寬、諸偉奇主編《方以智全書》第4—6冊，黃山書社2019年版。

《拾遺錄》，一卷，校勘記一卷，校勘續記一卷，（明）胡爌撰，（民國）魏元曠校勘記，（民國）胡思敬校勘續記，（民國）胡思敬輯《豫章叢書》第 71 册，民國四年至九年刻本。

《拾遺録》，一卷，（明）胡儼撰，劉宗彬點校，余讓堯審訂，陶福履、胡思敬原編，江西省高校古籍整理領導小組整理《豫章叢書》子部二，江西教育出版社 1999—2007 年版。

《籀廎述林》，十卷，（清）孫詒讓撰，民國五年刊本。

《籀廎述林》，十卷，（清）孫詒讓撰，雪克點校，許嘉璐主編《孫詒讓全集》，中華書局 2010 年版。

《北堂書鈔》，一百六十卷，（隋）虞世南輯，（清）孔廣陶校注，光緒十四年南海孔氏三十有三萬卷據孫忠潛侯祠堂舊校影宋原本校注重刊。

《初學記》，三十卷，（唐）徐堅等撰，（清）康熙乾隆間敕輯《古香齋袖珍十種》，孔氏三十三萬卷堂藏版，清光緒八年、九年刻本。

《初學記》，三十卷，（唐）徐堅等撰，司義祖據清古香齋本等點校，中華書局 2004 年版。

《太平御覽》，一千卷，（宋）李昉等撰，（民國）張元濟等編《四部叢刊三編》，上海商務印書館民國二十四年至二十五年影印宋本。

《太平御覽》，一千卷，（宋）李昉等撰，中華書局 1960 年縮印上海涵芬樓影宋本。

《太平御覽》，一千卷，目録十五卷，（宋）李昉等撰，清嘉慶間歙縣鮑重城刻本。

《群書考索》前集，六十六卷，（宋）章如愚撰，明正德戊辰劉洪慎獨齋刊本。

《玉海》，二百卷，（宋）王應麟撰，元至元六年慶元路儒學刻本。

《（中日合璧本）玉海》，二百卷，（宋）王應麟撰，京都中文出版社 1986 年第 2 版影宋元本。

《玉海》，二百卷，（宋）王應麟撰，江蘇古籍出版社、上海書店 1987 年影印光緒九年浙江書局刊本。

《天中記》，六十卷，（明）陳耀文撰，明萬曆刻本。

《古今圖書集成》，一萬卷，目録三十二卷，（清）陳夢雷等原輯，

（清）蔣廷錫等重輯，上海中華書局民國二十三年影印清武英殿銅活字本。又中華書局、巴蜀書社 1985 年影印本。

《穆天子傳》，六卷，（晉）荀勖序，（晉）郭璞注，（民國）張元濟等編《四部叢刊》，上海商務印書館民國十八年影印上海涵芬樓藏明天一閣刊本。

《穆天子傳彙校集釋》，六卷，王貽樑、陳建敏撰，中華書局 2019 年版。

《經典集林》，三十二卷，（清）洪頤煊輯，清嘉慶間孫氏問經堂叢書本。

《經典集林》，三十二卷，（清）洪頤煊輯，《洪頤煊集》，胡正武點校，《台州文獻叢書》，上海古籍出版社 2018 年版。

《書畫鑑影》，二十四卷，（清）李佐賢編，《續修四庫全書》編纂委員會編《續修四庫全書》第 1086 冊，上海古籍出版社 2002 年影印華東師範大學圖書館藏清同治十年利津李氏刻本。

《嵩洛訪碑日記》，一卷，（清）黃易撰，（清）伍崇曜輯《粵雅堂叢書》二編第 15 集，清道光、光緒間刻本。

《嵩洛訪碑日記》，一卷，（清）黃易撰，《嵩洛訪碑日記（外五種）》，況正兵等點校，浙江人民美術出版社 2018 年版。

《嵩洛訪碑圖》，一卷，（清）黃易撰，金運昌主編《故宮書畫館·第七編》，紫禁城出版社 2010 年版，第 147—156 頁。

《楚辭》，十七卷，（漢）王逸章句，（宋）洪興祖補注，（民國）張元濟等編《四部叢刊》，上海商務印書館民國十八年影印江南圖書館藏明覆宋本。

《楚辭補注》，十七卷，（宋）洪興祖撰，白化文等據汲古閣本等點校，《中國古典文學基本叢書》，中華書局 2002 年修訂本。

《楚辭集注》，八卷，《楚辭辯證》二卷，《楚辭後語》六卷，附錄一卷，（宋）朱熹撰，宋端平二年朱鑑刻本。

《楚辭集注》，八卷，《楚辭辯證》二卷，《楚辭後語》六卷，附錄一卷，（宋）朱熹撰，蔣立甫據端平二年朱鑑刊本等點校，朱傑人等主編《朱子全書》（修訂本）第19冊，上海古籍出版社、安徽教育出版社2010年版。

《楚辭校補》，《聞一多全集》第5冊，（民國）聞一多撰，湖北人民出版社1993年版。

《李清照集校注》，三卷，（宋）李清照撰，王仲朝校注，人民文學出版社2000年版。

《四明文獻集（外二種）》，五卷，（宋）王應麟撰，張驍飛點校，《王應麟著作集成》，中華書局2010年版。

《秋澗先生大全文集》，一百卷，附錄一卷，（元）王惲撰，（民國）張元濟等編《四部叢刊》，上海商務印書館民國十八年影印江南圖書館藏明弘治刊本。

《王惲全集彙校》，一百卷，（元）王惲撰，楊亮、鐘彥飛點校，中華書局輯《中國古典文學基本叢書》，中華書局2013年版。

《太史升菴文集》，八十一卷，（明）楊慎撰，明萬曆蔡汝賢刻本。

《水南集》，十七卷，（明）陳霆撰，陳景超注釋點校，德清圖書館編《四庫德清文叢》，浙江古籍出版社2017年版。

《溫恭毅集》，三十卷，（明）溫純撰，中央圖書館籌備處輯《四庫全書珍本初集》，上海商務印書館民國二十三年至二十四年影印文溯閣《四庫全書》本。

《溫恭毅公文集》，三十卷，（明）溫純撰，（民國）溫良儒輯《溫氏叢書》，民國二十五年校印本。

《方以智全書》，（明）方以智撰，黃德寬、諸偉奇主編，黃山書社2019年版。

《楊賓集》，（清）楊賓撰，柯愈春主編《國家清史編纂委員會·文獻叢刊》，浙江古籍出版社2012年版。

《曝書亭集》，八十卷，附錄一卷，（清）朱彝尊撰，清康熙朱稻孫五十三年刻本。

《抱經堂文集》，三十四卷，（清）盧文弨撰，彭喜雙校點，陳東輝主編《盧文弨全集》，浙江人民出版社2017年版。

《抱經堂文集》，三十四卷，（清）盧文弨撰，王文錦點校，中華書局1990年版。
《全祖望集彙校集注》，（清）全祖望撰，朱鑄禹彙校集注，上海古籍出版社2000年版。
《授堂遺書》，八种，卷首二卷，（清）武億撰，（清）武穆淳輯《授堂遺書》，清道光二十三年偃師武氏刻本。
《嘉定錢大昕全集》（增訂本），（清）錢大昕撰，陳文和主編，江蘇古籍出版社2016年版。
《孫淵如外集》，五卷，附錄一卷，（民國）王重民輯，民國二十一年國立北平圖書館排印。
《冬青館集》，甲集六卷，乙集八卷，（清）張鑑撰，民國四年吳興劉氏嘉業堂刊本。
《包世臣全集》，（清）包世臣撰，李星點校，《安徽古籍叢書》，黃山書社1993年版。
《海雅堂集》，一編六卷，二編十六卷，（清）凌揚藻撰，楊健主編《北京師範大學圖書館藏稀見清人別集叢刊》，廣西師範大學出版社2007年影印清刻本。
《續古文苑》，二十卷，（清）孫星衍編，孫星衍輯《平津館叢書》第4集，清嘉慶壬申（十七年）平津館刻本。
《全上古三代秦漢三國六朝文》，七百四十一卷，（清）嚴可均輯，光緒二十年廣雅書局王敏藻校刻本。
《全上古三代秦漢三國六朝文》，（清）嚴可均輯，中華書局1958年影印校補王敏藻校刻本。
《吳都文粹續集》，五十六卷，（明）錢穀輯，明稿本。

附 錄 二
近人論著徵引目

一　漢文

A

安喜萍：《衛輝歷代碑刻》，中州古籍出版社2013年版。

B

白淑春：《中國藏書家綴補録》，寧夏出版社2016年版。

C

陳夢家：《汲冢竹書考》，原載《圖書季刊》新五期二、三期（1944年），第97—141頁；收入《西周年代考·六國紀年》，中華書局2005年版，第173—190頁。

陳夢家：《六國紀年表叙》（原文《六國紀年表》，分叙、表二部分，後分爲兩文），原載《燕京學報》第34期（1948年），第165—191頁；收入《西周年代考·六國紀年》，中華書局2005年版，第59—82頁。

陳橋驛：《酈道元評傳》，南京大學出版社1994年版。

陳汝春、楊再立編著：《中日當代著名書法家集萃》，哈爾濱出版社1992年版。

陳振濂：《日本書法史》，《陳振濂學術著作集》，上海書畫出版社2018年版。

程平山：《傳奇的〈齊太公呂望表〉》，《光明日報》2016年9月24日第5版。

崔爾平選編點校：《明清書論集》，上海辭書出版社2011年版。

D

戴光中：《天一閣主——范欽傳》，浙江人民出版社2006年版。

鄧力群：《鄧力群贈書目錄岳麓書院御書樓藏》，湖南大學出版社1990年版。

杜彤華：《有力證明太公汲人的兩通碑刻——〈齊太公呂望表〉和〈重修太公祠碑〉》，杜彤華主編《牧野文化論文集》下冊《石刻文物卷》，內蒙古人民出版社2005年版，第26—32頁。

G

故宮博物院編，秦明主編：《內涵暨外延：故宮黃易尺牘研究國際學術研討會論文集》，故宮出版社2018年版。

郭寶鈞：《山彪鎮與琉璃閣》，科學出版社1959年版。

國家文物局主編：《中國文物地圖集·河南分册》，中國地圖出版社1991年版。

H

河南省文物局編：《河南碑志叙錄》，中州古籍出版社1992年版。

河南省文物局編，楊煥成、周到主編：《河南文物名勝史蹟》，中原農民出版社1994年版。

湖北省地方志編纂委員會：《湖北省志人物志》第2卷，光明日報出版社1989年版。

輝縣市史志編纂委員會編：《輝縣市志》，中州古籍出版社1992年版。

J

冀亞平、王巽文：《北京圖書館藏石刻叙錄（十一）》，《文獻》第18輯（1983年），第239—245頁。

冀亞平、賈雙喜編：《梁啓超題跋墨蹟書法集》，榮寶齋1995年版。

姜亮夫：《殷周三巨臣考》，王仲犖主編《歷史論叢》第2輯，齊魯書社1981年版，第95—114頁。

蔣善國：《尚書綜述》，上海古籍出版社1988年版。

K

鄭煒明：《況周頤先生年譜》，上海古籍出版社2009年版。

L

李紅軍：《"歷史從此找到了依據"——汲冢書系列之四　汲冢書的"墓主人"有懸念》，《大河報》2008年8月22日第A20版。

李青春：《"汲冢書遺址"有新發現》，《平原晚報》2009年8月15日第A6版。

李慶：《日本漢學史（第二部）：成熟和迷途》，上海人民出版社2010年版。

李慶：《日本漢學史（第三部）：轉折和發展》，上海人民出版社2010年版。

李士彪：《輯佚大家：嚴可均傳》，浙江人民出版社2008年版。

李新宇、周海嬰主編：《魯迅大全集》23《學術編　魯迅輯校石刻手稿　碑銘中　吕望表》，長江文藝出版社2011年版。

李怡山供稿，陳景秋整理：《汲縣經正書舍及其圖書館的始末》，政協河南省汲縣委員會、文史資料研究委員會編《汲縣文史資料》第1輯，1988年版，第33—37頁。

李志清：《姜太公廟》，中國人民政治協商會議衛輝市委員會學習文史委員會編《衛輝文史資料》第6輯，2000年版，第25—31頁。

李志清：《今昔姜太公祠》，中國人民政治協商會議衛輝市委員會學習文史委員會編《衛輝文史資料》第8輯，2005年版，第128—133頁。

梁啓超：《碑帖跋》，《飲冰室文集》之四十四（上），《飲冰室合集》第3冊，中華書局1988年版。

梁曉莊：《嶺南篆刻史》，嶺南文庫編輯委員會、廣東中華民族文化促進會合編《嶺南文庫》，廣東人民出版社2017年版。

劉樂善、譚羽亭主編，河南省衛輝市人民政府地名辦公室編《河南省衛輝市地名志》，河南省衛輝市人民政府地名辦公室1990年版。

劉紹唐主編：《民國人物小傳》第13冊，上海三聯書店2016年版。

劉尚恒、鄭玲：《安徽藏書家傳略》，黃山書社2013年版。

梁振亞：《亦談姜太公的籍貫》，政協河南省衛輝市委員會學習文史委員會編《衛輝文史資料》第4輯，1993年版，第93—103頁。

劉昭瑞：《宋代著錄石刻纂注》，北京圖書館出版社2006年版。

魯迅：《魯迅全集（編年版）》第1卷（1898—1919），人民文學出版社2014年版。

盧芳玉：《柯昌泗〈漢晉石刻略錄〉成書、體例及貢獻》，《中國典籍與文化論叢》第17輯，鳳凰出版社2015年版，第228—236頁。

欒鳳功：《"商盉堂"和它的主人》，諸城市政協學宣文史委員會編《諸城文史集粹》，2001年版，第832—837頁。

M

馬寶山：《書畫碑帖見聞錄》，《當代文物鑑定家論叢》，北京燕山出版社1996年版；又2009年第2版。

馬元材（非百）：《視察日記》，河南省政府秘書處編《河南政治月刊》第5卷第12期，民國二十四年，第17—19頁。

馬子雲、施安昌：《碑帖鑑定》，廣西師範大學出版社1993年版。

毛遠明：《漢魏六朝碑刻校注》（繁體版）第2冊，線裝書局2008年版。

N

倪惠穎：《孫星衍撰輯〈續古文苑〉的文壇意義》，《南京大學學報（哲學·人文科學·社會科學版）》2009年第5期，第60—66頁。

S

沈建中編撰：《施蟄存先生編年事錄》，上海古籍出版社2013年版。

施安昌：《馬子雲先生學術經歷片斷回顧》，《善本碑帖論稿》，上海書畫出版社2017年版，第321—334頁。

施蟄存：《水經注碑錄》，天津古籍出版社1987年版。

宋慈報原著，項士元審訂：《兩浙著述考》，浙江人民出版社1985年版。

孫俊卿：《汲冢簡介》，政協河南省衛輝市委員會文史資料委員會編《衛輝文史資料》第2輯，1989年版，第20—21頁。

孫俊卿：《姜太公的籍貫在衛輝》，政協河南省衛輝市委員會學習文史委員會編《衛輝文史資料》第3輯，1991年版，第96—103頁。

W

王繼光：《敦煌唐寫本〈六韜〉殘卷校釋》，《敦煌輯刊》1984年第2期，第25—52頁。

王紹曾、沙嘉孫：《山東藏書家史略》（增訂本），《儒學與山左學術叢書》，齊魯書社2017年版。

王維樸：《東武王氏商盉堂金石叢話》，《東方雜誌》民國十九年第二號，第55—65頁。

王錫榮、喬麗華選編：《藏家魯迅》，上海文化出版社2009年版。

王重民：《周書考》，原載天津《大公報》副刊《文史週刊》第三十三期（一九四七年七月十一日），收入氏著《冷廬文藪》，上海古籍出版社1992年版，第42—44頁。

衛輝市地方史志編纂委員會編：《衛輝市志》，生活・讀書・新知三聯書店1993年版。

衛輝市地方史志編纂委員會編，姚航主編：《衛輝市志1989—2000》，中州古籍出版社2008年版。

吳世勣：《河南》，中華書局民國十六年版。

X

希文：《〈朱翼厂先生百歲誕辰紀念集〉書後》，《圖書通訊》1987年第1期。

新鄉市地方史志編纂委員會編：《新鄉市志》，生活・讀書・新知三聯書店1994年版。

杏林：《中國法帖史》，山東美術出版社2010年版。

徐自强、吳夢麟：《古代石刻通論》，紫禁城出版社2003年版。

Y

楊國棟：《散見黃易尺牘叢考》，故宮博物院編，秦明主編《內涵暨外延：故宮黃易尺牘研究國際學術研討會論文集》，故宮出版社2018年版，第82—92頁。

尹一梅：《故宮藏與黃易相關之晉唐碑帖拓本概述》，故宮博物院編，秦明主編《內涵暨外延：故宮黃易尺牘研究國際學術研討會論文集》，故宮出版社2018年版，第168—189頁。

于長鑾、劉震主編：《金石學家吳式芬》，《齊魯人文叢書》，中國文史出版社2005年版。

岳陽市地方志辦公室編：《岳陽市志》，中央文獻出版社2004年版。

Z

張同禮：《我所知道的方若》，中國人民政治協商會議天津市委員會、文史資料研究委員會編《天津文史資料選輯》第 18 輯，天津人民出版社 1982 年版，第 189—201 頁。

張彥生：《善本碑帖錄》，中華書局 1984 年版。

張元善：《我的父親張彥生》，《我與二百年老店》，中國商業出版社 2011 年版，第 2—6 頁。

趙榮、楊正泰：《中國地理學史（清代）》，商務印書館 2006 年版。

鄭伯銘：《抗日戰爭前汲縣小學教育情況》，中國人民政治協商會議衛輝市委員會學習文史委員會編《衛輝文史資料》第 8 輯，2005 年版，第 95—97 頁。

政協新鄉市文史資料委員會編：《新鄉文史資料》第 6 輯《新鄉歷代名勝詩選》，1992 年版。

中國第二歷史檔案館整理：《北洋政府公報》第 118 冊，上海書店 1988 年影印本。

中國美術全集編輯委員會編，王靖憲主編：《中國美術全集》第 55 冊《書法篆刻編 2 魏晉南北朝書法》，人民美術出版社 1986 年版。

中國美術全集編輯委員會編，王靖憲主編：《中國美術全集》第 55 冊《書法篆刻編 2 魏晉南北朝書法》，人民美術出版社 2006 年第 2 版。

中國書法博物館編委會編纂：《中國書法博物館》第 2 卷，海燕出版社 2003 年版。

中國語言學會《中國現代語言學家傳略》編寫組：《中國現代語言學家傳略》第 2 卷，河北教育出版社 2004 年版。

仲威：《中國碑拓鑑別圖典》，文物出版社 2010 年版。

仲威：《魏晉碑刻善拓過眼之六》，《書法》2013 年第 12 期。

仲威：《善本碑帖過眼錄》（續編），文物出版社 2017 年版。

周永貞：《陳夢家傳略》，《中國現代社會科學家傳略》第 6 輯，山西人民出版社 1985 年版。

朱家濂：《先父翼厂先生年譜長編》，政協浙江省蕭山市委員會文史工作委員會編《蕭山文史資料專輯》第5輯《朱翼厂先生史料專輯》，1993年版，第139—191頁。

朱希祖：《汲冢書考》，中華書局1960年版。

朱翼盦：《歐齋石墨題跋》，書目文獻出版社1990年版。

朱正：《魯迅傳》（修訂本），人民文學出版社2018年版。

二 日文文獻與譯文

伏見沖敬：《中國書法史》，竇金蘭譯，天津人民美術出版社2000年版。

京都大學人文科學研究所編：《京都大學人文科學研究所藏魏晉碑刻文字拓本》，京都大學人文科學研究所網站。

井波陵一：《人文科學研究所所藏石刻資料について》，《中國石刻文獻研究國際ワークショップ報告書》，京都大學人文科學研究所2007年版，第53—70頁。

三國時代の出土文字資料班：《魏晉石刻資料選注》一四《齊大公呂望表》，《京都大學人文科學研究所研究報告》，京都大學人文科學研究所2005年版，第40—52頁。

神田喜一郎：《汲冢書出土始末考》，原載《支那學》第一卷第二、三号，大正九年（1920年）；收入《神田喜一郎全集》，京都：株式会社同朋舍，昭和六十一年（1986年），第1卷，第259—276頁；又載江俠庵編譯《先秦經籍考》，商務印書館民國二十二年版，下冊，第289—303頁。

淑德大学書学文化センター編：《淑德大学書学文化センター藏中国石刻拓本目錄》，平成二十六年（2014年）版。

小川琢治：《穆天子傳考》，《狩野博士還曆紀念支那學論叢》，弘文堂昭和三年（1928年）版；又載江俠庵編譯《先秦經籍考》，商務印書館民國二十二年版，下冊，第93—254頁。

玉村清司編：《宇野雪村文庫拓本目錄》，大東文化大學書道研究所平成十六年（2004年）版。

真田但馬、宇野雪村：《中國書道史》，昭和四十二年（1967年）版。

真田但馬、宇野雪村：《中國書法史》，瀛生、吴緒彬譯，人民美術出版社1998年版。

中西慶爾：《中国書道辞典》，木耳社1981年版。

索 引

A

安徽藏書家傳略　136，137，141，376

安徽古籍叢書　90，99，217，245，362，367，372

安徽古籍叢書編審委員會　90，184，334，366

安釐王冢　92，96，98，127，161，183，298，300，312，315，318，332

安喜萍　6，31，121，167，168，278，279，295，342，346，373

B

八分書　6，8－12，16，17，22，54，62，63，69，73，79，80，83，91，97，100－102，109，111，119，135，188，214，215，225，234－236，258，341

八蜡廟　22，23，51，58，59

八瓊室金石補正　102，153，239，253，344，363

跋太公呂望表　103，104，177，322

白淑春　135，373

百舉齋印譜　109

百衲本二十四史　352

班固　144，352

包世臣　57，99，164，189，367，372

包世臣全集　99，189，367，372

保存　1，21，23，26，234，255，267，269，271，273，283，340，343，345

寶刻叢編　360

抱經堂叢書　349，354

抱經堂文集　24，66，68，180，330，371，372

鮑彪　326，355

碑側　6，8－10，16－18，28，64，69，73，83，100，102，132，136，155，215，225，235，276，340，341

碑額　5，6，9，75，133，149，154，159，160，191，193，195，202，206，207，228，230，260，271，340

碑刻斷裂　212，260，342

碑刻拓片　30

碑身　5，6，150，160，162，340

碑藪　43－45，360

碑帖跋　121，124，125，201，376

碑帖鑑定　8，9，13，32，71，73，121，132，133，151，159，160，166，174，194，195，197，207，208，210，211，238，276，342，377

碑帖鑑定淺説　159

碑文　1，2，5，6，11，13，18，31，32，35，37，43，44，51，57－59，79，83，86，90，91，93，95，108，119，120，136，149，152，154，155，158，162，164，168，173－177，180，188－190，193，194，199，206，216－219，230，234，245，248，249，252，255，259，263，271，277，282－284，289－291，294，296，298，300，303，304，309，327，329，331，340，342－345，347

碑文復原　199，282，283，294，340，345

碑陽　6，8，10－13，15，64，71，105，128，158，159，194，195，207，238，254，271，282，289，340，341

碑陰　6，8，9，12－18，25－28，63，64，70，71，73，75，79，83，100，102，105，106，111，113，116－118，122，123，128，131－134，136，150，152，155，158－162，192，194，195，203，207，208，215，218，225，229，236，238，241，254，268，269，273，276，277，340，341

碑制　5，340

碑傳集　80，94，100，125，355

碑傳集補　94，355

北京故宮博物院　12，70－72，139，140，152，216，222，235－237，282，344，351

北京師範大學圖書館藏稀見清人別集叢刊　372

北京圖書館藏石刻叙録（十一）　14，26，84，110，117，121，126，149，150，202，224，238，270，375

北京圖書館藏珍本年譜叢刊　51，355

北京圖書館藏中國歷代石刻拓本
　彙編　2，3，5－7，18，20，
　34，85，121，126，149，150，
　176，178，225，227，284－286，
　291，311，313，327，340，350，
　352
北京圖書館金石組　2，3，5－7，
　20，34，85，121，149，150，
　176，178，225，227，284－286，
　291，311，313，350，352
北京政府內政部　26
北史　18，34，75，353
北堂書鈔　128，298，310－312，
　369
北魏　33，49，62，67，113，130，
　189，268，325，359
北魏汲縣齊太公廟碑跋　24，57，
　67，68，180，303，329，330，347
北洋政府公報　126，379
比干廟碑錄　130
畢沅　12，24，57，59，68，69，
　74－76，97，154，157，341，358，
　361
邴勤　2，33，153，296，304，305，
　321
博物記　60，61，80，115，176，
　321，324，325，347

C

藏家魯迅　122，277，377

曹昭　43，44，361
長安史蹟叢刊　357
朝吏　3，154，226，240，243，
　245，249，256，265，272，284，
　290，303
陳逢衡　57，94，95，184，185，300，
　334，335，338，347，353
陳鳳鳴　316
陳漢章　366
陳鑑　43－45，360
陳建敏　370
陳景超　47，371
陳景秋　27，30，375
陳鉅昌　54
陳夢家　121，145－147，186，187，
　337，373
陳夢家傳略　145，379
陳夢雷　56，62，63，369
陳橋驛　2，33，321，359，373
陳汝春　171，374
陳思　34，39，360
陳霆　43，47，48，183，333，368，
　371
陳霆傳　47
陳霆生卒年商兌　47
陳文伯　121，129，140－142，151，
　164，166，171，194，197，207，
　210，223，233，343，351
陳文和　8，50，77，78，175，223，
　355，359，361，367，372

陳耀文 43，48，49，368，369
陳振濂 171，374
陳振濂學術著作集 171，374
成王 40，55，93，101，108，115，147，178－181，248，300，303，307，308，328－331，347
程平山 374
程啓朱 58，317，358
程瑶 156，188，338
崇善樓筆記 121，147－149，193，194，205，206，230
崇聖祠 27
疇隱居士自訂年譜 84，356
初學記 298，312，369
楚辭 115，144，370
楚辭補注 326，327，370
楚辭集注 370
楚辭校補 371
楚辭章句 301
楚南草 81
處士 13，15，106，132，341
傅奇的〈齊太公呂望表〉 374
春秋 110，226，240，244，246，250，258，265，272，281，291，294，301，306，308，338，339，341，347，349
春秋後序 110，128
春秋經傳集解 349
春秋正義 349
春秋傳 104，301，302

春秋左傳序 299，300
春秋左傳正義 298，300，310，349
春雨樓叢書 119，258，363
慈淑樓叢帖 148，149，158，193，205，206，230－232，350
叢書集成初編 353
爨寶子 120，131
崔雪堂繡 91，217
崔瑗 2，23，33，34，45，54，59，60，61，64，66，80，87，95，103，115，153，154，158，160，176，214，296，304，305，317，318，321，322，324，340，346
崔瑗碑 45，296，346
翠琅玕館叢書 62，329，361

D

大成殿 27，29
大德 41
大定 18，34
大公報 143，145，336，377
大河報 316，375
大梁冢 315，316
大糧冢重修天仙廟碑記 316
大明一統志 43，44，357
大瓢偶筆 63
大瓢所論碑帖纂列總目備覽 6，12，16，63

待訪目　365
戴光中　49，374
戴枚　49，357
丹鉛錄　45，47，48
丹鉛餘錄　45，46，368
丹鉛總錄　47，368
丹鉛總錄校證　47，368
當代文物鑑定家論叢　234，376
道光　10，12，14，24－26，60，64，69，80，83－85，87，90－92，94－100，102，104，107－112，116，117，119，128，133，148，150，159，160，179，192，193，195，205，206，208，215，217，218，220，230，235，242，249，250，252，260，263，266，267，269，271，276，282，292，322，328，341，344，345，357，360－363，366，370，372
道光拓本　98，160，165，166，195－197，208－210，212，218，260，267，269，342－345
德昌　59，358
德清圖書館　47，371
德清縣志　47
鄧力群　82，374
鄧力群贈書目錄　岳麓書院御書樓藏　82，374
地望　146，174，176，199，309，313，319，340，346

典祀　3，226，240，243，245，249，256，265，272，284，290，303，305
丁福保　7，57，83－85，150，222－224，227，271，282，283，285，343，350，356
冬青館集　57，98，372
東方雜誌　137，204，377
東漢　2，144，158，161，297，305，319，325，340
東昌鄉　60，80，176，321，324－326，347
東魏　18，34，61，77，79，112，122，123，131，143，155，158，188，219，267，272，277，341，352
東武王氏商盉堂金石叢話　121，137，204，211，377
董廣川　105，132
董沛　49，357
董迪　21，24，34，36－38，75，100，174，175，212，282，288－290，313，345，346，367
董增齡　354
竇金蘭　169，380
都穆　43，360
獨斷　299
獨笑齋金石攷略　107，108，181，303，330，331，347，364
讀史方輿紀要　357

索　引　387

杜昆　23, 59, 214, 317, 318, 358
杜彤華　323, 374
杜宣　2, 33, 64, 87, 153, 163, 296, 304, 305, 321
杜預　36, 81, 110, 146, 156, 175, 187, 188, 298, 299, 302, 306 - 308, 310, 313, 324, 337, 338, 349
杜詔　325, 358
端方　114, 129
斷碑　4, 22, 23, 42, 43, 51, 69, 213 - 215, 236, 341
斷代　1, 71, 129, 190, 191, 199, 200, 202, 211, 212, 238, 340, 342
段熙仲　2, 33, 321, 359
段玉裁　350
敦煌輯刊　145, 377
敦煌唐寫本〈六韜〉殘卷校釋　145, 377

E

爾雅注疏　349
二銘艸堂金石聚　13, 16, 57, 104 - 106, 132, 222, 239, 253 - 255, 259, 282, 344, 363, 364
二十四史修訂本　33, 323, 352, 353

F

范邦甸　43, 49, 359

范鼎卿　27, 130, 275, 276, 365
范懋敏　359
范欽　43, 49, 50, 78, 223, 343, 359, 374
范氏天一閣碑目　43, 49, 50, 78, 223, 359
范陽　3, 30, 33, 54, 62, 64 - 67, 75, 77, 80, 86 - 88, 95, 105, 131, 132, 154, 160, 161, 163, 226, 240, 243, 245, 249, 256, 265, 271, 283, 284, 290, 296, 303, 304, 321, 322
范曄　352, 353
方若　9, 11, 14, 17, 57, 117, 118, 129, 147, 148, 190, 191, 193, 200 - 202, 205, 211, 223, 228, 230, 262, 263, 266, 342, 343, 365, 378
方以智　43, 53, 54, 94, 185, 300, 335, 368, 371
方以智全書　54, 368, 371
房玄齡　128, 298, 309 - 313, 353
豐家驊　47, 368
封丘令王元賓碑　308
馮敏行　25, 82, 154, 216
馮雲鵬　57, 95, 96, 189, 217, 239, 249 - 252, 300, 344, 363
馮雲鵷　57, 95, 96, 189, 217, 249 - 252, 300, 363
鳳枝之印　108, 109, 138, 167,

198, 211, 231

伏見沖敬 168-170, 380

郙休碑 120, 131

府署 12, 18, 22, 24, 28, 30, 61, 66, 69, 74, 132, 151, 207, 214-216, 235, 239, 276, 341, 344

府廨 23, 25, 82, 102, 105, 131, 132, 136, 154, 158, 161, 216

府治 10, 17, 22-24, 51, 58, 59, 69, 70, 151, 207, 214, 215, 235, 236, 341

府治賓館 22-24, 51, 58, 59, 214, 341

復原 199, 282, 283, 294, 295, 340, 345, 346

傅增湘 356

G

甘儒（羅繼祖） 133, 356

高等小學校（縣立第二小校） 26, 27, 127, 130

高誘 143, 297, 319, 320, 346, 368

高宗 21, 34, 36, 37, 39, 212

格古要論 43, 44, 361

功曹 2, 12-15, 33, 64, 79, 87, 106, 118, 132, 153, 155, 296, 304, 305, 321, 341

共縣 21, 36, 53, 212, 288, 289

古代石刻通論 14, 26, 110, 117, 121, 126, 149, 202, 224, 238, 270, 378

古今石刻碑帖目 43, 360

古今圖書集成 62, 63, 369

古墨齋金石跋 57, 90, 91, 152, 188, 217, 245, 362

古錢大辭典 84

古文瑣語 92, 183, 333

古文周書 146, 186, 187, 337

古香齋袖珍十種 369

古志匯目 130

故宮博物院 71-73, 129, 139, 140, 142, 151, 152, 159, 163, 194, 207, 223, 233, 236, 237, 343, 378

故宮藏與黃易相關之晉唐碑帖拓本概述 71, 72, 236, 237, 378

故宮書畫館·第七編 70, 216, 236, 370

顧鼎梅 133, 160, 195, 208, 276

顧廣圻 7, 57, 83-85, 150, 222, 224, 227, 271, 285, 350

顧千里 140, 150, 166, 167, 197, 198, 210-212, 223-225, 282, 283, 342, 343

顧千里印 84, 150, 224

顧氏所收石墨 84, 150, 224

顧燮光 15, 17, 18, 27, 28, 121, 127, 130-132, 273, 275, 276,

341，345，365
顧炎武　22，43，54，55，152，154，176，178，179，223，224，291，303，327，328，343，346，347，350，356，361
顧炎武全集　22，55，176，179，223，224，291，328，350，356，361
顧祖禹　64，357
關右經籍考　83
關中金石記　74
關中金石文字逸存考　108，109，364
觀妙齋藏金石文考略　62，361
光明日報　135，374
（光緒）鄞縣志　49，357
光緒宣統民國初拓本　343，345
廣川書跋　21，24，34，36－38，45，53，75，81，86，100，132，154，162，174，175，212，282，288－290，302，313，345，346，367
廣東中華民族文化促進會　109，376
廣韻　87
癸巳存稿　57，87，88，90，184，334，366
郭寶鈞　319，374
郭孔延　43，51，52，182，332，355，366

郭璞　146，187，299，337，349，370
郭顯卿　104
郭昭卿　37，53，105，302
郭忠恕　307，350
國家清史編纂委員會・文獻叢刊　371
國家文物局　151，314，374
國老　2，33，64，87，153，296，304，305，321
國語　89，96，146，186，296，300，301，304－306，337，354
國語正義　354

H

海内古籍孤本稀見本選刊　96，217，363
海曲縣　60，80，176，321，324，325，347
海雅堂集　100，372
寒山堂金石林時地考　360
韓詩外傳　67，115，180，304，327，329
韓詩外傳集釋　327，348
韓詩外傳箋疏　348
韓嬰　62，179，329，348
汗簡　307，350
漢晉石刻略錄　142，366，376
漢令　37，53，104，105，132，302
漢書　144，297，302－304，308，

352

漢書・東方朔傳　115

漢書補注　352

漢魏六朝碑刻校注　1，121，164，199，295，346，377

漢志　114，145，156，186，188，336，338

何伯瑜　110，126，150，202，238

何昆玉　57，109，110，121，124－126，150，201，202，238，271，282，344，351

河井荃盧　169，255，365

河南　6，9，11，12，14，16，17，24，25，27－30，41，44，48，50，52，53，56－58，61，63，69，74，80，81，83，91，100－102，109，116，118，119，121，130，135，136，138，142，147，150－152，158－160，162，163，169，170，190，195，207，212，214，215，217，225，234，235，258，275，314，315，324，341，351，357，374，375，377

河南碑志敘錄　6，11，16，121，158，374

河南博物館　319

河南古蹟研究會　319

河南古物調查表證誤　27，121，127，130，276，365

河南省古物調查表　121，126

河南省衛輝市地名志　376

河南省衛輝市人民政府地名辦公室　376

河南省文物局　6，11，16，31，121，158，341，374

河南省政府秘書處　29，376

河南文物名勝史蹟　31，342，374

河南政治月刊　29，376

河朔碑記　121，130，133，160，195，208，273，275，276，345

河朔訪古隨筆　27，121，130，131，276，365

河朔訪古新錄　15，17，18，27，28，121，130－132，273，275，276，345，365

河朔古蹟圖識　27，130，276，365

河朔金石目　27，121，130，131，276，341，365

河朔新碑目　130

賀次君　324，356，357

洪興祖　326，327，370

洪頤煊　10，57，92－94，185，246，248，249，300，335，338，347，362，370

洪頤煊集　94，185，248，335，370

侯大節　22，23，43，51，214，317，357，358

後漢書　115，142，306，324，325，352

後漢書集解　353

索　引　391

後魏太公呂望碑　81，175，176
胡燠　40，368，369
胡三省　146，187，337
胡思敬　40，368，369
湖北省博物館　13，113，218，219，
　　268，351，360
湖北省地方志編纂委員會　135，374
湖北省志人物志　135，374
華東師範大學古籍所　55，176，179，
　　224，291，328，350，356，361
淮海題跋　53
淮南鴻烈集解　297，320，368
淮南鴻烈解　320，346，368
桓譚　115
寰宇訪碑録　8，9，17，57，82，
　　83，100，102，112，118，121，
　　136，155，225，267，361
寰宇訪碑録校勘記　121，136
寰宇貞石圖　5，6，57，112－114，
　　160，161，169，219，222，255，
　　256，268－270，273－275，282，
　　345，364
皇覽　86，322
皇清經解　60，177，325，350
黄伯思　36，104
黄德寬　54，368，371
黄懷信　354
黄丕烈　354，355
黄珅　22，55，176，179，224，291，
　　328，350，356，361

黄叔璥　57，65，366
黄樹榖　68
黄小松　8，12，13，17，70，71，
　　73，74，79，80，97，121，136，
　　139，140，159，160，188，194，
　　195，207，208，211，216，219，
　　235，236，238，242，342，351
黄小松拓本　12，16，71，212，238，
　　342
黄延祖　349
黄易　8，10，12，17，24，25，31，
　　57，64，68－74，140，141，151－
　　153，164，171，194，207，214－
　　216，222，232，234－237，244，
　　254，282，341，343，344，356，
　　362，363，370，374，378
黄焯　349
輝縣市　315
輝縣市史志編纂委員會　315，375
輝縣市志　315，316，375
徽宗　21，36，37，48，212
蕙風詞話　129
獲嘉縣　315，316，358
獲嘉縣志　315，316，358

J

稽瑞　146，187，337
激素飛青閣評碑記　112，113，189，
　　267，268
汲城　34，64，88，314，316－

319

汲城村　157，298，314，316，319

汲城三村　316

汲服龍　14，25，27，111，116，131，155

汲郡　2，18，22，23，33，34，37，40，51，53，54，58，59，75，77，78，81，86，92，95，96，98，105，110，127，128，132，161，175，183，296，298，300，304，310－313，315，318，321，332，341

汲郡竹書　146，187，337

汲令　3，22，30，33，44，51，54，58，59，62，64，66，67，71，75，77，79，80，87，88，95，103，105，131－133，154，158，160，161，163，192，203，214，226，228，238，240，243，245，249，256，261，263，265，271，283，284，290，296，303，304，321，340，344

汲人　2，33，86－88，103，153，158，161，177，296，297，304，305，319－323，374

汲水鎮第一完全小學　30

汲縣　6，8－12，14－17，21，22，24－26，28－30，33，36，39，40，41，44，45，47，51，54，60－64，66，69，73，75－81，83，86，87，92－94，98，100－103，105，109，111，112，115，116，118，119，123，126－128，130－132，135，138，142－144，150－160，162，163，169，170，177－179，183－187，190，195，207，212，214－217，225，234，235，248，249，258，267，296，298，300，304，310，311，313，314，317－323，325，328－330，332，334－336，338，340，341，346，379

汲縣今志　28，29，121，138，139，314，358

汲縣經正書舍及其圖書館的始末　26，27，29，30，375

汲縣文史資料　27，30，375

汲縣縣令　1－3，5，156，187，304，338，340

汲縣訓導　25，81，154，216，341

汲塚　56，92，183，317，318，333

汲冢　36，53，56，83，94，96，98，99，103，111，114，123，127，128，143－146，156，174，176，183－188，199，298，300，309，313－316，318，319，333，334，336－338，346，347

汲冢懷古　314

汲冢簡介　314，315，377

汲冢師春　146，187，337

索　引

汲冢書　1，4，22，32，36，43，77，81，92，104，110，114，154，174，183，185，213，301，309，313，316，333－336，340，341，375

汲冢書出土始末考　380

汲冢書考　380

"汲冢書遺址"有新發現　316，375

汲冢瑣語　92－94，183，185，248，300，332，335，338，347

汲冢周書　83，146，155，184，187，318，334，337

汲冢竹書　4，43，54，66，98，128，146，155，187，298，309，313，337，346

汲冢竹書考　121，145－147，373

棘津　60，62，67，80，88，176，179，180，304，321，324－327，329，347

集古錄　35

集古求真　11，121，128，129，191，202，211，365

集古求真補正　128，366

集古求真續編　128

集古印譜　84

集虛草堂叢書甲集　137

輯佚大家：嚴可均傳　246，375

籍貫　32，54，62，80，86，103，115，121，157，158，174，176，177，199，309，319，323，340，346，376，377

戟門　27

濟南府志　95

濟南金石志　95

濟寧金石志　95

紀年　36，37，40，54，60，89，93，95，96，98，101，110，114，115，146，178，179，185，187，226，240，242，245，248，249，251，255，265，271，283，284，287，289，290，295，300－302，318，327－329，335，337，339，347

祭祀　2，4，22，42，214，304，305，317，340，341

冀亞平　14，26，84，110，117，125，126，149，150，201，202，224，238，270，375

嘉定錢大昕全集　8，12，50，77－79，175，188，223，355，359，361，367，372

嘉靖　43，45－50，333，354，361，368

嘉慶　8－14，17，18，25，26，28，30，31，49，56，57，64，68－71，73，74，76，80－84，86，88，90－95，98－102，105，106，109，113，117－119，125，126，129，131－133，136，140，141，148，150－152，154，158－

161，165，171，183，191－196，
200－202，205－209，214－222，
224，225，230，232，235，236，
238，239，241，242，245，246，
248，249，252，254，255，260，
262，263，266，269，276，291，
300，322，333，335，341－343，
350，353－355，357，359，361，
362，369，370，372
嘉慶重修一統志　57，64，357
嘉慶四年秋八月以後有刻跋拓本
　239，343，344
嘉慶四年秋刻跋　219，343
嘉慶拓本　165，166，196，197，209，
　210，212，218，260，261，342
（嘉慶）新市鎮續志　47
賈公彥　348
建甯太守爨寶子碑　120
建炎　21，34，36，212
姜殿揚　366
姜亮夫　121，147，181，303，331，
　347，375
姜太公的籍貫在衛輝　121，157，
　158，177，323，377
姜太公廟　31，323，375
將軍　13，15，18，34，75，106，
　120，132，304，341
江俠庵　168，380
蔣善國　121，155，156，187，188，
　337，338，375

蔣廷錫　62，64，357，370
焦循　349
校碑隨筆　9，11，14，17，57，
　117，118，122，129，147－155，
　159，160，190，191，194，195，
　200－202，207，208，211，212，
　223，228，262，266，272，277，
　342，343，365
校碑隨錄　159
校勘記　121，136，368
校勘續記　368
校注　35，107，108，164，190，
　282，295，311，312，326，340，
　345，346，355，357，367，369，
　371
今昔姜太公祠　323，376
金石備攷　43，52，360
金石傳拓技術　159
金石萃編　9，57，83，84，86，
　87，95，102，103，133，134，
　153，154，158，163，164，177，
　184，191，192，203，204，216，
　217，228，239－242，244－246，
　251－253，260，322，334，344，
　362
金石分地編目　57，116，364
金石後録　8，79
金石匯目分編　57，99，100
金石林時地考　43，360
金石録　34－36，39，40，45－

索　引　395

47，52，77，81，102，119，
　127，154，161，175，178，181，
　182，253，258，259，282，285，
　287，289，302，328，331，332，
　345，346，360
金石錄補　56，59，60，178，179，
　303，327，328，347，363
金石錄後序　35
金石錄校證　35，36，287，289，
　360
金石錄序　35
金石略　39，154
金石三跋　57，80，81，175－177，
　235，313，321，322，361
金石索　57，95，96，189，217，
　218，239，249－252，300，344，
　363
金石文鈔　57，90，91，362
金石文字跋尾　56，57，61，62，
　76，179，329，361
金石文字辨異　83
金石文字記　22，43，45，54，55，
　62，86，95，152，176，178，
　179，303，327，328，347，361
金石續鈔　57，90，91，188，217，
　239，245，247，259，344，362
金石續錄　18，28，56，61，132，
　276，361
金石學家吳式芬　100，378
金石友　34，360

金石志　101
金文明　35，36，287，289，360
金薤琳琅　43，360
金運昌　70，216，236，370
金妝天仙關帝廣生碑記　316
津沽　15，134
近代　1，26，32，121，199
近拓（清末民初的拓本）　118，
　129，134，148，152，159，191－
　195，200，202－208，211，212，
　228，230，241，261－263，266，
　292，342，351
晉春秋　338，347
晉汲縣齊太公二碑跋　62，176，
　179，328，329
晉汲縣齊太公里表跋　23，57，66
晉汲縣太公表　95，189，217，251，
　252
晉紀　37，53，77，81，128，175
晉立太公呂望表　90，155，188
晉盧无忌建太公表　80，177，322
晉書　77，78，87，120，127，128，
　146，297，298，303，310－313，
　353
晉書·束晳傳　78，89，92，96，
　110，114，128，161，175，183，
　300，312，318，332
晉書·武帝紀　78，154，161，175，
　309，310，313
晉書斠注　121，127，128，353

晉太公碑　10，35，36，40，52，
　　59，60，127，128，154，181，
　　182，285，287，289，290，302，
　　328，331，332，345，346
晉太公呂望表　6，10，11，16，17，
　　55，69，98，158，215，218，224，
　　235，292，293
晉太公呂望表跋　110，114，115，
　　177，178，185，301，323，335，
　　336，347
晉武帝　1，5，62，73，81，120，
　　155，175，298，304，313，340
晉修太公墓碑　52，53
晉諸公讚　298，312，313
京都大學人文科學研究所　173，
　　222，274，280，281，352，380
京都大學人文科學研究所藏清末民
　　國初拓本　274，281，345
京都大學人文科學研究所藏魏晉碑
　　刻文字拓本　168，173，281，380
京都大學人文科學研究所研究報告
　　173，380
經典集林　57，92-94，185，246，
　　248，249，300，335，347，370
經典釋文　306，308，349
經典釋文彙校　349
經訓堂叢書　24，74，75，361
經義考　61
經正書舍　26，27，29，30，341，
　　375

井波陵一　173，281，380
景印文淵閣四庫全書　46，48，55，
　　58，61，64，318，325，357，
　　358，367，368
九級浮圖碑　27
九家舊晉書輯本　353
九章・惜往日　326，327
舊新唐志　92，183，333
莒國　326，347
攈古錄　57，99，100，363
攈古錄金文　99

K

衍石齋記事續稿　57，102-104，
　　177，322，366
康王　36，37，40，46-48，54，
　　55，60，62，67，89，93，96，
　　101，107，108，114，115，147，
　　178-181，226，240，242，245，
　　248，249，255，265，271，283，
　　284，287，289，290，295，303，
　　327-331，347
（康熙）大清一統志　357
（康熙）德清縣志　47
（康熙）汲縣志　358
（康熙）宛平縣志　52，357
抗日戰爭　29
抗日戰爭前汲縣小學教育情況
　　31，379
考定竹書　57，64，65，95，183，

300, 333, 353

柯昌泗　120, 142, 366, 376

柯昌泗《漢晉石刻略錄》成書、體例及貢獻　142, 376

珂羅版印羅振玉舊藏明拓本　149, 206, 231, 350

柯劭忞　142, 353

柯愈春　63, 371

刻跋　8, 13, 25, 57, 71, 81, 82, 84, 91, 110, 113, 118, 119, 126, 133, 148, 150–152, 159–161, 165, 169, 171, 191, 192, 195, 196, 201, 202, 206–209, 216, 217, 219, 224, 235–239, 245, 246, 252, 254, 255, 259, 260, 262, 264, 266, 271, 276, 341, 343–345

孔安國　348

孔晁　354

孔叢子·計問篇　115

孔廣陶　311, 312, 369

孔廟　31, 158, 239, 344

孔廟學宮　25, 81, 216, 341

孔羨　99, 189

孔穎達　298–300, 310, 348, 349

會稽　2, 33, 54, 64, 80, 87, 95, 99, 103, 109, 130, 153, 163, 189, 296, 297, 304, 305, 321, 355, 364

況周頤　117, 121, 129, 140, 142, 152, 194, 207, 223, 233, 343, 351, 375

況周頤先生年譜　117, 129

困學紀聞　34, 39, 40, 54, 101, 115, 178, 180, 327–329, 347, 368

困學紀聞注　40, 178, 328, 368

括地志　76, 302

L

來濟　43, 52, 360

琅邪國　60, 176, 324, 325, 347

冷廬文藪　145, 186, 336, 378

離騷　301, 326

蠡勺編　57, 100, 101, 178–180, 303, 327, 329, 347

李白　62, 67, 179, 180, 329

李奠　319

李昉　312, 369

李光暎　62, 361

李國松　108, 121, 137, 138, 166, 167, 197, 198, 210, 211, 223, 231, 232, 282, 343, 350

李紅軍　316, 375

李吉甫　342, 356

李開泰　52, 357

李敏修　26, 29, 341

李青春　316, 375

李清照　35, 371

李清照集校注　35, 371

李慶　168，169，375
李石　89
李士彪　246，375
李賢　43，44，352，353，357
李新宇　15，124，273，274，375
李學勤　354
李延壽　353
李怡山　26，27，29，30，375
李元滬　25，57，81，82，105，132，136，140，141，148，151，152，154，158，161，165，193，194，196，205，207，209，216，230，232，239，341，344
李震　25，57，81，82，105，131，132，148，152，154，158，161，165，193，196，205，209，216，230，239，341，344
李之勤　108，357
李志清　31，323，375，376
李忠節　358
李佐賢　64，70，216，236，357，370
禮記集解　349
禮記正義　305，348
歷代山陵考　43，50，51，359
"歷史從此找到了依據"——汲冢書系列之四　汲冢書的"墓主人"有懸念　316，375
歷史論叢　147，181，303，331，375

曆亭寓公　110，126，150，202，238
隸篇　10，57，97，98，218，291-293，346，363
隸篇金石目　10，97，218
隸書　5，6，9，11，14，16，24，65，68，75，95，118，129，150-152，158-163，165，194-196，207，209，340，341
酈道元　2，3，5，33，155，321，359，373
酈道元評傳　33，373
連筠簃叢書　366
梁啟超　19，20，109，110，121，124-126，150，201，202，238，271，282，286，344，351，376
梁啟超題跋墨蹟書法集　125，201，375
梁曉莊　109，376
梁運華　54，320，355，368
梁振亞　323，376
兩山墨談　43，47，48，183，333，368
兩浙金石別錄　130
兩浙著述考　34，360，377
列女傳·齊管妾語　115
鄰蘇老人年譜　112，356
鄰蘇園藏書目錄　13，57，112，113，218，219，268，360
凌揚藻　57，100，101，178-180，

327，329，372

嶺南文庫　109，376

嶺南文庫編輯委員會　109，376

嶺南篆刻史　109，376

令狐德棻　353

留黎廠　15，122，272，273，277

劉安　368

劉承幹　128，353

劉廣　146，187，337

劉惠之　129，140，142，152，194，207，223，233，343，351

劉樂善　376

劉青藜　28，56，61，79，155，361

劉尚恒　136，137，141，376

劉紹唐　143，376

劉聲木　121，136

劉文典　320，368

劉熙載　57，106，107，152，190

劉熙載文集　107，367

劉向　325，355，367

劉昭　60，80，115，176，321，324，347，353，376

劉昭瑞　121，162，163，376

劉震　100，378

劉正成　121，163，164，171，172，262，264，351

劉知幾　52，182，332，338，339，347，366

劉鐘之　59，358

柳邊紀略　63

六度寺　3-5，21，22，41-43，213，304，341

六國紀年　121，145-147，186，187，373

六國紀年表　145，373

六國紀年表叙　146，187，337，373

六韜　89，144，145，186，336，367，377

六藝之一錄　45，367

瀧川資言　352

盧碑　29，139

盧文弨　23，24，57，66-68，84，180，181，303，329，330，347，349，354，371，372

盧文弨全集　68，180，330，371

盧无忌　1-6，18，27，30，32，34，47，58，61，62，67，77，79，80，86，87，91，97，105，107，115，131，149，150，154，155，158，163，170，176，178，181，188，190，206，215，225，226，231，235，240，243，245，249，256，265，271，283，284，290，291，298，303，304，311，313，318，321，327，330，340，341，346，347，350-352

盧无忌碑　22，43，45，59，92，95，112，174-177，183，213，267，305，333，341

盧無忌　3，18，22，23，28，30，33，36，39，44，50－54，58－60，63－65，69，70，75，88，90，95，105，131－132，143，144，152，154，156，160－162，176，187，214，215，234－236，276，296，321，324，338

蘆溝橋事變　29

魯　67，101，108，142，174，180，181，301，325，326，330，339，347，363

魯國　326

魯學齋金石記　142

魯迅　15，121－124，143，144，184，260，267，272，273，277，334，345，376

魯迅藏拓本　273，274，277，345

魯迅大全集　15，124，273，274，375

魯迅輯校石刻手稿　15，16，121，124，273，274，375

魯迅全集（編年版）　15，122，123，184，272，273，277，334，376

魯迅傳　122，380

陸德明　308，348，349

陸心源　36，39，354，360

陸增祥　102，153，239，253，344，363

路史　146，187，321，324，337，354

呂不韋　368

呂留村　4，5，22，42，43，341

呂尚　18，37，59，60，88，89，94，101，147，163，164，176，179，181，185，295，296，300，303，323－325，329，331，335，346

呂尚墓　50

呂氏　18，296，341

呂氏春秋　76，88，103，143，297，319，320，346，368

呂氏春秋集釋　297，320，368

呂望　1，3，4，9，22，24，32，60，69，71，75，80，99，100，134，144，158，161，164，170，174，176，178，179，187，190，194，199，214，238，242，249，271，290，295，296，306，309，319，321，322，324－327，329，340，341，347，367

呂望表　2，3，5，6，8，9，11，15－17，57，58，68，73，83，97，99，100，102，107，113，120，121，123－126，137，143－145，150－153，158，160，166，176，178，184，186，189，190，195，196，201，204，208，210，218，225，256，273，284，291，311，313，327，334，336，343，350－352

樂鳳功　137，376

論書十二絕句　99

論語　89，299

羅繼祖　133，356

羅泌　321，324，354

羅苹　354

羅振玉　9，10，15，16，108，111，121，133－135，137，138，142，148，149，157，166，167，191－194，197，198，202－206，210，211，222，223，228－232，241，242，260－263，282，292，293，342－344，346，350，359，365

羅振玉學术論著集　133，356

蘿碧簃石言　130

M

馬寶山　121，157，233，234，376

馬衡　27，130，131，276，365

馬元材（非百）　29，341，376

馬子雲　8，9，13，71，73，121，132，133，159，160，166，194，195，197，207，208，210，211，238，276，342，377

馬子雲先生學術經歷片斷回顧　159，377

毛鳳枝　57，108，109，121，137，138，167，198，211，231，232，350，357，364

毛鳳枝傳　108

毛亨　348

毛晉　21，37，38，175，212，288，289，367

毛詩正義　306－308，348

毛遠明　1，121，164，199，295，346，377

梅鼎祚　146，187，337

門下史　13，15，106，132，341

孟子　37，40，67，68，88，103，115，176－178，180，322，323，328，330，346

孟子正義　349

孟子注疏　323，349

民國　4，10，11，15－18，26－31，39，40，42，45，49，51，62，63，69，84，91，98，102，105，107，108，110－112，116，117，119，121，124－131，133－140，143，147，149，150，164，167，168，190，198－204，206，211－214，221，230，231，234，238，244，253，260，273－277，281，293，311，314，315，321，326，341－343，345，348－350，352－359，361－363，365－372，376－378，380

民國京魯晉豫古器物調查名録　27，126，127，130，365

（民國）衢縣志　105

民國人物小傳　143，376

民國拓本 199，212，342

閔爾昌 355

明代 1，21，23，32，37，43，51，56，57，164，171，174，199，212，223，234，288，289，316，341，367

明倫堂 18，27－29，132，139，276

明末 50，126，137，148，149，192－194，201，204－206，216，219，229，230，342，343，359

明史 44，45，50，56，353

明史詠 81

明拓 9，84，108，118，129，133，134，138，140，150，152，157，164，165，167，190－192，194，196，198－204，207，209，211，216，220－222，224，225，227－229，231，233，234，241，260，262，266，342

明拓本 5，7，9，12，56，57，71，83，85，108，118，121，129，133－135，140－142，148－152，157－160，165－167，191－198，201－208，210－212，216，222－225，227－233，238，241，244，246，251，260，261，263，271，282，283，285，290－292，342－345，350，351

明威將軍郭休碑 120

銘伯 15，122，272，277

繆荃孫 14，16，25，26，57，100，116，117，129，150，260，269，271，282，345，351，355，356，364

繆荃孫全集 14，25，116，356，364

摹寫本 16，19，34，106，124，200，222，234，254，255，274，282，340，342

墨子 37

牧野文化論文集 323，374

穆崇傳 75

穆天子傳 36，77，78，81，89，92，96，127，175，183，300，301，311，333，370

穆天子傳匯校集釋 370

穆天子傳考 168，380

穆天子傳序 93，128，248，298，300，311，313，346

穆天子傳叙 40

穆彰阿 64，357

穆子容 2，18－20，22，23，34，49，51，58，61，62，67，70，75，77，81，86，88，90，100，110，123，124，126，131，143，144，215，219，227，236，273，282－284，289，304，341，345，346

穆子容碑 24，51，59，64，70，75，

86，90，100，215，219，220，230，234，236，245，246，286，343

N

南關　22，23，51，58，59

南京大學學報（哲學・人文科學・社會科學版）　225，377

南山谷口考校注　108，357

內閣學士兼禮部侍郎銜吳公墓志銘　100

內涵暨外延：故宮黃易尺牘研究國際學術研討會論文集　71-73，236，237，374，378

內務部　27，121，126，127，130，165

倪惠穎　225，377

倪濤　45，367

廿二史考異　77，367

娘娘廟村　314

娘娘廟前街村　314，315

娘娘冢　314

O

歐陽輔　11，121，128，129，191，202，211，365，366

歐陽修　35，154

歐齋石墨題跋　12，13，70，71，121，139，380

P

般豀　2，3，5，43，55，154，224，226，240，243，245，249，256，265，271，284，290，303，304

般豀之山　4，5，22，42，43，54，55，72，95，103，133，138，148，149，159，165-167，192-198，203，205，206，208-211，213，218，224，226，228-231，238，240，243，246，250，258-263，291，293，305，341，344，345

嶓嵕　67，76，87，284，304

磻溪　2，33，55，76，88，89，224，296，297，304，321，327

潘庭筠　68，356

裴駰　86，322，352

彭蘊章　100

彭仲鐸　367

平津讀碑記　10，11，57，92，93，102，246，248，249，362

平津館叢書　9，83，225，362，372

平津館金石萃編　57，91，244，246-249，362

平原晚报　316，375

浦起龍　339，366

曝書亭集　56，61，62，176，178，303，327，329，347，371

Q

七略　111，186，336

齊　9，10，18，28，40，54，55，59，60，62，64，67，69，75，76，86－90，101，108，113，115，120，133，134，136，137，149，152，161，163，178，180，181，189，191－193，202－204，206，228－230，241，260，261，268，294，296，304，307，326，328－330，347，353

齊國　164，326

齊魯人文叢書　100，378

齊太公碑記　29

齊大公呂望表　9，70，133，134，149，173，191，192，202，203，206，228，229，231，232，241，260，265，271，294，295，311，313，346，380

齊太公呂望表　1－5，7－9，11，12，14，15，18，21，23－28，30－34，43，45－47，55－57，61，69，71－73，75，77，82，83，85，93，100，102，105，106，108，109，114，116－119，121，124，126，127，129，131－135，137－142，148－152，154，158－160，163，164，167，168，170－174，176，178，184，188，190－195，198－202，204－208，211，212，214，216，219，220，223，224，227－239，241，247，248，

250，253－255，257，258，260，262，264，267－270，274－285，289－295，309，313，318，319，323，327，334，340－343，345－347，374

齊太公呂望表碑　162

齊太公廟碑　45，92，94，183，185，248，332，335

起居注　61，81，175

乾嘉拓本　108，126，137，165－167，196－198，202，209－212，231，239，282，342，345

乾隆　8，12，17，23，24，44，45，48，59，62，64－69，71，73－87，90－92，94－100，102，109，126，150－152，154，157，159－161，164，171，188，195，201，207，208，214－216，219，234－236，238，242，271，282，317，341－345，349，354，357，358，361，366，369

（乾隆）大清一統志　318，325，357

（乾隆）汲縣志　23，56，57，59，214，317，318，358

（乾隆）欽定大清一統志　64

（乾隆）碻山縣志　48，358

（乾隆）衛輝府志　56，57，59，358

乾隆初拓本　282，345

乾隆末嘉慶初 219

乾隆末年 219，342

乾隆五十六年至嘉慶四年拓本 343，344

乾隆五十一年至五十六年拓本 234，343

錢大昕 8，12，24，43，49，50，57，68，69，76-79，154，155，158，175，188，223，234，313，343，355，359，361，367，372

錢穀 44，372

錢辛楣先生年譜 50，78，355

錢儀吉 57，102-104，177，322，355，366

潛研堂金石文跋尾 12，77-79，175，188，313，361

潛研堂金石文字目錄 8，57，76，79，361

潛園總集 36，354

喬可傳 321，354

喬麗華 122，277，278，378

秦策 88，326

秦國經 81，355

秦漢魏六朝輿地碑刻攷 24，25，57，68，69，214，215，234，235，362

秦明 71-73，236，237，374，378

清代 1，23，31，32，56，64，81，100，152，153，166，174，197，199，210，216，220，225，234，291，343，355，379

清民國初拓本 234，343

清末 1，26，64，117，118，133，136，140，159，160，171，174，190，191，195，199-201，208，211，212，220-222，259，262，273-277，281，341，342，345，363

清末拓本 124，166，168，173，197，210，212，219，244，246，251，254，259，260，273，274，278，279，281，342，345

清儒學案 54，56，60-62，65-68，74，77，80，82，83，86，88，90，91，93，94，97-100，103，107，110，116，119，355

清聖祖玄燁 55

清史稿 53，54，56，60，61，66-68，74，76，77，80，82-84，86，88，90，91，93，98，99，102，103，107，110，112，119，127，353

清史列傳 54，56，59-61，65-68，74，76，77，80，82，83，86，88，90，91，93，94，97-100，102，103，107，355

清水 2，3，33，34，87，103，154，160，296，304，320，321

清水注 88

清拓本　34，72，137，149，166，196，204，205，210，212，222，237，242，244，260，262，263，273，286，342，344，351，352

清源實門　164，168，171，172，222，260，262-264，269，271，282，344，345，351

晴川八識　353

秋澗集　3，21，34，213，304，314，341

秋澗先生大全集　4，213，314

秋景庵主印譜　68

屈守元　348

瞿鏞　7，57，83-85，150，222-224，227，271，282，283，285，343，350，359，360

衢州歷史文獻集成·方志專輯　359

衢州歷史文獻集成委員會　359

全上古三代秦漢三國六朝文　57，91，92，182，183，239，242-245，332，333，344，372

全祖望　23，57，66，372

全祖望集彙校集注　23，66，372

闕名　349，357，362

群書考索　369

群書疑辨　43，56，183，333

R

任城　99，189

任城孫夫人碑　131

任城太守夫人孫氏碑　120

任城太守孫夫人　99，189

壬癸金石跋　57，112，114，115，177，178，185，301，323，335，336，347，364

人文科學研究所所藏石刻資料について　173，281，380

日本漢學史（第二部）：成熟和迷途　168，375

日本漢學史（第三部）：轉折和發展　169，375

日本書法史　171，374

日下舊聞　61

儒學與山左學術叢書　111，377

阮元　68，82，93，98，310，323，348-350

S

三輔決録　103

三國　2，340，380

三國六朝金石記　57，82，83，86，184，334

三國時代の出土文字資料班　173，380

三續寰宇訪碑録　57，112，267

三續寰宇訪碑録序　112，267

散見黃易尺牘叢考　73，378

桑欽　359

沙嘉孫　111，377

山彪　318，319

山彪鎮與琉璃閣 319，374
山彪鎮戰國墓地 318，319
山東藏書家史略 111，377
山東兗州府運河同知錢唐黃君墓志銘 68，356
山海經·海外東經 146，187，337
山左訪碑錄校補 142
善本碑帖過眼錄 198，379
善本碑帖錄 11，121，129，140－142，151，152，164，194，206，207，211，232，233，342，379
善本碑帖論稿 159，377
"商盉堂"和它的主人 137，376
商周 297，326，347
上海師範大學古籍整理研究所 354
上海圖書館 12，45，46，91，138，142，165，167，198，211，223，231，232，244，282，343，350，361，362，364
尚書 39，44，50，51，74，120
尚書·顧命 54，60，62，67，101，107，115，178－181，328－330
尚書疏 115
尚書正義 302，306，348
尚書綜述 121，155，156，187，188，337，338，375
神田喜一郎 380
神田喜一郎全集 380
沈建中 153，377
沈嘯寰 349

施安昌 8，9，13，71，73，121，132，133，159，160，166，194，195，197，207，208，210，211，238，276，342，377
施蟄存 121，153，155，377
施蟄存先生編年事錄 153，377
詩外傳 62，67，115，179，180，304，327，329，348
十三經叢說 98
十三經清人注疏 349
十三經注疏 310，323，348，349
十萬卷樓叢書 39，360
石鼓文彙 111
石夾水 2，33，54，87，95，103，296，304，321
石交錄 15，16，121，133，134，202，365
石經考 56
石刻萃珍 130
石刻見聞錄 159
石刻史料新編 97，106，119，247，254，255，257－259，362－364
石刻書法源流攷 57，108，109，364
石索 95，251
拾遺錄 40，368，369
史記 36，37，48，61，76，87，88，93，101，103，110，115，127，143，162，176，179，248，295－297，300－303，305－307，

318，323，327，329，339，346，352

史記會注考證附校補　352

史記索隱　110

史記正義　127

史實考證　309，340，346

史通　301，338，339，347，366

史通評釋　43，51，52，182，332，366

史通通釋　339，366

史學叢書　353

視察日記　29，341，376

士禮居叢書　354，355

狩野博士還曆紀念支那學論叢　168，380

授堂金石跋　86，361

授堂金石文字續跋　361

授堂遺書　80，235，322，361，372

書法　1，32，71，72，76，95，99，109，112，121，130，135，138，147，152，153，158，160，162，167，169，171，174，188，198，199，211，231，232，236，237，267，340，379

書・顧命　40，178，328

書畫碑帖見聞錄　121，157，233，234，376

書畫鑑影　70，216，236，370

書晉書束皙傳後　56，183，333

書史　1，53，199

淑德大学書学文化センター　168，173，174，380

淑德大学書学文化センター藏中國石刻拓本目錄　168，173，174，380

束皙傳　56，77，81，98，114，127，156，175，183，185，187，298，301，310，312，335，338

水經　66，296，304

水經注　2，3，5，33，34，45，54，64，66，75，76，80，86，87，95，102，103，105，115，132，160，163，177，296，302，304，320-322，359

水經注碑錄　121，153，155，377

水經注校證　359

水經注疏　2，3，33，321，359

水經注所載碑目　43，45，46，361

水南集　47，371

水南先生簡譜　47

水澤利忠　352

（順治）衛輝府志　56-58，317，358

説文解字　350

説文解字詁林　84

説文解字注　302，304，305，307，350

説苑　88，101，115，179，325，329，367

説苑校證　367

碩儒　3，154，226，240，243，245，249，256，265，272，284，290，303
司馬彪　324，347，353
司馬遷　352
司馬貞　352
司義祖　369
思適齋文集　84
四部備要　321，324，354
四部叢刊　4，41，42，213，311，314，326，348－350，354，355，366－368，370，371
四部叢刊初編　367
四部叢刊三編　369
四庫存目叢書・史部　45，46，52，65，360，361，366
四庫德清文叢　47，371
四庫全書　11，45，64，348，367，371
四庫全書存目叢書編纂委員會　45，46，360，361，366
四庫全書珍本初集　45，367，371
四庫全書總目　52，360
四明天一閣藏書目録　359
四明文獻集　39，371
四書釋地　60，80，321，350
四書釋地續　56，61，176，177，324，325
四體書勢　298
嵩洛訪碑廿四圖　70，216，236

嵩洛訪碑日記　10，17，57，68，69，215，235，236，370
嵩洛訪碑日記（外五種）　68，356，370
嵩洛訪碑圖　57，68，70，215，216，236，370
宋　1，21，34－37，39，48，54，56，92，104，107，128，138，140，146，152，154，157，161，169，178，183，187，190，212，234，287，302，311，312，321，325，326，328，333，337，341，348－350，352－356，360，367－371，377
宋邦乂　368
宋本太平寰宇記　356
宋慈報　34，377
宋代著録石刻纂注　121，162，163，376
宋禮部尚書王公壙記　39
宋濂　353
宋史　39，40，353
宋史翼　36，354
宋書・符瑞志　89
宋元　4，22，32，34，42，56，84，144，212，214，219，220，325，341，349，369
宋元之際　22，43，214，341，342
蘇文樞　58，317，358
隋　21，98，111，113，173，186，

189, 212, 268, 325, 336, 341, 369
隋·經籍志 104
隋書 298, 311, 353
隋書·經籍志 114, 311
隋志 92, 183, 333
孫葆田 358
孫夫人 115, 116, 152, 164, 190
孫夫人碑 107, 109, 152, 190
孫國敉 360
孫灝 58, 61, 357
孫俊卿 121, 157, 158, 177, 314, 315, 323, 377
孫克弘 43, 360
孫奭 323, 349
孫希旦 349
孫星衍 8, 9, 17, 57, 68, 70, 82, 83, 86, 91, 97, 100, 102, 184, 223–226, 246, 249, 334, 343, 361, 372
孫星衍撰輯〈續古文苑〉的文壇意義 225, 377
孫杏村鄉 314
孫詒讓 57, 110, 111, 133, 156, 186–188, 336, 338, 369
孫詒讓全集 111, 186, 336, 369
孫毓修 366
孫淵如外集 372
孫岳頒 55, 367
孫之騄 57, 64, 65, 94, 95, 183,
185, 300, 333, 335, 353
索隱 59, 305, 308, 352
瑣語 53, 89, 92, 96, 114, 115, 123, 144, 183–185, 300, 301, 332–336, 338, 347

T

拓本 5, 7, 8, 12, 13, 23, 32, 51, 57, 63, 71, 79, 83–85, 91, 92, 97, 102, 105, 109, 112–114, 117, 121–123, 126, 133, 137, 139–141, 148–153, 158–162, 165–168, 171–173, 190–202, 204–212, 214, 216, 217, 219, 222–224, 228–232, 234–236, 238–240, 242, 244–246, 249, 251–255, 258–264, 266–269, 272–277, 279, 281, 282, 292, 340–345
台州文獻叢書 94, 248, 335, 370
大公 3, 9, 133, 146, 158, 186, 191, 203, 226, 228, 239, 240, 245, 246, 249, 255–260, 265, 271, 272, 283, 284, 290, 291, 293, 295, 303, 305, 327, 336, 337
太公 2–4, 33, 36, 37, 40, 42–44, 46–49, 54, 55, 58, 60, 62–67, 69, 70, 75, 76, 80, 82, 86–90, 92–95, 101, 105,

索　引　411

108，115，119，123，136，143，144，153，154，156，161，163，176－182，184，185，187，188，213，226，240，242，243，245，248，272，284，286，289，290，295，297，301，304，321－322，324－332，334－338

太公碑　2，4，10，21，22，34，36，39，40，42，45，47，56，59，90，91，127，154，162，174，175，178，183，212，213，282，288－290，302，328，333，340，341，346

太公舊居　22，23，44，51，58，59，214

太公舊居碑記　63

太公呂望表　5，6，8－13，15－17，22，24，27，30，34，49，50，54，57，62，63，70，73，75，78，79，83，86，91－93，97，98，100，101，109，111－113，115，116，120－123，126，127，129，130，135，136，149，152，153，156，157，160，163，164，169，172－174，179，187－191，193，202，206，215，218，223，225，226，230，236，242－245，247，248，268，272，273，277，292，329，338，343，345，352

太公呂望表跋　98，99，110，114，115，177，178，185，301，323，335，336，347

太公廟　2－5，7，12，16，18，21－23，27，28，30，33，34，43，45，51，54，58，59，61，63，64，75，80，86－90，93，95，101，102，105，112，116，126，127，130，132，142，151，153－155，157，160，163，179，207，212，213，248，267，276，296，304，321，322，329，341

太公廟碑　10，21，36，39，53，65，69，70，77，78，87，103，153，162，163，175，212，215，219，236，288，289，298

太公年壽　101，115，179，180，329

太公泉　3－5，18，21－24，28，30，33，34，42，43，54，59，64，65，69，75，80，86－88，95，100，102，105，132，154，157，160－163，213－215，234，235，276，296，304，321，322，341

太公望　2，28，33，36，37，39，40，43，51，53，54，60，62，67，86－89，93，99，101，103，107，114，136，143，153，158，163，164，176，178－181，189，

285，287－289，296，297，304，305，319－330，346，347

太公望廟表　156，187，188，337，338

太公望墓表碑　28，136

太康　1－6，8－14，16－18，21，22，24，25，27－30，33，35－37，39，40，42，49，50，52－54，61－67，69－71，73，75，77－81，83，86－89，91－98，100，101，103，105，109，111，112，116，118，119，126－128，130－132，135，136，139，142－144，146，150－152，154－156，158－163，169，170，172－179，181－185，187，189，190，195，207，213－215，223，225，226，234－236，240，242，244，246－248，258，268，276，282，284，285，288，289，296，298，300，304，306，310－313，315，318，321，322，328，329，331，332，334，335，337，338，340，341，346

太平寰宇記　302，303，356

太平御覽　123，184，312，334，369

太史升菴文集　47，371

太守　2，18，22，23，33，34，51，54，58，59，64，67，70，75，80，86，87，95，103，153，

163，215，236，304，305，321，341

太子洗馬　154，161，226，240，243，245，284，304

泰和縣志　128

壇場　2，3，67，76，87，154，226，240，243，245，249，256，265，271，284，290，303－305，340

檀弓　86，322

壇山　3，4，21，22，41，213

壇祀　2，33，54，64，87，95，154，296，304，305，321

譚羽亭　376

湯球　353

唐　21，29，35，86，104，169，212，298，306，309，313，318，322，325，341，348，349，352，353，355，356，366，369，376

唐藝文志　98

唐韻正　43，54，55，223，224，291，343，346，350

唐志　92，111，114，183，186，333，336

唐莊鄉山彪村　318

陶福履　40，369

匋齋藏石記　129

藤原楚水　168，169，255，365

天帝　36，37，40，47，48，52，65，76，83，87，88，92－94，

96，103，110，111，118，123，129，133，134，138，140，141，143，149，151，156，159，164，165，167，171，182，184－187，190－196，198，200，202，203，206－210，225，226，228－232，234－240，242，245，248，249，251，255，261，262，265，266，271，283－285，288，290，295，300，301，331，332，334－338，343，344

天津日日新聞　117

天津文史資料選輯　117，379

天問　326

天下金石志　43，52，53，154，360

天仙廟　316

天一閣碑目　50，78，223，359

天一閣書目　43，49，359

天一閣主——范欽傳　49，374

天中記　43，48，49，369

田文鏡　58，61，357

鐵琴銅劍樓　84，150，224，350，359，360，367

鐵琴銅劍樓藏書目録　359，360

鐵琴銅劒樓書目　84

廷掾　2，13－15，25，27，33，87，106，111，116，131，132，153，155，296，304，305，321，341

亭林遺書十種　361

通典　60，61，176，324

通鑑前編舉要　146，187，337

通鑑注　146，187，337

通雅　43，53，54，94，185，300，335，368

通志　34，37，39，86，105，132，154，161，318，322，354，359

通志二十略　39，354

（同治）蘇州府志　59，84

圖書季刊　373

圖書通訊　139，378

脱脱　353

W

萬季野先生行狀　56

萬曆　18，22，23，28，30，43，47－54，58，132，151，207，214，216，219，223，276，316，317，332，341，354，358，360，366，369，371

（萬曆）衛輝府志　22，23，43，51，58，214，317，357，358

萬斯同　43，56，183，333

萬有文庫　39，354

王安國　64，357

王昶　57，68，83，86，87，102，153，164，177，184，216，219，239－242，244－246，253，322，334，343，344，362

王德學 316
王繼光 145, 377
王靖憲 71, 72, 153, 236, 237, 379
王氣中 367
王紹曾 111, 377
王士正 89
王維樸 121, 137, 204, 205, 211, 377
王錫榮 122, 277, 278, 377
王喜 2, 33, 64, 153, 296, 304, 305, 321
王先謙 352, 353
王筱汀 29
王星賢 349
王煦華 339, 367
王巽文 14, 26, 84, 110, 117, 126, 149, 150, 202, 224, 238, 270, 375
王養濂 52, 357
王貽樑 370
王隱 81, 127, 128, 146, 175, 298, 310-313, 353
王逸 144, 301, 370
王應麟 34, 39-41, 54, 92, 178, 181-183, 302, 327, 328, 331, 333, 347, 368, 369
王應麟著作集成 39, 371
王雲五 39, 354
王惲 3-5, 21, 22, 34, 41-43, 213, 304, 314, 341, 371
王在晉 43, 50, 51, 359
王振中 316
王仲朝 35, 371
王仲犖 147, 181, 303, 331, 375
王重民 121, 143, 145, 186, 336, 372, 377
王壯弘 9, 11, 14, 17, 118, 121, 147-149, 191-194, 201, 205, 206, 211, 228-230, 263, 266, 342, 365
王佐 44, 361
韋昭 305, 354
衛河詠古 30, 342
衛恒傳 77, 128, 298, 310
衛輝府 44, 63, 64, 223, 317, 318
衛輝府署 12, 24, 66, 69, 74, 151, 207, 215, 216, 235, 341
衛輝府治衛神廟 10, 17, 69, 215, 235
衛輝歷代碑刻 6, 31, 121, 167, 168, 278, 279, 295, 342, 346, 373
衛輝市地方史志編纂委員會 30, 314, 319, 378
衛輝市志 30, 314, 318, 319, 342, 378
衛輝市志1989—2000 30, 342, 378
衛輝文史資料 31, 158, 315, 323, 376, 377, 379

衛州 36，39，70，215，236，288，289
魏安釐王墓 318
魏晉碑刻善拓過眼之六 108，109，121，137，138，165－167，197，198，208，210－212，231，232，342，379
魏晉石存目 57，111，365
魏晉石刻資料選注 173，346，380
魏立太公呂望表 90
魏謙升 68，356
魏青銍 28，29，121，138，139，314，358
魏收 353
魏書 33，353
魏襄王墓 53，92，96，161，183，298，300，312，317，318，332
魏元曠 368
魏徵 298，311，353
溫純 371
溫恭毅 49
溫恭毅公文集 49，371
溫恭毅集 49，377
溫良儒 49，371
溫氏叢書 49，371
文紀 146，187，337
文廟 18，26－29，127，130，132，139，276，341
文史週刊 143，145，336，377
文史資料研究委員會 37，30，117

文王 36，37，40，47－49，52，55，56，60，62，63，65，67，76，83，87－89，92－94，96，103，105，110，114，115，118，119，123，132，138，143，144，146，147，156，164，165，167，179－188，190，196，198，200，208－210，223，226，228，231，240，242，243，245，248，249，251，255，257－259，262，265，266，271，272，283－291，293，295，300，301，303－306，323，327－338
文獻 5，13，14，26，51，84，110，117，126，139，149，150，202，212，224，238，270，291，298，309，319，336，342，343，348，375
文選 49，359
文選·思玄賦 144，146，186，187，337
文選·赭白馬賦 144，146，337
文字磨泐 212，219，220，342
聞一多 371
聞一多全集 371
翁方綱 68，70，360
翁元圻 40，178，328，368
我的父親張彥生 151，379
我所知道的方若 117，378
我與二百年老店 151，379

無量庵　23，59，70，215，236
吳都文粹續集　44，372
吳幹將　358
吳夢麟　14，26，110，117，121，126，149，202，224，238，270，378
吳師道　326，355
吳世勳　28，121，136，378
吳式芬　57，99，100，363，378
吳士鑑　121，127，128，353
吳同遠　14，26，117，150，269
吳緒彬　170，381
吳隱　118，365
伍崇曜　10，69，101，180，215，329，360，370
武定　18，25，34，49，62，67，69，70，75，77，81，82，88，105，132，143，155，161，215，216，236，341
武林訪碑錄　68
武億　12，24，57，68，69，80，81，175－177，234，235，313，321，322，341，343，361，372

X

西晉　3，21，99，109，131，158，161，163，189，212，341
西晉太公呂望表　173，281
西泠印社　118，365
西門　18，22，23，28，51，54，58，59，61，62，80，101，120，132，158，179，235，276，321，329
西偏　36，37，39，53，75，81，88，93，98，127，156，161，175，176，187，226，240，242，245，248，249，255，265，271，283－285，288－290，295，298，311，313，319，337，346
西廡藏書室　29
西鹽店　23，59
西周年代考·六國紀年　146，147，187，337，373
希文　139，378
稀見中國地方志彙刊　23，51，214，317，358
夏殷春秋　338，347
先父翼厂先生年譜長編　139，379
先秦經籍考　168，380
咸豐同治拓本　263，266，267，343，345
縣立第二小校　26，28，136
縣學　14，18，25，26，28，29，31，81，84，102，116，132，139，151，152，207，216，276，341
鄉嗇夫　13，15，106，132，341
香祖筆記　89
向宗魯　367
項士元　34，377

蕭山文史資料專輯　139，380

小川琢治　168，380

小蓬萊賸稿　68，69，215，235，362

小蓬萊閣金石目　68，69，214，363

小松所得金石　8，13，71，159，195，207，236，238

邂盦金石叢書　118，365

謝承仁　5，112－116，161，178，185，219，267，269，270，323，336，356，364

謝堂　34，360

新編諸子集成　320，368

新會梁啓超印　110，126，150，202，238

新論　115

新文豐出版公司編輯部　97，106，119，247，254，255，257，362－364

新鄉博物館藏清末拓本　168，274，278，345

新鄉市博物館　6，30，351

新鄉市地方史志編纂委員會　139，378

新鄉市志　139，378

新鄉文史資料　30，342，379

新增格古要論　44，361

邢昺　349

邢澍　9，17，82，83，361

杏林　151，378

熊會貞　2，3，33，112，321，356，359

修太公呂望祠碑　2，18－20，34，61，123，124，126，227，273，282－284，289，304，341，345，346

修太公廟碑　65，107，108，158，181，303，330，331

盱眙　14，26，117，150，269

徐堅　312，369

徐乃昌　102，362

徐汝瓚　23，59，214，317，318，358

徐世昌　54，56，60－62，65－68，74，77，80，82，83，86，88，90，91，93，94，97－99，103，107，110，116，119，355

徐无聞　5，6，114，160，161，219，269，364

徐鉉　350

徐自強　14，26，110，117，121，126，149，202，224，238，270，378

許慎　37，53，105，132，299，302，350

許維遹　320，327，348，368

鄦齋叢書　102，362

叙錄　5，6，114，160，219，269

續碑傳集　100，355

續博物志　89

續古文苑　57，82，83，223－226，

295, 343, 346, 372, 377
續古逸叢書 359
續漢書‧郡國志 324, 347
續漢志 115
續金石萃編 84
續金石圖 95
續修陝西通志稿 108
續修四庫全書 11, 60, 70, 91, 93, 108, 179, 181, 216, 236, 241, 244, 248, 328, 331, 362 - 364, 366, 370
宣統 14, 17, 84, 100, 113 - 115, 117, 120, 128, 145, 157, 160, 191, 200, 201, 211, 219, 266, 268, 269, 273 - 275, 342, 343, 345, 355, 358, 359, 364 - 366
(宣統) 山東通志 358
薛瑄 30, 342
學書邇言 115, 116, 152, 164, 189, 190
學術史 32, 199, 313, 340
雪堂叢刻 111, 365
雪堂類稿 293, 346
雪堂所藏金石文字簿錄 9, 10, 121, 133 - 135, 149, 191, 192, 194, 202 - 206, 211, 228 - 230, 241, 242, 260, 261, 292, 293, 342, 365
荀勖 40, 77, 78, 81, 93, 111,

127, 128, 146, 175, 186, 248, 298, 300, 311 - 313, 315, 336, 346, 370
荀勖傳 40
荀子‧君道 115
訓導 25, 81, 82, 84, 90, 105, 118, 132, 154, 161, 216, 341
訓導室 29
訓導宅 27

Y

燕京學報 373
閻百詩 81, 115, 175
閻若璩 56, 60, 61, 64, 176, 177, 324, 325, 350
顏師古 304, 308, 352
嚴可均 57, 91, 92, 182, 183, 239, 242 - 244, 246, 248, 249, 332, 333, 344, 362, 372, 375
嚴克崢 48, 358
兗州 68, 356
楊賓 6, 7, 12, 57, 63, 371
楊賓集 7, 12, 16, 57, 63, 371
楊朝明 353
楊鐸 57, 101, 102, 362
楊國棟 73, 378
楊煥成 31, 374
楊霈 12, 16, 63
楊慎 43, 45 - 48, 361, 368, 371
楊升菴文集 47

楊士驤　358

楊守敬　2, 3, 5, 13, 33, 57, 112 – 116, 152, 161, 164, 169, 177, 178, 185, 189, 190, 218, 219, 222, 255, 256, 260, 266 – 269, 273 – 275, 279, 282, 301, 321, 323, 335, 336, 338, 345, 347, 351, 356, 359, 360, 364

楊守敬集　5, 112 – 116, 161, 178, 185, 189, 190, 219, 222, 267 – 270, 323, 336, 356, 364

楊熊合撰〈水經注疏〉　359

楊正泰　64, 379

姚貴昉　15, 134

姚航　30, 378

姚覲元　8, 73, 362

姚晏　8, 16, 17, 57, 73, 102, 362

葉昌熾　57, 119, 120, 366

葉奕苞　56, 59, 60, 178, 179, 303, 327, 328, 347, 363

伊闕造像目　130

宜禄堂金石記　239, 344

宜禄堂收藏金石記　57, 118, 119, 255, 257 – 259, 363

乙瑛　99, 189

亦談姜太公的籍貫　323, 376

佚名　63, 359

逸周書　83, 96, 98, 114, 123, 144, 145, 156, 184, 186, 188,
300, 301, 334 – 336, 338, 339, 347, 354

逸周書彙校集注　354

逸周書集訓校釋　354

藝風老人年譜　116, 356

藝風堂金石文字目　14, 25, 26, 57, 116, 117, 155, 364

藝概　57, 106, 107, 152, 190, 367

藝概箋注　367

藝概注稿　107, 190, 367

藝文志　44, 59, 297

繹史　89, 146, 186, 187, 337

音學五書　55, 223, 224, 291, 350

殷禮在斯堂　108, 138, 167, 198, 211, 230, 231

殷溪　4, 22, 42, 43, 213, 214, 304, 341

殷周三巨臣考　121, 147, 181, 303, 331, 347, 375

陰文　9, 11, 14, 15, 105, 118, 152, 159, 195, 207, 254

鄞縣志　49, 50, 78, 357

尹彭壽　57, 111, 365

尹一梅　71, 72, 236, 237, 378

飲冰室藏　110, 126, 150, 202, 238

飲冰室藏金石圖書　110, 126, 150, 202, 238

飲冰室合集　125, 201, 376

飲冰室文集　125，201，376
應劭　123，144，184，308，334
瀛生　170，381
（雍正）河南通志　56-58，61，357
（雍正）山東通志　325，358
永豐鄉人行年錄　133，356
永樂大典　359
永瑢　52，360
有力證明太公汲人的兩通碑刻——〈齊太公呂望表〉和〈重修太公祠碑〉　323，374
于長鑾　100，378
于奕正　43，52，53，360
俞正燮　57，87，88，90，183，184，333，334，366
俞正燮全集　90，184，334，366
虞初小說　123，144，184，334
虞初周說　144
虞世南　310-312，369
宇野雪村　168，170，171，190，381
宇野雪村文庫拓本目錄　168，171-173，380
禹貢　325
語石　57，119，120，366
語石異同評　142
語石　語石異同評　120，366
玉村清司　168，171-173
玉海　34，39-41，181，182，331，369

玉簡齋叢書　359
御定佩文齋書畫譜　55，367
豫章叢書　40，369
元　21，32，39，41，43，60，65-71，76，77，81，83，84，86，87，90，94，95，98，103-105，108，112-114，120，128，130，132，146，149，152，160，175，180，181，184，185，195，206，208，212，213，215-217，219，223，234，235，238，245，246，249，250，252，268，269，273-275，298，300，302，304，307，310，311，313，322，325，326，330，334，335，341，345，349，350，352，353，355，358，364，366，368，369，371
元和郡縣圖志　324，356
元和志　64，325
元人　21，213，341
元史　41，353
袁津琥　107，190，367
原治篇　54
岳濬　325，358
岳陽市地方志辦公室　104，378
岳陽市志　104，378
樂史　303，356
粵雅堂叢書　10，69，215，360，370

Z

朝歌　43，62，67，80，88，103，

115，177－180，304，322，323，326，327，329

雜字指　104

再續三十五舉　73

增補校碑隨筆　9，11，14，17，118，121，147－149，191－194，201，205，206，211，228－230，263，266，342，365

增訂寰宇貞石圖　168，169，255，365

翟雲升　10，57，97，98，218，291－293，346，363

占城鄉　315，316

戰國策　326，355

章如愚　369

張德容　13，16，57，104－106，222，239，253－255，259，282，344，363，364

張鑑　57，98，99，372

張守節　352

張廷銀　14，25，116，356，364

張廷玉　353

張同禮　117，378

張彥生　11，121，129，140－142，151，152，164，206，207，211，232，233，342，379

張元濟　4，42，213，311，314，326，348－350，352，354，355，357，359，366－371

張元善　151，379

趙邠卿　103

趙爾巽　353

趙均　43，360

趙明誠　34－36，77，78，81，104，119，127，175，176，282，285，287，289，290，345，346，360

趙岐　349

趙榮　46，64，379

趙紹祖　57，90，91，152，154，158，188，217，219，239，245，259，343，344，362

趙紹祖金石學三種　90，91，188，217，245，362

趙魏　57，96，97，364

肇域志　43，54，55，224，356

浙江省博物館　68，356

貞松老人遺稿　16，134，365

真田但馬　168，170，190，381

正楊　43，48，368

政協河南省汲縣委員會　27，30，375

政協河南省衛輝市委員會文史資料委員會　315，377

政協河南省衛輝市委員會學習文史委員會　158，323，376，377

政協新鄉市文史資料委員會　30，379

政協浙江省蕭山市委員會文史工作委員會　139

鄭伯銘　31，379
鄭篤　2，33，64，87，153，296，
　　304，305，321
鄭玲　136，137，141，376
鄭樵　34，37，39，354
鄭煒明　117，129，375
鄭玄　299，348
鄭（元）〔玄〕　86，322
鄭業斅　57，107，108，181，303，
　　330，331，347，364
鄭永禧　105，359
支那學　168，380
知府　22，23，51，58，59，82，
　　102，104，107，136，214
咫進齋叢書　8，73，362
志　338，339，347
製作　1，340
（中日合璧本）玉海　369
中国書道辞典　381
中國碑拓鑑別圖典　121，165，166，
　　196，197，208，210，212，239，
　　342，379
中國藏書家綴補錄　135，373
中國地理學史（清代）　64，379
中國第二歷史檔案館　126，379
中國第一歷史檔案館藏　清代官員
　　履歷檔案全編　81，355
中國典籍與文化論叢　142，366，376
中國法帖史　151，378
中國古代地理總志叢刊　64，324，
　　356，357
中國古代書畫鑑定組　68，356
中國古代書畫圖目　68，356
中國古典文學基本叢書　4，42，213，
　　314，326，367，370，371
中國國家博物館　12，223，343，
　　350
中國國家圖書館　5，7，12，14，
　　16，19，20，26，37，84，85，
　　100，109，117，126，150，201，
　　222-225，227，235，238，260，
　　262，269，282，283，285，286，
　　288-290，315，343，344，350，
　　351，356，358-360，363，366，
　　367
中國科學院圖書館　23，51，108，
　　214，317，331，364
中國歷代書法墨蹟大觀　147
中國美術全集　71，72，121，152，
　　153，236，237，379
中國美術全集編輯委員會　71，72，
　　153，236，237，379
中國人民政治協商會議天津市委
　　員會　117，378
中國人民政治協商會議衛輝市委員
　　會學習文史委員會　31，323，376，
　　379
中國石刻文獻研究國際ワークショ
　　ップ報告書　173，281，380
中國史學基本典籍叢刊　35，287，

360

中國書法博物館　121，162，379

中國書法博物館編委會　121，162，379

中國書法全集　121，163，164，168，171，172，262，264，351

中國書法史　169，170，190，380，381

中國文物地圖集·河南分册　314，374

中國文學研究典籍叢刊　107，367

中國現代社會科學家傳略　145，379

中國現代語言學家傳略　147，379

中國小説史略　121，123，143，184，334

中國藝術文獻叢刊　44，361

中國語言學會《中國現代語言學家傳略》編寫組　147，379

中華再造善本　35，37，287-289，360，367

中華再造善本工程編纂出版委員會　35，37，287-289，360，367

中經　40，312，315

中日當代著名書法家集萃　171，374

中西慶爾　381

中央圖書館籌備處　45，367，371

中央研究院歷史語言研究所考古組　319

中州金石　74

中州金石（志）〔記〕　95，217，251

中州金石記　24，57，74-76，105，119，132，154，361

中州金石記後序　74

中州金石攷　57，65，102，366

中州金石目　8，16，17，57，73，102，362

中州金石目録　57，101，102，362

仲威　108，109，121，137，138，165-167，196-198，208，210-212，231，232，239，342，379

周春秋　301，338，339，347

周到　31，374

周海嬰　15，124，273，274，375

周考　144，145，186，336

周禮　299，307

周禮注疏　301，305，348

周書　52，83，89，92，96，99，111，114，123，144-146，155，156，182，184，186-188，300，301，318，332，334，336-339，347

周書斠補序　111，186，336

周書考　121，143，145，186，336，377

周書逸文　354

周思宸　22，23，51，58，59，214

周永貞　145，379

周之瑚　48，358

周志　13，32，36，37，40，47，48，52，56，65，76，83，88-

90, 92, 94－96, 98, 103－105, 110, 111, 114, 115, 123, 132, 143－146, 154－156, 161, 174, 181－188, 199, 226, 240, 242, 245, 248, 249, 255, 265, 271, 283－285, 288, 290, 295, 300, 301, 309, 331－339, 347

紂　33, 37, 60, 76, 80, 101, 103, 115, 147, 164, 176－181, 296, 303, 304, 306, 321－324, 329, 331, 346

籀廎述林　57, 110, 111, 186, 336, 369

朱家濂　139, 379

朱傑人　370

朱鈞文　351

朱士端　57, 118, 119, 239, 255, 257－259, 344, 363

朱文鈞　12, 70－72, 121, 139, 140, 222, 236, 237, 282

朱希祖　380

朱熹　370

朱彝尊　56, 61, 62, 77, 131, 154, 176, 178, 179, 303, 327－329, 347, 361, 371

朱翼盦　13, 71, 139, 380

〈朱翼厂先生百歲誕辰紀念集〉書後　139, 378

朱翼厂先生史料專輯　139, 380

朱右曾　354

朱正　122, 380

朱鑄禹　372

朱子全書　371

諸城市政協學宣文史委員會　137, 376

諸城文史集粹　137, 376

諸偉奇　54, 368, 371

竹書　37, 53, 65, 66, 94, 98, 108, 110, 127, 144, 146, 181, 183, 184, 186, 187, 300, 303, 310－315, 330, 331－335, 337, 338, 346

竹書紀年　41, 45－48, 67, 92, 96, 115, 145, 161, 180, 183, 300－302, 315, 330, 333

竹書紀年集證　57, 94, 95, 184, 185, 300, 334, 335, 347, 353

竹汀居士年譜　50, 78, 355

竹崦盦金石目錄　57, 96, 97, 364

竹邑侯相張壽碑　308

主薄　2, 13, 15, 16, 106, 132, 134, 341

主簿　12, 14, 79, 118, 155

莊子・田子方篇　69

資德大夫兵部尚書郭公青螺年譜　51, 355

紫微斗數　60

字徑　5, 160, 340

字說　37, 53, 96, 104, 105, 132, 302, 307

字指　37，53，96，104，105，132，302
鄒古愚　315，358
鄒鵠　315，358
左丘明　354
左氏　156，188，338

左氏傳　110，145
左氏傳後叙　36
左傳　52，89，92，104，111，145，182，183，186，302，306－308，332，333，336
左傳後序　81，98，175

後　　記

　　《齊太公吕望表》自晉立碑以來，廣爲學者著述所記載。民國以後，碑下落不明，但是碑文拓片被海内外機構、學者所收藏，視爲珍寶。筆者因研究汲冢與《竹書紀年》而研究《齊太公吕望表》，爲其内涵所震撼，遂於2016年1月末至4月初研究此碑，成50餘萬字的著作。4月6日，乃以所得精簡爲小文《齊太公吕望表》，李韻老師賜名《傳奇的〈齊太公吕望表〉》，刊於《光明日報·文化遺産》。①

　　2019年9月21—22日，受河南省社會科學院歷史與考古研究所張新斌所長之邀請，參加"中國衛輝太公文化高層論壇"。恰逢《齊太公吕望表》立碑1730周年，遂選擇筆者的部分研究成果爲《〈齊太公吕望表〉的價值、流傳與復原》，以示紀念，並在論壇作了主題發言。

　　2020年夏，删定此書爲60萬字的著作。2020年5月28日，申請中國歷史研究院學術出版資助項目，得到費和平老師的幫助與指導。2021年2月19日，中國社會科學出版社吴麗平老師通知簽署合同。遂於2月21日至4月18日修改格式、訂正文字、校對引文等。

　　謹致謝於中國歷史研究院提供的學術出版資助。感謝費和平老師的指導與幫助，感謝三位匿名評審專家給予的勉勵與指教。感謝

---

① 程平山：《傳奇的〈齊太公吕望表〉》，《光明日報》2016年9月24日第5版。

《光明日報》李韻老師、河南省社會科學院歷史與考古研究所張新斌所長等給予的幫助。感謝中國社會科學出版社吳麗平老師等在出版此書的過程中給予的大力幫助與指導。感謝周依雯博士研究生及陶家勇碩士研究生幫助校對等事宜。

　　2017年秋，中國國家博物館楊曉明先生協助查閱中國國家博物館、北京故宮博物院藏《齊太公吕望表》資料。某日，楊氏參與本書第四章初稿的研討。後來，楊氏獲得允許將本書第四章初稿部分内容發表於《中國國家博物館館刊》2019年第11期。發表内容較爲簡單，存在一些不足之處；本書出版後，相關内容皆以本書第四章爲準。